渡邊義浩著

「古典中國」の形成と王莽

汲古書院

「古典中國」の形成と王莽／目　次

「古典中國」の形成と王莽

序章　中国史の時代区分と「古典中國」

はじめに

日本における中国史研究では、一九五〇年代から一九七〇年代を中心として、時代区分論争が盛んに行われた。同じころ、中国では、マルクス主義の唯物史観に基づく時代区分により研究を進展させていた。両国の中国史に対する似て非なる時代区分に対して、日中で共同研究が行われたこともあった[一]。しかし、互いの歴史観を擦り合わせることができず、共通認識は生まれなかった。以後、両国とも個別研究は進展したものの、近年ではとくに、中国史の時代区分を論ずる研究や、自らの研究が中国に対する如何なる時代認識と繋がるものであるのかという明確な問題意識を持つ研究は、少なくなってきている。

しかし、時代区分は、歴史認識を根底で規定する営みであり、その試みは継続していくべきである。そして、時代区分の際には、明確な指標が必要となる。しかも、指標は、生産様式・国制・思想など単一の指標ではなく、それらの複合体として設定される必要があろう。そこで、本章は、中国史における新しい時代区分として、「古典中國」を指標とする四時代区分を提起するものである。

一、日本における中国史の時代区分論争

日本における中国史の時代区分論争は、宋以前を中心に考えると、以下の五期に分類できる。戦前の中国史研究に見られた「停滞論」からの脱却を目指し、「世界史の基本法則」を中国史に適用するために、当該時代の基本的生産関係を規定すると考えられた大土地所有の経営形態が、奴隷制であるのか、農奴制（小作制）であるのかという問題が、主要な論争点とされた一九五〇年代を中心とする第一期。中国独自の専制権力の成立基盤を専制君主と小農民との直接的な関係に求めた一九六〇年代を中心とする第二期。専制国家と小農民との間に介在し、小農民の存立を保障するとともに、国家の支配を可能にする「共同体」が問題とされた一九七〇年代を中心とする第三期。第三期より継承された「共同体」論と「小経営生産様式」論との間で論争が行われながらも、時代区分と直接関わらない研究が増加した一九八〇年代を中心とする第四期。時代区分を正面から取り上げることに疑問が生ずるようになった一九九〇年代から現在に至る第五期、以上である。

第一期は、戦前の中国史研究が設定した「中国社会の停滞性」への否定が研究の出発点とされた。これを初めて明確に主張した前田直典〈一九四八a〉・〈一九四八b〉は、東アジア諸国の歴史に相互連関性を指摘し、それを「発展の連関性」として捉えた。そして「世界史の基本法則」と照らし合わせ、中国では、大土地占有者が奴隷および半奴隷を耕作に使用していた唐中期までを古代と考え得るとする、新しい時代区分論を提唱したのである。

前田説を批判的に継承しながら、中国における特殊な奴隷制として「家父長的家内奴隷制」を中国古代に求めたものが西嶋定生〈一九四九〉・〈一九五〇〉である。秦漢時代の家父長的家内奴隷所有者の同族結合体、すなわち豪族は、

西欧古典古代のような労働奴隷制への展開の方向を示すが、周辺の共同体遺制によって阻まれ、小農民を小作人化するに止まる。しかし、この小作制は、豪族の奴隷所有者的権力により強く規制されており、豪族の大土地所有下の家内奴隷制と結合して、家父長的家内奴隷制を形成している。そして、秦漢帝国は、家父長的家内奴隷所有者の集中的権力機構であり、豪族同様、家父長的家内奴隷所有者的性格を持つ、としたのである。このように、国家と豪族を同質として捉え、いずれも家父長的家内奴隷制を基本的生産関係とするものが、「西嶋旧説」と称される、この時期の西嶋の所説であった。

一方、内藤湖南〈一九二二〉以来の後漢末までを古代とする時代区分論を継承する宇都宮清吉〈一九三五〉・〈一九三九〉・〈一九五三〉は、奴隷制そのものは古代帝国たる漢代社会の本質を決定するほど重大なものではないとした。漢代社会の本質を決定するものは、「上家下戸制」であり、漢代は「上家下戸制」の主体である豪族の発展過程として捉えることができる。そして「上家下戸制」の成立過程は、同時に秦漢帝国の崩壊過程でもあり、豪族が帝国の基盤である小農民を「下戸」とするとき、古代帝国は崩壊する、としたのである。宇都宮に代表される内藤湖南の学統の特色は、古代帝国と豪族を異質のものと捉え、豪族の発展による農奴制の成立に古代帝国の崩壊を求めるところにあった。

このように、第一期の研究は、基本的生産関係を豪族と隷属民との間に求めた。これに対して浜口重国〈一九五三〉は、中国には大土地所有者の他に、広範な小農民層が存在すると指摘し、豪族と隷属民との間に基本的生産関係を設定することに疑義を提出した。また、大土地所有の経営論である第一期の研究では、中国古代国家の特質である専制主義を充分に説明し得なかった。こうして、国家権力と小農民との関係、および専制権力の出現過程を解明するため、研究は第二期を迎える。

第二期の研究は、浜口の提言を受けて、東アジアの特殊性である専制的な国家権力と広範な小農民の存在とを整合的に位置づけることに主眼が置かれた。したがって、国家と小農民との間に基本的生産関係が設定され、豪族などの在地勢力は古代帝国の矛盾物として捨象された。この時期を代表する論者は、西嶋定生と木村正雄である。

西嶋定生《一九六一》は、秦漢帝国の基本的生産関係を豪族対奴隷に求める「旧説」を撤回し、それを国家対小農民に求めた。西嶋によれば、専制君主である皇帝は、私権の集積のみでは実現されない、唯一無二の公権力として出現し、官僚のみならず全人民を個別人身的に支配する。具体的には、皇帝は人民に爵位を賜与することによって、自律的秩序を喪失している里に新たな秩序を形成する。里内の歯位による秩序と爵制的な秩序を一体化させる爵位の賜与により、皇帝と人民は同一の秩序の上に立ち、そこに個別人身的な支配が成立する、としたのである。いわゆる「西嶋新説」である。「西嶋新説」の特徴は、皇帝対小農民に基本的生産関係を設定すること、および皇帝の個別人身的支配の必然性を国家の支配の正当性から説明しようとした点にある。

一方、木村正雄《一九六五》は、生産力と生産関係の弁証法的発展を説くことにより、環境決定論的な停滞史観を打ち破る。木村によれば、中国古代の基本的生産関係は、「斉民制」と呼ぶべき奴隷性の特殊な形態である。春秋時代までの旧邑が独立の水利条件に支えられた「第一次農地」に発達したことに対して、戰國時代以降、鉄器を使用した国家的治水灌漑事業により、従来の荒蕪地に「第二次農地」が開かれ「新県」が設置された。「新県」は、国家の治水管理を待って初めて再生産が可能になるため、中央依存的な性格が強く、権力の性格を専制主義にするとともに古代帝国の基盤となった。土地私有を実現している小農民が、「斉民」という奴隷として国家に隷属させられるのは、単なる土地所有関係を超えて治水灌漑を梃子とした国家という生産体に組み込まれていたことによる、としたのである。木村説は、専制国家の成立事情とその基本的性格を生産関係から解明した研究と言えよう。

第二期の専制国家論は、秦漢専制国家の出現過程を理論化し、専制支配と称されるものが、国家の小農民への個別人身的支配であることを解明した点において、今なお評価される。西嶋説には秦と漢との異質面を捨象している点や爵制論の観点から、木村説には農業技術面から、それぞれ批判が提出された[二]。それでも、個別人身的支配という国家の「支配意思」を解明した研究であると限定すれば、現在も継承し得る議論である。しかし、国家による小農民の個別人身的支配が、国家の「支配意思」どおり貫徹されていたと考えることには疑問がある。こうした観点より、西嶋説を批判した者が、増淵龍夫である[三]。増淵は、西嶋が里を自律的機能を喪失したものと規定し、その前提のうえで国家権力への小農民の隷属を主張することは、「動きのとれない構造論」に陥っているとし、土豪・豪族の維持する自律的秩序を、理念的な秩序を乱す変則的なものと理解したり、地域的な差異に還元することは「制度的ディスポティズム論」であると批判した。そのうえで、増淵は、郷里の自律的秩序の形成者である豪族に着目し、かれらを国家権力を内面から支え動かしたものである、とした。

増淵は、国家の支配を現実のものとする存在として、豪族を重視した。国家の「支配意思」ではなく、国家支配の現実を考察するために、増淵の視角は有効である。しかし、増淵の研究は、豪族層がいかなる形で在地社会に自律的秩序を形成し、国家と関わり変貌を遂げたのか、充分に展開されなかった。そこで、国家の「支配意思」と在地社会とが関わる場として「共同体」概念が設定され、研究は、第三期へと進展していく。

第三期は、在地勢力の規制力が働く場として「共同体」が設定され、いわゆる「共同体」論争が行われた。しかし、結論的に言えば、「共同体」論争は、根本的な対立点を包摂したまま伏流化した。それは、「共同体」に対する視角が全く異なる二つの立場から論争が行われたことによる。一方は、前田直典以来の唐中期まで古代説を継承し、「共同体」を母体としながらも、あくまでも階級関係を主体として「共同体」の様態を追求する立場であり、他方は、内藤湖南以来の六朝隋唐中世説を継承する中国中世史研究会が取った、「共同体」を階級関係を超克した歴史の主体的要因とする立場である。

歴史学研究会を中心に展開された「共同体」論は、私有制と階級関係の発展を指標として、春秋戰國期に生まれた小農民の自立性、土地所有の状況、小農民が構成した「共同体」の性格に関心の所在がある点では共通している。しかし、「共同体」を史料から明示し得なかったこと、およびマルクスのアジア理解に時期的な変化があることを主因として、論者により「共同体」概念にズレがあり、「共同体」の共通理解を困難にした（四）。一方、谷川道雄・川勝義雄を中心とする中国中世史研究会の「共同体」論は、「共同体」を階級関係を生み出し、それを支え、またそれを超克することができる歴史の主体的要因と捉える（五）。そこでは、中国史は、「氏族共同体」・「里共同体」・「豪族共同体」という「共同体」の自己発展によって理解される。「氏族共同体」が崩壊したのち、自立小農民のかなりフラットな「里共同体」が形成され、秦漢古代帝国の基礎となる。その分解ののち、大土地所有者と小農民との階級対立を乗り越えた「豪族共同体」が出現して中世を形成する。六朝豪族は、武力・財力によって農民を圧伏させる階級支配者としてよりも、政治的・文化的能力によって民の信望を集める「共同体」首長として現れる、としたのである。

中国中世史研究会の「共同体」論は、アジア社会を唯物史観の如きヨーロッパの歴史の発展から抽出した概念によって分析することに疑義を唱え、アジア独自の発展法則の探究を試みたものである。しかし、「共同体」を階級関係をも超克するものと位置づける理解には、多くの批判がある。また、論の中核たる「豪族共同体」成立の重要な契機と設定されている「儒教」そのものの検討に、不充分な点がなお多く存するのである。

このように、継承すべき多くの論点を提出しながらも、「共同体」論争は低調となり、研究は個別細分化した。そして、専門的で詳細な考証が重ねられる一方で、隣接諸分野からの理論導入をも図って、新たなパラダイムが模索された第四期に移行する。

第四期には、文化人類学などとの学際的な研究により、多くの方法論が提出された。それらの中で注目を集めたものは、中国史研究会の「小経営生産様式」論である。（六）中国史研究会は、巨大な王朝専制支配の存続と中国社会の発展をその基底で支えてきた広範な小農民の存在を、中国史を現代まで把握する際の座標軸とする。そして、従来、漠然と使用されていた「小農民」という概念を階級関係だけではなく、生産関係と労働過程から明らかにするため「小経営」なる概念を設定して、前近代中国における基本的階級関係を、国家と「小経営生産様式」による農民との間に求めた。すなわち、「小経営生産様式」は、その生産力の発展により、唐宋時代を分岐として、「奴隷制小経営」と「農奴制小経営」とに二分される。そして、前者を基礎とした唐代までの社会構成体が「国家的奴隷制」であり、後者を基礎とした宋以降の社会構成体が「国家的農奴制」である、としたのである。これに対しては、「小経営」概念の曖昧さ、生産力発展の指標の不充分さ、中間諸団体の捨象、封建制の否定を中心に多くの批判が提出された。（七）とりわけ、問題とすべきことは、「共同体」などの中間諸団体を国家の矛盾物として完全に捨象していることである。基本的生産関係を国家と農民とに求める中国史研究会の立場は、第二期への回帰と捉えられた。そして、研究は、時代区分そのものを忌避する第五期に至る。

岸本美緒〈一九九八〉によれば、第五期の風潮は、時代区分の背景となる共通認識が崩壊することにより生まれた。すなわち、社会というものをある構造をなすものとして一種の実体のごとく捉える考え方、さらには、それぞれの地域が遅速の差や地域的特色はあれ、ある段階を踏んで発展しており、その発展を共通の物差しで計ることができる、という考え方の崩壊が第五期をもたらせたとするのである。

時代区分論の前提となっている発展史観について、たとえば、カール＝ポパー《一九六一》は、物事は一定の法則にしたがって歴史的に発展していく、という歴史主義あるいは社会進化論を厳しく批判する。また、ミシェル＝フーコー《一九七〇》は、時間の流れは政治・経済・文化など局面ごとに異なった速度で流れているため、一つの統一された「時代」というものは存在しない、という。たしかに、すべての社会が同一の発展法則に従うとすることには無理があり、「世界史の基本法則」のような歴史認識は力を失っている。さらに、ウォーラーステイン《二〇一三》の「世界システム」論は、十六世紀以降に対する一国的発展論と、それに基づく時代区分の方法の限界を鮮明にした。あるいは、大島康正《一九四九》のように、時代区分の問題は、歴史の「主体的把握」の問題であって、客観的考証に終始する歴史学の限界をはみ出るものである、という考え方もある。歴史学の緻密な分析的研究が進むほど、時代と時代との連続性が浮き彫りになるためである。

それでは、第一期から第四期で試みられてきたような、一国史における発展を考えていく時代区分は、現在でも可能性を持ち得るのであろうか。

二、中国国家・社会の規範

一九九〇年代、中国が全面的な西欧化を掲げていたころ、話題になった中国史の把握方法に、金観濤・劉青峰《一九八七》の「超安定システム」論がある。それによれば、中国封建社会は、「宗法一体化構造」を特有の構造として持つ。「宗法一体化構造」は、国家が農民大反乱の中で崩壊した際、王朝修復の鋳型を提供し、社会を従来の旧構造へと引き戻す。中国封建社会は、このような超安定システムを有するが故に、停滞性の中に王朝の周期的崩壊を繰り返した、というのである。ここでは、儒教により形成された「宗法一体化構造」は、中国社会を発展とは縁遠いものとする巨大な「わな」に落ち込ませ、中国の発展を阻害したものと位置づけられている。

このように中国前近代の歴史を停滞と捉え、それを超えていくために西欧化の有効性を主張する「超安定システム」論は、「全盤西化」が唱えられた一九九〇年代の中国史の把握方法としては興味深い。時代区分は、歴史像の構成において、常に何らかの理念を欠かすことのできない営みだからである（大島康正《一九四九》）。しかし、こうした捉え方は、前近代を生きた中国人の抱いていた歴史認識とは、大きく異なる。時代区分は、当該時代を生きる人々が自ら主体的に認識していた歴史観に基づいてなされるべきである。

西欧では、十七世紀にドイツのケラーが、古代・中世・近代という三時代区分を行い、それが十九世紀になって進化論と一体化した（八）。その源は、ペトラルカ以来のルネサンス期の人文主義者や宗教改革者に起源を持つ。古代・中世・近代という時代区分は、人間性の同一という普遍的基盤に立って、生→死→復活という象徴的な三幅対の方式を世界史に適用したものに他ならない（大島康正《一九四九》）。すなわち、古代・中世・近代という時代区分には、ルネサンス期を生きた人文主義者や宗教改革者の理念が、そして十九世紀の歴史学には、進化論という人類史の理念が、それぞれ内在化されているのである。異なる理念を持つ中国史に、古代・中世・近代という時代区分をそのまま適用できるはずはない。

中国前近代では、ルネサンス期の人文主義者や宗教改革者のように、宗教的な時代観を背景としながら、ある一定の時期を「暗黒」の時代と捉えたことはない。そうした事象が中国に見い出し得ないにも拘らず、中国史に「中世」が必要とされたのは、停滞史観を打破するため、近代の前提となるべき、克服すべき「中世」が中国にも存在することを「発見」することが求められたためである。近代の価値が相対化され、超克すべき「中世」が不必要となった現在、中国史に「中世」を設定する積極的な意味はない。

中国前近代において内在的な歴史認識は、儒教の尚古主義を基調とする。(九)ただし、堯・舜・禹といった聖王の御世や周の文王・武王を理想と仰ぎながらも、現実には秦の始皇帝以来の皇帝による中央集権的な官僚制度が整備された統一国家を規範とし続けてきた。

統一国家を尊重することについては、「大一統」という『春秋公羊傳』隠公元年の「春秋の義」に基づき、その重要性が表現された。「大一統」を保つための方策としては、「郡縣」と「封建」が対照的に語られる。「大一統」の障碍となる私的な土地の集積に対しては、「井田」の理想を準備し、文化に依拠するあらゆる価値基準を国家のもとに収斂するため、「學校」が置かれる。また、支配の正統性は、「皇帝」と共に用いられる「天子」という称号に象徴される。さらに、現実に中国を脅かす異民族を包含する世界観として、「華夷」思想を持つ。

このように、中国における国家の規範型は、儒家の主張により表現されてきた。したがって、それが形成された時代は、始皇帝が現実の型を創造した秦代ではない。前漢の景帝期より段階的に進められていく儒教の国教化と後漢において成立する「儒教國家」において中国国家の規範は形成される。(一〇)

中国は、自らが生きる国家や社会が限界を迎えるとき、「古典」とすべき中国像を有していた。それに基づいて新たな国家を再編するため、ヘーゲルからは「持続の帝国」と見えたのである。そうした「古典」とすべき中国の国家や社会の規範を「古典中國」と称するのであれば、中国の歴史は、「古典中國」が成立するまでの「原中國」、「古典中國」の成立期、「古典中國」の展開期（「近世中國」）、「古典中國」を直接的には規範としなくなった「近代中國」に区分することができよう。それでは、「古典中國」はいつ、どのような形で成立したのであろうか。

三、「古典中國」の成立と展開

「古典中國」は、「儒教國家」の国制として後漢の章帝期に白虎観会議により定められた中国の古典的国制と、それを正統化する儒教の經義により構成される（一一）。かかる理想的国家モデルの形成に大きな役割を果した王莽の新（莽新）は、わずか十五年で滅びた（一二）。それにも拘らず、莽新を滅ぼした後漢は、王莽の国制を基本的には継承し、それを儒教の經義と漢の国制とに擦り合わせ続ける。その結果、後漢で成立した「古典中國」は、儒教の經義より導き出された統治制度・世界観・支配の正統性を持つに至るのである。

1．大一統（統治制度）

「古典中國」の統治制度の大原則は、『春秋公羊傳』隱公元年に記された春秋の義である「大一統」である。天が一つである以上、天の命を受けて世界を統治する天子が、そして世界の支配者である皇帝が、統治する中華世界は統一されていなければならない。統一を保つための手段は、「郡縣」と「封建」として対照的に語られる。しかし、中国の「封建」は、feudalism とは決定的に異なる。国家権力の分権化を許容する feudalism とは異なり、たとえば魏晉期の「封建」は、社会の分権化に対して、皇帝権力を分権化して、国家権力全体としての分権化を防ぐ理念として機能する（渡邉義浩〈二〇一〇ａ〉）。

中国史上、「封建」論が盛んに論ぜられたのは、魏晉・明末・清末である。これらの時期は、秦・宋・清で形成された三つの「郡縣」的な専制政治の衰退期とも言えよう。宋の「郡縣」の限界の中で明末の「封建」論は地方行政の立て直しを主張し、清の「郡縣」の限界の中で清末の「封建」論は、地方自治を主張した。〔一四〕したがって、三つの「封建」論の中では、漢の「郡縣」の限界の中、社会の分権化傾向を皇帝権力の分権化により防ごうとする中から生まれ、兩晉南北朝の貴族制をも正統化する魏晉期の「封建」論が、西欧の feudalism に最も近い。しかし、土地の分与が中国の貴族制では否定されたように、「大一統」の原則が揺らぐことはなかった。〔一三〕

それでも、私的な土地の集積が「大一統」の障害であることは明らかであった。儒教は、ここに「井田」の理想を準備する。西晉では、占田・課田制として政策化された「井田」は、北魏・隋・唐の均田制として日本にも大きな影響を与えた（渡邉義浩〈二〇〇五ａ〉）。支配の側だけではなく、清に対する太平天國の乱で掲げられた天朝田畝制度にも「井田」の発想を指摘することができる。さらに言えば、孫文の民生主義、毛澤東の人民公社運動にまでその影響は及ぶ（桑田幸三〈一九七二〉）。これらの土地制度は、いずれも土地を国有と考える点において「井田」の系譜を継承する経済政策なのである。

また、「大一統」を保つためには、あらゆる価値基準を国家のもとに収斂しておく必要があった。そのための装置が儒教に基づく教化を行う「學校」、そして科擧に代表される官僚登用制度である。さらに、皇帝による文化事業も、文化価値の収斂を推進する。たとえば、唐の皇帝の勅撰事業として行われた『藝文類聚』（類書）、『初學記』（類書）、『五經正義』（經書）、『帝範』（儒教〈經義〉）、『群書治要』（政書）、『文翰詞林』（総集〈文學〉）、『唐六典』（職官）、『隋書』などの南北朝正史の編纂（史學）は、唐代の皇帝の文化価値収斂への努力を今日に伝える。台北や北京の故宮博物院に残る文物も、歴代皇帝の文化的価値の収斂事業の一環と考えてよい。

このように「大一統」は、政治制度・経済政策・文化の収斂によって守られ続けていった。ただし、その際、ある時代を画期に、「古典中國」への眼差しに相違が現れることに留意しなければならない。たとえば、明末清初の王夫之（王船山）は、「封建」について次のように述べている。

　兩端 勝を爭ひて、徒らに無益の論を爲す者は、封建を辨ずる者 是れなり。郡縣の制、二千年に垂んとして改むる能はず。古今上下に合《かな》ひて皆 之に安んずればなり。勢の趨く所、豈に理に非ずして能く然るや。（一五）

王夫之は、封建制が復活せず、郡縣制が続いていることは「勢」の赴くところであり、それが「理」に合致している、と主張する。（一六）「古典中國」の国制においては「封建」を理想とすべきであるが、「理」が指し示すものが「郡縣」であるならば、「古典中國」の国制である「封建」に復帰する必要はない、というのである。ここでは、「古典中國」は、規範としての絶対的な地位を失い、「理」が優先されている。「古典中國」の形成期では、あくまでも「封建」を理想とする主張が崩れなかったことに対して、「古典中國」という規範より、「理」を優先する時代となっているのである。

また、同じ時期に王夫之とは逆に、「古典中國」の理想である「封建」を復活しなければならない、と説く論者も、その理由を「理」に求めていた。

　封建・井田の廢《すた》るるや、勢なり、理に非ざるなり。亂なり、治に非ざるなり。後世の君相、因循苟且して、以て其の私利の心を養成す。故に復た三代に返る能はず、孔・孟・程・朱の憂ふる所以なり。必ず爭ふ者は、正に此れと爲すのみ。（一七）

明末清初の浙江の朱子學者である呂留良は、封建・井田を必ず復活させなければならず、封建・井田が廃れたことは、「勢」であって「理」ではないという。王船山とは封建への方向性を逆にするが、封建の復活が「理」である、と「古典中國」への回帰の理由に「理」を掲げていることに注目したい。

「古典中國」という規範以上に「理」を重要視する時代の位置づけについては後述することにして、「古典中國」

の構成要素をさらに掲げていこう。「封建」を復活することを「理」と捉える呂留良は、雍正帝に屍を戮されている。それは、「古典中國」を尊重する呂留良の「華夷思想」の影響を受けた曾静が、雍正帝の弾圧を受けたためであった。(一八)

2. 華夷（世界観）

「古典中國」の天下観・世界観である華夷思想は、『春秋公羊傳』成公十五年に記される「諸夏を内にして夷狄を外にす（內諸夏而外夷狄）」という春秋の義により規定される。華夷思想は、地理的にだけ世界を説明するのではない。天子が徳治を行う中華を世界の内とし、教化の及ばない「南蠻・東夷・西戎・北狄」の夷狄を世界の外とする概念である。したがって、教化が及べば、夷狄もまた中華に成り得る可能性を持つ。それを積極的に主張した者が後漢末の何休である。何休は、『春秋公羊經傳解詁』隱公元年の注で、「夷狄も進みて爵に至る（夷狄進至於爵）」ような「大平」の世では、中華と夷狄の区別が消滅することを説いた（渡邉義浩〈二〇〇八ａ〉）。五胡の君主が好んで述べたように、禹は夷狄の出身であり、周の文王も異民族の生まれである。かれらが中華の理想的な君主となったのは、禹が黄河を治めて中華の文明の基礎をつくり、周の文王が禮を治めて中華の文化の基本を定めたことによる。たとえ夷狄の出身であっても、中華の文化を体現することにより、中華の君主と成り得る。それが文化によって中華と夷狄を区別する儒教の規定であった。

しかし、現実問題として、異民族が中国を支配すると、民族的な軋轢が生ずることは多かった。北魏の漢化政策から隋唐の胡漢融合へと、たとえば何休が主張するような異民族の漢民族への同化が順調に進めば、民族問題は表面化しまい。ところが、北朝系の国家はおしなべて佛教を尊重している。ここに、民族問題に対する儒教の弱さを窺い得る。遼・金・元・清という「征服王朝」も、一貫して佛教を尊崇している。佛教は、中国外部からもたらされた世界宗教である点において、異民族による政権の正統性を保証する存在であった（妹尾達彦《二〇一八》）。儒教は、とりわけ中華と夷狄の問題については、世界宗教である佛教に一歩譲るところがあった。それでも、中華と夷狄という儒教が形成した世界観は、前近代中国において脈々と継承されていく。

3．天子（支配の正統性）

中国の君主は、漢代以降、天子と皇帝という二つの称号を持つ。中国を実力で支配する皇帝の持つ権力を、天命を受けた聖なる天子の統治という権威が正統化していたのである。天子が天の子であることを、後漢末の鄭玄は感生帝説に基づく六天説により説明した。これに基づき曹魏の明帝は、冬至には圜丘で昊天上帝を祀り（圜丘祀天）、正月には南郊で五天帝を祭った（南郊祭天）。これに対して、西晉の武帝が採用した王肅説は、感生帝説と六天説を否定し、圜丘と南郊を同一のものとして、昊天上帝一柱を南郊で祭ることを主張する（一九）。

鄭玄説か王肅説かの違いはあるが、南郊での祭天儀礼は、遼を唯一の例外として、すべての前近代中国国家に継承された。ただし、後漢から唐までは、南郊の祭天に参加するものは、皇帝および一部の高級官僚だけであった。「古典中國」において、皇帝や皇帝の支配を受ける人々がつくる共同体に、共属意識を抱いていたのは、支配階級や国家から利益を得ている裕福な階層に限られる。ほとんどの農民は、自分達を統治する人々について、関心も持たないことが多かった。少数の知識人の間で、同じ国家に属しているという意識を共有できれば、国家の正統性を作りあげることができたのである（妹尾達彦《二〇〇一》）。

ところが、北宋になると、首都開封の南郊儀礼は、宮殿→大慶殿→太廟→景靈宮→圜丘へと続く豪華なものとなり、商業都市でもある開封の都市構造とも相俟って、首都全体をまきこみ、城内の住民を熱狂させる、華麗なペイジエントとして機能するようになる（梅原郁〈一九八六〉）。明代に本格化する儒教の民庶への普及などにより、国家が正統性を主張する範囲はさらに拡大していく。

南郊での祭天儀礼の対象が唐から宋の間で変化し、国都が長安・洛陽から開封に代わったように、「古典中國」からの様々な展開が、唐宋変革期に起きている。国家の正統性に最も深く関わる天観念も、古代の天から大きく変容した。

古代の天は、超越的で不可知的な所与の自然としての天であり、それが主宰神である天により正統化される天子の神秘性を支えていた。天子が善政を行うと天は瑞祥によりそれを褒め、天子が無道であると天は地震や日食などの災異により譴責するという、前漢の董仲舒学派が集大成した天人相關説は、そうした人格神としての天を前提とする。これに対して、宋以降の天は、天とは「理」であるという北宋の程顥の規定を承けて、「天理」という概念が広がるように、宇宙を秩序づける可知的な合理性を持つようになる。すでに述べたように、「古典中國」の時には必ず行われるべきとされた「封建」は、朱熹がまとめた朱子學の普及以降は、行われるべきか否かは「理」により判断されるようになった。唐宋変革期に、「古典中國」は、大きく展開するのである（二〇）。

本書は、ここに中国史に内在する「古典中國」の主体的把握に基づく時代区分を設定する視座を求めたい。すなわち、中国史は、

「原中國」　先秦。「古典中國」成立以前。
「古典中國」　秦から唐。「古典中國」の成立。
「近世中國」　宋から清。「古典中國」の展開。

「近代中國」　中華民國以降。「古典中國」からの脱却。

の四時代に区分することができるのである。

一九一一年の辛亥革命により、天を祭らない中国の支配者が誕生する。創立民國（共和制の樹立）を説く孫文は、天子ではないため、祭天を行う理由がなかったのである。しかし、最後の南郊祭天はこの後に行われた。一九一四年、孫文から中華民國の実権を奪った袁世凱は、北京南郊の天壇で祭天儀礼を行った。しかも、南郊祭天は国民に通達され、国民も各家庭で天を祭る祭壇を設け、儀礼に参加するよう呼びかけられた。袁世凱は、皇帝制度を復活し、天子となることを目指していたのである（竹内弘行《一九九五》）。袁世凱の死後、中国では二度と天は祭られていない。天を祭らない中国の支配者の出現、それは「古典中國」の伝統から断絶した中国、すなわち「近代中國」の成立を意味するのである。

おわりに

ある国家の政治的・社会的な統合には、イデオロギーがつきものである。中国の場合も、二千年前の統一国家誕生以来、思想・理念が作用してきた。その意義を歴史的に整理することは、中国がアメリカと並ぶ大国として世界に大きな存在感を示している現在、改めて重要になってきている。

中国の理想的な国家モデルである「古典中國」は、前漢を簒奪した王莽期に形成され、後漢「儒教國家」において成立した。こうした「古典中國」が大きな展開を迎えた時代は、宋代であった。唐が衰亡したあとの混乱期を経て、宋は再び中国を統一したとされる。しかし、北方の遼との並立、あるいは軍事的劣勢は、宋代の士大夫たちに強く意識されざるを得ない事態であった。南宋になると、かつての中原の地を金に奪われて南方に逼塞するに至る。このように、宋は現実には「大一統」を成し遂げていないにも拘らず、これを夏・殷・周の三代に並ぶ「盛世」として自画自賛する動きが生まれる。

その中で最も成功を収めたものが朱子學である。朱子學は、中華文化の精髄である儒教を純化・復興するために、孔・孟の精神に帰ることを標榜し、後漢以来の經學を批判して、「古典中國」モデルに代わる思想体系を樹立した。元代を経て、明においてこの新たな体系が国家体制を支える理念として確立する。

こうして「古典中國」は「近世中國」へと展開する。後漢末の鄭玄（二〇〇年没）、南宋の朱熹（一二〇〇年没）という千年を隔てた二人の儒者は、「古典中國」と「近世中國」を象徴する存在であると言えよう。

それでは、「古典中國」は、どのように形成されたのであろうか。それを記録する『漢書』の特徴より検討を始めよう。

《 注 》

（一）その成果は、鈴木俊・西嶋定生《一九五七》としてまとめられている。

（二）西嶋説の批判としては、籾山明〈一九八五〉〈一九九一〉があり、木村説の批判としては、天野元之助〈一九五八〉が重要である。

（三）増淵龍夫〈一九六二〉は、西嶋説のほか木村説の批判も行い、土豪・豪族の持つ自律的秩序を重視すべきことを説いた。また、増淵龍夫《一九六〇》に収められた一連の研究では、民間における任侠的習俗や在地社会における自律的秩序の問題が、社会史的見地から詳述されている。

(四) 代表的な論著に、堀敏一〈一九七〇〉〈一九七八〉、五井直弘〈一九七四〉、好並隆司〈一九七一〉〈一九七三〉、多田狷介〈一九七一〉〈一九七五〉などがある。

(五) 中国中世史研究会の研究成果として中国中世史研究会（編）《一九七〇》がある。同書所収の川勝義雄・谷川道雄〈一九七〇〉に、同研究会の「共同体」論は端的に明示されている。

(六) 中国史研究会（編）《一九八三》《一九九〇》。なかでも中心的な論者である渡辺信一郎《一九八六》が注目された。

(七) 山根清志〈一九八四〉、柳田節子〈一九八四〉、岸本美緒〈一九八五〉などを参照。

(八) パラグラフ、前川貞次郎・兼岩正夫（訳）《一九六九》を参照。

(九) 増淵龍夫〈一九六九〉を参照。なお、王充『論衡』の齊世篇、葛洪『抱朴子』の鈞世篇のように、古と今とを同価値と捉える時代認識も存在することは、渡邉義浩〈二〇一四a〉を参照。

(一〇) 中国における最初の「儒教國家」が、後漢の章帝期に成立することについては、渡邉義浩《二〇〇九》を参照。

(一一) 中国における古典的国制については、渡辺信一郎《二〇〇三》を参照。

(一二) 王莽と莽新の概略については、渡邉義浩《二〇一二a》を参照。

(一三) 林文孝〈二〇〇六〉によれば、明末の「封建」論は、その対象として宗室の比重が低下し、王朝の存続を必ずしも目的とせず、地方行政の問題が前面に現れ、『周禮』の理念にもとづく統治体制が提起され、一部の論者が世襲を除外することに特徴がある、という。

(一四) 清末の「封建」論が、西欧近代の理解に道を開き、康有爲らの立憲運動に繫がることは、増淵龍夫《一九八三》、地方自治の主張へと繫がることは、溝口雄三〈一九八九〉。

(一五) 兩端爭勝、而徒爲無益之論者、辨封建者是也。郡縣之制、垂二千年而弗能改矣。合古今上下皆安之。勢之所趨、豈非理而能然哉（『讀通鑑論』巻一 秦始皇、「船山全書」第十冊、嶽麓書社、一九八八年）。

（一六）王夫之の「封建」論については、大西克巳〈一九九七〉を参照。
（一七）封建・井田之廢、勢也、非理也。亂也、非治也。後世君相、因循苟且、以養成其私利之心。故不能復返三代、孔・孟・程・朱之所以憂。而必爭者、正爲此耳（呂留良〈講〉、周在延〈編次〉『呂晩邨先生四書語錄』巻三十七　孟子　滕文公上、広文書局、一九七八年）。
（一八）呂留良の曾靜への影響、ならびに雍正帝の弾圧については、小野川秀美〈一九五八〉を参照。
（一九）渡邉義浩〈二〇〇七ａ〉、〈二〇〇八ｂ〉、〈二〇〇八ｃ〉を参照。
（二〇）以上、中国における天観の展開については、溝口雄三〈一九八七、八八〉を参照。

第一章　『漢書』が描く「古典中國」像

はじめに

序章で述べたように、中国における国家と社会の原基となった「古典中國」は、王莽期に形成され、後漢の章帝が主宰した白虎観会議により成立した。「古典中國」は、儒教の經義により、国家と社会のあり方を規定しているが、『漢書』は、それに繋がる儒教一尊を董仲舒に始まると記す。すなわち、董仲舒が武帝に献策したいわゆる「天人三策」を機に、五經博士が太學に置かれ、諸子の思想が排斥されたとするのである。しかし、福井重雅〔二〇〇五〕が明らかにしたように、董仲舒の「天人三策」、その中でも儒教一尊の主張に関わる部分は、史料的に疑義が大きい。また、儒教の国教化と称し得るような、①思想内容としての体制儒教の成立、②制度的な儒教一尊体制の確立、③儒教の中央・地方の官僚層への浸透と受容、④儒教的支配の成立という「儒教國家」の四つの指標も、①・④は後漢の章帝期の白虎観会議、②・③は後漢の初期に確立するものであり、董仲舒の献策により儒教が国教化した、と理解することはできない。儒教の国教化、すなわち後漢における「儒教國家」の成立は、章帝期の白虎観会議に求めることができるのである（渡邉義浩〔二〇〇九〕）。

それでは、なぜ『漢書』を著した班固は、前漢の武帝期に儒教一尊が確立したという、事実に反する記述を行ったのであろうか。福井重雅《二〇〇五》により詳細に検討された董仲舒傳以外の『漢書』の記述に注目することにより探っていこう。

『漢書』は、劉歆や父の班彪をはじめとする『太史公書』（以下、通称の『史記』と表記）を続成する書籍群を原材料としながらも、『春秋』を受け継ぐ『史記』続成の動きとは質を異にするため、あえて『史記』と重なる高祖劉邦から記述を始めた。『漢書』は、書名にも明らかなように、『尚書』を継承する著作なのである（渡邉義浩〈二〇一六a〉）。『史記』もまた、司馬遷自ら『春秋』を受け継ぐものと位置づけるように、『春秋』の影響下にある（渡邉義浩〈二〇一七a〉）。両書とも、「史」が自立する（一）以前の、儒教と強い関わりを持った書なのである。それでも、前漢の武帝期に董仲舒の献策により五經博士が太學に置かれたことを『漢書』のみが記すように、両書には前漢国家と儒教の関係の描き方について、大きな差異が見られる。

『漢書』が描こうとした儒教に基づく国家の在り方は、白虎観会議により、その姿を具体的に規定されていた。「古典中國」と名付くべき国家と社会の規範型が、儒教の經義に基づき構築されたのである（二）。それが、前漢によってすでに構築されつつあったと描くことこそ、班固の『漢書』執筆の目的であった（渡邉義浩〈二〇一六a〉）。こうした目的のため、『漢書』に描かれた人物像は、董仲舒像のように『史記』のそれとは往々にして異なる。

本章は、第一に、『史記』と『漢書』の劉邦像を比較することにより、劉歆が唱えた漢堯後説の遡及と古文説の正統化が『漢書』に見られ、儒教的な劉邦像が創造されていることを指摘する。第二に、黄老思想を尊重したとされる文帝像（大形徹〈一九八〇〉）の儒教的表現より、『漢書』の儒教への指向性を示す。そして、第三に、董仲舒もその一人である武帝期の儒者の列傳を『史記』と比較検討することにより、『漢書』が描く在るべき武帝期の儒者像を明らかにするものである。

一、『史記』と『漢書』の劉邦像

司馬遷は、『史記』高祖本紀の「太史公曰」において、劉邦の漢が興隆した理由を次のように述べている。

太史公曰く、「夏の政は忠なり。忠の敝たるや、小人 以て野たり。故に殷人 之を承くるに敬を以てす。敬の敝たるや、小人 以て鬼たり。故に周人 之を承くるに文を以てす。文の敝たるや、小人 以て僿たり。故に僿を救ふには忠を以てするに若《し》くは莫し。①三王の道は循環するが若く、終はりて復た始まる。周秦の間、文の敝たると謂ふ可し。秦の政は改めず、反りて刑法を酷くす。豈に謬《あや》まらざるや。②故に漢の興るや、敝を承けて易變し、人をして倦ましめず、天統を得たり。(三)……」と。

司馬遷は、漢の興隆を説明する前提として、①「三王の道は循環する」と述べる。すなわち、夏は「忠」・殷は「敬」・周は「文」であったが、その「敝」が極まることで国家が交替したと主張するのである。そして、秦は周の「文」の敝を承けながら「忠」とせず、②漢はそれを改変したので「天統を得た」と述べている。漢を「天統」と位置づけるような「統」の考え方は、やがて劉歆の三統説として集大成される。(四)しかし、ここでの主張は、劉歆の三統説のように暦法を根底に置く高度な論理性を持つものではない。「忠」→「敬」→「文」→「忠」という素朴な循環史観と原初的な三統が不整合なまま並立されているに止まる。『史記』高祖本紀の「太史公曰」には、未だ国家の交替を高度に論理的に正統化し得る理論を見ることはできない。

一方、『漢書』高帝紀の「賛曰」では、劉邦の正統化は、儒教經義に依拠して明確に主張されている。

賛に曰く、「(a)春秋に晉の史たる蔡墨 言へる有り、「陶唐氏 既に衰へ、其の後に劉累有り、龍を擾《な》らすを學び、孔甲に事ふ。范氏は其の後なり」と。而して(b)大夫の范宣子も亦た曰く、「祖の虞より以上は陶唐氏爲りて、夏に在りては御龍氏爲り、商に在りては豕韋氏爲り、周に在りては唐杜氏爲り。晉主 夏に盟するや范氏と爲る」と。范氏は晉の士師爲り、(c)魯の文公の世に秦に奔る。(d)後に晉に歸り、其の處る者は劉氏と爲る。①劉向云へらく、「戰國の時、劉氏 秦より魏に獲らはる」と。秦 魏を滅ぼすや、大梁に遷り、豐に都す。故に周市 雍齒に説きて曰く、「豐は、故の梁の徙りしなり」と。是を以て高祖を頌へて云へらく、「②漢帝の本系は、唐帝より出づ。降りて周に及び、秦に在りて劉と作る。魏に渉りて東し、遂に豐公と爲る」と。豐公は、蓋し太上皇父ならん。其の遷りて日 淺く、墳墓の豐に在るもの鮮し。高祖 即位するに及び、祠祀の官を置くに、則ち秦・晉・梁・荊の巫有り、世〻天地を祠り、之を綴するに祀を以てするは、豈に信ならずや。是に由り之を推すに、③漢堯の運を承け、徳祚は已に盛んにして、蛇を斷ちて符を著らかにし、④旗幟は赤を上び、火徳に協《かな》ひ、自然の應として、⑤天統を得たり」と。[五]

『漢書』高帝紀の「贊曰」は、(a)『春秋左氏傳』昭公 傳二十九年、(b)『春秋左氏傳』襄公 傳二十四年、(c)『春秋左氏傳』文公 傳六年、(d)『春秋左氏傳』文公 傳十三年という『春秋左氏傳』を典拠に引きながら、①劉向の言葉も論拠に、②「漢帝の本系は、唐帝より出づ」るものと主張する。漢堯後説である。[六] そして、③漢が「堯の運を承」けていることは、五行相生説と結びつき、漢が④「旗幟は赤を上び、火徳に協」った理由とされる。漢火徳説である。そのうえで三統説において、漢が⑤「天統」であることが述べられているのである。

このように、『漢書』には、劉歆・王莽により宣揚された古文學説に基づく漢堯後説・漢火徳説による漢の正統化理論が、[七] 整然とした論理に則って主張されている。『漢書』が『史記』と重複してまで、高祖劉邦より記述を始めた理由の一つは、漢の『尚書』たらんとした『漢書』にとって、漢堯後説・漢火徳説を劉邦に遡って主張する必要があったことに求め得る。

儒教に基づき正統化されるこのような劉邦の姿は、「贊曰」だけではなく、帝紀の本文にも見られる。『漢書』は、『史記』には記載がない、劉邦による魯への評価を次のように加えている。

　楚の地 悉く定まるも、獨り魯のみ下らず。漢王 天下の兵を引《ひき》ゐて之を屠らんと欲するも、①其の守節・禮義の國爲《た》れば、乃ち（項）羽の頭を持して、其の父兄に示す。魯 乃ち降る。初め、懷王 羽を封じて魯公と爲す。死するに及び、魯 又 之が爲に堅守す。故に魯公を以て羽を穀城に葬る。②漢王 爲に喪を發し、哭臨して去る。（八）

項羽が敗れた垓下の戰いの後にも、降服しなかった魯について、『史記』巻八 高祖本紀は、「漢王 諸侯の兵を引ゐて北し、魯の父老に項羽の頭を示す。魯 乃ち降る（漢王引諸侯兵北、示魯父老項羽頭。魯乃降）」と述べ、魯に対する劉邦の特別な思いを記すことはない。これに対して、『漢書』は、孔子の故郷である魯國を劉邦が①「守節・禮義の國」と認識して、武力でこれを屠るのではなく、項羽の首を示すという禮を尽くすことで降服させた、とする。さらに、これも『史記』にはない、項羽の死去に②「喪を發」し、「哭臨」する劉邦の姿を書き加える。こうして『漢書』は、孔子を尊重する、禮に厚い劉邦像を創造しているのである。

劉邦は晩年、魯を通過し孔子を祭祀したという。『漢書』はこれを次のように伝える。

　（十二年）十一月、行きて淮南より還る。魯に過ぎり、大牢を以て孔子を祠る。（九）

楠山春樹〈一九九二〉は、劉邦の孔子祭祀について、この記事は『史記』には見当らず、後漢代の儒教的社会を背景とする班固の作文と解すべきであろうと述べ、劉邦の孔子祭祀を否定する。しかし、『史記』孔子世家にも、劉邦の孔子祭祀の記事は存在する。（一〇）ただし、劉邦以後、前漢の皇帝が魯で孔子を祭祀した記録はない。（一一）現行の『史記』が劉向・劉歆の整理を経ていることを考えると、『史記』に記される劉邦の孔子祭祀は、信用性に少しく疑問が残る史料となろう。

もちろん、『漢書』は、劉邦と儒教との関わりをすべて書き換えたわけではない。『史記』巻九十七 酈生傳に、「沛公 儒を好まず、諸客 儒冠を冠《かぶ》りて來たる者には、沛公 輒ち其の冠を解き、其の中に溲溺す（沛公不好儒、諸客冠儒冠來者、沛公輒解其冠、溲溺其中）」とある、劉邦が儒者嫌いであったという逸話は、「好」を「喜」に改め、「溲」の字を削るだけで、『漢書』巻四十三 酈食其傳にも、そのまま踏襲されている。劉邦像の改変は、高帝紀に限定される。書き換えのための史料の存在を想定する証左である。

その一方で、『漢書』高帝紀は、『史記』高祖本紀にはない、儒教的な内容を持つ劉邦の詔を追加することにより、劉邦が儒教に則り政治を行ったことを描いていく。

（六年）夏五月丙午、詔して曰く、「人の至親は、父子より親しきは莫し。故に父 天下を有すれば、傳へて子に歸し、子 天下を有すれば、尊びて父に歸す。此れ人道の極なり。前日 天下は大亂し、兵革は並びに起り、萬民は殃に苦しむ。朕 親ら堅《よろひ》を被《つ》け鋭《はもの》を執り、自ら士卒を帥ゐ、危難を犯し、暴亂を平らげ、諸侯を立て、兵を偃《や》め民を息《いこ》はす。天下 大いに安んずるは、此れ皆 太公の教訓なり。諸王・通侯・將軍・羣卿・大夫は、已に朕を尊びて皇帝と爲すに、而るに太公 未だ號有らず。今 太公に尊を上りて太上皇と曰ふ」と。（一二）

『漢書』にのみ載せる劉邦の詔は、劉邦がその父を「太上皇」と呼ぶと定める中で、父への尊重を「人道の極」みと主張している。これが、儒教の根底にある孝に基づくことは言うまでもない。劉邦が叔孫通により禮の重要性を見せつけられ、「吾 迺ち今日、皇帝の貴爲るを知るなり（吾迺今日、知爲皇帝之貴也）」（『史記』巻九十九 叔孫通傳）と言ったのは、七年のことである。この詔は六年に繫年されており、劉邦が儒教に何の有用性も感じていない時の文章としては、疑問が残る。高帝紀と他の列傳に表現される劉邦像には、齟齬が存するのである。

また、『漢書』高帝紀には、劉邦が自ら天下を治め得た理由を次のように述べる文章が掲載される。

（十一年二月）又曰く、「蓋し聞くならく、王者は周文より高きは莫く、伯《は》者は齊桓より高きは莫く、皆 賢人を待ちて名を成せりと。今 天下の賢者の智能なること、豈に特《ひと》り古の人のみならんや。患ひは人主 交はらざるの故に在らば、士 奚《なに》に由りてか進まん。今吾 天の靈・賢士大夫を以て、天下を定め有《たも》ちて、以て一家と爲し、其の長久にして、世世 宗廟を奉じて絶ゆること亡《な》からんと欲するなり。賢人 已に我と與に共に之を平らぐ。而して吾と與に共に之を安んじ利せざるは、可なるか。賢士大夫の我に從ひ游ぶことを肯ずる者有らば、吾 能く之を尊顯せん。天下に布告し、明らかに朕が意を知らしめよ。……」と。（一三）

『漢書』は、劉邦が「天下を定め有《たも》ち」得た理由を「天の靈」と共に「賢士大夫」の協力の故であるとし、天下を「一家」にしたいと述べた、と記す。これは、「馬上で天下を取った」という『史記』に記される劉邦の天下平定観とは大きく異なる。（一四）また、「天下を一家」とする考え方は、儒教理念の孝と結びつくことで、漢の天下―國家概念の中心に据えられていくが（尾形勇《一九七九》）、『漢書』は、それが劉邦の詔まで遡るとするのである。

『史記』には記載されないこれらの詔は、どのような由来を持つのであろうか。『漢書』卷三十 藝文志 諸子 儒家には、『高祖傳』十三篇という書が著録される。班固の自注によれば、この書は「高祖 大臣と述べし古語及び詔策なり（高祖與大臣述古語及詔策也）」という。儒家に分類されるのであるから、ここに載せる劉邦の言葉や詔策は、儒教に基づくはずである。『漢書』高帝紀の材料は、このような書と考えてよい。

班固は、こうした資料を用いることで、儒教的な詔を新規に加えるだけではなく、劉邦の言葉を儒教的に改変している。劉邦の即位について、『史記』と比べて追加、ならびに大きな改変がなされている部分に傍線を附しながら掲げよう。

（五年）①是に於て諸侯 上疏して曰く、「楚王の韓信・韓王の信・淮南王の英布・梁王の彭越・故の衡山王たる吳芮・趙王の張敖・燕王の臧荼、昧死再拜して言ふに、「大王陛下、先時 秦 亡道を爲し、天下 之を誅するに、大王 先づ秦王を得、關中を定め、天下に於て功 最も多し。亡を存し危を定め、敗を救ひ絕を繼ぎて、以て萬民を安んじ、功は盛んにして德は厚し。又 惠を諸侯王の功有る者に加へ、社稷を立つを得しむ。地分 已に定まるも、而るに位號 比儗し、上下の分亡《な》し。大王 功德の著らかなるに、後世に宣べず。昧死再拜して、皇帝の尊號を上らん」と。漢王曰く、「寡人 聞くならく、帝なる者は賢者 也《これ》を有すと。虛言 實亡《な》きの名は、取る所に非ざるなり。今 諸侯王は皆 寡人を推高するも、將《は》た何を以て之に處らんや」と。諸侯王 皆曰く、「大王 細微より起り、亂秦を滅し、威 海內を動《ふる》はす。又 辟陋の地を以て、漢中より威德を行ひ、不義を誅し、有功を立て、海內を平定す。功臣 皆 地を受《さづ》け邑を食ませ、之を私するに非ざるなり。大王の德 四海に施され、諸侯王 以て之を道《い》ふに足らず。帝位に居ること甚だ實に宜なり。願はくは大王 以て天下に幸せんことを」と。漢王曰く、「諸侯王 幸にも以て②天下の民に便と爲さば、則ち可なり」と。③是に於て諸侯王及び太尉たる長安侯の臣綰ら三百人、博士たる稷嗣君の叔孫通と與に謹みて良日たる二月甲午を擇び、尊號を上る。漢王 皇帝の位に氾水の陽に卽く。（一五）

『漢書』は、『史記』にはない①の部分に、諸侯の勸進の言葉を載せ、劉邦の「德」を強調する。さらに、『史記』には、「諸君 必ず以て便と爲さば、國家も便なり」（一六）とある劉邦の言葉を改変し、②「天下の民に便と爲さば、則ち可なり」とする。これにより、『史記』では「諸侯」の「便」のために即位したとされる劉邦は、「天下の民」のために即位したことになる。こうして劉邦は、①諸侯の勸進文に言われるような「德」を持ち、②「天下の民」のために即位した儒教的な君主とされた。さらに、班固は、③「尊號を上」った「三百人」の中から「博士の叔孫通」を特立して、儒者が劉邦の勸進に大きな役割を果たしたことを印象づける。『史記』には、叔孫通は「其の儀號に就く」と記されるだけで、（二七）良日を選ぶなど中心的な役割を果たしたことは伝えられない。

このように班固は、儒家の著作である『高祖傳』などに基づき、『史記』の記述に儒教的な詔を追加し、劉邦の言葉を改変することで、儒教と無関係であった『史記』の劉邦像を儒教的に変容させているのである。

二、文帝像の儒教化

続いて文帝に関する『史記』と『漢書』の記述の異同を検討しよう。文帝紀でも、『史記』にはない儒教的な内容を持つ詔が、『漢書』に追加されている。

（元年）①三月、有司 皇后を立てんことを請ふ。皇太后曰く、「太子の母たる竇氏を立てて皇后と爲せ」と。詔して曰く、「春和の時に方《あ》たり、草木・羣生の物、皆 以て自づから樂しむこと有り。而るに吾が百姓の鰥寡・孤獨・窮困の人、或いは死亡に阽《ちか》きも、而も之を省憂すること莫し。②民の父母爲《た》るに將《は》た何如せん。其れ以て之に振貸する所を議せ」と。又 曰く、「老者は帛に非ずんば煖まらず、肉に非ずんば飽かず。③今 歳の首《はじめ》、時ならず人をして長老を存問せしめ、又 布帛・酒肉の賜無し。將た何を以て天下の子孫を佐け、其の親を孝養せしめん。今 聞くならく、吏 當に鬻を受くべき者に稟するに、或いは陳粟を以てすと。豈に④養老の意に稱《かな》はんや。具さに令を爲す。有司 請ふて縣道に令し、年八十より已上に、米を賜ふこと人ごとに月一石、肉二十斤、酒五斗とせよ。其れ九十より已上には、又 帛を賜ふこと人ごとに二疋、絮三斤とせよ。賜物及び當に鬻米を稟くべき者は、長吏 閲視し、丞 若《も》しくは尉 致せ。九十に滿たざれば、嗇夫・令史 致せ。二千石は都吏を遣はして循行せしめ、稱はざる者は之を督せ。刑者及び罪有ること耐以上なるものには、此の令を用ひず」（一八）と。

①は、『史記』巻十 孝文本紀では、「三月、有司 皇后を立てんことを請ふ。薄太后曰く、「諸侯は皆 同姓なり。太子の母を立てて皇后と爲せ」と（三月、有司請立皇后。薄太后曰、諸侯皆同姓。立太子母爲皇后）とあり、「諸侯皆同姓」が多いものの、ほぼ同文である。『史記』には、このあとに続く詔はなく、これ以降が『漢書』に追加された部分である。

『漢書』が追加した文章の中では、③の「今歳の首《はじめ》」という記述が、明らかに不自然である。前漢の文帝期は、いまだ秦以来の顓頊暦を用いており、歳首は十月に置かれているからである。事実、『漢書』文帝紀も、「元年」は「冬十月辛亥」から始まっている。したがって、三月の詔に、「今歳首」という文言を用いるはずはなく、これが後世の鼠入であることは明白である。

立春正月が歳首となるのは、武帝の太初元（紀元前一〇四）年の改暦で成立した太初暦が最初である。司馬遷は、初期の改暦議論に参加しており、このような記述をするはずはなく、事実『史記』には三月を「今歳の首《はじめ》」とする詔が記されることもない。『漢書』に竄入されている文帝の詔は、太初元（紀元前一〇四）年以降に捏造されたことが分かる。

捏造された詔の主旨は、天子が②「民の父母」として示した④「養老の意」を伝えることにある。「民の父母」は、『詩經』大雅 泂酌、小雅 南山有臺や『禮記』孔子閒居などを典拠とする儒教的君主像であり、養老の禮は、班固が生きた後漢の明帝期に完成する儒教儀禮である（本書第十章）。したがって、詔の鼠入は、儒教的な文帝像の創造を目的とする。

『史記』にはなく、『漢書』だけにある文帝期の儒教的な詔は、これに止まらない。

（後元年）詔して曰く、「間者《このごろ》數年 比《しき》りに①登《みの》らず、又①水旱・疾疫の災有り、朕 甚だ之を憂ふ。愚にして不明なれば、②未だ其の咎に達せず。意者《おもふに》③朕の政に失する所有りて、行に過つところ有るか。乃ち天道に不順有り、地利に不得或《あ》り。人事に失和多ければ、鬼神 廢して享けざるか。何を以てか此を致す。將《は》た百官の奉養に費或り、無用の事に多或るか。何ぞ其れ民の食の寡く乏しきや。夫れ田を度るに益〻寡なきに非ず、而るに民を計ふるに未だ益を加へず、口を以て地を量らば、其れ古に於て猶ほ餘有り。而して之を食ふに甚だ足らざる者は、其の咎 安《いづこ》にか在る。乃《むし》ろ百姓の末に從事して以て農を害する者蕃《おほ》く、酒醪を爲《つく》りて以て穀を靡《さん》ずる者多く、六畜の焉を食ふ者衆《おほ》きこと無からんや。細大の義、吾 未だ其の中を得る能はず。④其れ丞相・列侯・吏二千石・博士と與に之を議して、以て百姓を佐く可き者有らば、意に率《したが》ひ遠く思ひ、隱す所有ること無かれ」と。[一九]

『漢書』の詔において、文帝は、①不作が続き水旱・疾疫という「災」が起こることを②「咎」と把握し、その原因を③「朕の政に失する所有りて、行に過つところ有るか」と君主に求める。天人相關説である。しかも、それを免れるために④「丞相」以下群臣に対策を求めており、詔は文帝が天譴説に基づく政治を行っていることを表現している。

政治思想としての天人相關説、とりわけ災異を天からの譴責と捉える天譴説は、景帝の博士である董仲舒、及びその後学の手による『春秋繁露』に完成される。[二〇] むろん、それ以前に、天譴説を含まない素朴な天人相關説が存在したことは、出土資料より明らかである。[二一] さらに、儒家の専有物ではなく、黄老家にも天人相關説があったとする主張もある。[二二] これは、そうした素朴な天人相關説とは一線を画す天譴説である。それが『漢書』による文帝期への鼠入であるか否かを判断する前に、『史記』にも天譴説を踏まえた文帝の詔が収録されることを検討しなければならない。

（二年）十一月晦、日 之を食する有り。①十二月望、日 又 食す。上曰く、「朕 之を聞く、天 蒸民を生じ、之が爲に君を置きて、以て之を養ひ治むと。②人主 不徳にして、布政 不均なれば、則ち天 之に示すに 菑《わざはひ》を以てし、以て不治を誡む。③乃ち十一月晦に、日 之を食する有り、適《せめ》天に見はる。菑 孰れか焉より大ならん。朕宗廟を保つを獲、微眇の身を以て、兆民・君王の上に託《よ》す。天下の治亂は、朕一人に在り。唯だ二三の執政は、猶ほ吾が股肱のごときなり。朕 下は羣生を理育する能はず、上は以て三光の明を累はす。其の不徳 大なり。令至らば、其れ悉く朕の過失、及び知見思の及ばざる所を思ひ、匄《こ》ふらくは以て朕に告げよ。及び賢良方正にして能く直言極諫する者を擧げて、以て朕の逮ばざるを匡せ。因りて各〻其の任職を飭《ととの》へ、務めて繇費を省きて、以て民に便にせよ。朕 既に徳を遠くする能はず、故に憪然として外人の非有らんことを念ふ。是を以て備を設けて未だ息《や》まず。今 縱《たと》ひ邊の屯戍を罷むる能はずとも、而も又 兵を飭へ衞を厚くせんや。其れ衞將軍の軍を罷め、太僕の見馬は財《わづ》かに足るを遺し、餘は皆 以て傳置に給せよ」と。(一三)

この詔について、『漢書』は、ほぼ同文を載せるが、①「十二月望、日又食」を欠く。『史記集解』に引く徐廣の説によれば、「月食」につくる一本もあったというが、『漢書』五行志の文帝二年十二月條には日食も月食もない。③で「乃ち十一月晦に、日 之を食する有り、適《せめ》天に見はれ」と受けているように、この詔が「適《せめ》」と認識するものは、「十一月晦」の日食だけである。したがって、①「十二月望、日又食」を欠く『漢書』の方が、資料としての整合性は高い。それでも、『史記』に、文帝が日食を天譴と考え、それに人材登用と軍備縮小で応じようとする詔が記載されていることは動かない。

それでは、司馬遷は、文帝の政治をどのように捉えていたのであろう。司馬遷は、文帝紀の「太史公曰」で次のように述べている。

太史公曰く、「孔子言へらく、「必ず世にして然る後に仁ならん。善人の國を治むること百年なれば、亦た以て殘に勝ち殺を去る可し」と。誠なるかな是の言や。漢 興りてより、孝文に至るまで四十有餘載、徳 至りて盛んなり。廪廪として正服を改め封禪するに鄕《むか》へり。謙譲して未だ成すこと今に於てせず。ああ、豈に仁ならずや」と（二四）。

司馬遷は、王者が受命すれば、必ず「世」（三十年）で「仁」政が実現するという『論語』子路篇（二五）を引用したうえで、文帝まで四十年以上経った漢では、「徳」が盛んになり「仁」政が行われたと述べて、文帝の政治を儒教に基づくと理解する。黄老思想に基づき政治を行ったという文帝像は、『史記』文帝紀には存在しないのである（二六）。董仲舒を師に持つ司馬遷にとって、儒教的支配者である文帝が、天譴説を含む詔を出すことは当然のことであった。したがって、『史記』文帝紀には、十三年夏の「上曰」にも、天譴説が見られる。このように、高祖劉邦に対するそれとは異なり、『史記』と『漢書』の文帝像は、共に文帝を儒教的君主と認識する点において共通するため、その相違が把握し難いのである。

さらに、『史記』文帝紀の後七年の前には、次のような文章もある。

孝文帝 代《だい》より來たり、位に卽きて二十三年、宮室・苑囿・狗馬・服御、増益する所無し。便ならざる有らば、輒ち弛めて以て民を利せり。嘗て露臺を作らんと欲し、匠を召して之を計らしむるに、直《あたひ》百金なり。上曰く、「百金は中民十家の産なり。吾 先帝の宮室を奉じ、常に之を羞しめんことを恐る。何を以てか臺をば爲らん」と。上 常に綈衣を衣《き》、幸する所の愼夫人も、衣は地を曳くを得ず、幃帳は繡を文するを得ざらしめて、以て敦朴を示すこと、天下の先と爲る。霸陵を治むるに皆 瓦器を以てし、金銀銅錫を以て飾と爲すを得ず。墳を治めず。省を爲し民を煩はすこと毋きを欲すればなり。南越王の尉佗、自立して武帝と爲る。然るに上 尉佗の兄弟を召して貴び、徳を以て之に報ゆ。佗 遂に帝を去りて臣と稱す。匈奴と和親す。匈奴 約に背き入りて盗す。然れども邊をして備へ守り、兵を發して深く入らざらしむ。百姓を煩はし苦しめんことを惡《にく》めばなり。呉王 病と詐りて朝せず。就きて几杖を賜ふ。羣臣 袁盎らの如きは、稱説すること切なりと雖も、常に假借して之を用ふ。羣臣 張武らの如きは、賂遺の金錢を受け、覺はる。上 乃ち御府の金錢を發して之に賜ひて、以て其の心を愧ぢしめ、吏に下さず。專ら務めて德を以て民を化す。是を以て海内 殷富にして、禮義に興れり。(二七)

この文章は、文帝の政治を総括するもので、本紀の途中にこれが記されることは、『史記』だけで考えても不自然なことである。このため、梁玉繩『史記志疑』は、これを後七年末の「號を襲ぎて皇帝と曰ふ」の後に入るべき錯簡とする。それに対して、瀧川資言『史記會注考證』は、『漢書』との関わりを重視し、『漢書』がこの部分を取って文帝紀の贊にしたとする趙翼『廿二史劄記』の説に左袒する。たしかに、『漢書』の文帝紀の贊は、これとほぼ同文である。(二八)

『漢書』の文帝贊を司馬遷本人が『史記』に引用することは不可能である。ここに、趙翼や瀧川資言の説が成立する。しかし、『史記』を批判する班固が、『史記』の文をそのまま「贊」に引用するとは考え難く、ここ以外には類例もない。となれば、考え得ることは、『漢書』の成立以降に、『史記』を後世に伝えた者が『漢書』の文章を『史記』に竄入させた可能性、あるいは『史記』の改変者が基づいたものと同じ文章、たとえば劉歆の文章などから『漢書』が取材している可能性である。それらを考慮すると、『史記』文帝紀に記される天譴説については、司馬遷が記したと確言できなくなる。文帝紀については、このような関係を『史記』と『漢書』の間に想定し得るのである。

いずれにせよ、『史記』文帝紀に記される天譴説は、『漢書』文帝紀の天譴説を不自然ではなくし、班固の消し忘れた「今歳首」の残る詔が竄入であることを隠蔽した。しかし、『漢書』には、「今歳首」の残る詔の他にも『史記』にはない儒教的な詔として、文帝二年の「勸農」を奨励する詔、十二年の「勸農」を奨励し、「孝悌・力田」を宣揚する詔が存在する。高帝紀と同様、文帝紀にも、皇帝が儒教に基づく政治を行っていたと表現しようとする『漢書』の偏向を認め得るのである。

そうした表現を行う際に、『漢書』が基づいた「文帝」のものと称する詔の典拠の一つが、『漢書』巻三十 藝文志諸子 儒家に著録される『孝文傳』十一篇である。班固の自注では、この書は、「文帝の稱へる所及び詔策なり（文帝所稱及詔策）」とされ、文帝の「詔策」を集めた儒家の書籍が、『高祖傳』と同様に存在していたことが分かる。したがって、『漢書』の文帝紀にも、『孝文傳』などを材料とした『史記』からの書き換えを指摘し得るのである。

三、『漢書』の材料

班固の『漢書』によって、『史記』の姿から大きく儒教化されたものは、皇帝像だけに止まらない。董仲舒を代表とするように、臣下たちもその姿を変貌させられている。牧角悦子によれば、『史記』巻八十四 屈原賈生列傳に描かれる賈誼は、同傳にまとめられる屈原の生涯と同様、「弔屈原賦」「鵩鳥賦」という二篇の賦を中心にその悲劇性が強調されている。これに対して、『漢書』巻四十八 賈誼傳は、『史記』の賈生傳を踏襲しながらも、賈誼の儒教的な政策論を強調し、漢代儒教確立の基礎を築いた先覚者としての賈誼像を印象づけるものである（一九）。『史記』の記述を踏襲する部分が終わり、『漢書』賈誼傳に独自の記述が始まるところから掲げよう。

（文帝）數〻問ふに得失を以てす。是の時、①匈奴 彊く、邊を侵す。天下 初めて定まり、制度 疏闊なり。②諸侯王 僭擬して、地は古制を過ぎ、淮南・濟北王は皆 逆を爲して誅せらる。誼 數〻上疏して政事を陳べ、匡建せんと欲する所多し。其の大略に曰く、「……③禮に、有功を祖として有德を宗とすと。顧成の廟をして、稱して太宗と爲し、上は太祖に配して、漢と與に極まり亡からしめん。久安の勢を建て、長治の業を成して、以て祖廟を承けて、以て六親に奉ずるは、④至孝なり。以て天下に幸ひして、以て羣生を育むは、④至仁なり。經を立て紀を陳べ、輕重同に得て、後に以て萬世の法程と爲る可く、愚幼・不肖の嗣有りと雖も、猶ほ業を蒙《う》けて安ずるを得るごときは、至明なり。陛下の明達を以て、因りて少しく治體を知る者をして下風を佐くるを得しめば、此れを致さんことも難に非ざるなり。（三〇）

引用が長くなるので、ここで中断して論点を整理しよう。賈誼が文帝より政事の得失を問われた時には、①「匈奴」が「彊く」「邊を侵す」こと、および②「諸侯王」が「僭擬」であることが課題であったと（三一）『漢書』はいう。しかし、「大略」と言いながら引用される長大な文には、①・②への回答も含まれるが、それ以外に、庶民の贅沢の禁止、太子の輔翼の充実、禮制の整備、節義の重視など多岐に亘る論点が含まれる。そして、そうした多くの課題を解決すべき前提として、文帝が建造した③「顧成の廟」を「太宗」廟として永久に祭祀することで、④「至孝」「至仁」の政治を行い得る、と主張しているのである。なぜ、緊急性を持たない宗廟整備の主張が、議論の最初に置かれているのであろうか。

賈誼は、「顧成の廟」を「太宗」廟とすべき典拠を③「禮に、有功を祖として有德を宗とす」とあることに求める。この「禮」は現行の「三禮」にはなく、『漢書』賈誼傳を除くと、初出は『史記』巻十 孝文本紀となる。「孝景皇帝元年十月、御史に制詔するに、蓋し聞くならく、古者は有功を祖として有德を宗とす。禮樂を制すること各〻由有り（孝景皇帝元年十月、制詔御史、蓋聞、古者祖有功而宗有德。制禮樂各有由）」より始まるこの制詔は、景帝のときに文帝の廟が「太宗」とされ、そこでは「昭德の舞」を行うことを定めている。ただし、この制詔が置かれることで、孝文本紀の「太史公曰」は、景帝の制詔の後に置かれる、という体裁の乱れを生じている。先に掲げた梁玉繩『史記志疑』が『漢書』の文帝贊とほぼ同文の文章を置くべきと主張する場所は、ここなのである。換言すれば、ここも『史記』を伝えた後世の者の改竄に注意すべき箇所なのである。『漢書』賈誼傳の「有功を祖として有德を宗とす」という文は、この制詔と典拠を共にしている。

そもそも前漢において、天子七廟が議論された時期は、郡國廟が廃止された元帝期である。長安および近郊に祭られていた高祖から宣帝および太上皇と宣帝の父史皇孫の宗廟をどのように整理するか、という問題について、丞相の韋玄成は、太祖廟は残し、太上皇・惠帝・文帝・景帝の廟は親が尽きたので毀ち、皇考廟は親が尽きていないので残すことを主張した。これに対して、尹更始は、皇帝として即位していない宣帝の父である皇考廟を毀つべきであると反論する。元帝は、詔を下して、韋玄成らの皇考廟存続説を取ったが、問題は解決しなかった。元帝は、やがて祖先の怒りを恐れ、毀つことになっていた太上皇廟・惠帝廟を復したのである。成帝が即位すると、再び議論が開始され、孔光と何武は、太祖廟・太宗廟のみを不毀廟とし、武帝の廟は毀つべきであるとした。これに対して、劉歆は、王舜とともに、武帝の廟を世宗廟として不毀廟にすべきこと、および不毀廟の数に制限はなく、七廟の数の中には含まれないことを主張した。哀帝はこれに従い、武帝の廟を不毀廟とし、最終的に王莽が皇考廟を毀つことを定めて、天子七廟制の問題は決着する[三二]。すなわち、『史記』を校勘し、『漢書』に大きな影響を与えた劉歆が、宗廟問題と深い関わりを持つのである。『史記』孝文本紀における体裁の乱れと、『漢書』賈誼傳の賈誼の文において諸侯王と匈奴への対策の前提として文帝の廟を太宗廟とすべき主張が述べられていることとは、このあたりに原因があろう。

劉歆と『漢書』の偏向との関係は、後述することにして、賈誼傳の文章に戻ろう。賈誼は、宗廟の議論の後に、次のような②「諸侯王」抑制政策を提案する。

夫れ國を樹つれば固《まこと》に必ず相　疑ふの勢あり。下は數〻其の殃を被り、上は數〻其の憂に爽《たが》ふ。甚だ上を安んじて下を全くする所以に非ざるなり。⑤今 或いは親弟 謀りて東帝と爲り、親兄の子 西に鄕《むか》ひて撃ち、今 呉 又告げらる。……⑥天下の治安を欲すれば、衆く諸侯を建てて其の力を少なくするに若くは莫し。力 少なければ則ち使ふに義を以てし易く、國 小なれば則ち邪心亡《な》し。海內の勢をして身の臂を使ひ、臂の指を使ふが如くせば、制從せざるは莫し。諸侯の君、敢て異心有らず、輻湊し並び進みて命を天子に歸せり。細民に在りと雖も、且に其の安きを知るべし。故に天下は咸 陛下の明を知る。⑦地を割き制を定め、齊・趙・楚をして各〻若干の國を爲《つく》らしめ、悼惠王・幽王・元王の子孫をして、畢く次を以て各〻祖の分地を受けしめ、地 盡くれば止み、燕・梁・它國も皆 然らしむるに及ばん。……地制 壹に定むれば、宗室の子孫、王たらざるを慮ること莫く、下に倍畔の心無く、上に誅伐の志無し。故に天下は咸⑧陛下の仁を知らん。[二三]

賈誼は、⑤「親弟」である淮南王の劉長が天子の制度を用い「東帝」となって反乱を図り、⑤「親兄の子」である濟北王の劉興居が匈奴の侵攻を機に反乱を起こし、文帝の皇太子である劉啓（後の景帝）に子の劉賢を殺された⑤「呉」王の劉濞が告発されていることを②「諸侯王」の「僭擬」の具体的な事例として挙げる。そして、諸侯王対策として、⑥「衆く諸侯を建てて其の力を少なくする」ことを説く。⑦で掲げられる具体的政策を見れば分かるように、これは武帝期の元朔二（前一二七）年、主父偃の献策を機に行われる諸侯王対策の「推恩の制」である。[二四]『漢書』は『史記』にはない賈誼の文の中に、「推恩の制」の原型を求め、それを⑧「陛下の仁」を知らしめる儒教的な政策と位置づけるのである。ちなみに主父偃は、後に『周易』と『春秋』を学んだとあるものの、儒生と反発しあっていた者であり、「推恩の制」も儒教に基づくものではない（『漢書』卷六十四上 主父偃傳）。後述のように、武帝期を儒教主導の時期と描こうとする『漢書』は、「推恩の制」を儒者の政策を起源とする、と位置づける必要性を持つ。

そして、①「匈奴」対策について、賈誼の文は、次のように述べている。

天下の勢は方に倒《さかしま》に縣《かか》らんとす。凡そ天子なる者、天下の首《かしら》たるは、何ぞや。上なればなり。蠻夷なる者、天下の足たるは、何ぞや。下なればなり。今匈奴嫚侮して侵掠し、不敬の至りなり。天下の患と爲りて、已む亡きに至るなり。而るに漢は歳ごとに金絮・采繒を致して以て之を奉る。⑨夷狄の徵令するは、是れ主上の操なり。天子の共貢するは、是れ臣下の禮なり。足反りて上に居り、首顧《かへ》りて下に居り、倒に縣ること此の如きも、之を能く解する莫きは、猶ほ國に人有りと爲すや。……臣竊かに料《はか》るに、匈奴の衆は、漢の一大縣に過ぎず。天下の大を以て、一縣の衆に困しむは、甚だ事を執る者の爲に之を羞づ。⑩陛下何ぞ臣を以て屬國の官と爲して以て匈奴を主らしむるを試みざるや。臣の計を行ひ、必ず單于の頸を係《か》けて其の命を制し、中行說を伏せて其の背に笞ち、匈奴の衆を擧げて、唯だ上の令のみとせんことを請ふ（二五）。

賈誼の文は、自らが⑩「屬國の官」となり、匈奴討伐を担当させて欲しいと極めて積極的に匈奴討伐策を述べる。しかし、異民族を討伐する「屬國の官」は、典屬國ではなく、屬國都尉であると考え得るので（二六）、その設置は武帝期となり、齟齬が存する。これも、匈奴討伐を実行した武帝の政策の先駆となるものである。

そして、その正統性を支えるものは、⑨漢が「共貢」することを「臣下の禮」と厳しく否定する儒教の華夷思想である。漢を王者と考え、夷狄を臣下とする華夷思想も、景帝期に出現し、武帝期より盛んになる春秋公羊學の思想である（二七）。

このように『史記』に引用されない賈誼の諸侯王・匈奴対策は、いずれも武帝期の政策を先取りし、それを儒教によって正統化するものなのである。

こののち、賈誼は儒教に基づく政治の必要性を長大な論の中に展開した後、上奏文を終える。果たして、この上奏文は賈誼の自筆なのであろうか。疑問が多い。それは、文帝が立てた顧成の廟が太宗廟となることや、推恩の制が武帝期に推進されるという、その予言性だけではない。高祖劉邦以来の黄老思想に基づく匈奴への消極策を取る文帝に向かって、それを厳しく批判する上奏が果たして可能であったのか、という疑問である。班固の「贊」は、それに対する回答を次のように用意している。

贊に曰く、「劉向 稱すらく、「賈誼 三代と秦の治亂の意を言ひ、其の論 甚だ美にして、國體に通達す。古の伊・管と雖も、未だ能く遠く過ぎざるなり。時をして用ひらるれば、功化 必ずや盛んならん。庸臣の害する所と爲るは、甚だ悼痛す可し」と。孝文 玄默し躬行して、以て風俗を移すを追觀するに、誼の陳ぶる所、略ぼ施行せらる。制度を改定せんと欲するに及びては、漢を以て土德と爲し、色は黃を上び、數は五を用ふ。屬國に試せられんと欲するに及びては、①五餌・三表を施して、以て單于を係《なつ》けんとするも、其の術 固より以て疏なり。誼も亦た天年 早く終はる。公卿に至らずと雖も、未だ不遇と爲さざるなり。②凡そ著述する所の五十八篇、其の世事に切なる者を掇《えら》びて、傳に著すとしか云ふ[三八]」と。

班固の贊は、賈誼が②「著述する所の五十八篇」のうち、「其の世事に切なる者を掇《えら》」んで「傳に著」したという。『漢書』巻三十藝文志 諸子 儒家に、「賈誼五十八篇」と著録される班固が参照した書と、現行の『新書』との関係には議論が多い[三九]。それでも、現行の『新書』に残る匈奴に対する①「五餌・三表」[四〇]政策を班固が読み、「其の術 固より以て疏なり」と考えたために、『漢書』の賈誼傳に記さなかったことは明らかである[四一]。換言すれば、班固は、『漢書』賈誼傳を記述する際に、『史記』賈生傳だけではなく、『漢書』巻三十 藝文志 諸子 儒家に、「賈誼五十八篇」と著録される書を利用したことが、ここには明記されているのである。この言葉をすでに検討した『高祖傳』や『孝文傳』に敷衍すれば、詔や對策の記述を含む、『史記』になかった『漢書』の記事を『漢書』藝文志 諸子 儒家に著録される書から取材していることを班固自らが述べていることになる。すなわち、福井重雅《二〇〇五》が、『董仲舒書』から『漢書』の天人三策が鼠入されたと推論することは正しい、と班固の言は傍証しているのである。

四、儒者の理想化

班固が、『史記』の記述を補うために、『漢書』藝文志 諸子 儒家に著録される書から取材したと考え得る事例は、賈誼傳に止まらない。前漢武帝期の儒者である公孫弘の傳記である『漢書』巻五十八 公孫弘傳も、『史記』巻一百一十二 平津侯傳との比較により、同様の関係を指摘し得る。『史記』平津侯傳は、「太史公曰」の後を続け、末尾に「班固稱曰」として、『漢書』巻五十八 公孫弘・卜式・兒寛傳の「贊曰」を引用している。文帝紀と同様の関係が、平津侯（公孫弘）傳にも見られるのである。また、その記述の前には、平帝の元始年間（一～五年）に出された太皇太后の詔も引用している。王先謙の『漢書補注』に引く洪亮吉の説によれば、これは馮商が『太史公書』を補続したときに録入したものである、という。

こうした司馬遷とは無関係な記述を含みながらも、『史記』平津侯傳には、公孫弘が春秋學を律の正当化に利用し「曲學阿世」と罵られる一方で、董仲舒を左遷するような権力を有していたことが記される。司馬遷個人は、公孫弘の「功令」を高く評価しながらも[四二]、公孫弘の儒家としての力量は認めないのである。これに対して、『漢書』では、公孫弘は「大儒」として描かれる[四三]。公孫弘傳に加えられた文章も、『漢書』の董仲舒傳に加えられたものと同様に、制詔への對策の形を取る。

上 諸儒に策詔し、制して曰く、「蓋し聞くならく、[1]上古は至治にして、衣冠に畫《えが》き、章服を異にして、民は犯さず。[2]陰陽は和し、五穀は登《みの》り、六畜は蕃《おお》く、甘露は降り、風雨は時あり、嘉禾は興り、朱屮は生え、山は童《はげ》ず、澤は涸れず。麟鳳は郊藪に在り、龜龍は沼に游び、河洛は圖書を出だす。父は子を喪はず、兄は弟を哭さず。北のかた渠捜を發し、南のかた交阯を撫し、舟車の至る所、人迹の及ぶ所、跂行 喙息するに、咸 其の宜を得たりと。朕 甚だ之を嘉す。今 何れの道にして此れに臻《いた》るか。子大夫 先聖の術を修め、君臣の義を明らかにし、講論 洽聞なること、當世に聲有り。(2)敢て子大夫に問ふに、天人の道、何に本づき始むる所か。吉凶の效、安《いづこ》に焉を期する所か。(3)禹・湯の水旱あるは、厥の咎 何れに由るか。(4)仁・義・禮・知の四者の宜は、當に安に設施すべきか。統を屬《つ》ぎ業を垂れ、物鬼の變化、天命の符、廢興することは何如。天文・地理・人事の紀、子大夫 焉を習ふ。其れ意を悉くして議を正し、詳らかに其の對を具し、之を篇に著はせ。朕 將に親しく焉を覽ん。隱す所有ること靡かれ」と。(四四)

詔の策問は、(1)から(4)の四点に整理できる。その内容は答えである「對」(對策)と共に検討しよう。この文章に續くものが策問(1)への對策である。

弘 對へて曰く、「臣 聞くならく、①上古なる堯・舜の時、爵賞を貴くせざるも而も民 善に勸み、②刑罰を重くせざるも而も民 犯さざるは、躬ら率ゐるに正を以てして民を遇するに信なればなり。末世 爵を貴く賞を厚くするも而も民 勸めず、刑を深く罰を重くするも而も姦 止まざるは、其れ上 正ならず、民を遇するに信ならざればなりと。夫れ賞を厚く刑を重くするも、未だ以て善を勸めて非を禁ずるには足らず、必ずや信あるのみ。是の故に能に因りて官に任ずれば、則ち分職 治まる。無用の言を去らば、則ち事情 得たり。無用の器を作らざれば、即ち賦斂 省かる。民の時を奪はず、民の力を妨げざれば、則ち百姓 富む。德有る者は進み、德無き者は退けば、則ち朝廷 尊し。功有る者は上り、功無き者は下らば、則ち羣臣 逡《しだい》あり。罰 罪に當たらば、則ち姦邪 止む。賞 賢に當たらば、則ち臣下 勸む。凡そ此の八者は、治民の本なり。故に民なる者は、之を業とせば即ち爭はず、理 得なば則ち怨まず。禮有らば則ち暴れず、之を愛さば則ち上に親しむ。此れ天下を有《たも》つに急なる者なり。③故に法 義に遠からざれば、則ち民 服して離れず。和 禮に遠からざれば、則ち民 親しみて暴れず。故に法の罰する所は、義の去る所なり。和の賞する所は、禮の取る所なり。禮義なる者は、民の服する所なり。而して賞罰 之に順はば、則ち民は禁を犯さず。故に衣冠を書き、章服を異にして、而して民 犯さざる者は、此の道素より行はるればなり。(四五)

策問の(1)「上古は至治にして、衣冠に書き、章服を異にして、民は犯さず」が踏まえているものは、『史記』巻十孝文本紀に、次のように掲げられる文帝十三年五月の肉刑を廃止する詔である。

蓋し聞くならく、有虞氏の時、衣冠を書き、章服を異にして、以て僇と爲し、而して民 犯さずと。何となれば則ち、至治なればなり。今 法に肉刑三有りて、而るに姦 止まず、其の咎 安《いづ》くにか在らん。(四六)

對策が策問の「上古」を①「堯・舜の時」と特定するのは、策問の典拠が「有虞氏の時」から始まる文帝十三年五月の肉刑を廃止する詔にあることを前提としているためである。したがって、對策は肉刑を廃止して刑罰を軽くした文帝の政策が、「至治」に至るための儒教的な方法論を回答しなければならない。回答は、②「刑罰を重くせ」ず、君主が「信」の立場に居ることから始める。こののち、議論を展開して、結論部の③では、「法」と「義」、「和」と「禮」との関係性の中から、賞罰は「禮・義」に従うべきとの儒教的な方法論を導くのである。

暴秦の厳しい法を緩和した文帝の肉刑廃止は、儒教にとって重要な政策となるので、後漢では、『荀子』正論篇の「古は肉刑無くして象刑有り（古無肉刑而有象刑）」などを媒介として、これを『尚書』堯典に記された舜の政治と関わらせることで、儒教の政策として位置づけている。(四七) これに比べれば、對策の論理は弱いが、とりあえずは儒教の禮と義によって、(四八) 策問に答えてはいる。

続いて策問⑵への對策を検討しよう。

臣 之を聞く、氣 同じければ則ち從ひ、聲 比すれば則ち應ずと。④今 人主は德を上に和し、百姓は下に和合す。故に心 和すれば則ち氣 和し、氣 和すれば則ち形 和し、形 和すれば則ち聲 和し、聲 和すれば則ち天地の和 應ず。故に陰陽は和し、風雨は時あり、甘露は降り、五穀は登り、六畜は蕃く、嘉禾は興り、朱草は生え、山は童《はげ》ず、澤は涸れざるは、此れ和の至りなり。故に形 和すれば則ち疾無く、疾無くんば則ち夭せず。故に父は子を喪はず、兄は弟を哭せず。⑤德 天地に配し、明 日月に並ばば、則ち麟鳳 至り、龜龍 郊に在り、河は圖を出し、洛は書を出す。遠方の君、義を説《よろこ》ばざるは莫く、幣を奉じて來朝す。此れ和の極なり。(四九)

策問⑵は、天人相關説のうち、瑞祥が発生する理由を「天人の道、何に本づき始むる所か。吉凶の效、安に焉を期する所か」と尋ねるものである。これに対して、對策は、④「人主」と「百姓」の「心」が「和」することで「氣」が「和」し、「形」・「聲」を経由して、「天地の和」を「應」じさせる。そして、それが天子の⑤「德 天地に配し、明 日月に並」んだ結果である、というのである。「氣」を媒介として天と人とが結びつくという論理は、天人相關説の根本である。儒教の經義に暗かったとされる公孫弘の對策としては、かなり本質的な回答である。本人のそれであるか、疑問を抱かせる箇所と言えよう。

続いて、策問⑷への答えが、對策では先に記される。

臣 之を聞く、仁なる者は愛なり、義なる者は宜なり、禮なる者は履む所なり、智なる者は術の原なりと。利を致し害を除き、兼ね愛して私無し、之を仁と謂ふ。是非を明らかにし、可否を立つ、之を義と謂ふ。進退に度有り、尊卑に分有り、之を禮と謂ふ。殺生の柄を擅にし、壅塞の塗を通じ、輕重の數を權《はか》り、得失の道を論じ、遠近をして情僞 必ず上に見《あら》はさしむ、之を術と謂ふ。⑥凡そ此の四者は、治の本、道の用なり。皆 當に設施すべく、廢す可からざるなり。其の要を得なば、則ち天下は安樂なりて、法は設くるも而も用ひず。其の術を得ずんば、則ち主は上に蔽はれ、官は下に亂る。此の事の情、統を屬《つ》ぎ業を垂るるの本なり。[五〇]

「仁・義・禮・智の四者の宜」とそれをいかに用いるべきかという策問⑷への對策では、仁・義・禮・智のそれぞれの定義付けの後、⑥「治の本、道の用」であると、その重要性が確認される。ここには、思想的な特徴を見いだすことはできない。

そして、最後に策問⑶の「禹・湯の水旱」の「咎」がどこにあるかについて對策が示される。

臣 聞くならく、⑦堯 鴻水に遭ひ、禹をして之を治めしむと。未だ禹の水有るを聞かざるなり。湯の旱が若きは、則ち桀の餘烈なり。桀・紂は惡を行ひ、天の罰を受く。禹・湯は德を積みて、以て天下に王たり。⑧此れに因りて之を觀るに、天の德に私親無く、之に順へば和 起こり、之に逆へば害 生ず。此れ天文・地理・人事の紀なり。臣弘 愚戇にして、以て大對を奉ずるに足らず」と。[五一]

策問の⑶への答えを最後に置いたのは、⑦「禹」には「水」害がなく、「湯の旱」は「桀」の余毒である、と策問を否定するためであろう。策問内容を否定する對策は、『史記』に記される公孫弘の言動から見る限り相応しくない。しかも、この議論は禹に水害が無いことを言うために、堯に水害の原因を求めている。当然、聖帝である堯に対して、天が水害という災異を下した理由が必要となるが、對策がそれを示すことはない。したがって、結論である⑧「天の德に私親無く、之に順へば和 起こり、之に逆へば害 生ず」という天人相關説を十全に納得させる論理が組めているとは言い難い。

それにも拘らず、『漢書』は、百人余りの對策者の中から、武帝が公孫弘の對策を「第一」とし、博士にしたと伝える。それは、『史記』も同じであるが、果たして「第一」とされた對策文が『漢書』のみに記載される對策どおりであるのか。以上の内容の検討から、首肯することは難しい。

さらに、『史記』と異なることは、『漢書』がこののち、次のような公孫弘の上疏を続ける点にもある。

弘 復た上疏して曰く、「陛下 先聖の位有るも而も先聖の名無く、先聖の名有るも而も先聖の吏無し。是を以て勢は同じきも而るに治は異なれり。先世の吏は正し、故に其の民も篤し。今世の吏は邪、故に其の民も薄し。政は弊れて行はれず、令は倦みて聴かれず。夫れ邪吏をして弊政を行はしめ、倦令を用ひて薄民を治むれば、民得て化す可からず、此れ治の異なる所以なり。臣 聞くならく、①周公旦 天下を治むるや、朞年にして變り、三年にして化し、五年にして定むと。唯《こ》れ陛下の志す所なり」と。書 奏せられ、天子 册書を以て答へて曰く、「問ふ、弘は周公の治を稱すも、②弘の材能は自ら視て孰れか周公と賢なる」と。弘 對へて曰く、「愚臣 淺薄なれば、安んぞ敢て材を周公に比せんや。然りと雖も、愚心に曉然として、治道の以て然る可きを見るなり。夫れ虎豹馬牛は、禽獸の制す可からざる者なり。其れ馴服を教へ之を習する及び、駕服を牽持す可きに至り、唯だ人に之れ從ふ。臣 聞くならく、曲木を揉む者は日を累ねず、金石を銷す者は月を累ねずと。夫れ人の利害好惡に於けるや、豈に禽獸・木石の類に比せんや。③朞年にして變るも、臣弘 尚ほ竊かに之を遲きとす」と。上 其の言を異とす。[五二]

『史記』には記載されないこのやりとりの中で、②公孫弘の「材能」は、周公とどちらが賢いか、と武帝は問うたという。しかも、公孫弘は、經書に典拠のない①「朞年にして變り、三年にして化し、五年にして定む」という周公旦の政治の在り方を③「遲」いと批判するのである。[五三]『史記』巻一百一十二 平津侯傳では、「文法・吏事を習ひて、而して又 緣飾するに儒術を以てす（習文法・吏事、而又緣飾以儒術）」とされ、『史記』巻一百二十一 儒林列傳では、轅固生に、「公孫子、正學に務めて以て言へ。學を曲げて以て世に阿ること無かれ（公孫子、務正學以言。無曲學以阿世)」と一喝された公孫弘の面影はここにはない（ただし、この二例は『漢書』も踏襲している）。

『漢書』は、さらに『史記』にはない次の詔を加えている。

> 元朔中、薛澤に代はりて丞相と爲る。是れより先、漢 常に列侯を以て丞相と爲すも、唯だ弘のみ爵無し。上 是に於て詔を下して曰く、「朕 先聖の道、門路を開廣し、宜しく四方の士を招くを嘉す。蓋し古者《いにしへ》は賢を任じて而《もっ》て位を序し、能を量りて以て官を授け、勞の大なる者は厥の祿 厚く、徳の盛なる者は爵を獲て尊し。故に武功は以て重を顯はし、而して文徳は以て褒を行ふ。其れ高成の平津郷の戸六百五十を以て、丞相の弘を封じて平津侯と爲せ」と。其の後 以て故事と爲る。丞相に至らば封ぜらるるは、弘より始まるなり。(五四)

『漢書』は、武帝がこのように述べる詔を掲げ、公孫弘が丞相となり、平津侯に封建されたことは、「先聖の道」であり、「文徳」を褒めたもの、と称えるのである。こうした「大儒」公孫弘の像を構築するために用いた種本は、これまでと同じように、『漢書』卷三十 藝文志 諸子 儒家に著録される『公孫弘』十篇と考えてよい。『漢書』は、このようにして儒者を理想化して描くのである。

また、班固が董仲舒・公孫弘と並称する兒寬についても、同様に種本に基づく増補が存在する。武帝が行った封禪は、『史記』によれば、儒家が参画することなく方士の手により行われている。これに対して『漢書』は、兒寬傳において、封禪との関係を次のように述べている。

> (武帝) 古の巡狩・封禪の事に放《なら》ふと欲せんと議するに及び、諸儒の對ふる者 五十餘人、未だ定むる所有る能はず。是れより先、司馬相如 病もて死し、書を遺す有り、功徳を頌し、符瑞を言ひて、以て泰山に封ずるに足れりとす。上 其の書を奇として、以て (兒) 寬に問ふ。寬 對へて曰く、「陛下 躬ら聖徳を發し、羣元を統楫し、天地を宗祀し、百神を薦禮す。精神の郷《むか》ふ所、徵兆 必ず報あり。天地 並びに應じて、符瑞 昭明なり。其

れ泰山に封じ、梁父に禪し、姓を昭らかにし瑞を考ふるは、帝王の盛節なり。①然れども享薦の義、經に著されず。以爲へらく、封禪して成を告ぐるは、天地神祇に合祛し、祇戒精專して、以て神明に接す。百官の職を總べ、各〻事宜に稱ひて之が節文を爲す。唯だ聖主の由る所、其の當を制定す。羣臣の能く列する所に非ざるなり。今 將に大事を擧げんとするも、優游すること數年、羣臣をして人の自ら盡くすを得しむも、終に能く成ること莫し。唯だ天子 中和の極を建て、條貫を兼總し、金聲して之を玉振して、以て天慶を順成し、萬世の基を垂れよ」と。上 之を然りとす。乃ち自ら儀を制し、②儒術を采りて以て焉を文《かざ》る。(五五)

『漢書』は、武帝からの問いに対して、兒寬が①「享薦の義」、すなわち封禪については「經に著されず」典拠がないので、「唯だ聖主の由る所」でよく、「其の當を制定する」のは「羣臣」の及ぶ所ではない、と答えたとする。そして、武帝は、そのとおりであるとして「儒術」を取り入れて封禪を文飾した、というのである。

これに対して、『史記』卷二十八 封禪書には、「……而して頗る儒術を采りて以て之を文《かざ》らんと欲す（欲……而頗采儒術以文之）」と「欲」の字がある。そして、武帝が求める儒教による封禪の文飾に対応できなかった儒者は、「盡く諸儒を罷めて用ひず（盡罷諸儒不用）」と罷免されている。『漢書』のみに記される兒寬傳の封禪の状況は、『史記』封禪書と儒者の立場が逆転しているのである。

『史記』封禪書によれば、武帝の封禪は公孫卿ら方士により主導され、(五六)司馬談はそれに関われなかったことに悲憤慷慨し、司馬遷は封禪書により武帝を批判した。後述するように、武帝を批判する司馬遷を司馬相如以下とする後漢の明帝の批判に応えるために、班固は『漢書』を執筆した。班固にとって封禪は、「儒術」で文飾されなければならない儀禮なのである。事実、光武帝の封禪は、儒教により文飾されている。(五七)兒寬傳は、儒教において武帝期における封禪の文飾(五八)に対応し得たことを示す記録となるのである。

封禪が終わった後について、『漢書』兒寬傳は、次のように述べている。

既に成り、將に事を用ひんとするや、寬を拜して御史大夫と爲す。東のかた泰山に封ずるに從ひて、還りて明堂に登る。寬 壽を上りて曰く、「③臣 聞くならく、三代 改制、象を屬して相 因れりと。間者《このごろ》 聖統 廢絶するも、④陛下 發憤して、指を天地に合はせ、祖《はじ》めて明堂・辟雍を立て、泰一を宗祀し、六律・五聲あり。聖意を幽贊し、神樂 四合して、各〻方象有り、以て嘉祀を丞《たす》け、萬世の則と爲し、天下 幸甚なり。……」と。（五九）

兒寬は、「三代」がそれぞれ制作し、互いに関連していることを述べたうえで、④武帝が制作したので、天は言祝ぎ、瑞祥を下した、と寿を奉る。武帝を儒教の聖人と同等の制作者としているのである。しかも、その中で、武帝が④「祖《はじ》めて明堂・辟雍を立て、泰一を宗祀し」たという。前漢では、元始四（四）年に、辟雍・明堂・靈臺の三雍が完成する。この時点で建設されているものは、明堂だけである（金子修一〈一九八二〉）。しかも、その明堂は、『史記』封禪書によれば、方士の公孫帶が設計したものであった。しかし、『漢書』藝文志 諸子 儒家には、『河間獻王對上下三雍宮』三篇という書籍が著録されており、劉向・劉歆のころには、三雍が古くから儒教の建造物であったとする思想は存在した。武帝が明堂のみならず、辟雍を立てたとする兒寬傳の記述は、こうした思想を背景としていよう。

このように検討してくると、『史記』にはない兒寬に関する『漢書』の記述が、『漢書』藝文志 諸子 儒家に著錄される『兒寬九篇』などに基づくことは、明らかであろう。なお、王先謙の『漢書補注』卷三十 藝文志に引く葉德輝は、「本傳に引くは、封禪に對ふるの一事、東のかた泰山に封ずるに從ひ還りて明堂に登り壽を上るの一事、律曆志に引く正朔を改むるの一事なり。餘は考ふる無し（本傳引、對封禪一事、從東封泰山還登明堂上壽一事、律曆志引改正朔一事。餘無考）」と述べている。すなわち、葉德輝もこれらの部分の記述を『兒寬』九篇に求めているのである。

それでは、班固はなぜ『漢書』を著す際に、このような書き方をしたのであろうか。武帝期の儒者に対する班固の賛には、次のように述べられている。

賛に曰く、「公孫弘・卜式・兒寛は、皆 鴻漸の翼を以て、燕爵に困《くる》しめられ、迹を羊豕の間に遠くす。①其の時に遇ふに非ずんば、焉んぞ能く此の位を致さんや。是の時、漢 興りて六十餘載、海內は艾安し、府庫は充實するも、而も四夷は未だ賓《まつろ》はず、制度は多く闕く。上 方に文武を用ひんと欲し、之を求むること及ばざるが如し。始め蒲輪を以て枚生を迎へ、主父を見て歎息す。羣士 慕ひ嚮ひ、異人 並びに出づ。卜式は芻牧より拔かれ、弘羊は賈豎より擢せられ、衞靑は奴僕より奮ひ、日磾は降虜より出づるも、斯れ亦た曩の時の版築・飯牛の朋なるのみ。漢の人を得るや、茲に於て盛と爲す。②儒雅には則ち公孫弘・董仲舒・兒寛あり、篤行には則ち石建・石慶あり、質直には則ち汲黯・卜式あり、推賢には則ち韓安國・鄭當時あり、定令には則ち趙禹・張湯あり、文章には則ち司馬遷・相如あり、滑稽には則ち東方朔・枚皐あり、應對には則ち嚴助・朱買臣あり、曆數には則ち唐都・洛下閎あり、協律には則ち李延年あり、運籌には則ち桑弘羊あり、奉使には則ち張騫・蘇武あり、將率には則ち衞靑・霍去病あり、受遺には則ち霍光・金日磾あり、其の餘は勝げて紀す可からず。是を以て功業を興造し、制度・遺文は、後世 及ぶこと莫し。……」と。（六〇）

ここには、①武帝期への高い評価と②武帝期を代表する三人の儒者としての「公孫弘・董仲舒・兒寛」という位置づけがある。こうした班固の武帝期への理解には、劉歆の武帝を不毀廟とする議論、劉向の董仲舒への尊崇などが反映していると考えてよい。そして、賈誼の対匈奴懐柔策を取り上げなかったように、班固は、匈奴を撃破した武帝に漢の全盛期を求めた。そして、漢の全盛期において、儒教が国教となったという理想を描こうとした。そこには、「儒教國家」の基礎を作り、「古典中國」の形成に大きな役割を果たした者が王莽である（本書第五章〜第九章）、という厳然たる事実を隠蔽する必要性があったのである。

おわりに

班固が『漢書』を著した理由には、明帝とも共有する司馬遷の『史記』への批判がある。「典引」の中で班固は、次のように述べている。

> 詔あり因りて曰く、「司馬遷 書を著し、一家の言を成して、名を後世に揚ぐ。身の刑に陷るの故を以て、反りて微文もて刺譏し、當世を貶損するに至る。誼士に非ざるなり」と。[六一]

班固は、司馬遷の『史記』が持つ、武帝を謗る、全面的には儒教に基づかない漢代史である、という二つの欠点を克服するために、『漢書』を著した。班家には、班彪の叔父である班斿が、劉向と共に秘府の校書にあたり、朝廷から下賜された秘府の副本があった。『漢書』諸子 儒家に著録される、『高祖傳』ほか『董仲舒書』を含めた儒家の書を班固は目睹できた。班固は、それらを利用して、劉邦や文帝、あるいは賈誼や董仲舒などを儒教的に描き直しながら、武帝こそ「儒教國家」漢の基を築いた皇帝である、と位置づけた。それは、「古典中國」の形成に大きな役割を果たした者を王莽から武帝へと位置づけ直す必要があったためである。

『漢書』は、今日的な意味での「正確性」を求める史書ではない。「六藝」の書、具体的には漢の『尚書』として儒教に基づく漢の「正統性」を記すために著された書であった。前漢の武帝期に董仲舒の献策により太學に五經博士が設置されたという虚構を班固が『漢書』に記した理由は、ここにある。

それでは、かかる認識は、班固に固有なものだったのであろうか。あるいは、こうしたかたちで經學史が形成されていたのであろうか。また、班固に大きな影響を与えた劉向・劉歆が行った「七略」の編纂は、そうした經學史の中でいかなる位置づけを持つのであろうか。これらの問題について考える前に、さらに『漢書』の資料批判を続けよう。

《注》

（一）南朝劉宋の裴松之が『三國志』に注をつけるなかで、史料批判という独自の方法論を打ち立てることにより、「史」が經學より自立したことは、渡邉義浩〈二〇〇三a〉を参照。

（二）白虎観会議で規定された「古典中國」の具体像については、本書第十一章を参照。

（三）太史公曰、夏之政忠。忠之敝、小人以野。故殷人承之以敬。敬之敝、小人以鬼。故周人承之以文。文之敝、小人以僿。故救僿莫若以忠。①三王之道若循環、終而復始。周秦之閒、可謂文敝矣。秦政不改、反酷刑法。豈不繆乎。②故漢興、承敝易變、使人不倦、得天統矣。……（『史記』卷八 高祖本紀）。

（四）漢魏思想史における劉歆の三統説の位置づけについては、堀池信夫《一九八八》を参照。

（五）贊曰、(a)春秋晉史蔡墨有言、陶唐氏既衰、其後有劉累、學擾龍、事孔甲。范氏其後也。而(b)大夫范宣子亦曰、祖自虞以上爲陶唐氏、在夏爲御龍氏、在商爲豕韋氏、在周爲唐杜氏。晉主夏盟爲范氏。范氏爲晉士師、(c)魯文公世奔秦。(d)後歸于晉、其處者爲劉氏。①劉向云、戰國時、劉氏自秦獲於魏。秦滅魏、遷大梁、都于豐。故周市說雍齒曰、豐、故梁徙也。是以頌高祖云、②漢帝本系、出自唐帝。降及于周、在秦作劉。涉魏而東、遂爲豐公。豐公、蓋太上皇父。其遷日淺、墳墓在豐鮮焉。及高祖卽位、置祠祀官、則有秦・晉・梁・荊之巫、世祠天地、綴之以祀、豈不信哉。由是推之、③漢承堯運、德祚已盛、斷蛇著符、④旗幟上赤、協于火德、自然之應、⑤得天統矣（『漢書』卷一下 高帝紀下）。

（六）漢堯後説については、福井重雅〈二〇〇〇〉を参照。

（七）王莽による古文學説の宣揚と漢堯後説・漢火德説の漢新革命への利用については、本書第五章を参照。また、それが班彪の王命論に遡ることは、小冷賢一〈一九九三〉を参照。

（八）楚地悉定、獨魯不下。漢王引天下兵欲屠之、①爲其守節・禮義之國、乃持（項）羽頭、示其父兄。魯乃降。初、懷王封羽爲魯公。及死、魯又爲之堅守。故以魯公葬羽於穀城。②漢王爲發喪、哭臨而去（『漢書』卷一下 高帝紀下）。

（九）（十二年）十一月、行自淮南還。過魯、以大牢祠孔子（『漢書』卷一下 高帝紀下）。

（一〇）『史記』卷四十七 孔子世家に、「高皇帝 魯に過ぎり、大牢を以て焉を祀る（高皇帝過魯、以大牢祀焉）」とある。

（一一）漢代における孔子廟祭祀については、渡邉義浩〈一九九三〉を参照。

（一二）（六年）夏五月丙午、詔曰、人之至親、莫親於父子。故父有天下、傳歸於子、子有天下、尊歸於父。此人道之極也。前日天下大亂、兵革並起、萬民苦殃。朕親被堅執鋭、自帥士卒、犯危難、平暴亂、立諸侯、偃兵息民。天下大安、此皆太公之教訓也。諸王・通侯・將軍・羣卿・大夫、已尊朕爲皇帝、而太公未有號。今上尊太公曰太上皇（『漢書』卷一下 高帝紀下）。

（一三）（十一年二月）又曰、蓋聞、王者莫高於周文、伯者莫高於齊桓、皆待賢人而成名。今天下賢者智能、豈特古之人乎。患在人主不交故也、士奚由進。今吾以天之靈・賢士大夫、定有天下、以爲一家、欲其長久、世世奉宗廟亡絶也。賢人已與我共平之矣。而不與吾共安利之、可乎。賢士大夫有肯從我游者、吾能尊顯之。布告天下、使明知朕意。……（『漢書』卷一下 高帝紀下）。なお、『史記』には見えない、「天下の豪士・賢大夫と與に共に天下を定（與天下之豪士・賢大夫共定天下）」めたという詔は、高祖十二年三月にも記されている（『漢書』卷一下 高帝紀下）。

（一四）『史記』卷九十七 陸生傳に、「陸生 時時に、前み說きて詩書を稱ふ。高帝 之を罵りて曰く、「廼公《われ》 馬上に居りて之を得たり。安んぞ詩書を事とせんや」と。陸生曰く、「馬上に居りて之を得るも、寧んぞ馬上を以て之を治む可けんや」と。（陸生時時、前說稱詩書。高帝罵之曰、廼公居馬上而得之。安事詩書。陸生曰、居馬上得之、寧可以馬上治之乎）」とあり、これがのちに陸賈が『新語』を著す契機となったことも記される。『漢書』卷四十三 陸賈傳も、多少の字句の異同はあるが、これを踏襲している。

(一五)(五年)①於是諸侯上疏曰、楚王韓信・韓王信・淮南王英布・梁王彭越・故衡山王吳芮・趙王張敖・燕王臧荼、昧死再拜言、大王陛下、先時秦爲亡道、天下誅之、大王先得秦王、定關中、於天下功最多。存亡定危、救敗繼絕、以安萬民、功盛德厚。又加惠於諸侯王有功者、使得立社稷。地分已定、而位號比儗、亡上下之分、大王功德之著、於後世不宣。昧死再拜、上皇帝尊號。漢王曰、寡人聞、帝者賢者有也、虛言亡實之名、非所取也。今諸侯王皆推高寡人、將何以處之哉。諸侯王皆曰、大王起於細微、滅亂秦、威動海內。又以辟陋之地、自漢中行威德、誅不義、立有功、平定海內。功臣皆受地食邑、非私之也。大王德施四海、諸侯王不足以道之。居帝位甚實宜。願大王以幸天下。漢王曰、諸侯王幸以②爲便於天下之民、則可矣。③於是諸侯王及太尉長安侯臣綰等三百人、與博士稷嗣君叔孫通謹擇良日二月甲午、上尊號。漢王卽皇帝位于氾水之陽(『漢書』卷一下 高帝紀下)。

(一六)比較のために、全文を掲げておく。正月、諸侯及將相、相與共請、尊漢王爲皇帝。漢王曰、吾聞、帝賢者有也、空言虛語、非所守也。吾不敢當帝位。羣臣皆曰、大王起微細、誅暴逆、平定四海、有功者輒裂地而封爲王侯。大王不尊號、皆疑不信。臣等以死守之。漢王三讓、不得已曰、諸君必以爲便、便國家。甲午、乃卽皇帝位氾水之陽(『史記』卷八 高祖本紀)。

(一七)『史記』卷九十九 叔孫通傳に、「五年、已に天下を幷はす。諸侯 共に漢王を尊びて皇帝と爲すに定陶に於てす。叔孫通其の儀號に就く(五年、已幷天下。諸侯共尊漢王爲皇帝於定陶。叔孫通就其儀號)」とある。

(一八)(元年)①三月、有司請立皇后。皇太后曰、立太子母竇氏爲皇后。詔曰、方春和時、草木・羣生之物、皆有以自樂。而吾百姓鰥寡・孤獨・窮困之人、或阽於死亡、而莫之省憂。爲②民父母將何如。其議所以振貸之。又曰、老者非帛不煖、非肉不飽。②今歲首、不時使人存問長老、又無布帛・酒肉之賜。將何以佐天下子孫、孝養其親。今聞、吏稟當受鬻者、或以陳粟。豈稱④養老之意哉。具爲令。有司請令縣道、年八十已上、賜米人月一石、肉二十斤、酒五斗。其九十已上、又賜帛人二疋、絮三斤。賜物及當稟鬻米者、長吏閱視、丞若尉致。不滿九十、嗇夫・令史致。二千石遣都吏循行、不稱者督之。刑者及有罪耐以上、不用此令(『漢書』卷四 文帝紀)。

（一九）（後元年）詔曰、間者數年比①不登、又有①水旱・疾疫之災、朕甚憂之。愚而不明、②未達其咎。意者③朕之政有所失、而行有過與。乃天道有不順、地利或不得。人事多失和、鬼神廢不享與。何以致此。將百官之奉養或費、無用之事或多與。何其民食之寡乏也。夫度田非益寡、而計民未加益、以口量地、其於古猶有餘。而食之甚不足者、其咎安在。無乃百姓之從事於末以害農者蕃、爲酒醪以靡穀者多、六畜之食焉者衆與。細大之義、吾未能得其中。④其與丞相・列侯・吏二千石・博士議之、有可以佐百姓者、率意遠思、無有所隱（『漢書』巻四　文帝紀）。

（二〇）天人相關説が景帝の博士である董仲舒、及びその後学の手になることについては、池田知久〈一九九四a〉を参照。

（二一）たとえば、湯浅邦弘〈二〇〇六〉は、出土資料に現れる天譴説を含まない素朴な天人相關説の存在を指摘する。

（二二）浅野裕一〈一九九二〉は、この詔を黄老思想に基づく天人相關説と理解している。

（二三）（二年）十一月晦、日有食之。①十二月望、日又食。上曰、朕聞之、天生蒸民、爲之置君、以養治之。②人主不德、布政不均、則天示之以菑、以誡不治。③乃十一月晦、日有食之、適見于天。菑孰大焉。朕獲保宗廟、以微眇之身、託于兆民・君王之上。天下治亂、在朕一人。唯二三執政、猶吾股肱也。朕下不能理育羣生、上以累三光之明。其不德大矣。令至、其悉思朕之過失、及知見思之所不及、匄以告朕。及擧賢良方正能直言極諫者、以匡朕之不逮。因各飭其任職、務省繇費、以便民。朕既不能遠德、故憪然念外人之有非。是以設備未息。今縱不能罷邊屯戍、而又飭兵厚衞。其罷衞將軍、太僕見馬遺財足、餘皆以給傳置（『史記』巻十　孝文本紀）。

（二四）太史公曰、孔子言、必世然後仁。善人之治國百年、亦可以勝殘去殺。誠哉是言。漢興、至孝文四十有餘載、德至盛也。廩廩鄉改正服封禪矣、謙讓未成於今。嗚呼、豈不仁哉（『史記』巻十　孝文本紀）。

（二五）現行の『論語』子路篇には、「子曰、如有王者、必世而後仁」とあり、続く「善人之治國百年、亦可以勝殘去殺」を欠く。司馬遷が『史記』に引用する『論語』が、魯論の流れを汲む現行の『論語』と異なり、古論であることは、渡邉義浩〈二〇一四b〉を参照。

（二六）文帝が黄老思想に基づく政治を行いながらも、『史記』・『漢書』には文帝を「黄老」と評するところがないことについては、大形徹〈一九八〇〉に指摘されている。

(二七) 孝文帝從代來、卽位二十三年、宮室・苑囿・狗馬・服御、無所增益。有不便、輒弛以利民。嘗欲作露臺、召匠計之、直百金。上曰、百金中民十家之產。吾奉先帝宮室、常恐羞之。何以臺爲。上常衣綈衣、所幸愼夫人、令衣不得曳地、幃帳不得文繡、以示敦朴、爲天下先。治霸陵皆以瓦器、不得以金銀銅錫爲飾。不治墳。欲爲省毋煩民。南越王尉佗、自立爲武帝。然上召貴尉佗兄弟、以德報之。佗遂去帝稱臣。與匈奴和親。匈奴背約入盜。然令邊備守、不發兵深入。惡煩苦百姓。吳王詐病不朝。就賜几杖。羣臣如袁盎等、稱說雖切、常假借用之。羣臣如張武等、受賂遺金錢、覺。上乃發御府金錢賜之、以愧其心、弗下吏。專務以德化民。是以海內殷富、興於禮義（『史記』卷十　孝文本紀）。

(二八)『史記』と字句の異なる部分に傍線を附して掲げておく。贊曰、孝文皇帝、卽位二十三年、宮室・苑囿・車騎・服御、無所增益。有不便、輒弛以利民。嘗欲作露臺、召匠計之、直百金。上曰、百金中人十家之產也。吾奉先帝宮室、常恐羞之。何以臺爲。身衣弋綈、所幸愼夫人、衣不曳地、帷帳無文繡、以示敦朴、爲天下先。治霸陵皆瓦器、不得以金銀銅錫爲飾。因其山、不起墳。南越尉佗、自立爲帝、召貴佗兄弟、以德懷之。佗遂稱臣。與匈奴結和親、後而背約入盜、令邊備守、不發兵深入、恐煩百姓。吳王詐病不朝、賜以几杖。羣臣袁盎等、諫說雖切、常假借納用焉。張武等、受賂金錢、覺。更加賞賜、以媿其心。專務以德化民、是以海內殷富、興於禮義、斷獄數百、幾致刑措。嗚呼、仁哉（『漢書』卷四　文帝紀）。

(二九) 牧角悦子〈二〇一四〉。このほか、賈誼については、牧角悦子〈二〇一五〉・田中麻紗巳〈一九七七〉も參照。また、『史記』と『漢書』の比較については汪春泓《二〇一四》、『漢書』の材料については楊樹達〈一九三二〉、盧南喬〈一九六一〉、白寿彝〈一九六三〉も參照。

(三〇)（文帝）數問以得失。是時、①匈奴彊、侵邊。天下初定、制度疏闊。②諸侯王僭儗、地過古制、淮南・濟北王皆爲逆誅。誼數上疏陳政事、多所欲匡建。其大略曰、……③禮、祖有功而宗有德。使顧成之廟、稱爲太宗、上配太祖、與漢亡極。建久安之勢、成長治之業、以承祖廟、以奉六親、④至孝也。以幸天下、以育羣生、④至仁也。立經陳紀、輕重同得、後可以爲萬世法程、雖有愚幼・不肖之嗣、猶得蒙業而安、至明也。以陛下之明達、因使少知治體者得佐下風、致此非難也（『漢書』卷四十

八　賈誼傳）。

（三一）賈誼の対匈奴政策については、池田敦志〈二〇一〇〉を参照。また、賈誼の対諸侯王政策については、池田敦志〈二〇〇八〉を参照。

（三二）以上の経緯、ならびに劉歆説の最も重要な根拠が『春秋左氏傳』に求められていることについては、渡邉義浩〈二〇〇七b〉を参照。

（三三）夫樹國固必相疑之勢。下數被其殃、上數爽其憂。甚非所以安上而全下也。⑤今或親弟謀爲東帝、親兄之子西鄕而擊、今吳又見告矣。……⑥欲天下之治安、莫若衆建諸侯而少其力。力少則易使以義、國小則亡邪心。令海內之勢如身之使臂、臂之使指、莫不制從。諸侯之君、不敢有異心、輻湊並進而歸命天子。雖在細民、且知其安。故天下咸知陛下之明。⑦割地定制、令齊・趙・楚各爲若干國、使悼惠王・幽王・元王之子孫、畢以次各受祖之分地、地盡而止、及燕・梁・它國皆然。……地制壹定、宗室子孫、莫慮不王、下無倍畔之心、上無誅伐之志、故天下咸知⑧陛下之仁（『漢書』巻四十八　賈誼傳）。

（三四）推恩の制については、藤岡喜久男〈一九五四〉を参照。

（三五）天下之勢方倒縣。凡天子者、天下之首、何也。上也。蠻夷者、天下之足、何也。下也。今匈奴嫚娒侵掠、至不敬也。爲天下患、至亡已也。而漢歲致金絮・采繒以奉之。⑨夷狄徵令、是主上之操也。天子共貢、是臣下之禮也。足反居上、首顧居下、倒縣如此、莫之能解、猶爲國有人乎。……臣竊料、匈奴之衆、不過漢一大縣。以天下之大、困於一縣之衆、甚爲執事者羞之。⑩陛下何不試以臣爲屬國之官以主匈奴。行臣之計、請必係單于之頸而制其命、伏中行說而笞其背、擧匈奴之衆、唯上之令（『漢書』巻四十八　賈誼傳）。

（三六）屬國については、熊谷滋三〈一九九六〉、典屬國については、熊谷滋三〈二〇〇七〉、屬國都尉については、鎌田重雄《一九六二》を参照。

（三七）春秋三傳の華夷思想の相違、およびその展開については、渡邉義浩〈二〇〇七b〉を参照。

（三八）贊曰、劉向稱、賈誼言三代與秦治亂之意、其論甚美、通達國體。雖古之伊・管、未能遠過也。使時見用、功化必盛。爲庸臣所害、甚可悼痛。追觀孝文玄默躬行、以移風俗、誼之所陳、略施行矣。及欲改定制度、以漢爲土德、色上黃、數用五。及欲試屬國、①施五餌・三表以係單于、其術固以疏矣。誼亦天年早終。雖不至公卿、未爲不遇也。②凡所著述五十八篇、掇其切於世事者、著于傳云（『漢書』巻四十八 賈誼傳）。

（三九）重沢俊郎〈一九四九〉、宇野茂彦〈一九八八〉、城山陽宣〈二〇〇四〉などを參照。

（四〇）賈誼の「三表・五餌」政策については、手塚隆義〈一九三六〉、森熊男〈一九八五〉を參照。

（四一）班固は、永元元（八九）年、竇憲に従って匈奴の討伐に従軍しており、賈誼の融和政策を認め難い政治的立場にある。なお、班固が竇憲の勝利を記念して書いた「封燕然山銘」は、『文選』巻五十六に収録される。

（四二）司馬遷が公孫弘の功令を高く評価することは、本書第四章を參照。

（四三）『漢書』巻二十二 禮樂志に、「(平) 當 以《い》爲へらく、「漢 秦の滅道の後を承け、先帝の聖德に賴り、博受し兼聽して、廢官を修め、大學を立つ。河間獻王、幽隱を聘求し、雅樂を修興して以て化を助く。時に、大儒の公孫弘・董仲舒ら、皆 以て音 正雅に中ると爲し、之を大樂に立つ（〈平〉當以爲、漢承秦滅道之後、賴先帝聖德、博受兼聽、修廢官、立大學。河間獻王、聘求幽隱、修興雅樂以助化。時、大儒公孫弘・董仲舒等、皆以爲音中正雅、立之大樂）」とあり、成帝期の平當は、「大儒」の公孫弘と董仲舒が、河間獻王が招いた幽隱の士の雅樂を「大樂」の官に立てた、と言ったと記載している。

（四四）上策詔諸儒、制曰、蓋聞、⑴上古至治、畫衣冠、異章服、而民不犯。⑵陰陽和、五穀登、六畜蕃、甘露降、風雨時、嘉禾興、朱屮生、山不童、澤不涸。麟鳳在郊藪、龜龍游於沼、河洛出圖書。父不喪子、兄不哭弟。北發渠搜、南撫交阯、舟車所至、人迹所及、跂行喙息、咸得其宜。朕甚嘉之。今何道而臻乎此。子大夫修先聖之術、明君臣之義、講論洽聞、有聲乎當世。⑵敢問子大夫、天人之道、何所本始。吉凶之效、安所期焉。⑶禹・湯水旱、厥咎何由。⑷仁・義・禮・知四者之宜、當安設施。屬統垂業、物鬼變化、天命之符、廢興何如。天文・地理・人事之紀、子大夫習焉。其悉意正議、詳具其對、著之于篇。朕將親覽焉。靡有所隱（『漢書』巻五十八 公孫弘傳）。

（四五）弘對曰、臣聞、①上古堯・舜之時、不貴爵賞而民勸善、②不重刑罰而民不犯、躬率以正而遇民信也。末世貴爵厚賞而民不勸、深刑重罰而姦不止、其上不正、遇民不信也。夫厚賞重刑、未足以勸善而禁非、必信而已矣。是故因能任官、則分職治。去無用之言、則事情得。不作無用之器、卽賦斂省。不奪民時、不妨民力、則百姓富。有德者進、無德者退、則朝廷尊。有功者上、無功者下、則羣臣逡。罰當罪、則姦邪止。賞當賢、則臣下勸。凡此八者、治民之本也。故民者、業之卽不爭、理得則不怨。有禮則不暴、愛之則親上。此有天下之急者也。③故法不遠義、則民服而不離。和不遠禮、則民親而不暴。故法之所罰、義之所去也。和之所賞、禮之所取也。禮・義者、民之所服也、而賞罰順之、則民不犯禁矣。故畫衣冠、異章服、而民不犯者、此道素行也（『漢書』卷五十八 公孫弘傳）。

(四六) 蓋聞、有虞氏之時、畫衣冠、異章服、以爲僇、而民不犯。何則、至治也。今法有肉刑三、而姦不止、其咎安在（『史記』卷十 孝文本紀）。

(四七) あるいは、劉向は、『列女傳』卷六 辯通に、文帝の肉刑廢止に関わり、齊の太倉の女《むすめ》の話を収録している。また、班固が、『史記』と共に『列女傳』を参照しながら、『漢書』卷二十三 刑法志にこれを記載し、『文選』卷三十六 王元長永明九年策秀才文の注に引用される詩を詠んでいることは、下見隆雄《一九八九》を参照。

(四八) 『荀子』王制篇に、「禮義なる者は、治の始め、君子なる者は、義の始めなり（禮義者、治之始、君子者、義之始）」とあるように、禮と義を尊重するのは、『荀子』の特徴である。ただ、ここで展開されている議論は、現行の『荀子』ほどの論理的整合性はない。『荀子』の禮の重要性については、佐藤将之《二〇一〇》・《二〇一六》を参照。

(四九) 臣聞之、氣同則從、聲比則應。④今人主和德於上、百姓和合於下。故心和則氣和、氣和則形和、形和則聲和、聲和則天地之和應矣。故陰陽和、風雨時、甘露降、五穀登、六畜蕃、嘉禾興、朱草生、山不童、澤不涸、此和之至也。故形和則無疾、無疾則不夭。故父不喪子、兄不哭弟。⑤德配天地、明並日月、則麟鳳至、龜龍在郊、河出圖、洛出書。遠方之君、莫不說義、奉幣而來朝。此和之極也（『漢書』卷五十八 公孫弘傳）。

(五〇) 臣聞之、仁者愛也、義者宜也、禮者所履也、智者術之原也。致利除害、兼愛無私、謂之仁。明是非、立可否、謂之義。進退有度、尊卑有分、謂之禮。擅殺生之柄、通壅塞之塗、權輕重之數、論得失之道、使遠近情僞必見於上、謂之術。⑥凡此四者、治之本、道之用也。皆當設施、不可廢也。得其要、則天下安樂、法設而不用。不得其術、則主蔽於上、官亂於下。此事之情、屬統垂業之本也（『漢書』巻五十八 公孫弘傳）。

（五一）臣聞、⑦堯遭鴻水、使禹治之。未聞禹之有水也。若湯之旱、則桀之餘烈也。桀・紂行惡、受天之罰。禹・湯積德、以王天下。⑧因此觀之、天德無私親、順之和起、逆之害生。此天文・地理・人事之紀。臣弘愚戇、不足以奉大對（『漢書』巻五十八 公孫弘傳）。

（五二）弘復上疏曰、陛下有先聖之位而無先聖之名、有先聖之名而無先聖之吏。是以勢同而治異。先世之吏正、故其民篤。今世之吏邪、故其民薄。政弊而不行、令倦而不聽。夫使邪吏行弊政、用倦令治薄民、民不可得而化、此治之所以異也。臣聞、①周公旦治天下、朞年而變、三年而化、五年而定。唯陛下之所志。書奏、天子以册書答曰、問、弘稱周公之治、②弘之材能自視孰與周公賢。弘對曰、愚臣淺薄、安敢比材於周公。雖然、愚心曉然、見治道之可以然也。夫虎豹馬牛、禽獸之不可制者也。及其教馴服習之、至可牽持駕服、唯人之從。臣聞、揉曲木者不累日、銷金石者不累月。夫人之於利害好惡、豈比禽獸・木石之類哉。③朞年而變、臣弘尚竊遲之。上異其言（『漢書』巻五十八 公孫弘傳）。

（五三）この周公旦の政治評価も独自である。たとえば、周公旦がいかなる政治を行ったかについては、王莽も利用した『尚書大傳』の「周公 政を攝するや、一年 亂を救はんとし、二年 殷に克ち、三年 奄を踐し、四年 侯衞を建て、五年 成周を營み、六年 禮を制し樂を作り、七年 政を成王に致す（周公攝政、一年救亂、二年克殷、三年踐奄、四年建侯衞、五年營成周、六年制禮作樂、七年致政成王）」を用いることが多い。王莽による『尚書大傳』の利用については、本書第五章を参照。

（五四）元朔中、代薛澤爲丞相。先是、漢常以列侯爲丞相、唯弘無爵。上於是下詔曰、朕嘉先聖之道、開廣門路、宣招四方之士。蓋古者任賢而序位、量能以授官、勞大者厥祿厚、德盛者獲爵尊。故武功以顯重、而文德以行褒。其以高成之平津鄉戶六百五十、封丞相弘爲平津侯。其後以爲故事。至丞相封、自弘始也（『漢書』巻五十八 公孫弘傳）。

（五五）（武帝）及議欲放古巡狩・封禪之事、諸儒對者五十餘人、未能有所定。先是、司馬相如病死、有遺書、頌功德、言符瑞、足以封泰山。上奇其書、以問（兒）寛。寛對曰、陛下躬發聖德、統楫羣元、宗祀天地、薦禮百神、精神所鄉、徵兆必報。天地並應、符瑞昭明。其封泰山、禪梁父、昭姓考瑞、帝王之盛節也。①然享薦之義、不著于經。以爲、封禪告成、合祛於天地神祇、祗戒精專、以接神明。總百官之職、各稱事宜而爲之節文。唯聖主所由、制定其當。非羣臣之所能列。今將舉大事、優游數年、使羣臣得人自盡、終莫能成。唯天子建中和之極、兼總條貫、金聲而玉振之、以順成天慶、垂萬世之基。上然之。乃自制儀、②采儒術以文焉（『漢書』巻五十八 兒寛傳）。

（五六）福永光司〈一九五〇〉。これに対して、目黒杏子〈二〇一一〉は、兒寛傳を主な典拠としながら、儒者の重要性を主張する。このほか、永井弥人〈一九九七〉、竹内弘行〈一九七五〉なども参照。

（五七）光武帝の封禪については、池田雅典〈二〇〇八〉・〈二〇〇九〉を参照。

（五八）『漢書』巻三十 藝文志 六藝 禮に、「古封禪羣祀 二十二篇、封禪議對 十九篇、漢封禪羣祀 三十六篇」と著録される諸書は、儒者の側から封禪の祭祀をまとめたもので、劉向・劉歆のころには封禪に対する儒教の文飾が完了していたことを示す。

（五九）既成、將用事、拜寛爲御史大夫。從東封泰山、還登明堂。寛上壽曰、③臣聞、三代改制、屬象相因。間者聖統廢絶、④陛下發憤、合指天地、祖立明堂・辟雍、宗祀泰一、六律・五聲。幽贊聖意、神樂四合、各有方象、以丞嘉祀、爲萬世則、天下幸甚。……（『漢書』巻五十八 兒寛傳）。

（六〇）贊曰、公孫弘・卜式・兒寛、皆以鴻漸之翼、困於燕爵、遠迹羊豕之間。①非遇其時、焉能致此位乎。是時、漢興六十餘載、海内艾安、府庫充實、而四夷未賓、制度多闕。上方欲用文武、求之如弗及。始以蒲輪迎枚生、見主父而歎息。羣士慕嚮、異人並出。卜式拔於芻牧、弘羊擢於賈豎、衞青奮於奴僕、日磾出於降虜、斯亦曩時版築・飯牛之朋已。漢之得人、於茲爲盛。②儒雅則公孫弘・董仲舒・兒寛、篤行則石建・石慶、質直則汲黯・卜式、推賢則韓安國・鄭當時、定令則趙禹・張湯、文章則司馬遷・相如、滑稽則東方朔・枚皋、應對則嚴助・朱買臣、曆數則唐都・洛下閎、協律則李延年、運籌則桑弘羊、奉使則張騫・蘇武、將率則衞青・霍去病、受遺則霍光・金日磾、其餘不可勝紀。是以興造功業、制度・遺文、後世莫及。……(『漢書』巻五十八 公孫弘・卜式・兒寛傳贊)。

(六一)詔因曰、司馬遷著書、成一家之言、揚名後世。至以身陷刑之故、反微文刺譏、貶損當世。非誼士也(『文選』巻四十八 班固 典引)。「典引」については、渡邉義浩〈二〇一四c〉を参照。なお、班固までの『史記』への評価には、嘉瀬達男〈二〇〇五〉がある。

第二章　災異から革命へ

はじめに

前漢の儒者である董仲舒は、天人相關論に基づき災異説を構築したが、『漢書』董仲舒傳に、その「天人三策」が武帝に嘉納された、とすることは史実ではない[一]。だが、師説を継承する董仲舒学派が、『董仲舒書』あるいは『春秋繁露』にその説を展開させ[二]、国政と関わる手段を模索したことは事実である。『董仲舒書』は、福井重雅《二〇〇五》により、班固の『漢書』董仲舒傳加筆の際の種本と推定されたが現存はせず、一方、『董仲舒書』と伝存する『春秋繁露』との関係も明らかではない。

そこで、そうした著作面からではなく、董仲舒が果たし得なかった政治への働きかけから、董仲舒学派、あるいは公羊學派の展開を考察することも、董仲舒の思想が漢代に果たした役割を解明する一つの方法であろう。

本章は、董仲舒の再伝の弟子にあたるとされる眭弘が、霍光への働きかけにより処刑されたにも拘らず、宣帝によりその子が郎官に徴召された原因を探る。さらに、前漢後半期における災異説から革命思想への展開に論及するものである。

一、武帝の後継者

董仲舒を師とする司馬遷は、董仲舒の災異説について、次のように記録している。

今上 即位するや、（董仲舒）江都の相と爲る。①春秋災異の變を以て、陰陽の錯行する所以を推す。故に雨を求むるには諸陽を閉ぢ、諸陰を縱《はな》ち、其の雨を止むるには是を反す。之を一國に行ひ、未だ嘗て欲する所を得ずんばあらず。中ごろに廢せられ中大夫と爲り、舍に居り、②災異の記を著す。是の時、遼東の高廟 災あればなり。主父偃 之を疾み、其の書を取り之を天子に奏す。天子 諸生を召し其の書を示すに、刺譏する有り。董仲舒の弟子たる呂步舒、其の師の書なるを知らず、以て下愚と爲す。是に於て董仲舒を吏に下す。當に死すべきも、詔もて之を赦す。③是に於て董仲舒、竟に敢て復た災異を言はず（三）。

①『春秋』に記載される「災異」とは、自然界における洪水・旱魃・日食・地震、彗星・隕石や霜・雹、蝗害や寒暑の変調などの異変現象であり、これらの小なるものを「災」、大なるものを「異」という。この「災異」を利用して、君主の悪政を規制しようとするものが、災異思想である。これは『春秋經』や『公羊傳』に本来備わっている思想ではない（四）。そこには、君主が天の意志に反する行為をすれば、天はまず災異を下して譴責する。それでも改めなければ、天はその国を滅ぼすという董仲舒により集大成される天人相關論が必要だからである。そして、災異と天人相關を結ぶものが、「陰陽」である。自然だけではなく人間にも陰陽の氣があり、人間界の陰陽が乱れると、自然界の陰陽に感応して、その正常な活動を「錯行」させる。董仲舒後学がまとめた『董仲舒書』による加筆が想定される『漢書』巻五十六 董仲舒傳では、これを明確に「陰陽 繆盭して妖孽 生ず。此れ災異の緣りて起こる所《ゆゑん》なり（陰陽

繆盭而妖孽生矣。此災異所緣而起也）」と説明している。

董仲舒は、②「遼東の高廟」に「災」があったため、「災異の記」を著したが、主父偃にこれを盗まれた。さらに、その中にある政治批判についての武帝の下問に対して、弟子の呂歩舒が「下愚」と評したために、董仲舒は死罪に当てられた。そして、ようやく許されたあとには、③二度と「災異を言は」なかったという。武帝が尊重した儒者は、自らの政治を儒教で粉飾する公孫弘であり、公孫弘とは異なり、武帝の政治を災異説で諫めようとした董仲舒は、政治的に用いられることはなかった。

それもあってか、董仲舒の本人の言を含みながらも、後学によって編纂された『春秋繁露』は、災異説が神秘的に予言に傾斜すること、すなわち災異の予占化に批判的である。

因りて夫の災異の象を前に推し、然る後に安危禍亂を後に圖る者を惡む。春秋の甚だ貴ぶ所に非ざればなり。[五]

先に現れた「災異」を「象」とし、後に「安危禍亂」を考える、すなわち災異を予占化することで、政治と関わりを持つことを『春秋』は尊重しないというのである。それでも、災異の予占化は進んだ。日原利国〈一九七二〉によれば、その原因は、第一に春秋學派の易學派との交渉、第二に過去の行為だけではなく未来の予測される行為に対して、その心意を探り褒貶を加えるという『春秋』の特徴にあるという。首肯すべき見解である。だが、『漢書』巻七十五に集められた、尚書家の夏侯始昌・夏侯勝、易家の京房、齊詩の翼奉がすべて災異説を展開しているように、春秋家と易家だけが災異を説いたわけではない。武帝のときに未だ本格的に政治に関与できなかった儒家が、政治に食い込む手段として災異思想を用いたことに、災異の予占化の政治的な理由は求められよう。本章で取り上げる眭弘の事例はその典型である。それを検討する前に、ここでは易家の京房が説明する『春秋』の予占化過程と、眭弘の予占の舞台となった武帝崩御の後の政治状況を概観しておこう。

元帝に対して、現状の政治のあり方がなぜ災異によって分かるのか、京房は次のように説明している。

春秋は二百四十二年の災異を紀して、以て萬世の君に視《しめ》す。今 陛下 卽位してより已來、日月は明を失ひ、星辰は逆行し、山は崩れ泉は涌き、地は震へ石は隕ち、夏は霜ふり冬は靁あり、春は凋《しぼ》み秋は榮《しげ》る。隕霜は殺さざるも、水旱・螟蟲に、民人は飢疫し、盜賊は禁《や》まず、刑人は市に滿つ。春秋の記す所の災異 盡く備はる。陛下 今を視るに治と爲すや、亂となすや。（六）

京房は、『春秋』を二百四十二年間の災異を記している災異書と捉え、現行の災異をそれに当てはめて考えることで、未来を予占できると考えていた。二百四十年間の「事」を記す『春秋』は、未来を予想可能とする災異事例集だったのである。

それでは、こうした予占化した災異思想が、政治と関わった武帝崩御時の後継者を確認しよう。武帝には、早くに卒した次男の劉閎のほか、衞皇后が産んだ長男の劉據（戾太子。劉病已〈第十代宣帝〉は孫）、李姫の産んだ三男の劉旦［燕王］、四男の劉胥（廣陵厲王）、李廣利の妹である李夫人が産んだ五男の劉髆（昌邑哀王。海昏侯劉賀〈第九代廢帝〉は子）、趙婕妤が産んだ末子の劉弗陵（第八代昭帝）という、あわせて六人の子がいた。

このうち、皇太子の劉據は、江充により巫蠱の獄に陥れられていた。木の人形を土中に埋め、巫に呪詛させて武帝の殺害を謀ったとされたのである。征和二（前九一）年、劉據は兵を起こし、自らを陥れた江充を斬ったものの、その軍は丞相の劉屈氂（中山靖王劉勝の子）に鎮圧された。劉據の子である劉進（史皇孫）は殺されたが、その子の劉病已（のちの宣帝）は、治獄使者として取調べを行った丙吉により助けられた。のち、武帝が劉據の無罪を知り恩赦すると、掖廷令の張賀（御史大夫の張湯の子）が後見役となり、劉病已に学問を積ませた。張湯は、儒者の公孫弘と関係が良く、霍光と対立する桑弘羊の鹽鐵専売政策を支持していた。霍光とは潜在的に敵対関係を持つ。

劉據（戻太子）が死ぬと、燕王の劉丹は、自分が最年長であるために帝位を窺い、武帝に長安で警護の任に就くことを求めた。しかし、劉丹を評価しない武帝は、その動きに激怒して、燕王から三縣を没収すると共に、末子の劉弗陵（昭帝）を皇太子とした。一方、五男の劉髆には、戻太子を鎮圧した丞相の劉屈氂と伯父の李廣利が羽翼となる。二人は劉髆を太子に立てる謀略を進めたが、事前に発覚した。劉屈氂は刑死し、李廣利は匈奴に亡命する。ただし、劉髆は謀略と関わっておらず、連座を免れた。劉髆の子が劉賀（のちの廢帝）である。

後元二（前八七）年、武帝が崩御した。わずか八歳で即位した末子の劉弗陵（昭帝）のもと、大司馬・大將軍の霍光（霍去病の異母弟）が政権を掌握する。そのとき、なお帝位継承が可能な者として、長子の孫の劉病已（のちの宣帝）、三男の燕王劉丹、四男の広陵厲王劉胥、五男の劉髆の子劉賀（のちの廢帝）がいた。

最初に動いたものは、三男の燕王劉丹であった。武帝は、霍光を大司馬・大將軍に任ずると共に、金日磾（匈奴の休屠王の太子）・上官桀に霍光を補佐させることにしていた。しかし、やがて霍光と対立した上官桀は、元鳳元（前八〇）年、兄であるのに帝位に付けなかった燕王の劉旦、および前年の鹽鐵会議で霍光に敗れた桑弘羊らと共に乱を企てたのである。だが、乱は露見し、燕王は自殺、上官桀・桑弘羊は誅殺された。

こうして専権を掌握した霍光は、元鳳四（前七七）年に、昭帝が十八歳で元服しても、政権を返還しなかった。その一方で、內朝に霍氏一族を次々と登用する。霍光の子霍禹は、霍去病の孫霍雲と共に中郎將となり、霍雲の弟霍山は奉車都尉・侍中となり、胡越兵（匈奴と南越の降伏兵）を統率した。このほかの一族も多く兵權を持ち、霍光の威勢は、朝廷を震わせた。董仲舒の孫弟子という眭弘が、上奏文を提示したのは、その前年にあたる元鳳三（前七八）年のことであった。

二、眭弘の上奏

眭弘は、字を孟といい、魯國蕃縣の人である。嬴公より『春秋』を受け、議郎を経て符節令となった（『漢書』巻七十五　眭弘傳）。『漢書』によれば、眭弘の師である嬴公は、董仲舒の弟子であるという。

> 而して董生 江都相と爲り、自ら傳有り。弟子 之を遂《きはむ》る者、蘭陵の褚大・東平の嬴公・廣川の段仲・溫の呂步舒なり。……唯だ①嬴公のみ學を守り師法を失はず、昭帝の諫大夫と爲る。東海の孟卿・魯の眭孟に授く。孟 符節令と爲り、災異を說くに坐して誅せらる。自ら傳有り。嚴彭祖 字は公子、東海下邳の人なり。顏安樂と與に俱に眭孟に事ふ。孟の弟子は百餘人なるも、唯だ彭祖・安樂のみ明爲《た》りて、質問・疑誼に、各〻所見を持す。孟曰く、②「春秋の意は、二子に在り」と。孟 死し、彭祖・安樂 各〻門を顓《もっぱ》らに教授す。是に由り公羊春秋に顏・嚴の學有り（七）。

眭弘に関わる『漢書』の記録には多くの疑問がある。第一に、引用したように『漢書』儒林 胡母生傳は、眭弘の師である嬴公を董仲舒の弟子とする。だが、『史記』巻一百二十一 儒林 胡毋生傳は、「仲舒の弟子の遂る者は、蘭陵の褚大・廣川の殷忠・溫の呂步舒なり（仲舒弟子遂者、蘭陵褚大・廣川殷忠・溫呂步舒）」と掲げるだけで、嬴公を含まない。そして、『漢書』儒林傳は、『史記』には記録されない嬴公だけが、董仲舒の①「學を守り師法を失は」なかったとする。であればなおさら、『史記』に記載されない理由がない。そしてさらに、後漢の官學となった嚴氏公羊春秋・顏氏公羊春秋の祖である嚴彭祖と顏安樂は、共に眭弘（眭孟）から公羊傳を受け、眭弘から②「春秋の意は、二子に在り」と言われた、という。後漢時代に書かれた『漢書』には、官學である嚴氏・顏氏公羊春秋の祖となる眭弘の師である嬴公が董仲舒の直弟子であり、①「學を守り師法を失は」なかったことは重要である。『史記』には記載されない嬴公が、『漢書』で重視される理由である。それは、後漢の公羊學派が、董仲舒が二度と口にしなかったという災異説の予占化の方向に進んだこととも整合的である。

第二に、『漢書』は、『史記』が、たとえば項「籍」を字の「羽」で記すことを厳しく批判している（渡邉義浩〈二〇一六a〉を参照）。しかし、『漢書』儒林傳は、眭弘を字の「孟」で記述する。同じく『漢書』でありながら、眭弘傳と儒林傳で、呼び方に統一性を欠くのである。

そして、次に掲げる眭弘の上奏文に関わる文章にも疑問点は存在する。

孝昭の元鳳三年正月、①泰山の萊蕪山の南に、匈匈として數千人の聲有り。民 之を視るに、大石の自づから立つ有りて、高さは丈五尺、大は四十八圍、地に入ること深さ八尺、三石もて足と爲す。石 立ちて後、白烏の數千下りて其の旁に集《つど》ふ有り。是の時、②昌邑に枯れし社木 臥すも復た生くる有り。又 ③上林苑中に大柳樹 斷ち枯れて地に臥すも、亦た自づから立ちて生き、蟲 樹の葉を食ひ文字を成し、「公孫の病已 立つ」と曰ふ有り。（眭孟 春秋の意を推すに、以爲へらく、石・柳は皆 陰の類、下民の象なり。泰山なる者は岱宗の岳、王者の易姓告代の處なり。今 大石 自づから立ち、僵柳 復た起きるは、人力の爲す所に非ず。此れ當に④匹夫より天子と爲る者有らんとするなり。枯れし社木 復た生くるは、故の廢せられし家たる⑤公孫氏、當に復た興る者あらんとす。孟の意 亦た其の在る所を知らず、即ち說きて曰く、「先師の董仲舒に言有り、「⑥繼體守文の君有りと雖も、聖人の受命を害《さまたげ》ず」と。⑦漢家は堯の後なれば、傳國の運有り。⑧漢帝 宜しく天下に誰《たづ》ね差《えら》び、賢人を求《もと》め、禪《ゆづ》るに帝位を以てし、而して退きて自ら百里に封ぜらるること、⑨殷・周二王の後の如くし、以て天命を承順すべし」と。孟 友人の內官たる長賜をして此の書を上らしむ。時に昭帝 幼なく、⑩大將軍の霍光 政を秉る。之を惡み、其の書を廷尉に下す。奏するに賜・孟 妄りに祆言を設けて衆を惑し、大逆不道なれば、皆 伏誅せしめんと。後五年、⑪孝宣帝 民間より興り、位に卽き、孟の子を徴して郎と爲す[八]。

眭弘の上奏文は、前半に三つの災異、あるいは瑞祥とも言い得る「象」を掲げる。第一は、①泰山で大きな石が自立し、そののち、白い鳥が数千羽集まったこと、第二は、②昌邑の枯れて倒れていた社木が自立したこと、第三は、③上林苑中の枯れて倒れていた大柳が自立し、その葉を虫が食べて「公孫の病已 立つ」と文字を記したことである。この三つの象に対する眭弘の解釈は、第一と第三を踏まえた、④「匹夫より天子と爲る者有らん」と、第三を踏まえた⑤「公孫氏、當に復た興る者あらん」である。二つをまとめると、公孫氏という匹夫から天子となる者があるという予占になる。そのうえで眭弘は、この予占の意味が分からないとし、先師の董仲舒の言葉を⑥「繼體守文の君有りと雖も、聖人の受命を害ず」と引く。そのうえで、⑦「漢家は堯の後」なので「傳國の運」があるため、⑧「漢帝」は「賢人」を探して帝位を譲り、⑨「二王の後」のように、百里の諸侯となるべきであるとする。これを友人の長賜に上奏させたところ、⑩大將軍の霍光は怒って廷尉にその書を下し、「大逆不道」として長賜と眭弘は処刑された。しかし、⑪宣帝が民間から即位すると、眭弘の子は徴召されて「郎」となった、というのである。

三つの災異（瑞祥）のうち、最も明確なものは、第三の③「公孫の病已 立つ」という文言を含むものである。「公孫」とは國君、あるいは宗室の孫を指すので、これは戻太子の孫である劉病已が即位することを意味する。劉病已を後見していた張賀の父張湯は、公孫弘と親しい。災異から予占を説く公羊學派との関わりを見い出すことは可能である。劉病已は、④「匹夫より天子と爲る者有らん」と⑤「公孫氏、當に復た興る者あらん」という予占どおり、宣帝となった。「大逆不道」として処刑された眭弘の子が⑪宣帝の即位後、徴召されて「郎」となったのは、この予占を宣帝が評価したためである。

第二の②昌邑の社木の自立は、「昌邑」という地名から考えて、劉賀（廢帝）即位の予占である。昌邑王家には、尙書家の夏侯始昌が仕えていた。夏侯始昌は『齊詩』と『尙書』を修め、陰陽の術に明るく、柏梁臺に災害のある日を予言し、的中させている。そうした学問を背景に、劉賀あるいは父の劉髆、いずれにせよ昌邑王家のために予占が作られていたことは不自然ではない。

第一の①泰山の石が自立し、白い鳥が数千羽集まったことは、霍光即位のための予占ではないか（九）。それは、劉病已や昌邑王家の即位には必要のない、「革命」が先師の董仲舒の言葉を借りながら、正統化されているためである。しかも、その革命は、⑥「繼體守文の君」があっても、「聖人の受命」は妨げられないものであるから、⑧「漢帝」は「賢人」を探して帝位を譲るべし、とするものであった。天人相關論に基づく災異説を展開していけば、必然的に「革命」へとたどり着く。⑩大將軍の霍光が怒って、廷尉に「大逆不道」として眭弘を処刑させねばならなかった理由はここにある。霍光が革命を目指していたか否かは不明である。だが、眭弘の露骨過ぎる「革命」の正統化は、「大逆不道」として退けられたのである。

眭弘の本意は、劉病已や昌邑王家の即位ではなく、霍光の受命にこそあった。それゆえ、⑤「公孫氏、當に復た興る者あらん」という予占を分からないとし、先師の董仲舒の言を借りて、「革命」を正統化したのである。眭弘は、武帝の死後、圧倒的な専権を掌握した霍光に接近することで、公羊學派を中心とする儒教を国家宗教へと押し上げようとしたのである。

かかる理解を行うためには、いくつかの疑問を解決する必要がある。第一は、⑦「漢家は堯の後」なので「傳國の運」がある、という主張の時期である。『漢書補注』に引く齊召南が、漢を堯の後とする記録は、ここが初出であると指摘し、それを承けて王先謙が、漢氏が堯の後裔であることは、『春秋左氏傳』のみに明文がある、と『後漢書』

賈逵傳を引用するように、『春秋左氏傳』がなければ、「漢堯後說」は完成しない（渡邉義浩〈二〇〇七b〉を参照）。このため齊召南は、眭弘は『春秋左氏傳』にも兼通したのであろうかと疑う。『漢書』の記述は正しい、という前提に立つためである。この記録は、『漢書』が眭弘その人の上奏をそのまま記録したのではあるまい。董仲舒の「天人三策」と同じである。たとえば、前漢末、劉歆が宣揚する古文學に押された公羊學派が、嚴氏公羊春秋・顏氏公羊春秋の祖とする眭弘に、「漢堯後說」を仮託した書などを材料として用いたもの、と考えるべきではないか。

第二は、漢家は禪讓したのちには、⑨「二王の後」のように、百里の諸侯となるべきである、という主張の典拠である。『漢書補注』に引く葉德輝が、公羊學派にも「新周故宋」說ならある、と述べるように、「二王の後」の規定は『春秋公羊傳』にはない。だが、『春秋繁露』三代質文篇には、「下は二王の後を存するに大國を以てし、其の服を服し、其の禮樂を行ひ、客と稱して朝せしむ（下存二王之後以大國、使服其服、行其禮樂、稱客而朝）」とあり、「二王の後」が存在する。

第三は、①泰山の大石が自立したのち、白鳥が集まったという記録の意味である。前述したように、これは霍光の即位の瑞祥であろう。白と石は金德の象徵であり、それは霍光の「光」に通ずる。そして、霍光以外の②・③で「社木」・「柳」という木德が記述されていることは、土德（武帝）→木德（廢帝・宣帝）→金德（霍光）という五行相勝に基づく五德終始說を構築するためであろう。董仲舒の災異說は陰陽說に基づくに止まる。[一〇] 災異說に五行が組み込まれるのは、『春秋繁露』や後述する劉向のように前漢後期から末期ごろである。

以上、第一から第三の疑問を解決するために、最も相応しい推論は、班固が『春秋繁露』の成立した前漢末期ごろの公羊學派の書をこの部分の種本としたと考えることであろう。班固が自ら批判する名（眭弘）と字（眭孟）を混用しているのも、かかる推論によれば合理的に説明できる。

このように、一部に疑うべき資料を含みながらも、眭弘が「公孫の病已 立つ」と上奏した予占を宣帝は自らの正統化に用い、眭弘の子を郎として挙用した。その結果、眭弘の説を継承する公羊學派が強大化し、災異説の予占化を進めていく。

三、革命思想の普及

霍光は、昭帝が崩御すると、昭帝の兄である五男の劉髆の子劉賀（廢帝）を皇帝に擁立した。眭弘の予占で昌邑の社木が自立したという「象」の実現である。武帝の四男の劉胥（三男の燕王劉旦の弟）が、武帝の子の中で唯一存命しており、群臣は劉胥を推したが、「倡樂逸游を好み」、武帝も寵用しなかった劉胥を不安視して（『漢書』巻六十三 武五子 廣陵厲王傳）、霍光は劉賀を擁立したのである。しかし、霍光はわずか二十七日で劉賀を廃位する。田延年より皇太后の詔を用いることを進言された霍光は、劉賀の無道ぶりを皇太后の詔として読み上げて廃位し、劉賀が率いてきた昌邑王の群臣二百余人を尽く誅殺した。かれらは、刑場に牽かれていく途上、「當に斷ずべきを斷ぜず、反りて其の亂を受く（當斷不斷、反受其亂）」と叫んだという（『漢書』巻六十八 霍光傳）。西嶋定生は、こうした史料より、劉賀側の霍光暗殺計画に対して、霍光が緊急に廃位を断行したと推測する（一一）。首肯し得る見解である。したがって、霍光には、劉賀の後継者の準備はなかった。そこで、戻太子劉據の孫である劉病已（宣帝）が擁立される。眭弘の予占で柳の葉に「公孫の病已 立つ」とあった「象」の実現である。

　こうした経緯で即位した宣帝は、政権を返上しようとする霍光に、すべての政治を委任する。「諸事 皆 先づ光に關《あづか》り白《まう》し、然る後に天子に奏御す（諸事皆先關白光、然後奏御天子）」（『漢書』巻六十八 霍光傳）という言葉が、關白の語源となり、日本では霍光の博陸侯の「博陸」が關白の異名となったように、すべての政治は霍光により定まった。

そうしたなか、宣帝は自らの正統性を瑞祥に求める。「大逆不道」で刑死した眭弘の子が「郎」に徴召されたのは、このためである。宣帝が即位した翌本始元（前七三）年に鳳凰が現れたことを始まりとし、ほぼ毎年のように瑞祥が現れ、「神爵」「五鳳」「甘露」「黄龍」など、元号にも瑞祥が用いられた。（一二） したがって、地節二（前六八）年に、霍光が死ぬと、霍氏の勢力打倒にも、災異説が用いられる。

地節三（前六七）年、蕭望之は次のように災異説により霍氏を批判した。

①春秋に、「昭公三年 大いに雹雨《ふ》る」と。是の時、季氏 專權し、卒に昭公を逐ふ。鄉使《もし》 魯君 天變を察すれば、宜しく此の害亡《な》かるべし。今 陛下 聖德を以て位に居り、政を思ひ賢を求むるは、堯舜の心を用ひるなり。②然り而して善祥 未だ臻《いた》らず、陰陽 和せざるは、是れ大臣 政を任ひ、一姓もて勢を擅《ほしいまま》にするの致す所なり。附枝 大なれば本心を賊《そこな》ひ、私家 盛んなれば公室 危し。唯だ明主のみ萬機を躬《した》しくし、同姓を選び、賢材を擧げて、以て腹心と爲し、政謀に與り參せしめ、公卿・大臣をして、朝見して奏事し、明らかに其の職を陳べしめて、以て功能を考す。是の如くんば、則ち庶事は理《をさ》まり、公道は立ち、姦邪は塞がれ、私權は廢《すた》れんと。（一三）

蕭望之は、①『春秋』の昭公三年の「雹」の災異を「季氏」が「專權」して「昭公を逐」った「象」と把え、「魯君」はこの「天變」に対応すべきであったとする。そして、宣帝即位以来の②「陰陽」不和の理由を「一姓もて勢を擅に」することに求める。これが霍光の死後も、権力を掌握し続ける霍氏一族への批判であることは言うまでもない。これを承けて、翌地節四（前六六）年、宣帝は霍氏一族を打倒する。（一四） 宣帝は、瑞祥により自らの正統性を宣揚し、災異説を利用して自らの権威を確立したのである。

もちろん漢家の伝統を「王霸雜揉」に求める宣帝は、武帝期に多く登用された、法刑を重視して君主権力の伸長を目指す酷吏をも重用する。それでも宣帝は、嫡長子相続の最優先により武帝の嫡長孫である宣帝の即位を正統化し、華夷混一の理想社会の実現を説いて匈奴の降服という実現に適応した『春秋穀梁傳』を重視した。甘露三（前五一）年、石渠閣会議を蕭望之に主宰させ、重民思想と法刑の並用をも主張する『春秋穀梁傳』の立學を定め、經學によっても自らの正統性を承認させたのである。（二五）

父の宣帝より、儒教への傾倒を心配されていた元帝が即位すると、国政運用の論拠として儒教を中心に据えることは本格化する。そうしたなか、齊詩に基づく災異説を展開する翼奉は、郊祀・宗廟の祭祀が古制と異なることを災異の理由と考えて、次のような上疏を行った。

臣 願はくは、①陛下 都を成周に徙し、左は成皋に據り、右は黽池に阻み、前は崧高に鄕《む》かひ、後は大河に介《へだ》てん。……②漢家の郊兆・寢廟の祭祀の禮は、多く古に應ぜず。臣奉、誠に亶居して改作するを難しとす。故に願はくは陛下、都を遷し本を正さんことを。衆制 皆 定まり、復た宮館を繕治する不急の費亡《な》くんば、歳ごとに一年の畜を餘す可し。……故に臣 願はくは、陛下 天變に因りて都を徙し、所謂る天下と與に更始せん者《こと》を。天道終はりて復た始まり、窮まりて則ち本に反る。故に能く延長して窮まり亡きなり。③今 漢の道 未だ終はらず、陛下 本にして之を始め、於《ここ》に以て永世 延祚するは、亦た優れざらんや。（二六）

翼奉は、打ち続く災異を解消するためには、漢帝国のあり方そのものを儒教の經義と合致させなければならないと考えた。そのために、①首都を「成周」すなわち洛陽に遷すべきことを主張した。これは、後漢を建国する光武帝劉秀により、建武元（二五）年に実現する。さらに翼奉は、②「漢家の郊兆・寢廟の祭祀の禮は、多く古に應」じていないことも指摘する。これは、匡衡による成帝の建始元（前三二）年の南北郊祀の提案、および貢禹による元帝の永光四（前四〇）年の七廟合祀の提案へと継承され、王莽により平帝の元始五（五）年に、天子が天地を祀る郊祀と皇帝が宗廟を祀る七廟合祀として確立する。

このような前漢元帝の初元元（前四六）年の翼奉の上奏より始まる儒教經義に基づく中国の古典的国制への提言が、主として王莽期に定まり、後漢章帝の建初四（七九）年の白虎観会議で儒教經典により正統化されることで、「古典中國」は完成する（本書第十一章）。「古典中國」への動きも、災異説に基づく提言として行われたことは、白虎観会議で採用された儒教經義に緯書を起源とするものが多いことに大きく係わる。それと共に、翼奉がこのような改革を行えば、③漢は終わりの運命を乗り越え、「永世に延祚」できる、と述べるように、それが災異説から生まれた革命思想を克服する手段として提言されていることに注目すべきである。革命の気運は高まっていた。

革命思想が再び現れたのは、元帝の子成帝のときであった。

成帝の時、①齊人の甘忠可、詐りて天官暦・包元太平經十二巻を造り、以て言へらく、「②漢家 天地の大終に逢ひ、當に更めて命を天に受くべし。天帝 眞人の赤精子をして、下りて我に此の道を教へしむ」と。忠可 以て重平の夏賀良・容丘の丁廣世・東郡の郭昌らに教ふ。中壘校尉の劉向 奏すらく、「③忠可は鬼神を假り上を罔《なみ》し衆を惑はす。獄に下して治服せしめん」と。未だ斷ぜざるに病もて死す。賀良ら忠可が書を挾《かく》し學ぶに坐し、不敬を以て論ず。後に賀良ら復た私かに以て相 教ふ。（一七）

①齊の人である甘忠可は、『天官暦』『包元太平經』十二巻を偽造し、②漢家は「大終」の命運にあるため、再受命が必要であり、天帝は「赤精子」を下して、その道を甘忠可に教えたという。「赤精子」を「眞人」とすることから、甘忠可は方士とされることが多い（一八）。だが、齊でも盛んであった春秋學に基づく災異思想が背景にあることは間違いあるまい。しかし、それは春秋學の範囲を逸脱し、『包元太平經』などにより、儒教經典以外の教えを説くに至っている。このため、劉向は、③甘忠可を「鬼神を假り上を罔《なみ》し衆を惑はす」者と弾劾した。劉向は、蕭望之の主宰し

た石渠閣会議においても、宣帝の命を受けて『春秋穀梁傳』を修めて参加していた。成帝が劉向の上奏に結論を出す前に甘忠可は病死したが、劉向は宗室として劉氏を守るため、災異説を背景とする革命思想に対処しなければならなかった。

『漢書』五行志には、董仲舒・劉歆と並んで劉向の災異説が収録される。田中麻紗巳によれば(一九)、劉向の災異説は、陰陽説に基づく董仲舒のそれに対して、『洪範五行傳』の説を用い、それを象數易と陰陽説により補足したものである。そして、その解釈は、予言化の方向に進むことはなく、劉氏一族の権力確保と皇帝擁護に努めたという。劉向は、予占化により革命思想へと転化していく公羊學派などの災異説に対して、『洪範五行傳』のほか、春秋穀梁學などに基づき、革命と結びつかない災異説を創出することで、漢を守ろうとしたのである(二〇)。

しかし、そうした劉向の努力にも拘らず、災異説に基づく革命思想は普及し、影響力を拡大していく。同じく成帝期に、谷永は、天子のあり方から天下が、たとえば「劉」という一姓のものではないことを災異説に基づき次のように述べている。

臣聞くならく、天 蒸民を生み、相 治むる能はざれば、爲に王者を立てて、以て之を統理せしむ。海内を方制するは、天子が爲に非ず、土を列し彊を封ずるは、諸侯が爲に非ず、①皆 以て民の爲なり。三統を垂れ、三正を列《つら》ね、無道を去り、有徳を開き、一姓に私せず。明らけし天下は乃ち天下の天下にして、一人の天下に非ざるなり。……②終に改寤せず、惡は洽《あまね》く變は備はれば、復た譴告せず、命を有徳に更《あらた》む。……陛下 八世の功業を承け、陽數の標季に當たり、三七の節紀を涉り、无妄の卦運に遭ひ、百六の災阸に直《あた》る。三難 科を異にするも、焉に雜りて同《とも》に會す。③建始元年より以來、二十載間、羣災・大異、交錯して鋒起すること、春秋の書する所より多し。……④至誠もて天に應ずれば、則ち積異は上に塞がれ、禍亂は下に伏せん。何の憂患か之れ有らん(二一)。

谷永は、天が民を生み、王者を立てたのは、①民のためであり、天子は「一姓に私」することはできない。すなわち、「天下」は「一人の天下」ではないとするのである。そのため、天は、天譴に対して天子が②改めることがなければ、「命を有徳に更」める、すなわち易姓革命を起こすという。災異説に基づく革命思想である。成帝即位の翌③建始元（前三二）年以来、二十年間の災異が、『春秋』に記された二百四十二年間の災異よりも多いことは、天が漢の革命の必要性を天譴として示していることになる。それでもなお谷永は、④「至誠もて天に應ずれば」、災異は消えるという。王氏に近いとされた谷永ですら、[二二]漢の存続を目指していたのである。

ところが、哀帝のとき、ついに漢の天子自らが、革命説に屈する。その前兆は、甘忠可の教えを継承する夏賀良の進言を哀帝が受け入れたことに現れている。

（李）尋 遂に賀良らを白す。皆 黄門に待詔し、數〻召見せられて說を陳ぶ。「①漢の曆 中ごろ衰へ、當に更めて命を受くべし。②成帝は天命に應ぜず、故に嗣を絕つ。今 陛下 久しく疾み、變異 屢〻數ふるは、天 人に譴告する所以なり。③宜しく急ぎ元を改め號を易ふべし。さすれば乃ち年を延し壽を益し、皇子は生まれ、災異は息むを得ん」と。[二三]

夏賀良は、災異の続発を背景に、①漢の曆數が衰えており、再受命が必要なことを説く。その理由のなかで、夏賀良は②「天命に應じ」なかった成帝に嗣子が生まれなかったことを挙げる。ここに、災異説に基づく革命思想が強い影響力を持った理由がある。[二四]災異説だけではない。天を郊祀する場所についても、長安の南北郊に祭場を動かしたことで、成帝が皇子を得られない、との主張により、祭場は元に戻された（渡邉義浩〈二〇〇八b〉を参照）。成帝に後嗣がないのは、災異や郊祀とは関係なく、その美貌により微賤から皇后に立てられた趙飛燕が、他の后妃との間に儲けた皇子を殺害していたことによる。かつて甘忠可を弾劾した劉向は、『列女傳』を編纂することで后妃の規範を提供して、漢帝国を「内」からも正そうとした（本書第三章）。それでも、成帝に後嗣はなく、定陶王家から帝位を嗣いだ哀帝も、病気がちであった。夏賀良は、③「元を改め號を易」えることで、病気が治り、皇子が生まれ、災異が消えると述べて、そこにつけ込んだのである。哀帝は、夏賀良の議を受け容れる。

　哀帝 久しく疾に寢ぬれば、其の益有るを幾ひ、遂に賀良らの議に從ふ。是に於て丞相・御史に詔制し、「……朕 眇身を以て入りて太祖を繼ぎ、皇天を承け、百僚を總べ、元元を子とするも、未だ天の心に應ずるの效有らず。①位に即き出入すること三年、災變は數〻降り、日月は度を失ひ、星辰は錯謬し、高下は貿易し、大異は連仍して、盜賊は並びに起こる。朕 甚だ焉を懼れ、戰戰兢兢として、唯だ陵夷を恐る。惟《おも》ふに漢 興りて今に至るまで二百載、②紀を曆し元を開き、皇天 非材の右に降し、漢の國 再び受命の符を獲たり。朕の不德なる、曷ぞ敢て夫の受天の元命に通ぜんや。③必ず天下と與に自ら新たにせん。其れ天下に大赦し、建平二年を以て太初元將元年と爲し、號して陳聖劉太平皇帝と曰はん。漏刻は百二十を以て度と爲せ。天下に布告して、明らかに之を知らしめよ」と[一五]。

哀帝は、①災異が相継ぐなかで、②「皇天」が漢に「再び受命の符」を下したことを受けいれる。夏賀良の議を認め、「天下」が共に「自ら新たに」なるために、建平二（前五）年を「太初元將元年」と改元し、皇帝号を「陳聖劉太平皇帝」と定めたのである。

　しかし、哀帝の病が癒えることはなかった。夏賀良は、丞相・御史大夫を退け、解光と李尋に輔政させることを主張した。だが、哀帝は「其の言に驗亡《な》き」ことを理由に、夏賀良らを処刑する。

　それから四年後の元壽元（前二）年、哀帝は男色の相手で、断袖の故事で知られる董賢に禪讓を試みる。革命説への屈伏である。

後に上 麒麟殿に置酒す。（董）賢父子の親屬 宴飲し、王閎兄弟ら侍中・中常侍、皆 側に在り。上 酒所に有り、從容として賢を視て笑ひて曰く、「①吾 堯の舜に禪るに法らんと欲す。何如」と。閎 進みて曰く、「②天下は乃ち高皇帝の天下にして、陛下の有に非ざるなり。陛下 宗廟を承け、當に子孫に亡窮に傳ふべし。統業 至重なれば、天子に戲言亡《な》し」と。上 默然として説《よろこ》ばず、左右も皆 恐る。是に於て閎を出さしむ。後に復び宴に侍るを得ず。[二六]

哀帝は、①堯舜革命に倣って、董賢に帝位を譲ろうとした。このとき、大司馬・衞將軍として国政の最高位に就けていた男色相手の董賢は、二十二歳であった。元帝の外戚である王氏一族のなかで、兄である侍中の王去疾と共に哀帝に侍っていた中常侍の王閎は、②「天下は乃ち高皇帝の天下」であるとして、禪讓を許さなかった。天下は、国家の創始者・受命者（漢では劉邦）のものであり、その子孫である歴代皇帝は、創始者とその継承者を祀る宗廟祭祀の挙行を通じてのみ、自らの権力の淵源を確認できる、というこの考え方は、こののち多く表明されるが、前漢では景帝期の竇嬰の発言に遡る。景帝が弟の梁孝王に皇帝位を約束したとき、竇嬰は、「天下なる者は、高祖の天下にして、父子 相 傳ふるは、漢の約なり。上 何を以て梁王に天下を傳ふるを得んや（天下者、高祖天下、父子相傳、漢之約也。上何以得傳梁王天下）」と述べている（『漢書』巻五十二 竇嬰傳）。

このような皇帝権力を「一家」（ここでは「漢家」）のものとして、子孫に伝えていくことを『禮記』禮運篇では、孔子が「天下を家と爲す（天下爲家）」と伝えたとして、「小康の世」と位置づける。これは、谷永が「天下は乃ち天下の天下にして、一人の天下に非ざるなり」と述べた革命思想と反対の考え方である。『禮記』禮運篇では、谷永の主張する「天下を公と爲す（天下爲公）」を「大同の世」と高く評価する。[二七]

王閎の妻の父は、蕭望之の子蕭咸であった。蕭咸は、董賢を大司馬に任命した哀帝の詔の中に「允に其の中を執れ

（允執其中）」という堯が帝位を舜に禪讓したときの『尙書』の文があることへの懸念をあらかじめ王閎に伝えていた。父の蕭望之が、災異説により霍氏を批判し、宣帝の親政開始の契機をつくったように、蕭咸は、哀帝が漢帝國を自滅させることを防いだのである。

翌元壽二（前一）年、哀帝は崩御して、平帝が即位する。王太皇太后は董賢を大司馬から罷免し、董賢は自殺した。大司馬の後任は王莽であった。

おわりに

災異説を構築した董仲舒は、災異の予占化に否定的であった。それでも、儒者が政治に関与する手段として有効な災異説は、その主張の説得性を增すために予占化した。武帝の崩御の後、昭帝を擁立して専権を握った霍光に対して、眭弘はその革命を促す予占を上奏する。しかし霍光は、これを採用せず、眭弘を処刑した。ただし、霍光が昭帝の崩御の後に推戴した廢帝劉賀と宣帝は、いずれも眭弘の上奏の中で、その即位の象が述べられていた。

董仲舒の再伝の弟子にあたるとされる眭弘が、霍光への働きかけにより処刑されたにも拘らず、宣帝によりその子が郎官に徵召された理由は、宣帝が自らの正統性を瑞祥に求めたことにある。その背景には、災異説に基づく革命思想の流行があった。元帝のとき、翼奉はそうした革命思想に対抗するため「古典中國」へと繫がる国政の改革を災異説を背景に提案した。だが、成帝のとき、革命思想は儒教の手を離れ、方士の甘忠可により『包元太平經』が作成される。劉向により甘忠可の台頭は抑えられたが、谷永は災異説に基づき、「天下は一人の天下ではない」と述べる。『禮記』の「天下爲公」の考え方である。哀帝は、甘忠可の弟子である夏賀良の言に従って、元號と皇帝號を変更する。やがて夏賀良は誅殺されるが、哀帝は男色の相手董賢を大司馬として国政を掌握させ、堯舜革命に倣って禪譲を口にする。王閎は「天下は高皇帝の天下である」と述べ、それを阻止する。『禮記』の「天下爲私」の考え方である。翌年、哀帝は崩壊し、王莽の漢新革命が災異説に基づく革命思想を背景に開始される。

　このように、『漢書』によれば、災異説から革命思想への転換点は、眭弘の上奏文にあった。ただし、その記事には、漢堯後説や二王の後など、古文學に対抗しようとする今文學からの加筆が想定される。それは、劉歆を中心とする古文學からの、災異説に基づく革命思想への反論が強かったことを逆に物語ろう[二八]。王莽は、古文學を立學し、劉歆の主張を容れながら、「古典中國」の形成に努めた。災異説だけでは、革命は成し遂げられなかったのである。その一方で、王莽は災異説を起源とする革命思想をも利用して、漢新革命に邁進する。新建国以前の王莽の政策が、必ずしも古文學に依拠せず、劉歆ともやがて訣別する理由である。だがやがて王莽が古文學に基づき自らの理想を全面的に展開すると、その理想と現実との乖離は、新帝國を崩壊させる（本書第五章～第九章）。

　光武帝劉秀は、漢を復興し、それを圖讖により正統化し、さらに圖讖を編纂して宣揚する。今・古文學の問題は、第三代の章帝期に白虎観会議で解決され、「古典中國」が確立するのである（本書第十・十一章）。

《注》

（一）前漢武帝期に董仲舒の献策により太學に五經博士が置かれたという『漢書』董仲舒傳の記述が『董仲舒書』からの加筆であることは、福井重雅《二〇〇五》を参照。『漢書』が史実よりも、漢のあるべき姿を優先して描くことは、本書第一章を参照。また、前漢武帝期に儒教の国教化を求め得ないことは、渡邉義浩《二〇〇九》を参照。

（二）『春秋繁露』が、董仲舒自身の思想を含みながらも、董仲舒後学の補筆・編纂に懸かることについては、蘇輿《一九九二》が董仲舒の著述と考えられない部分をその都度指摘している。また、五行説を含むことから『春秋繁露』を偽書とする、慶末光雄〈一九五九〉、坂本具償〈一九九一〉も参照。

（三）今上卽位、（董仲舒）爲江都相。①以春秋災異之變、推陰陽所以錯行。故求雨閉諸陽、縱諸陰、其止雨反是。行之一國、未嘗不得所欲。中廢爲中大夫、居舍、②著災異之記。是時、遼東高廟災。主父偃疾之、取其書奏之天子。天子召諸生示其書、有刺譏。董仲舒弟子呂步舒、不知其師書、以爲下愚。於是下董仲舒吏。當死、詔赦之。③於是董仲舒、竟不敢復言災異（『史記』巻一百二十一　儒林　董仲舒傳）。なお、董仲舒以前の災異への対応が論理的ではないことは、田中良明〈二〇一二〉を参照。

（四）災異思想が『春秋經』、『公羊傳』に本来存在しないこと、ならびに董仲舒の災異説の特徴については、重沢俊郎〈一九四三〉に言及される。なお末永高康〈一九九五〉を参照。

（五）因惡夫推災異之象於前、然後圖安危禍亂於後者。非春秋之所甚貴也（『春秋繁露』二端篇）。

（六）春秋紀二百四十二年災異、以視萬世之君。今陛下卽位已來、日月失明、星辰逆行、山崩泉涌、地震石隕、夏霜冬靁、春凋秋榮。隕霜不殺、水旱・螟蟲、民人飢疫、盜賊不禁、刑人滿市。春秋所記災異盡備。陛下視今爲治邪、亂邪（『漢書』巻七十五　京房傳）。なお、京房の災異思想については、武田時昌「京房の災異思想」（『緯学研究論叢』平河出版社、一九九三年）を参照。

（七）而董生爲江都相、自有傳。弟子遂之者、蘭陵褚大・東平嬴公・廣川段仲・溫呂步舒。……唯①嬴公守學不失師法、爲昭帝諫大夫。授東海孟卿・魯眭孟。孟爲符節令、坐説災異誅。自有傳。嚴彭祖字公子、東海下邳人也。與顏安樂俱事眭孟。孟弟子百餘人、唯彭祖・安樂爲明、質問・疑誼、各持所見。孟曰、②春秋之意、在二子矣。孟死、彭祖・安樂各顓門教授。由是公羊春秋有顏・嚴之學（『漢書』巻八十八　儒林　胡母生傳）。

（八）孝昭元鳳三年正月、①泰山萊蕪山南、匈匈有數千人聲。民視之、有大石自立、高丈五尺、大四十八圍、入地深八尺、三石爲足。石立後、有白烏數千下集其旁。是時、②昌邑有枯社木臥復生。又③上林苑中大柳樹斷枯臥地、亦自立生、有蟲食樹葉成文字、曰公孫病已立。（眭）孟推春秋之意、以爲、石・柳皆陰類、下民之象。泰山者岱宗之岳、王者易姓告代之處。今大石自立、僵柳復起、非人力所爲。此當④有從匹夫爲天子者。枯社木復生、故廢之家⑤公孫氏、當復興者也。孟意亦不知其所在、即説曰、先師董仲舒有言、⑥雖有繼體守文之君、不害聖人之受命。⑦漢家堯後、有傳國之運。⑧漢帝宜誰差天下、求索賢人、禪以帝位、而退自封百里、⑨如殷・周二王後、以承順天命。孟使友人内官長賜上此書。時昭帝幼、⑩大將軍霍光秉政。惡之、下其書廷尉。奏賜・孟妄設祆言惑衆、大逆不道、皆伏誅。後五年、⑪孝宣帝興於民間、即位、徵孟子爲郎（『漢書』卷七十五　眭弘傳）。

（九）張小鋒〈二〇〇一〉は、昭帝に霍光が代わることの教唆ではなく、第三も含めて、戾太子の残存勢力の暗躍と理解する。だが、それでは漢の皇帝が退位すべきことの説明ができない。また、趙秋燕〈二〇一五〉は、霍光が「公孫病已立」を利用して、昭帝・宣帝の輔佐に成功したとする。だが、眭弘を「大逆不道」と刑死させている以上、こうした理解は誤りである。なお、曾德雄〈二〇一二〉も参照。

（一〇）董仲舒の災異説が陰陽説に止まり、五行説を含まないことは、津田左右吉〈一九五一〉を参照。なお、前漢の災異説については、釜田啓市〈一九九九〉という行き届いた学説整理がある。

（一一）西嶋定生〈一九六五〉。なお、呂思勉《一九四七》も同様の見解を述べている。

（一二）町田三郎〈一九八五〉。また、松島隆裕〈一九七七ａ〉も参照。

（一三）①春秋、昭公三年大雨雹。是時、季氏專權、卒逐昭公。鄉使魯君察於天變、宜亡此害。今陛下以聖德居位、思政求賢、堯舜之用心也。②然而善祥未臻、陰陽不和、是大臣任政、一姓擅勢之所致也。附枝大者賊本心、私家盛者公室危。唯明主躬萬機、選同姓、擧賢材、以爲腹心、與參政謀、令公卿・大臣、朝見奏事、明陳其職、以考功能。如是、則庶事理、公道立、姦邪塞、私權廢矣（『漢書』卷七十八　蕭望之傳）。

（一四）宣帝の霍氏打倒過程については、宋超〈二〇〇五〉を参照。

(一五)『春秋穀梁傳』が宣帝期の政治問題を解決する經義を持つことについては、渡邉義浩〈二〇〇七b〉を参照。

(一六) 臣願、①陛下徙都於成周、左據成皐、右阻黽池、前鄉崧高、後介大河。……②漢家郊兆・寢廟祭祀之禮、多不應古。臣奉、誠難亶居而改作。故願陛下、遷都正本。衆制皆定、亡復繕治宮館不急之費、歲可餘一年之畜。……故臣願、陛下因天變而徙都、所謂與天下更始者也。天道終而復始、窮則反本。故能延長而亡窮也。③今漢道未終、陛下本而始之、於以永世延祚、不亦優乎（『漢書』卷七十五　翼奉傳）。なお、翼奉の災異説については、湯志鈞《一九九四》を参照。

(一七) 成帝時、①齊人甘忠可、詐造天官曆・包元太平經十二卷、以言、②漢家逢天地之大終、當更受命於天。天帝使眞人赤精子、下敎我此道。忠可以敎重平夏賀良・容丘丁廣世・東郡郭昌等。中壘校尉劉向奏、③忠可假鬼神罔上惑衆。下獄治服。未斷病死。賀良等坐挾學忠可書、以不敬論。後賀良等復私以相敎（『漢書』卷七十五　李尋傳）。

(一八) 安居香山《一九七九》、久野昇一〈一九四二〉、黃開国〈一九九二〉、王健〈二〇一五〉などを参照。

(一九) 田中麻紗巳〈一九七〇〉。なお、平沢歩〈二〇一一〉も参照。

(二〇) 劉向の五行志解釈に用いられる『春秋』が穀梁傳を中心とすることは、池田秀三〈一九七八〉を参照。

(二一) 臣聞、天生蒸民、不能相治、爲立王者、以統理之。方制海內、非爲天子、列土封疆、非爲諸侯、①皆以爲民也。垂三統、列三正、去無道、開有德、不私一姓。明天下乃天下之天下、非一人之天下也。……②終不改寤、惡洽變備、不復譴告、更命有德。……陛下承八世之功業、當陽數之標季、涉三七之節紀、遭无妄之卦運、直百六之災阸。三難異科、雜焉同會。③建始元年以來、二十載間、羣災・大異、交錯鋒起、多於春秋所書。……④至誠應天、則積異塞於上、禍亂伏於下。何憂患之有（『漢書』卷八十五　谷永傳）。

(二二) 谷永については、小林春樹〈二〇〇八〉を参照。

(二三)（李）尋遂白賀良等。皆待詔黃門、數召見陳說。①漢曆中衰、當更受命。②成帝不應天命、故絕嗣。今陛下久疾、變異屢數、天所以譴告人也。③宜急改元易號。乃得延年益壽、皇子生、災異息矣（『漢書』卷七十五　李尋傳）。

(二四) 成帝期に事実として災異の出現頻度が前漢最大であったことは、松島隆裕〈一九七七b〉を参照。

(二五) 哀帝久寢疾、幾其有益、遂從賀良等議。於是詔制丞相・御史、……朕以眇身入繼太祖、承皇天、總百僚、子元元、未有應天心之效。①卽位出入三年、災變數降、日月失度、星辰錯謬、高下貿易、大異連仍、盜賊並起。朕甚懼焉、戰戰兢兢、唯恐陵夷。惟漢興至今二百載、②曆紀開元、皇天降非材之右、漢國再獲受命之符。朕之不德、曷敢不通夫受天之元命。③必與天下自新。其大赦天下、以建平二年爲太初元將元年、號曰陳聖劉太平皇帝。漏刻以百二十爲度。布告天下、使明知之（『漢書』卷七十五 李尋傳）。

(二六) 後上置酒麒麟殿。（董）賢父子親屬宴飮、王閎兄弟侍中・中常侍、皆在側。上有酒所、從容視賢笑曰、①吾欲法堯禪舜。何如。閎進曰、②天下乃高皇帝天下、非陛下之有也。陛下承宗廟、當傳子孫於亡窮。統業至重、天子亡戲言。上默然不說、左右皆恐。於是遣閎出。後不得復侍宴（『漢書』卷九十三 佞幸 董賢傳）。

(二七) 『禮記』禮運篇に記される「天下爲私」を「小康」、「天下爲公」を「大同」とする公・私の思想に基づいて、やがて後漢から曹魏への革命が正統化されることは、渡邉義浩〈二〇〇三b〉を參照。

(二八) 渡会顕〈一九八三〉は、劉歆の災異説の目的は、古文經學確立にあったとする。劉歆の災異説に法則性を見出す板野長八〈一九七二〉も参照。

第三章　劉向の『列女傳』と「春秋三傳」

はじめに

劉邦の末弟である楚元王劉交の玄孫の劉向は、前漢成帝の河平三（前二六）年、子の劉歆らと共に、祕府の書の校書を始め（本書第四章を参照）、『新序』『説苑』『列女傳』などの書籍を編纂した。班固の『漢書』巻三十六 楚元王傳附劉向傳は、「（宣帝）初めて穀梁春秋を立つるに會し、更生を徵し穀梁を受け、五經を石渠に講論せしむ（〈宣帝〉會初立穀梁春秋、徵更生受穀梁、講論五經於石渠）」と伝え、劉向（更生は字）が宣帝の主宰した甘露三（前五〇）年の石渠閣会議で『春秋穀梁傳』の立場から議論をしたとするほか、劉向を一貫して穀梁学者として扱う。

また、『意林』巻三所引の桓譚の『新論』には、「劉子政・子駿・駿の兄弟の子たる伯玉、倶に是れ通人なれど、尤も左氏を重んじ、子孫に教授し、下は婦女に至るまで、讀誦せざるは無し（劉子政・子駿・駿兄弟子伯玉、倶是通人、尤重左氏、教授子孫、下至婦女、無不讀誦）」とあり、劉向（子政も字）が、子の劉歆（子駿は字）らと共に『春秋左氏傳』を最も尊重したと伝える。さらに、『春秋公羊傳注疏』序の疏に引く鄭玄の「六藝論」は、「公羊を治めし者は、胡毋生・董仲舒なり。董仲舒の弟子は嬴公、嬴公の弟子は眭孟、眭孟の弟子は莊彭祖及《と》顏安樂。安樂の弟子は陰豐・劉向・王彦なり（治公羊者、胡毋生・董仲舒。董仲舒弟子嬴公、嬴公弟子眭孟、眭孟弟子莊彭祖及顏安樂。安樂弟子陰豐・劉向・

王彦）」と述べ、董仲舒の五伝の弟子として劉向を挙げている。このように劉向は、公羊・穀梁・左氏の三傳それぞれに通じていたという記録を持つのである。

鎌田正（一九五四）は、章炳麟の「劉子政左氏説」を承けながら、劉向は穀梁家よりはむしろ公羊家と言うべきで公羊傳を春秋の精神と認めている。しかし、公羊傳よりも左氏傳の史実を重んじているように、その今文家としての学問の中に、古文學的性格がすでに現れているとした。また、野間文史（一九七九）は、劉向が主として穀梁傳に依拠していた『新序』から、すべて公羊傳に依拠した『說苑』へと春秋學を推移させたのは、穀梁學にはない災異説を公羊學から取り入れたためであるとした。一方、池田秀三（一九七八）は、『新序』・『說苑』の春秋説を検討して、劉向は三傳すべてに通じていたが、その学説上、最も多く依拠する所は公羊傳に在り、又その基本的立場も、漢代春秋公羊學の伝統、特に董仲舒の春秋観を忠実に継承したものであるとしている。(一)

これらの研究は、『漢書』五行志、『新序』・『說苑』を主たる分析対象としており、『列女傳』に言及することは少ない。『列女傳』は、『詩經』との関わり、就中『韓詩外傳』との関係が深いためである。(二) それでも、『列女傳』の中には、『春秋』に取材する物語が存在する。

本章は、劉向の『列女傳』における春秋三傳の用い方を検討することで、『列女傳』の執筆目的を確認し、劉向の春秋三傳への立場を明らかにする。その際、劉向の見た左氏傳が、現行の『春秋左氏傳』と同一であるか否かの問題があるが、それは別の機会に扱うこととして、ここでは現行の『春秋左氏傳』と『列女傳』との関係を考察することにする。

一、姉妹と公羊傳

劉向の『列女傳』執筆の目的について、『漢書』巻三十六 楚元王傳附劉向傳は、『新序』『説苑』と合わせて次のように記している。

（劉）向 俗の彌〻奢淫にして、①趙・衛の屬 微賤より起こり禮制を踰ゆるを睹《み》る。向 以爲へらく、②王教は内より外に及ばば、近き者より始むべしと。故に③詩・書に載する所の賢妃・貞婦を採取して、興國・顯家の法則とす可く、孽嬖もて亂亡する者《こと》に及ぶ。序次して列女傳を爲ること、凡そ八篇、④以て天子を戒む。及び傳記・行事を采り、新序・説苑を著はすこと凡そ五十篇、之を奏す（三）。

①「趙・衛」は、顔師古注によれば、趙皇后（趙飛燕）・趙昭儀（趙飛燕の妹）・衛婕妤（李平）のことである。李平は、成帝が許皇后（許嘉の娘）への寵愛を失ったのち、班婕妤（班固の祖姑）が薦めた。寵愛を受けると、李平は、武帝の衛皇后が微賤の出身であったことに因んで「衛婕妤」と呼ばれた。しかし、趙飛燕が寵愛されると、許皇后・班婕妤・衛婕妤はみな遠ざけられた。やがて、その美貌により微賤から皇后に立てられた趙飛燕は、成帝の寵愛が他の女性に移ることを防ぐため、他の后妃との間に儲けた皇子を殺害する。まもなく趙飛燕は成帝の寵愛を失うが、続いて妹の趙昭儀が寵愛される。

こうして政治を怠り、寵愛する女性を次々と変えた成帝は、実子の無いうちに崩御し、甥の劉欣（哀帝）が即位する。劉向が、「趙・衛の屬」が「微賤」より、その美貌により「禮制」を超えて寵愛されることに危機感を抱いた理由はここにある。そして、②「王教は内より外に及」ぶという認識に基づき、③「詩・書」に掲載される「賢妃・貞婦」を採取して、「興國・顯家」の「法則」（規範）を示し、悪しき事例として「孽嬖」が国を乱亡させたことを記し、④「天子を戒」めることを執筆目的に、『列女傳』八篇を著した、と『漢書』は記すのである。

こうした『列女傳』の執筆目的に最も適合するものが孽嬖傳に収録される「魯莊哀姜」である。

> 哀姜なる者は、齊侯の女、（魯の）莊公の夫人なり。①初め哀姜 未だ入らざる時、公 數〻齊に如《ゆ》き、哀姜と與に淫す。既に入るや、②其の弟《いも》たる叔姜と與に倶にす。公 大夫の宗婦をして幣を用《もっ》て見えしむ。大夫の夏甫不忌曰く、「婦の贄は棗栗を過ぎず、以て禮を致すなり。男の贄は玉帛・禽鳥を過ぎず、以て物を章らかにするなり。今 婦の贄に幣を用ふるは、是れ男女の別無きなり。男女の別は、國の大節なり。乃ち不可なること無からんや」と。公 聽かず。又 其の父たる桓公の廟宮の楹に丹ぬり、其の桷を刻みて、以て哀姜に夸《ほこ》る。③哀姜 驕淫にして、二叔たる公子の慶父・公子の牙に通ず。哀姜 慶父を立てんと欲す。公 薨ずるや、子般 立つ。④慶父 哀姜と與に謀り、遂に子般を黨氏に殺し、叔姜の子を立つ、是れ閔公爲り。閔公 既に立つや、慶父 哀姜と與に淫すること益〻甚だし。又 慶父と與に謀り、閔公を殺して慶父を立てんとす。遂て卜齮をして襲ひて閔公を武闈に弑さしむ。將に自ら立たんとするも、魯人 之を謀る。慶父 恐れ、莒に奔り、哀姜は邾に奔る。⑤齊の桓公 僖公を立て、哀姜の慶父と通じて以て魯を危ふくするを聞き、乃ち哀姜を召し、酖して之を殺す。魯 遂て慶父を殺す。詩に云ふ、「啜として其れ泣くも、何ぞ嗟《ああ》及ばんや」と。此れ之の謂なり。頌に曰く、「哀姜 邪を好み、魯莊に淫す。延いて二叔に及び、驕妒縦横たり。慶父に是れ依り、國の適 以て亡ぶ。⑥齊桓 征伐し、哀姜を酖殺す」と。[四]

齊の公女である哀姜は、①魯の莊公に嫁ぐ前から関係を持っていた。これについて、劉向は董仲舒の説を継承して『漢書』五行志に、「嚴公七年、秋、大水あり、麥苗を亡す。董仲舒・劉向 以爲へらく、嚴の母たる文姜は兄の齊の襄公と淫し、共に桓公を殺す。嚴父の讐を釋し、復た齊の女を取り、未だ入れざるも、先づ之と與に淫す。一年に再び出て、道に逆亂に會す。臣下之を賤しむの應なり」と述べる。(五) 嚴公（莊公）が父の仇である齊の襄公とその妹の文姜（莊公の母）を許し、また、齊から哀姜を娶る前に、一年に二回も哀姜に会いに行ったことを魯の臣下が賤しんだので、水害が起こった、と劉向はその災異思想に基づき指摘しているのである。しかし、そこまで哀姜に入れ揚げていた莊公は、媵として付いてきた②叔姜と関係を結ぶ。叔姜との間には、開という子が生まれている（『史記』巻三十三魯周公世家）。趙飛燕を寵愛していた成帝が、やがて飛燕の妹である趙昭儀に寵愛を移したことと同じである。

哀姜は、③「驕淫」であるため、莊公の弟である公子の慶父・公子の牙に密通する。その原因は、莊公の寵愛が叔姜に移っていたこともあろう。これを『春秋公羊傳』莊公九年は、「公子の慶父・公子の牙・公子の友、皆莊公の母弟なり。公子の慶父・公子の牙、夫人に通じて、以て公を脅す（公子慶父・公子牙・公子友、皆莊公之母弟也。公子慶父・公子牙、通乎夫人、以脅公）」と記す。『春秋左氏傳』も『史記』魯周公世家も、哀姜の姦通には触れないため、「魯莊哀姜」の中心となる典拠は『春秋公羊傳』である、と言えよう。

そのうえで、『列女傳』は、『春秋公羊傳』には記されない、④慶父と哀姜が共謀により閔公を擁立したことを伝える。これにより哀姜の「孽嬖」は明確にされる。そして、⑤齊の桓公が僖公を立てると共に、哀姜を酖殺したことを⑥頌にも繰り返して特記するのである。(六)

このように、劉向は『春秋公羊傳』に基づいて、哀姜が莊公の兄弟と淫行して魯の国政を乱し、春秋の五覇の筆頭となった齊の桓公に酖殺されたことを描いた。しかも、『春秋公羊傳』をはじめとした諸書には記されない閔公擁立の主体として哀姜を描くことにより、哀姜が「孽嬖」であったことを明確に示した。しかも、哀姜が「孽嬖」となる契機となった莊公の兄弟との淫行は、莊公がその寵愛を哀姜の媵である叔姜に移したこととの関わりの中で記される。こうして趙飛燕を皇后に立て、やがて飛燕の妹である趙昭儀に寵愛を移した成帝に対する諷刺を行ったのである。劉向の執筆目的が、明確に現れた物語であると言えよう。

二、親迎と穀梁傳

趙飛燕のような「微賤」の女性が、皇帝の寵愛により皇后にまで登りつめることを防ぐためには、皇后の地位を「禮制」によって守られるものとしなければならない。その際に、天子の「親迎」は、皇后の地位を高める重要な禮となる。「親迎」と関わる「宋恭伯姫」を三段に分けて検討しよう。

伯姫なる者は、魯の宣公の女にして、成公の妹なり。其の母は繆姜と曰ひ、伯姫を宋の恭公に嫁がしむ。①恭公親迎せざるも、伯姫 父母の命に迫られて行く。既に宋に入る。三月にして廟見し、當に夫婦の道を行ふべきも、②伯姫 恭公の親迎せざるを以て、故に命を聴くを肯《がへん》ぜず。宋人 魯に告ぐ。魯 大夫の季文子をして宋に如《ゆ》かしめ、③命を伯姫に致す。還りて復命す。公 之を享《もてな》す。繆姜 房より出で、再拝して曰く、「大夫 遠道に勤労し、辱《かたじけな》くも小子を送る。先君を忘れず、以て後嗣に及ぼす。下をして知有らしめば、先君も猶ほ望有らん。敢て大夫の辱きに再拝す」(七)と。

魯の宣公の娘であった伯姫は、宋の恭公と婚約したが、①恭公は親迎をしなかった。それでも伯姫は、父母の命に迫られて嫁いだ。三ヵ月で廟見して、夫婦の道を行うべきであったが、②親迎されなかったことを思い、伯姫は命を聞かなかった。宋から連絡を受けた魯は、季文子を宋に送り、夫婦の道を行うよう③父母の命を致したのである。

この記述は、『春秋』の成公九年の条などに見える伯姫の記事を典拠とするが、『春秋』成公九年の經文にも三傳にも、「親迎」という字句は存在しない。「親迎」は、『詩經』大雅 大明に、「大邦に子有り、天の妹に俔《たと》ふ。文 厥の祥を定め、渭に親迎す（大邦有子、俔天之妹。文定厥祥、親迎于渭）」とある、周の文王が、莘國から大姒を迎える際に、親しく渭水のほとりまで出迎えに行ったことを典拠とする。『春秋』も三傳のうち公羊傳には、親迎の必要性を説く記述がある。『春秋公羊傳』隱公二年に、「外に女を逆《むか》ふるは、書せず。此れ何を以てか書せん。譏《そし》るなり。何をか譏る。始め親迎せざるを譏るなり（外逆女、不書。此何以書。譏。何譏爾。譏始不親迎也）」とあり、公羊傳は親迎の必要性を認めている。しかし、公羊傳は、伯姫の記述のなかで、親迎に触れることはない。

これに対して、穀梁傳は、伯姫に関わる成公九年の条で次のように述べている。

> ①致《こと》す者は、致さざる者なり。婦人 家に在りては父に制せられ、既に嫁しては夫に制せらる。宋に如《ゆ》き女に致すは、是れ我を以て之を盡くすなり。正しからず。故に内と稱せざるなり。②逆《むか》ふる者 微なり、故に女に致すなり。其の事を詳らかにして、伯姫を賢とするなり。[八]

范寧の解釈によれば①「致す」とは、父が娘に勅戒の言を致すことであるが、それは「致」してはならないことである、と穀梁傳はいう。それは、婦人はすでに嫁いだ以上、夫に「制」せられるべきだからである。このため「内」、范寧によれば使者と称することがなかったのである。では、なぜあえて父は「致」したのか。それは、②「逆《むか》」えたものが「微」賤の者であったことによる、と穀梁傳は、伯姫と関わって「逆」の必要性を説く。公羊傳にも詳しかった劉向は、「逆」を「親迎」と解釈した。そして、穀梁傳の成公九年の条をもとに、「宋恭伯姫」を著し、伯姫が親迎を受けなかったので、夫婦の道を行わず、それを行うよう父の命が致された、としたのである。「宋恭伯姫」は、『春秋公羊傳』を解釈に援用しながら、『春秋穀梁傳』を主たる典拠としているのである。諸經に兼通し、それを融合的に解釈しようとする劉向の經學の特徴をここに見ることができる。こうした諸經を融合する解釈法は、後漢の『白虎通』や鄭玄の經典解釈に継承されていく。

伯姫 既に恭公に嫁すこと十年、恭公 卒し、伯姫 寡たり。景公の時に至り、伯姫 常《かつ》て夜に失火に遇ふ。左右曰く、「夫人 少しく火を避けよ」と。伯姫曰く、「①婦人の義、保傅 來たらずんば、夜に堂を下らず。保傅の來たるを待たん」と。保母 至るも、傅母 未だ至らず。左右 又 曰く、「夫人 少しく火を避けよ」と。伯姫曰く、「婦人の義、傅母 至らずんば、夜に堂を下る可からず。義を越えて生を求むるより、義を守りて死するに如かず」と。遂に火に逮《およ》びて死す。②春秋 其の事を詳録して、爲に伯姫を賢とし、以爲《い》へらく、「婦人は貞を以て行と爲す者なり。伯姫の婦道 盡くせり」と。(九)

嫁いでから十年、恭公は薨去し、伯姫は寡婦となっていた。あるとき屋敷が火事になり避難を求められるが、伯姫は、婦人の義として、①保母と保傅がいなければ夜に堂を出られないと述べて焼け死ぬ。②『春秋』が「其の事」を詳録して、伯姫を「賢」とした、と記されるように、典拠は『春秋』である。

『春秋』襄公三十年の經文は、「五月甲午、宋に災あり、伯姫 卒す（五月甲午、宋災、伯姫卒）」と記す（左氏傳のみ「宋伯姫卒」）。『春秋左氏傳』は、「君子 宋の共姫を謂《い》へらく、「女にして婦ならず。女は人を待つ者なり。婦は事を義にするなり」と（君子謂宋共姫、女而不婦。女待人者。婦義事也）」と述べ、未婚の女子であれば付き添いを待つが、既婚の婦人は権宜に従い火を避けるべき、と伯姫を批判する。劉歆が學官に立てることを強く主張した左氏傳は、父の劉向が『列女傳』に収録して褒める伯姫を批判しているのである。

これに対して、『春秋公羊傳』襄公三十年 秋七月に、「叔弓 宋に如《ゆ》き、宋の共姫を葬る。……其の謚を稱するは何ぞや、賢なればなり（叔弓如宋、葬宋共姫。……其稱謚何、賢也）」と述べ、伯姫を「賢」とする。しかし、中心的な話題の継承から明白なように、『列女傳』が依拠するものは、『春秋穀梁傳』襄公三十年の条である。

左右曰く、「夫人 少しく火を辟けよ」と。伯姫曰く、「①婦人の義、傅母 在らざれば、宵に堂を下らず」と。左右 又曰く、「夫人 少しく火を辟けよ」と。伯姫曰く、「婦人の義、保母 在らざれば、宵に堂を下らず」と。遂に火に逮びて死す。婦人は貞を以て行を爲す者なり。②伯姫の婦道 盡くせり。其の事を詳かにして、伯姫を賢とするなり（一〇）。

字句に多少の異同はあるものの、①・②を中心とする「宋恭伯姫」が、穀梁傳に基づき記されていることは明らかである。劉向は宣帝の命により、『春秋穀梁傳』を修めて、石渠閣会議に出席している。「親迎」と同様、伯姫の「貞順」の典拠も、『春秋穀梁傳』に求められている。

こののち、「宋恭伯姫」は、『列女傳』の他篇にも多く見られる「君子曰」「詩云」「頌曰」を附される体裁によって、次のように総括される。

此の時に當たりて、諸侯 之を聞き、悼痛せざるは莫し。以爲へらく、死する者は以て生く可からざるも、財物は猶ほ復す可しと。故に相 與に澶淵に聚會して、宋の喪ふ所を償ふ。春秋 之を善しとす。君子曰く、「禮に、「婦人 傅母を得ずんば、夜に堂を下らず、行くに必ず燭を以てす」と。伯姫の謂なり。詩に云ふ、「淑《よ》く尓《そ》の止を愼みて、儀に愆《あやま》らず」と。伯姫は儀を失はざると謂ふ可きなり」と。頌に曰く、「伯姫 心に専らにし、禮を守りて意を一にす。宮に夜 失火ありて、保傅 備はらず。火に逮びて死するも、厥《そ》の心 悔ゆること靡《な》し。春秋 之を賢とし、其の事を詳錄す」と（一一）。

「君子曰く」として、「宋恭伯姫」は、婦人は傅母なく夜に堂から出ないという「禮」の文を実践する者であると伯姫を高く評価する。ただし「禮」として引用するが、この文章は、「三禮」の中にはない。逆に『禮記』の文が「春秋の義」として引用される場合もあるので（渡邉義浩〈二〇〇七b〉を参照）、ここでの「禮」は『春秋穀梁傳』の文を指すと考えてよい。続いて引用される「詩」は、『詩經』大雅 抑に、「淑《よ》く爾の止を愼みて、儀を愆《あやま》たず（淑愼爾止、不愆于儀）」とある。この前の句の「爾《なんぢ》が德を爲すに辟して、臧《よ》から俾め嘉《よ》から俾む（辟爾爲德、俾臧俾嘉）」について、毛傳は、「女 善を爲せば、則ち民 善を爲す（女爲善、則民爲善矣）」と述べているので、『列女傳』の引用する『詩經』は女性に関わるものである。しかしながら、親迎の典拠である「大明」ではなく「抑」を引用するのは、『列女傳』の主題が伯姫の「淑く愼しむ」ことにあり「親迎」にはなかったことを示す。親迎は、伯姫が禮を尊重する者であったことの説明に用いられているだけなのである。

しかし、「宋恭伯姫」の後世への影響は、親迎が中心となった。たとえば、親迎の記述がある『禮記』坊記篇には、鄭玄により、親迎をしない場合には、婦が嫁ぎ先の父母によく仕えない恐れがある事例として、『春秋穀梁傳』の成公九年が引用注記されている。（二二）鄭玄が同条を「親迎」の事例として把握するのは、『列女傳』に基づき『春秋穀梁傳』を理解しているためである。諸經の体系化を目指した鄭玄は、『禮記』と『春秋穀梁傳』を体系的に解釈するために『列女傳』を用いているのである。

また、後漢「儒教國家」における外戚の特徴は、罪を犯した外戚家が再生産されることにある。それは、前漢の外戚が生母の一族であることに対して、後漢の外戚が嫡妻の一族で、嫡妻の尊重が『白虎通』で定められていたことによる。『白虎通』において、皇后は天子も「親迎」を行うものとされ、嫡妻の父母（嫡妻方の外戚）は王者が「臣とせざる」者であると明確に位置づけられていた（渡邉義浩〈一九九〇〉）。

『春秋穀梁傳』をもとに劉向が「宋恭伯姫」に加えた「親迎」は、鄭玄の經典解釈に影響を与え、そして後漢の皇后を「禮儀」ある「大國」から選び尊重する論拠に用いられた。前漢の外戚は、生母の一族が政権を握り、それは春秋公羊學の「母は子を以て貴し（母以子貴）」の義により正統化されていた（渡邉義浩〈一九九〇〉）。皇帝の生母は、前皇帝の恣意的な寵愛によって定まり、また複数の候補がいる場合には権力闘争を起こしやすい。趙飛燕姉妹を寵愛した成帝が政治を混乱させた理由である。

これに対して、後漢の外戚は、「親迎」を重視する『白虎通』の規定により、前皇帝の嫡妻の一族が、実子の有無に拘らず外戚となった。嫡妻であれば、皇帝の私的な寵愛とは無関係に、「禮儀」を備えた賢妻を選ぶことが論理的には可能であり、しかも原則として一人しか存在し得ない。皇帝ですら親迎するような、禮儀を備えた家から嫡妻を迎え、その一族が外戚となれば、趙飛燕姉妹のような下賤な生母が権力を握ることはなくなるはずである。こうした劉向の思いは、後漢「儒教國家」において実現し得た。ただし、実際には、皇帝の嫡妻権を正統性の淵源として持った後漢の外戚は、強大な権力を掌握し、それを打倒するために活躍した宦官と共に（渡邉義浩〈一九八九〉を参照）、後漢衰退の一因となっていく。

劉向が『列女傳』を編纂した目的は、宮中「內」の后妃の規範を提供することにあった。そのために劉向は、春秋公羊傳・穀梁傳から自らの主張に沿った傳を選び、またその強調する内容を変えて、自己の主張を表現した。こうして成立した『列女傳』は、「古典中國」を規定した『白虎通』に基づく後漢の皇后選出という具体的な政治の場や、漢の經學を集大成した鄭玄の經典解釈に大きな影響を与えたのである。

三、美色と左氏傳

現行の『春秋左氏傳』は『列女傳』が高く評価する伯姫を批判していた。同様に『春秋左氏傳』と『列女傳』が、その行為主体を異なる者として記録するものが、「衞宣公姜」である。宣姜は、『詩經』邶風 新臺に言及されるので、そこから検討しよう。

新臺 泚たる有り、河水 瀰瀰たり。燕婉を之 求むるも、籧篨 不鮮たり。
新臺 洒《さい》たる有り、河水 浼浼たり。燕婉を之 求むるも、籧篨 不殄たり。
魚網を之 設けて、鴻 則ち之に離《かか》る。燕婉を之 求むるも、此の戚施を得たり。(一三)

新臺の詩序に、「新臺は、衞の宣公を刺《そし》るなり。伋の妻を納れ、新臺を河上に作りて之を要む。國人 之を惡《にく》みて、是の詩を作るなり（新臺、刺衞宣公也。納伋之妻、作新臺于河上而要之。國人惡之、而作是詩也）」とあるように、「新臺」は衞の宣公が、子の伋のために迎えた新妻を横取りして自分の妻（宣姜）としたことを刺った詩である。衞の國人は、横取りを憎み、宣姜を迎えるために作った「新臺」で、「燕婉」（やさしい楽しみ）を求めてきた宣姜は、「籧篨《きょじょ》」（せむし）の醜男（宣公）に迎えられたと刺った、と詩序は解釈する。

『詩經』では、宣公に横取りされた不幸な宣姜は、悲運の対象であるが、宣姜の「美」を伝える『春秋左氏傳』は、宣姜の悪を次のように記している。

初め衞の宣公、夷姜に烝し、急子を生み、諸《これ》を右公子に屬す。①之が爲に齊より娶りて美なれば、公 之を取る。壽及《と》朔を生み、壽を左公子に屬す。夷姜は縊《くび》る。②宣姜 公子の朔と與に急子を構《かま》ふ。公 諸を齊に使ひせしめ、盜をして諸を莘に待たしめ、將に之を殺さんとす。壽子 之を告げ、行《さ》らしむ。可《き》かずして曰く、「父の命を棄つれば、惡《いづく》んぞ子たるを用ひんや。父無きの國有らば則ち可なり」と。行くに及び、飲ますに酒を以てし、壽子其の旌を載せて以て先《さきだ》つ。盜 之を殺す。急子 至りて曰く、「我 之れ求むるなり。此れ何の罪かあらん。請ふらくは我を殺せ」と。又 之を殺す。二公子 故に惠公を怨む。十一月、左公子の洩・右公子の職、公子の黔牟を立つ。惠公 齊に奔る。(一四)

宣公が、①子の急子（伋）のために齊より娶った宣姜を横取りしたのは、その「美」のためであった。女性の「美」は儒教の忌むところである。このため宣姜はその悪を描かれる。壽と朔（惠公）という二子を生んだ宣姜は、先妻の夷姜が自殺すると、その子で、本来自分が嫁ぎ「燕婉」を得るはずであった②急子を朔と共に殺そうとしたのである。宣姜の意向を承けた宣公が、急子を使者に出して殺そうとすると、壽は事情を告げて急子を逃がそうとする。しかし、父の命が故に急子は逃げない。壽は急子を酔わせ、身代わりで死ぬ。そこに駆けつけた急子は、自分も殺される。

『春秋左氏傳』は、壽と急子の友情に焦点を当てるため、必ずしも「美」しい宣姜の悪を強調しない。子を殺した主体は宣公である。これに対して、『列女傳』の「衞宣公姜」は、宣姜を「孽嬖」として厳しく批判するために、急子を殺害しようとする行為主体を『春秋左氏傳』とは異なり、宣姜とする。

宣姜なる者は、齊侯の女、衞の宣公の夫人なり。初め宣公の夫人たる夷姜 伋子を生み、以て太子と爲す。①又齊より娶り、宣姜と曰ひ、壽及《と》朔を生む。夷姜 既に死し、宣姜 壽を立てんと欲す。乃ち壽の弟たる朔と與に謀り伋子を構ふ。公 伋子をして齊に之《ゆ》かしむるに、②宣姜 乃ち陰かに力士をして之を界上に待ちて之を殺さしめんとす。曰く、「四馬・白旄の至る者有らば、必ず要《まちぶせ》て之を殺せ」と。壽 之を聞きて、以て太子に告げて曰く、「太子 其れ之を避けよ」と。伋子曰く、「不可なり。夫れ父の命を棄つれば、則ち惡《いづく》んぞ子たるを用ひんや」と。壽 太子の必ず行くを度《はか》り、乃ち太子と與に飲み、之が旄を奪ひて行く。盜 之を殺す。伋子 醒めて、旄を求むれども得ず、遽かに往きて之を追ふも、壽 已に死せり。伋子 壽の己が爲に死するを痛み、乃ち盜に謂ひて曰く、「殺さんと欲する所の者は乃ち我なり。此れ何の罪かあらん、請ふらくは我を殺せ」と。盜 又 之を殺す。二子 既に死し、朔 遂に立ちて太子と爲る。宣公 薨じ、朔 立つ、是れ惠公爲り、竟終《つい》に後無し。亂は五世に及び、戴公に至りて後 寧《やすらか》なり。詩に云ふ、「乃ち之の如き人、徳音 良無し」と。此れ之の謂なり。頌に曰く、「衞の宣姜、太子を危ふくせんと謀る。子の壽を立てんと欲し、陰かに力士を設く。壽 乃ち倶に死し、衞 果たして危殆せり。③五世 寧ならず、亂 姜に由りて起こる」(一五)と。

『列女傳』の「衞宣公姜」は、①伋子に嫁いだにも拘らず、父の宣公に横取りされたという、『詩經』に伝えられる宣姜の不幸には触れない。引用される詩も『詩經』邶風 日月である。「衞宣公姜」は、単に宣姜は齊より娶られ、壽と朔を生んだと伝えるだけである。また、『春秋左氏傳』では、あくまで宣姜の意を承けた宣公が殺害を命じたことに対して、「衞宣公姜」では、②宣姜を殺害の主体とする。さらには、頌において、③「五世 寧ならず、亂 姜に由りて起こる」と述べるように、衞の五代にわたる混乱を「衞宣公姜」が「孽嬖」であることに求めるのである。

このように劉向は、『詩經』とは異なり、宣姜をその「美」のために「燕婉」を奪われた不幸な女から、「左氏傳」を経て、国を乱す「孽嬖」へと位置づけ直した。天子の后妃が国制を混乱させることを批判するという『列女傳』の執筆目的は、「衞宣公姜」にも一貫していると言えよう。

おわりに

劉向が『列女傳』を編纂した目的は、宮中「內」の后妃の規範を提供することにあった。やがて『列女傳』は、『白虎通』に基づく後漢の皇后選出という具体的な政治の場や、漢の經學を集大成する鄭玄の經典解釈に大きな影響を与えていく。すなわち、『列女傳』は、女性の規範であるに止まらず、「古典中國」と称すべき中国の規範の一部を構成するに至るのである(一六)。

そうした規範を形成するために、劉向は、春秋三傳から自らの主張に沿った傳を選び、またその強調する内容を変えて、自己の主張を表現した。劉向の『列女傳』における春秋三傳の用い方は、鎌田正〈一九五四〉が説くように左氏傳へと傾倒していく訳ではなく、野間文史〈一九七九〉が説くように、穀梁傳から公羊傳へと展開していく様子が見られる訳でもない。池田秀三〈一九七八〉が、劉向の学問傾向の全体を折衷主義と総括するように、劉向は春秋三傳を兼修する中で、自らの主張に応じて三傳を取捨選択している。劉向の諸經兼修と諸經の中から適宜經義を選び、自己の主張を構築するという学問の方法は、『白虎通』そして鄭玄に継承されていく。こうした意味において、劉向は漢代における經學の方向性を定めた学者と言えよう。

ただし、春秋三傳の中でも、左氏傳と『列女傳』との主張の差異は大きい。基本的な史実ではなく、人物への評価が異なるのである。劉向が見た左氏傳が、『春秋左氏傳』の原史料となった「左氏春秋」なのか、『春秋左氏傳』なのか、という問題については、『韓詩外傳』から取り入れた「君子曰」・「詩曰」という評価を語る形式と『春秋左氏傳』における「君子曰」の問題、そして劉歆と今古文學の優劣を論じた問題など、さらなる検討を必要とするが、それは別の機会に論ずることにしたい。

《　注　》

（一）『列女傳』の研究には、総合的に『列女傳』を考察した陳麗平《二〇一〇》、圖に注目する鄭先彬《二〇一三》、先秦からの思想状況を検討した劉潔《二〇一六》のほか、西川陽子〈一九八七〉、筧久美子〈一九九〇〉、宮本勝〈二〇〇二〉、末岡実〈二〇〇三〉・〈二〇〇七〉、牧角悦子〈二〇〇四〉、白高娃〈二〇一一〉などがある。なお、『列女伝』の訳注には、下見隆雄《一九八九》、山崎純一『列女伝』《一九九六～九七》、中島みどり《二〇〇一》。

（二）吉田照子〈二〇〇一〉は、『韓詩外伝』に登場する女性が、すべて『列女伝』に含まれることを指摘する。浅川房代〈一九九四〉、宮本勝〈二〇〇二〉も参照。

（三）（劉）向睹俗彌奢淫、而①趙・衞之屬起微賤踰禮制。向以爲、②王教由內及外、自近者始。故③採取詩・書所載賢妃・貞婦、興國・顯家可法則、及孽嬖亂亡者。序次爲列女傳、凡八篇、④以戒天子。及采傳記・行事、著新序・説苑凡五十篇、奏之（『漢書』巻三十六 楚元王傳附劉向傳）。

（四）哀姜者、齊侯之女、（魯）莊公之夫人也。①初哀姜未入時、公數如齊、與哀姜淫。既入、②與其弟叔姜俱。公使大夫宗婦用幣見。大夫夏甫不忌曰、婦贄不過棗栗、以致禮也。男贄不過玉帛・禽鳥、以章物也。今婦贄用幣、是男女無別也。男女之別、國之大節也。無乃不可乎。公不聽。又丹其父桓公廟宮之楹、刻其桷、以夸哀姜。③哀姜驕淫、通於二叔公子慶父・公子牙。哀姜欲立慶父。公薨、子般立。④慶父與哀姜謀、遂殺子般於黨氏、立叔姜之子、是爲閔公。閔公既立、慶父與哀姜淫益甚。又與慶父謀、殺閔公而立慶父。遂使卜齮襲弑閔公於武闈。將自立、魯人謀之。慶父恐、奔莒、哀姜奔邾。⑤齊桓公立僖公、聞哀姜與慶父通以危魯、乃召哀姜、酖而殺之。魯遂殺慶父。詩云、啜其泣矣、何嗟及矣。此之謂也。頌曰、哀姜好邪、淫於魯莊。延及二叔、驕妒縱橫。慶父是依、國適以亡。⑥齊桓征伐、酖殺哀姜（『列女傳』巻七 孽嬖 魯莊哀姜）。『列女傳』は、梁端《一九七〇》に依拠し、王照円《二〇一二》により校勘した。ここでは王照円《二〇一二》により、〔魯〕を補った。なお、『列女傳』の版本については、宮本勝〈一九八三〉を参照。

（五）嚴公七年、秋、大水、亡麥苗。董仲舒・劉向以爲、嚴母文姜與兄齊襄公淫、共殺桓公。嚴釋父讎、復取齊女、未入、先與之淫。一年再出、會於道逆亂。臣下賤之之應也（『漢書』巻二十七上 五行志上）。

（六）『春秋公羊傳』僖公元年には、「桓公 召して之を縊殺す（桓公召而縊殺之）」とあり、殺害方法に異同がある。

（七）伯姬者、魯宣公之女、成公之妹也。其母曰繆姜、嫁伯姬於宋恭公。①恭公不親迎、伯姬迫於父母之命而行。既入宋。三月廟見、當行夫婦之道、②伯姬以恭公不親迎、故不肯聽命。宋人告魯。魯使大夫季文子如宋、③致命於伯姬。還復命。公享之。繆姜出于房、再拜曰、大夫勤勞於遠道、辱送小子。不忘先君、以及後嗣。使下而有知、先君猶有望也。敢再拜大夫之辱（『列女傳』卷四 貞順 宋恭伯姬)。

(八) ①致者、不致者也。婦人在家制於父、既嫁制於夫。如宋致女、是以我盡之也。不正。故不與內稱也。②逆者微、故致女。詳其事、賢伯姬也(『春秋穀梁傳』成公九年)。

(九) 伯姬既嫁於恭公十年、恭公卒、伯姬寡。至景公時、伯姬常遇夜失火。左右曰、夫人少避火。伯姬曰、①婦人之義、保傅不來、夜不下堂。待保傅來也。保母至矣、傅母未至也。左右又曰、夫人少避火。伯姬曰、婦人之義、傅母不至、夜不可下堂。越義求生、不如守義而死。遂逮於火而死。②春秋詳錄其事、爲賢伯姬、以爲、婦人以貞爲行者也。伯姬之婦道盡矣(『列女傳』卷四 貞順 宋恭伯姬)。

(一〇) 左右曰、夫人少辟火乎。伯姬曰、①婦人之義、傅母不在、宵不下堂。左右又曰、夫人少辟火乎。伯姬曰、婦人之義、保母不在、宵不下堂。遂逮乎火而死。婦人以貞爲行者也。②伯姬之婦道盡矣。詳其事、賢伯姬也(『春秋穀梁傳』襄公三十年)。

(一一) 當此之時、諸侯聞之、莫不悼痛。以爲、死者不可以生、財物猶可復。故相與聚會於澶淵、償宋之所喪。春秋善之。君子曰、禮、婦人不得傅母、夜不下堂、行必以燭。伯姬之謂也。詩云、淑愼尔止、不愆于儀。伯姬可謂不失儀矣。頌曰、伯姬心專、守禮一意。宮夜失火、保傅不備。逮火而死、厥心靡悔。春秋賢之、詳錄其事(『列女傳』卷四 貞順 宋恭伯姬)。

(一二)『禮記』坊記篇に、「子云ふ、「昏禮に壻 親迎して、舅姑に見《まみ》え、舅姑子《むすめ》を承《すす》めて以て壻に授くるは、事の違はんことを恐るればなり。……此を以て民を坊《ふせ》ぐも、婦 猶ほ至らざる者有り」と。[至らずとは、夫に親しみて以て舅姑に孝ならざるなり。春秋の成公九年に、「春二月、伯姬 宋に歸《とつ》ぐ。夏五月、季孫行父、宋に如《ゆ》きて女に致す」と。是の時 宋の共公は親迎せず。其の違ふこと有らんと恐れて之に致すなり。」(子云、昏禮壻親迎、見於舅姑、舅姑承子以授壻、恐事之違也。……以此坊民、婦猶有不至者。[不至、不親夫以孝舅姑也。春秋成公九年、春二月、伯姬歸於宋。夏五月、季孫行父、如宋致女。是時宋共公不親迎。恐其有違而致之也。」)」とある。[ ]内が鄭玄注である。

(一三) 新臺有泚、河水瀰瀰。燕婉之求、籧篨不鮮。新臺有洒、河水浼浼。燕婉之求、籧篨不殄。魚網之設、鴻則離之。燕婉之求、得此戚施(『詩經』邶風 新臺)。

（一四）初衞宣公、烝於夷姜、生急子、屬諸右公子。①爲之娶於齊而美、公取之。生壽及朔、屬壽於左公子。夷姜縊。②宣姜與公子朔構急子。公使諸齊、使盜待諸莘、將殺之。壽子告之、使行。不可曰、棄父之命、惡用子矣。有無父之國則可也。及行、飲以酒、壽子載其旌以先。盜殺之。急子至曰、我之求也。此何罪。請殺我乎。又殺之。二公子故怨惠公。十一月、左公子洩・右公子職、立公子黔牟。惠公奔齊（『春秋左氏傳』桓公 傳十六年）。

（一五）宣姜者、齊侯之女、衞宣公之夫人也。初宣公夫人夷姜生伋子、以爲太子。①又娶於齊、曰宣姜、生壽及朔。夷姜既死、宣姜欲立壽。乃與壽弟朔謀構伋子。公使伋子之齊、②宣姜乃陰使力士待之界上而殺之。曰、有四馬・白旄至者、必要殺之。壽聞之、以告太子曰、太子其避之。伋子曰、不可。夫棄父之命、則惡用子也。壽度太子必行、乃與太子飲、奪之旄而行。盜殺之。伋子醒、求旄不得、遽往追之、壽已死矣。伋子痛壽爲己死、乃謂盜曰、所欲殺者乃我也。此何罪、請殺我。盜又殺之。二子既死、朔遂立爲太子。宣公薨、朔立、是爲惠公、竟終無後。亂及五世、至戴公而後寧。詩云、乃如之人、德音無良。此之謂也。頌曰、衞之宣姜、謀危太子。欲立子壽、陰設力士。壽乃俱死、衞果危殆。③五世不寧、亂由姜起（『列女傳』卷七 孽嬖 衞宣公姜）。

（一六）たとえば、宣姜の「燕婉」が、儒教の規範に反発する新たな女性観を持つ三国時代の荀粲との関わりのなかで用いられていくことについては、渡邉義浩〈二〇一九ｂ〉を参照。

第四章　劉歆の「七略」と儒教一尊

はじめに

中国における儒教一尊は、『漢書』の記載に基づき、前漢の武帝期に董仲舒の献策により太學に五經博士が置かれることで実現されたと言われてきた。だがそれは、『漢書』の偏向に基づく誤解である。班固は、在るべき「古典中國」像を示すため、董仲舒傳に「天人三策」などを鼠入したと考えられる(一)。儒教の一尊による「儒教國家」の成立は、後漢の章帝期に行われた白虎観会議を待たなければならなかったのである（渡邉義浩《二〇〇九》）。

それでも、「諸子百家」と総称される春秋末から戰國時代の思想家たちが、秦の統一と歩調を合わせて、従来の相互影響や批判を超えて、思想の統一を求める主張を展開していったことは事実である。なかでも、「諸子」という言葉を定着させた劉歆の「七略」は、『周易』を頂点とする諸思想の体系化により、儒教一尊を思想史の中に位置づけたものとして注目に値する。後漢「儒教國家」と共に成立する「古典中國」の学術のあり方は、「七略」に規定されているのである。本章は、劉歆の「七略」がまとめられるまでの諸思想の統一への動きと、その中における『漢書』董仲舒傳の位置づけを中心としながら、儒教一尊への径庭を明らかにするものである。

一、並立から統一へ

戰國時代の末期、秦王政の六（前二四一）年に完成した『呂氏春秋』は、宰相の呂不韋が、「戰國の四君」に対抗して集めた賓客たちに、古今の人物の成功・失敗の迹、現実的な政治論や一般的な知識・見聞を集大成させると共に、「諸子百家」の論説を網羅的にまとめさせたものである。〔二〕ただし、『呂氏春秋』に記される諸子は、劉歆が「九流諸子」に整理するような、諸子ごとの明確な思想の相違を示さない。たとえば、樂の起源が太一に置かれ、樂の務めが養生に求められるなど、儒家に老荘的思想が導入されるように、諸子相互の影響・関連の様相を呈している。〔三〕しかし、思想の相互影響による乗り入れの一方で、諸思想の特徴を明示するための思想の先鋭化を背景とした、内発的な統一への指向もまた、『呂氏春秋』には現れている。

具体的には、『呂氏春秋』審分覽 不二篇が、諸子の思想的位置づけを次のように記している。

> 群衆の議を聽きて以て國を治むれば、國 危ふきこと日無からん。何を以て其の然るを知るや。①老耽は柔を貴び、②孔子は仁を貴び、③墨翟は廉を貴び、④關尹は淸を貴び、⑤子列子は虛を貴び、⑥陳駢は齊を貴び、⑦陽生は己を貴び、⑧孫臏は勢を貴び、⑨王廖は先を貴び、⑩兒良は後を貴べばなり。此の十人なる者は、皆 天下の豪士なり。〔四〕

『呂氏春秋』が、①老子を「柔」、②孔子を「仁」、③墨子を「廉」（兼の仮借で兼愛説）、④關尹（道家）を「淸」、⑤列子を「虛」、⑥陳駢（田駢）を「齊」（人の死生や時の古今の齊《ひと》しさ）、⑦陽生（楊朱）を「己」（個人主義）、⑧孫臏を「勢」、⑨王廖（兵家）を「先」（先の計略を重視）、⑩兒良（兵家）を「後」（後の戦闘を重視）と一言によって、それぞれの思想を特徴づけることは、諸思想を他の学派から切り離して先鋭化させる。『呂氏春秋』では、相互影響の一方で、こうした思想ごとの特徴づけも行われているのである。そのうえで、『呂氏春秋』は、様々な特徴を持つ思想を「一」にすることの重要性を次のように主張する。

> 金鼓の有るは耳を一にする所以なり。法令を同じくするは心を一にする所以なり。智者は巧なるを得ず、愚者は拙なるを得ざるは、衆を一にする所以なり。勇者は先なるを得ず、懼者は後なるを得ざるは、力を一にする所以なり。故に一なれば則ち治まり、異なれば則ち亂る。一なれば則ち安んじ、異なれば則ち危し。夫れ能く萬の同じからざるを齊しくし、愚智工拙、皆 力を盡くし能を竭くし、一穴より出づるが如き者は、其れ唯だ聖人のみか。無術の智、不教の能にして、彊速貫習を恃むは、以て成すに足らざるなり。（五）

『呂氏春秋』不二篇は、「一なれば則ち治まり、異なれば則ち亂る」という主張、そして「一」の繰り返しに明らかなように、思想の多様性を認めながらも、国家支配の施策において統一性を持たせる必要性を主張している。それは、続く審分覧 執一篇において、君主による法の一元的な把握が主張されることにも現れている。（六）先に引用した①老耽から⑩兒良までのそれぞれの主張が異なることの列挙は、統一の必要性の論拠となっているのである。ただし、不二篇、そして執一篇においても、法家以外の思想を排斥すべしとの主張はない。さらに、不二篇では、十人すべてを「天下の豪士」と位置づけ、優劣を付けていないことにも注目すべきである。

このように『呂氏春秋』は、秦が政治思想とする法家に基づく政策を展開すべしと主張しながらも、諸子百家を相互の影響関係の中で理解しようとする特徴を持つ。このため、他の主張への強い攻撃性を有していないのである。

これに対して、『荀子』非十二子篇は、共に儒家に属するはずの子思・孟子までをも批判し、自らの思想のみを一尊すべしと主張する。諸橋轍次によれば、（七）荀子の批判する「非十二子」の系統は、道家（它囂・魏牟）、雑家（陳仲・

史鰌)、墨家(墨翟・宋鈃)、法家(愼到・田駢)、名家(惠施・鄧析)、儒家(子思・孟軻)の六種に分けることができる。子思・孟軻を批判する部分から掲げよう。

略ぼ先王に法るも而も其の統を知らず、猶然たるも而も材は劇しく、志は大なるも聞見は雑博、往舊を案じて説を造《な》し、之を五行と謂ふ。甚だ僻違なるも而も類無く、幽隱なるも而も説無く、閉約なるも而も解無し。案《すなは》ち其の辭を飾るも而も之を祗敬し、此れ眞に先君子の言なりと曰ふ。子思 之を唱へ、孟軻 之に和す。世俗の溝猶瞀儒は、嚾嚾然として其の非なる所を知らざるなり。遂に受けて之を傳へ、以て仲尼・子弓 茲が爲に後世に厚しと爲す。是れ則ち子思・孟軻の罪なり。[八]

王先謙《一九八八》によれば、盧文弨は、『韓詩外傳』での批判が「十子」に止まり、子思・孟子への言及がないことから、二人への批判がある非十二子篇は、韓非・李斯が附益した部分であるとする。[九] 一方、金谷治〈一九五一〉は、『荀子』を①修身派・②治国派・③理論派などの後学が伝えた比較的純粋な荀卿の思想を伝える三類と、荀卿その人に直接の関わりを持たない④雑著の一類の四つの部分に大別し、非十二子篇を李斯・韓非と関わりを持つ②治国派ではなく、それ以前の①修身派の作であるとする。そして、孟子への非難が性善説に及ばない理由は、②治国派より以降の③理論派が性惡説を形成したことに求める。このように、非十二子篇は、李斯・韓非ら荀子後学の作とする見解と、性惡説成立以前の荀子の主張とする見解とが並存しているのである。[一〇] これは、どのように考えられるであろうか。

非十二子篇において孟子への批判は、「略ぼ先王に法るも而も其の統を知ら」ないことを中心としている。重視されている「統」は、墨翟・宋鈃への批判では、「天下を壹」にすると表現される。它囂・魏牟、愼到・田駢への批判と併せて掲げよう。

①情性を縦にし、恣睢に安んじ、禽獸のごとく行ひて、以て文に合し治に通ずるに足らず。然り而して其の之を持するや故有り、其の之を言ふや理を成し、以て愚衆を欺惑するに足れり。是れ它囂・魏牟なり。……②天下を壹にし國家を建つるの權稱を知らず、功用を上《たっと》び、儉約を大びて、差等を優にし、曾《すなは》ち以て辨異を容れ君臣を縣するに足らず。然り而して其の之を持するや故有り、其の之を言ふや理を成し、以て愚衆を欺惑するに足れり。是れ墨翟・宋鈃なり。……法を尙びて法を無《なみ》し、脩を下として作を好み、上は則ち聽を上に取り、下は則ち從を俗に取る。終日 言ひて文典を成すも、反りて之を紃察すれば、則ち倜然として③歸宿する所無く、以て國を經し分を定む可からず。然り而して其の之を持するや故有り、其の之を言ふや理を成し、以て愚衆を欺惑するに足れり。是れ愼到・田駢なり。(一一)

非十二子篇は、波線を附したように、子思・孟軻以外の「十子」については、かれらの思想を全面的には批判しないよう、「然り而して其の之を持するや故有り、其の之を言ふや理を成し、以て愚衆を欺惑するに足れり」という表現が附記されている。盧文弨は、こうした形式的な違いにも着目して、「非十二子」のうち「孟子・子思」の後出性を主張したのであろう。非十二子篇は、他の「十子」よりも、孟子・子思を批判することにより、儒家における自らの特徴を明確にするために著されたと考えてよい。孟子との弁別を必要とするのは、性善説を批判するために性惡篇が著された以降のこととなろう。もちろん、性惡説が、荀子の中心思想ではなく、孟子と荀子の性説が実質において乖離したものではないことは、栗田直躬〈一九四九〉の明らかにした通りである。それでも、性惡篇に展開される孟子への批判との同質性を非十二子篇に求めることは許されよう。

孟子を批判する際に、性善説よりも優先した「統」への指向性は、墨翟・宋鈃への批判のなかで、②「天下を壹にし國家を建つる」と表現されている。「天下を壹」とする表現は、中国の統一を背景にすると考えてよい。かかる推論に大過無ければ、非十二子篇は、性惡篇と同様に荀子後学の執筆となる。

それを傍証するものは、非十二子篇の主張が性惡篇を踏まえていることにある。它囂・魏牟を批判する①「情性を縦にし、恣睢に安ん」ずは、性惡篇に、「性情を縦にし、恣睢に安んじて、禮義に違ふ者は小人爲り（縱性情、安恣睢、而違禮義者爲小人）」とあり、「桀・跖・小人に賤む所の者は、其の性に従ひ、其の情に順ひ、恣睢に安んじて、以て貪利争奪に出づればなり（所賤於桀・跖・小人者、従其性、順其情、安恣睢、以出乎貪利爭奪）」とある表現を踏まえている。性惡篇では、「小人」、具体的には「桀王」や「盗跖」を批判する言葉であった「情性を縦にし、恣睢に安んず」が、它囂・魏牟という思想家への批判に用いられていることは、先に掲げた非十二子篇の後出性と考え合わせると、性惡篇との関わりの中で非十二子篇が著された蓋然性を高めるものとなる。また、愼到・田駢を批判する③「歸宿する所無」しも、性惡篇の「多言なれば則ち文にして類し、終日　議するも其の之を言ふ所以は、千擧萬變して、其の統　類一なり。是れ聖人の知なり（多言則文而類、終日議其所以言之、千擧萬變、其統類一也。是聖人之知也）」と呼応するものである。非十二子篇と性惡篇との関わりの深さを知ることができよう。

そして、非十二子篇は、孟子・子思をも包括する形で「十二子」を排除して、自らの学説を一尊するよう、次のように主張している。

若し夫れ方略を總べ、言行を齊しくし、統類を壹にして、而して天下の英傑を羣《あつ》めて、之に告ぐるに大古を以てし、之に教ふるに至順を以てせば、奥窔の間、簟席の上にも、歛然として聖王の文章　具はり、佛然として平世の俗　起らば、六説なる者は入る能はず、十二子なる者は親《ちか》づく能はざるなり。置錐の地も無けれども、王公も之と名を争ふ能はず、一大夫の位に在れども、則ち一君も獨り畜《とど》むる能はず、一國も獨り容るる能はず、成名も て諸侯に況《おく》りて、以て臣と爲さんと願はざること莫し。是れ①聖人の埶を得ざる者にして、仲尼・子弓　是れなり。天下を一にし、萬物を財《な》し、人民を長養し、天下を兼利し、通達の屬は從服せざるは莫く、六説なる者 立ちどころに息《や》め、十二子なる者 遷化するは、則ち②聖人の埶を得たる者にして、舜・禹 是れなり。今 夫れ仁人は、將た何をか務めんや。上は則ち舜・禹の制に法り、下は則ち仲尼・子弓の義に法りて、以て③十二子の説を息むるに務むべし。是の如くんば則ち天下の害は除かれ、仁人の事は畢はり、聖王の跡も著はれん。（一二）

非十二子篇は、「聖人」の「埶」を得なかった者として①「仲尼・子弓」、得た者として②「舜・禹」をあげる。そして、舜・禹の制と孔子・子弓の義に法り、③「十二子の説を息《や》」めるべしと主張する。ここで孔子と並称されている子弓は、『荀子』の他の篇でも尊重される人物であるが、諸橋轍次〈一九三二〉は、子夏の門人である肝臂子弓であるとし、その理由を荀子が六藝の継承に最も力があった人物であることに求めている。儒家の經傳傳説によれば、今文經典の多くは、子夏を通じて伝承されているためである。

『荀子』全体が持つ諸子に対する受容度の高さから考えると、子夏の後継者としての荀子の位置づけを踏まえた上で、自らの学問を用いてそれを一尊すること、他の諸子、及び子思・孟子の排斥を主張する非十二子篇の『荀子』における異質性は際立つ。

ただし、その一尊の主張は、あくまでも儒家の一尊を求めるものであり、韓非や李斯との関わりで著されたものでない。むしろ、李斯による思想統一を背景としながら、法家ではなく荀子の後学たちにより、法家による思想統一に反発しながら著されたものと考えられる。『荀子』の他篇に、他の諸子を排斥し、自らの思想のみを一尊するに至る内発的な主張が見られないことから、非十二子篇の成立には、外在的な秦の始皇帝による思想統制の影響が考えられるのである。

『史記』秦始皇本紀によれば、法家による思想統一は、荀子との関わりが言われることのある李斯の手によると伝

えられる。[一三]

> 丞相の李斯曰く、「今 皇帝は天下を幷はせ有《たも》ち、黒白を別ちて一尊を定む。……臣請ふらくは①史官の秦記に非ざるものは皆 之を焼かん。②博士官の 職《つかさど》る所に非ずして、天下 敢へて詩・書・百家の語を藏する者有らば、悉く守・尉に詣《いた》して雜へて之を燒かん。敢へて詩・書を偶語する者有らば弃市せん。……令下り三十日にして燒かざれば、黥して城旦と爲さん。去らざる所の者は③醫藥・卜筮・種樹の書なり。若し法令を學ぶ有らんと欲せば、吏を以て師と爲さん」と。[一四]

『史記』によれば、秦の焚書は、①「史官の秦記」以外をすべて焼く、②「博士官」の管理下にない「詩・書・百家の語」を焼く、③「醫藥・卜筮・農業の書」を焚書の対象外とするものであった、という。[一五] もちろん、これにより諸子の学問がすべて滅んだわけではない。たとえば儒家はこの時期、秦の支配を正統化するために『尚書』に堯典を加えていた。[一六]

それでも、国家により学問が外的に統一されたことの圧力は大きく、思想史の内的発展より始まった諸子の相互影響はとりあえずの収束をみせ、他の思想に対する優越性を主張する思想史が展開していくことになる。

二、道家の優越

秦が滅亡したのち、前漢初期には黄老思想が支配的な地位についた。馬王堆から発掘された帛書『老子』に經の長さを持つものがあったことは、その端的な現れである（池田知久《二〇〇六》）。しかし、景帝期に出現した『春秋公羊傳』は、文帝の即位を正統化する「子は母を以て貴く、母は子を以て貴し（子以母貴、母以子貴）」という義例を用意するなど、国政への対応を怠らなかった。この義例は、景帝が王夫人を皇后に立てたことに関わる上奏文で典拠とされている（『史記』巻四十九 外戚世家）。これは、『春秋』の義例が国政の運用の論拠として掲げられた、最も早い事例の一つとなる（渡邉義浩〈二〇〇七b〉）。

こうした中で、儒家・法家・墨家などをも「道術」の現れと見なして包摂しながら、老聃・關尹を中心に据えて諸思想の統一を試みたものが、『莊子』天下篇である。譚戒甫は、これを淮南王劉安の著、具体的には『文選』李善注に見える『淮南王莊子略要』が改名・改修されたものと主張する（一七）。その是非も考えながら、墨翟・禽滑釐（墨家）、宋鈃・尹文（墨家）、彭蒙・田駢・愼到（法家）を批判した後の議論より掲げて検討しよう。

本を以て精と爲し、物を以て粗と爲し、積む有るを以て足らずと爲し、澹然として獨り神明と與に居る。古の道術、是に在る者有り。關尹・老聃、其の風を聞きて之を悅ぶ。①之を建つるに常に有る無きを以てし、之を主とするに太一を以てし、濡弱にして謙下するを以て表と爲し、空虛にして萬物を毀たざるを以て實と爲す。關尹曰く、「己れに在りて居る无ければ、形物 自づから著はる。其の動くこと水の若く、其の靜かなること鏡の若く、其の應ずること響の若し。芴乎《こつこ》として亡きが若く、寂乎として淸めるが若し。焉に同ずる者は和し、焉を得んとする者は失ふ」と。未だ嘗て人に先んぜずして常に人に隨ふ。老聃曰く、「其の雄を知りて、其の雌を守らば、天下の谿と爲る。其の白を知りて、其の辱を守らば、天下の谷と爲る」と。人 皆 先を取りて、己 獨り後を取る。曰く、「天下の垢を受けん」と。人 皆 實を取り、己 獨り虛を取る。藏する无きなり、故に餘り有り。巋然として餘り有り。其の身を行ふや、徐ろにして費さず、爲す无くして巧みなるを笑ふ。人 皆 福を求むるに、己 獨り曲にして全し。曰く、「苟も咎を免る」と。深きを以て根と爲し、約なるを以て紀《はじめ》と爲す。曰く、「堅ければ則ち毀たれ、銳ければ則ち挫かる」と。②常に物に寛容にして、人を削らず。至極と謂ふ可し。關尹・老聃

や、古の博大たる眞人なるかな。（一八）

天下篇は、關尹・老聃の思想の特徴として、その根本に①「常に有る無き」真の「無」を置き、それに由来する「太一」（世界の絶対的同一性）を主宰者とし、外には「濡弱にして謙下」して遜り、内には「空虚にして萬物を毀たざる」ことに努めたことを挙げる。これにより、②「常に物に寛容にして、人を削ら」なかった、とするのである。池田知久《一九八七》は、これをあらゆる事物を受け入れてすべての人を傷つけないことを天下篇は高く評価し、様々な方術やそれらに代表される政治的勢力をこれが中心となって大きく統合・統一する可能性を持つと考えた、と評価する。こうした關尹・老聃の思想こそ、天下篇の作者の考えと一致していた、というのである。

こうして關尹・老聃の思想を最上とする天下篇は、『莊子』に収録される篇でありながら、莊周（莊子）を次のように批判する。

芴漠として形無く、變化して常无し。死か生か、天地 並ぶか、神明 往くか。芒乎として何くにか之き、忽乎として何くにか適《ゆ》く。萬物 畢《こと》ごとく羅《つら》なるも、以て歸するに足る莫し。古の道術、是に在る者有り。莊周 其の風を聞きて之を悅ぶ。謬悠の說、荒唐の言、端崖无きの辭を以て、時に恣縱して儻せざるも、觭を以て之を見《しめ》さざるなり。天下を以て沈濁にして、與に莊語す可からずと爲し、卮言を以て曼衍と爲し、重言を以て眞と爲し、寓言を以て廣きと爲す。獨り天地の精神と與に往來して、萬物に敖倪せず、是非を譴《せ》めずして、以て世俗と處る。其の書は瑰瑋なりと雖も、連犿として傷ふ无きなり。其の辭は參差なりと雖も、諔詭にして觀る可し。彼れ其れ充實して、以て已む可からず、①上は造物者と遊びて、下は死生を外《わす》れ、終始无き者と友と爲る。其の本に於けるや、弘大にして辟《ひら》け、深閎にして肆《なが》し。其の宗に於けるや、稠適して上遂すと謂ふ可し。②然りと雖も、其の化に應じて物を解くや、其の理は竭きず、其の來たるや蛻せず、芒乎昧乎として、未だ之を盡くさざる者なり。（一九）

天下篇は、莊周を道の擬人化である①「造物者と遊び」、「死生を外《わす》れ」、「終始无き」至人と「友と爲」り得た、と一応は評価する。しかし、②「物を解く」場合に、物の「理は竭」くすことができず、物の「來たる」理由を明らかにし得ない、とその限界も指摘するのである。そして、こののち惠施（名家）への批判を行い、天下篇は終わる。

金谷治〈一九五二〉は、天下篇に相対的差別的な現実を超越し、その現象の奥に秘む絶対的な根源者を追求する優れた哲学を見る。それが理由であるか否かは置くとしても、莊周が自然と合一して分別に捉われないことを賞揚しながらも、なお至らぬ者と位置づけて、老聃よりも劣るとする天下篇は、後述する『淮南子』要略篇の思想に近い。ただ、譚戒甫の述べるように、天下篇を淮南王劉安の著とするまでの確証はない。それでも、つとに津田左右吉〈一九二九〉が、天下篇で老聃に次ぐ者として莊周を挙げる考え方が、『淮南子』要略篇で「老莊の術」という呼称に繫がる、と指摘しているように、天下篇が『淮南子』要略篇へと継承されていくことは首肯できよう。

淮南王の劉安が、建元二（前一三九）年の入朝の折に武帝に献じたという[二〇]『淮南子』には、後序にあたる要略篇が附せられる。そこには、『淮南子』執筆の意図、二十篇各篇の内容と目的の解説、『淮南子』が「道」と「物」とを詳しく説明する理由が書かれ、その後に、「太公の謀」から「商鞅の法」に至る中国思想史と『淮南子』の絶対的な価値が述べられている。

『淮南子』の意義を主張する要略篇の最後の部分だけを掲げよう。

> 劉氏の書の若きは、①天地の象を觀、古今の事に通じ、事を權《はか》りて制を立て、形を度《はか》りて宜しきを施す、道の心に原《もとづ》き、三王の風を合はせて、以て儲與扈冶なり。玄眇の中に、精搖靡覽し、其の畛挈を棄て、其の淑靜を斟《く》んで、②以て天下を統べ、萬物を理め、變化に應じ、殊類に通ず。一迹の路に循ひ、一隅の指を守り、物に拘繫牽連して、世と推《お》し移らざるに非ざるになり。故に之を尋常に置けども塞がらず、之を天下に布けども窕《くつろ》が

ず[二一]。

要略篇は、「劉氏の書」（『淮南子』）に先立ち、「太公の謀」・「儒者の學」・「墨子」の説・「管子の書」・「晏子の諫」・「縱横」家の説・「刑名の書」・「商鞅の法」の八家を挙げ、それらの良い点も評価しながら批判をしている。その際、これらをいずれも政治思想であるとし、個々の思想の特色は、すべて特殊な歴史的社会的環境に応じて生まれたもの、とする部分に要略篇の特徴がある[二二]。池田知久が述べるように[二三]、思想史を天子・諸侯の政治支配の強化の要請を基軸に据えて展開したと把握することが、要略篇の最大の特徴なのである。そして、それらの諸条件に制約されている限り、八家の思想は永遠不変に妥当する絶対の思想ではない。これに対して、『淮南子』だけは、①「天地の象を觀、古今の事に通じ、事を權《はか》りて制を立て、形を度《はか》りて宜しきを施す、道の心に原《もと》づき、三王の風を合はせて」いるために絶対性を獲得しており、現在から未来に向かって永遠に有効である。したがって、②「天下を統べ、萬物を理め、變化に應じ、殊類に通ず」ることができるため、天下統一後の現代（前漢）の帝王である武帝に対して、天下・万物を支配するために本書を用いてもらいたいと主張するのである[二四]。

このように『淮南子』要略篇には、道家による思想統一の主張を見ることができる。ただし、『淮南子』の内容が、①「道の心に原《もと》づき、（儒墨学派の夏・殷・周の）三王の風を合はせて」いる折衷的なものであるように、その思想統一への方法論は、排他的・独善的なものではない。すべての主張を道家のもとに融合していこうとする方法論に、『淮南子』の思想統一の主張の特徴を求めることができよう。

『史記』卷百三十 太史公自序に含まれる司馬談の「六家の要指」もまた、『淮南子』と同様の傾向を持つ。ただし、司馬談は、黄子に「道論」を学んだ道家であると共に、「易」を楊何に受けた儒家でもあった[二五]。このため、『周易』の繫辭下傳（現行。司馬談は「大傳」と記す）に記される「天下は致を一にして慮を百にし、歸を同じくして塗を殊にす」という、異なる方法論が結論を同じくするという主張から、「六家の要指」を始めている。

易の大傳に、「天下は致を一にして慮を百にし、歸を同じくして塗を殊にす」と。夫れ陰陽・儒・墨・名・法・道徳は、此れ務めて治を爲す者なり。直《た》だ從りて言ふ所の路を異にして、省と不省と有るのみ。嘗て竊かに①陰陽の術を觀るに、祥を大にして忌諱衆《おほ》く、人をして拘はれて畏るる所多からしむ。然れども其の四時の大順を序《つい》づるは、失ふ可からざるなり。②儒者は博にして要寡《すくな》く、勞にして功少なし。是を以て其の事、盡くは從ひ難し。然れども其の君臣・父子の禮を序《つい》で、夫婦・長幼の別を列ぬるは、易《か》ふ可からざるなり。③墨者は儉にして遵《したが》ひ難し、是を以て其の事、徧くは循ふ可からず。然れども其の本を彊くし用を節するは、廢す可からざるなり。④法家は嚴にして恩少なし。然れども其の君臣・上下の分を正すは、改む可からず。⑤名家は人をして儉にして善く眞を失はしむ。然れども其の名實を正すは、察せざる可からざるなり。⑥道家は人をして精神專一に、動きて無形に合ひ、萬物を贍足せしむ。其の術爲るや、①陰陽の大順に因り、②儒・③墨の善を采り、⑤名・④法の要を撮り、時と與に遷移し、物に應じて變化し、俗を立て事を施し、宜しからざる所無く、指 約《つづま》やかにして操り易く、事 少なくして功 多し。儒者は則ち然らず、以爲《い》へらく、「人主は天下の儀表なり。主 倡へて臣 和し、主 先だちて臣 隨ふ」と。此の如きは則ち主 勞して臣 逸す。大道の要に至りては、健羨を去り、聰明を絀け、此を釋《す》てて術に任ず。夫れ神 大いに用ふれば則ち竭《つ》き、形 大いに勞すれば則ち敝《やぶ》る。形神 騷動して、天地と長久なるを欲するは、聞く所に非ざるなり。[二六]

司馬談は、①「陰陽」家・②「儒者」・③「墨者」・④「法家」・⑤「名家」について、それぞれの長所と短所を挙げる。そののち⑥「道家」だけには、短所を挙げず、「①陰陽の大順に因り、②儒・③墨の善を采り、④名・⑤法の要を撮」っていると、他の五家の良いところを兼ね備えている、と主張する。このため「道家」だけが、「時と與に遷移し、物に應じて變化し、俗を立て事を施し、宜しからざる所無く、指 約《つづま》やかにして操り易く、事 少なくして功 多」く、反対の特徴を持つ儒家の君臣関係の主張では君主が疲弊することに対して、道家の自然の理法が優越性していることを説くのである。

その際、五家の中から儒者を取り出して再論しているように、司馬談にとって六者は横並びではなく、最も優れた道家に次ぐものとして、儒家を位置付けていることには注意したい。『淮南子』要略篇との違いである。司馬談はこの後、それぞれの学派を詳論した後、道家の優れた点を次のように述べている。

道家は、無爲なり。又 曰く、「爲さざる無し」と。其の實は行ひ易きも、其の辭は知り難し。其の術は虚無を以て本と爲し、因循を以て用と爲す。成埶無く、常形無し。故に能く萬物の情を究む。物の先と爲らず、物の後と爲らず。故に能く萬物の主と爲る。法有りて法無く、時に因りて業を爲す。度有りて度無く、物に因りて與に合す。故に曰く、「聖人は不朽、時變を是れ守る」と。虚なる者は道の常なり、因なる者は君の綱なり。羣臣 並びに至りて、各〻をして自づから明らかならしむ。其の實の其の聲に中る者は之を端と謂ひ、實の其の聲に中らざる者は之を窾と謂ふ。窾言 聽かざれば、姦 乃ち生ぜず。賢・不肖 自づから分かたれ、白黑 乃ち形《あらは》る。用ひんと欲する所に在るのみ、何事か成らざらん。乃ち大道に合し、混混冥冥にして、天下に光燿し、復た無名に反る。凡そ人の生くる所の者は神なり、託する所の者は形なり。神 大いに用ふれば則ち竭き、形 大いに勞すれば則ち敝る。形神 離るれば則ち死す。死する者は復た生く可からず、離るる者は復た反る可からず。故に聖人 之を重んず。是に由り之を觀れば、神なる者は生の本なり、形なる者は生の具なり。先づ其の神形を定めずして、我 以て天下を治むる有らんと曰ふは、何に由るや。[二七]

道家の特徴として掲げる「無爲」にして「爲さざる無し」は、『老子』第三十七章の「道は常に無爲にして而も爲さざる無し。侯王 若し能く之を守らば、萬物 將に自づから化せんとす（道常無爲而無不爲。侯王若能守之、萬物將自化）」を踏まえている。司馬談の「六家の要指」は、前漢の文帝期を中心に行われた黄老思想に基づく「無爲」の統治を正統化する主張と言えよう。

儒家に先行する道家による思想統一への試みは、その思想が他の諸子を包含するものであるが故に、先鋭的な主張となってはいない。また、漢初以来、黄老思想が尊重されてきたこともあって、他の思想を禁じてまで、自らの思想を前面に押し出そうという積極性には欠ける。

『淮南子』要略篇は、政治思想の歴史的条件を問題とする点が新しい。横並びに諸子を論ずるのではなく、他の思想が歴史的条件に制約される中で、『淮南子』の思想のみが時空を超える普遍性を持つと主張することで、時空を超越する道の存在の重要性を説いたのである。儒教で時空を超越する『周易』の整備が急がれた理由である(二八)。司馬談の「六家の要指」は、その『周易』と関わる「天下は致を一にして慮を百にし、歸を同じくして塗を殊にす」を掲げたものの、その主張は『淮南子』と同様、道家を優越させるものであった。

三、儒教一尊

司馬談の「六家の要指」を意識しながら、儒家を頂点に諸子を位置づけ、儒教一尊を整然と示したものが、劉歆の「七略」である(二九)。班固は、『漢書』藝文志にそれを継承することで、前漢武帝期に董仲舒の献策を機に成立したと描く儒教一尊を目録として表現した(三〇)。

劉歆は、⑴儒家を「司徒の官」・⑵道家を「史官」・⑶陰陽家を「羲和の官」・⑷法家を「理官」・⑸名家を「禮官」

・⑹墨家を「清廟の守」・⑺縱横家を「行人の官」・⑻雜家を「議官」・⑼農家を「農稷の官」・⑽小説家を「稗官」を起源とする、と述べ、それぞれ『周官』などに由来する官職にその起源を位置づけながら、諸子を次のように総括する。

> 諸子十家、其の観る可き者は九家のみ。皆 王道 既に微にして、諸侯 力政し、時君・世主、好悪 方を殊にすることより起こる。是を以て九家の術、蠭出して並び作り、各〻一端を引き、其の善とする所を崇ぶ。此れを以て馳説し、合を諸侯に取る。其の言 殊なると雖も、辟《たと》へば猶ほ水火、相 滅して亦た相 生ずるがごときなり。仁の義に與《お》ける、敬の和に與ける、相 反して皆 相 成るなり。①易に曰ふ、「天下 帰を同じくして塗《みち》を殊にし、致を一にして慮を百にす」と。今 家を異にする者、各〻長ずる所を推し、知を窮め慮を究めて、以て其の指を明らかにす。蔽短有りと雖も、②其の要歸を合すれば、亦た六經の支、流裔に與《あづか》る。其の人をして明王・聖主に遭ひ、其の折中する所を得しめば、皆 股肱の材のみ。仲尼に言有り、禮 失はるれば諸《これ》を野に求むと。方今《いま》 聖を去ること久遠、道術 缺廢して、更に索むる所無し。彼の九家なる者は、猶ほ野に癒《まさ》らざらんや。③若し能く六藝の術を修めて、此の九家の言を観、短を舍《す》てて長を取らば、則ち以て萬方の略に通ず可し。(三一)

劉歆の「七略」が、①「天下 帰を同じくして塗を殊にし、致を一にして慮を百にす」という『周易』繋辭下傳を引用することは、司馬談の「六家の要指」と同じである。これは、「七略」が「六家の要指」を意識しながら、道家ではなく、儒家を頂点として諸子を整理していることの現れである。そして、その整理は、②「其の要歸を合すれば、亦た六經の支と流裔となる」とあるように、諸子が六經の支えである、という位置づけに基づいて行われた。その際、諸子の思想を無意味と捉え、それらをすべて排斥して儒家のみを一尊しようとしていないことには、留意が必要である。『荀子』の非十二子篇を除けば、これまでの思想史の動向も、このように諸子を統合していく中で、内発的な思想の統一が目指されていた。その方向性は、③「若し能く六藝の術を修めて、此の九家の言を觀、短を舍《す》てて長を取らば、則ち以て萬方の略に通ず可し」とあるように、諸子が六經の補としての存在意義を明確に認められる、という形で表現されている。あるいは、諸子を六經の補とするために、父劉向以来の校書が行われてきたと考えてもよい。(三二)

こうして、劉歆の「七略」により、思想史における儒教一尊は確立され、それは「近代中國」まで覆ることはなかった。「古典中國」における思想史上の儒教一尊は、ここに確定したと考えてよい。それは、今までの思想統合の動きとは異なり、漢帝室の流れを汲む劉歆が、諸子の書を校定することにより、自らの位置づけどおりに諸子の書籍を確定し得たという優位性を有していたため、行い得たことであった。

そして、劉歆の「七略」による儒教一尊は、『史記』にはなく『漢書』のみが記す董仲舒の對策の中で主張されるような諸子を排斥するものではなかった。『漢書』に描かれた董仲舒は「天人三策」において、次のように儒家の一尊を主張している。(三三)

> 春秋 一統を大《たふと》ぶ者は、天地の常經、古今の通誼なり。今 師ごとに道を異にし、人ごとに論を異にし、百家は方を殊にし、指意 同じからず。是を以て、上は以て一統を持すること亡く、法制 數〻變じ、下は守る所を知らず。臣愚 以爲へらく、諸〻の六藝の科・孔子の術に在らざる者は、皆 其の道を絶ち、並びに進ましむること勿ければ、邪辟の説は滅息し、然る後に、統紀は一にす可くして法度は明らかにす可く、民は從ふ所を知らんと。(三四)

董仲舒の對策は、『春秋』の「大一統」を論拠に、「六藝の科・孔子の術に在らざる」ものの「道を絶ち」、「並びに進ましむること勿」からんとする、他の諸子を排斥する儒家による思想統一の主張である。劉歆の「七略」に完成するような、諸子を儒教との関係において位置づけ、統一的に把握しようとする内発的な思想史の流れとは、およそ異なる思想と言ってよい。これまで検討していた主張の中では、秦の思想統制を背景とする外在的な要因を持つ『荀子』非十二子篇の主張に近い。それでは董仲舒のものとされる對策にも、政治的な背景が存在するのであろうか。
『史記』によれば、前漢の武帝期に、黄老思想を尊重する竇太后一派への反発の中で、田蚡が儒家の尊重を進め、武帝もこれを支援していた。しかし、田蚡は一方で、『淮南子』を著した淮南王の劉安にも接近するなど、思想ではなく政局で儒家を進めた人物に過ぎない。したがって、董仲舒に仮託する「天人三策」を『董仲舒書』に著した董仲舒の後學が背景とした政治的動向は、田蚡の儒家尊重とは考え難い。そうした時に、董仲舒より『春秋』を受けた司馬遷が、儒者として最初に三公となった公孫弘の「功令」に次のように感激していることは、注目に値する。

太史公曰く、「余 ①功令を讀み、學官の路を廣厲するに至るや、未だ嘗て書を廢して歎ぜずんばあらざるなり。曰く、「嗟乎《ああ》」と。夫れ周室 衰へて關雎 作り、幽・厲 微へて禮樂 壞れ、諸侯 恣行して、政は彊國よりす。故に孔子 王路の廢れて邪道の興るを閔み、是に於て論じて詩書を次し、修めて禮樂を起こす。……秦の季世に至り、詩書を焚き、術士を阬するに及び、六蓺 此れより缺く。……叔孫通 漢の禮儀を作り、因りて太常と爲り、諸生・弟子の共に定むる者は、咸 選首と爲る。是に於て喟然として歎じて學を興す。然れども尙ほ干戈有り、四海を平定するも、亦た未だ庠序の事に暇遑あらざるなり。孝惠・呂后の時、公卿は皆 武力・有功の臣なり。孝文の時、頗《や》や徵用せらるるも、然れども孝文帝は本と刑名の言を好む。孝景に至るに及ぶも、儒者を任ぜず、而して竇太后 又、黄老の術を好む。故に諸〻の博士、官に具《そな》はり問を待つも、未だ進む者有らざるなり。今上卽位するに及び、趙綰・王臧の屬、儒學を明らかにし、而も上も亦た之に鄉《むか》ふ。是に於て方正・賢良・文學の士を招く。是れよりの後、詩を言ふに魯に於ては則ち申培公あり、齊に於ては則ち轅固生あり、燕に於ては則ち韓太傅あり。尙書を言ふに濟南の伏生よりす。禮を言ふに魯の高堂生よりす。易を言ふに菑川の田生よりす。春秋を言ふに齊魯に於ては胡毋生よりし、趙に於ては②董仲舒よりす。竇太后の崩ずるに及び、武安侯の田蚡 丞相と爲り、③黄老・刑名・百家の言を絀け、文學・儒者數百人を延《まね》く。而して④公孫弘 春秋を以て白衣もて天子の三公と爲り、封ぜらるるに平津侯を以てす。天下の學士、靡然として風に鄉ふ」と。(三五)

司馬遷は、公孫弘の①「功令」を読むたびに、書を擲って嘆息しないことはないほどに感激を新たにする、という。その内容はこの後、詳細に記述されている。「功令」を載せる前に、司馬遷は、その意義を明らかにするため、儒家の歴史を繙いていく。孔子が学を起こしたのち、秦の焚書坑儒に会い、高祖のときに禮を定めた叔孫通が認められたことはあったものの、呂后は武臣、文帝は刑名、景帝は黄老を尊重して、儒者が重んじられることはなかった。今上(武帝)はそれを覆して儒家の尊重を始め、丞相の田蚡は③「黄老・刑名・百家の言を絀け、文學・儒者數百人」を登用した。これは、思想的に諸子が排斥されたことではなく、文帝に尊重された刑名、景帝に尊重された黄老に対抗するため、一時的に儒家が登用されたことの表現に過ぎない。思想統一ではなく、官僚たちの一掃を述べたものである。しかし、ここに「百家の言を絀」けた、とあることが、「董仲舒の對策」における諸子排斥の主張の一つの背景となった外的契機の可能性がある。また、その際に司馬遷が、こうした動向を②董仲舒の名を挙げるにも拘らず、董仲舒とは無関係に論じていることにも注意が必要である。司馬遷が、儒教一尊に力があったと考える者は、丞相の田蚡、そして何よりも「功令」を武帝に採用させた公孫弘であった。公孫弘が④「白衣」(庶民)から「三公」となり、「平津侯」に封建されたことによってこそ、天下の学問を志す者は、「靡然として」儒教の尊重に向かったのである。

　こうした儒教の隆盛をもたらした公孫弘の「功令」は、次のようなものであった。

謹みて太常の臧・博士の平らと與に議して曰く、「……古者は政教 未だ洽からず、其の禮を備へず。請ふらくは舊官に因りて焉を興さん。博士官の爲に弟子五十人を置き、其の身を復せん。①太常は民の年十八已上、儀狀端正なる者を擇び、博士弟子に補せん。②郡國の縣・道・邑は文學を好み、長上を敬ひ、政教に肅み、鄉里に順ひ、出入聞く所に悖らざる者有らば、令・相・長・丞は、屬する所の二千石に上《あ》ぐ。二千石は謹みて可なる者を察し、當に計と與に偕《とも》に、太常に詣り、業を受くるを得ること弟子の如くす。③一歲にして皆輒ち試し、能く一埶以上に通ぜしものは、文學掌故の缺に補せん。其の④高弟にして以て郎中と爲す可き者は、太常籍もて奏せん。卽し⑤秀才異等なるもの有らば、輒ち名を以て聞せん。其の學を事とせず、若しくは下材及び一埶に通ずる能はざるものは、輒ち之を罷めしめん。而して諸〻の稱《かな》はざる者の罰するを請ふ。……請ふらくは其の秩比二百石以上、及び吏の百石にして一埶以上に通ずるものを選擇し、左右內史、大行の卒史に補せん。比百石より已下は、郡太守の卒史に補すること、皆各〻二人、邊郡は一人なり。先に誦の多き者を用ひ、若し足らざれば、乃ち掌故を擇び、中二千石の屬に補し、文學掌故は郡屬に補して、備員せしむ。請ふらくは功令に著け、佗は律令の如くせん」と。制して曰く、「可」と。此れより以來、則ち⑥公卿・大夫・士吏に、斌斌として文學の士多し。(三六)

西川利文によれば、(三七)公孫弘の「功令」は、博士弟子の設置と「射策」を定めたもので、博士弟子には、①「太常」選と②「郡國」選があり、定員分の五十名は前者のみであるが、共に徭役が免除された。そして、博士弟子となった者には③一年後に「試」(射策)があり、「一埶」(一經)以上に通じた者は、太常の屬吏である「文學掌故」(百石)に、④「高弟」は「郎中」(三百石)に、⑤「秀才異等」は徵召され、六百石の議郎や博士に就任し得る制度であった。これにより、⑥「公卿・大夫・士吏」に「文學の士」が多くなった、と司馬遷は主張するのである。

「射策」は、あくまで官吏登用制度の一つに過ぎず、公孫弘の「功令」により、儒教が一尊されて、儒教によってのみ官僚と成り得るようになった訳ではない。それでも、一經であっても儒學を博士に弟子として學ぶことで、官吏に登用されることが「功令」に明記されたことは、司馬遷にとって毎回書物を擲つほどの感動を受けることであった。この時期に儒教が国教化されていないことは言うまでもない。

司馬遷は、董仲舒に儒教を学んだという意味において、董仲舒後学の一人でもある。『董仲舒書』を編纂した董仲舒の後學たちが、司馬遷と同様の感激を「功令」より受け、それを背景としながら、その功績を学問のない公孫弘ではなく、師の董仲舒に求める思想書を著すことは特異ではない。秦の思想統一を背景としながら、荀子の後學が非十二子篇において、孔子・子弓を正統に継承する荀子の学問のみを尊重すべきと主張したことと同質の行為と言えよう。あるいは、劉歆の「七略」に至るまでの思想史において、他の思想を尊重しながら自らの思想へと統合しようとせず、あくまで他の思想を排除して、自らの思想を一尊させようとしたものは、秦の思想統制を背景とする『荀子』非十二子篇と、公孫弘の「功令」を背景とする「天人三策」だけであると言い換えてもよい。

このように内発的な思想史の展開では例外的な「天人三策」の儒教一尊の主張に対して、劉向・劉歆、そして班固の反応は異なる。『漢書』董仲舒傳の贊は、劉向・劉歆の董仲舒への評価を次のように伝えている。

贊に曰く、「劉向 稱すらく、「①董仲舒は王佐の材有り、伊・呂と雖も以て加ふること亡《な》く、筦・晏の屬、伯者の佐は、殆ど及ばざるなり」と。向の子たる歆に至るに以爲《い》へらく、「伊・呂は乃ち聖人の耦、王者も得ざれば則ち興らず。故に顏淵 死し、孔子曰く、「噫。天 余を喪《ほろぼ》せり」と。唯だ此の一人のみ能く之に當たれりと爲す。宰我・子贛・子游・子夏より焉に與らず。仲舒は漢の秦が滅學の後を承け、六經 離析するに遭ひ、帷を下し憤を發し、心を大業に潛め、後學の者をして、統壹する所有らしめ、羣儒の首と爲る。然れども其の師友・淵源の漸する所を考ふるに、②猶ほ未だ游・夏に及ばず。而るに筦・晏 及ぶこと弗く、伊・呂 加へざると曰ふは、過ぎたり」と。向の曾孫たる龔に至り、篤論の君子なるに、③歆の言を以て然りと爲す」と。[三八]

いまだ儒教の經義が国政に反映しきれていなかったころを生きた劉向は、「天人三策」を読み、その対策に司馬遷と同質の感激を得、董仲舒を①「伊・呂と雖も以て加ふること亡《な》」い「王佐の材」として最高に評価した[三九]。これに対して、すでに「七略」に諸子を整理し、儒教の枠内において今文學に対して古文學を推奨していた劉歆は、今文學者の董仲舒に父ほどの感激を抱かず、②子「游」・子「夏」にも「及ば」ないとした。『董仲舒書』により武帝期における儒教一尊を描いた班固も、劉向ではなく劉歆に同意している。劉向の曾孫劉龔のこととする③「歆の言」への同意は、班固の評価と考えてよい。

それでも班固は、『董仲舒書』に基づき、前漢武帝期における儒教一尊を描いた。それが、班固における在るべき「古典中國」像であったためである。

おわりに

班固の『漢書』董仲舒傳は、末文に次のように董仲舒の成果をまとめている。

> 武帝の初めて立ちしより、魏其・武安侯、相と爲りて儒を隆《たふと》ぶ。仲舒の對冊するに及びて、孔氏を推明し、①百家を抑黜し、②學校の官を立て、③州郡より茂材・孝廉を擧ぐるは、皆 仲舒より之を發す[四〇]。

福井重雅《二〇〇五》によれば、①「百家を抑黜」し、「奏可」を得た人物は、丞相の衞綰であり、②「學校の官を立て」たのは、公孫弘の力であり、③「郡擧孝廉」による人材登用が「仲舒より之れを發す」ということは、年代的に成り立たない。「州擧茂材」は、『漢書』董仲舒傳の創作である、という。本章で検討したように、①については、衞綰に加えて、公孫弘が「功令」により創設した「射策」の成果とすることができよう。班固は、田蚡や公孫弘の儒教一尊への動きを『董仲舒書』を用いることで、董仲舒に仮託したのである。そもそも、董仲舒の段階でこのような儒教一尊が定まっていれば、劉歆が「七略」を著して、諸子を儒家のもとに位置づける必要性はない。『呂氏春秋』不二篇から始まり、劉歆の「七略」に完成する諸子を統合する内発的な思想史の流れの中に、「天人三策」を入れた場合、他の思想との比較もなく、独善的に自らの思想と儒教の一尊を主張する「天人三策」の異質性が見えてくる。したがって、「天人三策」は、『荀子』非十二子篇と同様、その背景にある政治的動向を考えることが必要となる。それは公孫弘の「功令」による「射策」の創設であった。

「古典中國」を形成していく思想史の中で、儒教の一尊を定めた劉歆の「七略」は、きわめて大きな意味を持つ。劉歆の「七略」は、『史記』の「六家の要指」への反発から書かれ、諸子を儒教のもとに整理したものであった。こうした思想史的展開は、漢帝国の中央集権化政策を背景としながら進展した。このため『漢書』は、儒教一尊の時期を漢の全盛である武帝期に仮託した。だが、劉歆が「七略」で思想として観念した儒教一尊は、王莽が「古典中國」を形成する中で進展していくものなのである。

《注》

（一）本書第一章。なお、儒教一尊は、中国では「罷黜百家、獨尊儒術」と用いることが多いが、それが梁啓超から始まることは、牛秋実〈二〇一三〉を参照。

（二）楠山春樹《一九九六》の「解説」。なお、『呂氏春秋』に関する研究については、それらを総括した青山大介〈一九九七〉〈一九九八〉を参照。

（三）沼尻正隆《一九九七》。このほか、傅武光《一九九三》、王啓才《二〇〇七》なども参照。また、たとえば出土資料の「唐虞の道」が、墨家・『商君書』『管子』・養生思想・道家、そして最も近接性を持つ儒家の『孟子』、さらには『荀子』へと繋がる思想を内包することで、諸思想が雑多に流れ込んだ大きな「湖」を形成するような方向性を持ちながらも、それぞれの思想が先鋭化し、雑多な「湖」から諸子ごとの独自性を強調して他の思想から卓越化する方向へと動く思想史の流れの中で散逸したことは、渡邉義浩〈二〇一八b〉を参照。

（四）聽群衆議以治國、國危無日矣。何以知其然也。①老耽貴柔、②孔子貴仁、③墨翟貴廉、④關尹貴清、⑤子列子貴虚、⑥陳駢貴齊、⑦陽生貴己、⑧孫臏貴勢、⑨王廖貴先、⑩兒良貴後。此十人者、皆天下之豪士也（『呂氏春秋』巻十七 審分覧 不二篇）。『呂氏春秋』は、許維橘《二〇〇九》を底本とし、陳奇猷《一九八四》を参照した。なお、不二篇の脱文を考察した工藤豊彦〈一九六二〉も参照。

（五）有金鼓所以一耳也。同法令所以一心也。智者不得巧、愚者不得拙、所以一衆也。勇者不得先、懼者不得後、所以一力也。故一則治、異則亂。一則安、異則危。夫能齊萬不同、愚智工拙、皆盡力竭能、如出乎一穴者、其唯聖人矣乎。無術之智、不教之能、而恃彊速貫習、不足以成也（『呂氏春秋』巻十七 審分覧 不二篇）。

（六）『呂氏春秋』審分覧 執一篇に、「王者 一を執りて、萬物の正と爲る。軍には必ず將有り、之を一にする所以なり。國には必ず君有り、之を一にする所以なり。天下には必ず天子有り、之を一にする所以なり。天子 必ず一を執るは、之を摶《もっぱ》らにする所以なり。一なれば則ち治り、兩なれば則ち亂る（王者執一、而爲萬物正。軍必有將、所以一之也。國必有君、所以一之也。天下必有天子、所以一之也。天子必執一、所以摶之也。一則治、兩則亂）」とある。

（七）諸橋轍次〈一九三一〉。このほか、「非十二子」については、非十二子の記述より『荀子』の聖王像を探ろうとする袁静〈二〇〇五〉、非十二子を政治批判に根ざすとする孫謙・孫婠〈二〇〇八〉も参照。

（八）略法先王而不知其統、猶然而材劇、志大聞見雜博、案往舊造説、謂之五行。甚僻違而無類、幽隱而無説、閉約而無解。案飾其辭而祇敬之、曰此眞先君子之言也。子思唱之、孟軻和之。世俗之溝猶瞀儒、嚾嚾然不知其所非也。遂受而傳之、以爲仲

尼・子（遊）〔弓〕爲茲厚於後世。是則子思・孟軻之罪也（『荀子』非十二子篇）。なお、『荀子』は、王先謙《一九八八》を底本とした。

（九）王應麟『困學紀聞』巻十 諸子も、『韓詩外傳』巻四が非十二子篇を襲用しながら、子思・孟子を欠くことについて、荀子の「門人」による付加や鼠入の一種としている。なお、福井重雅〈二〇一六〉は、荀子が儒家に属する思想家であることを根底から疑問視し、非十二子篇を思想言論の禁絶として李斯に先行するものと位置づけている。

（一〇）たとえば、代秋彬〈二〇一五〉は、非十二子篇を荀子の自作ではないとする。これに対して、高正偉〈二〇一一〉は、非十二子篇を荀子の思孟學派に対する欠陥の指摘としている。なお、荀子に関する詳細な研究動向整理に、佐藤将之《二〇一〇》、橋本敬司〈二〇〇九〉がある。秦漢時代の『荀子』の展開については、強中華《二〇一七》を參照。

（一一）①縱情性、安恣睢、禽獸行、不足以合文通治。然而其持之有故、其言之成理、足以欺惑愚衆。是它囂・魏牟也。……不知②壹天下建國家之權稱、上功用、大儉約、而僈差等、曾不足以容辨異縣君臣。然而其持之有故、其言之成理、足以欺惑愚衆。是墨翟・宋鈃也。……尚法而無法、下脩而好作、上則取聽於上、下則取從於俗。終日言成文典、反紃察之、則倜然③無所歸宿、不可以經國定分。然而其持之有故、其言之成理、足以欺惑愚衆。是愼到・田駢也（『荀子』非十二子篇）。

（一二）若夫總方略、齊言行、壹統類、而羣天下之英傑、而告之以大古、教之以至順、奧窔之間、簟席之上、（斂）〔歛〕然聖王之文章具焉、佛然平世之俗起焉、六説者不能入也、十二子者不能親也。無置錐之地、而王公不能與之爭名、在一大夫之位、則一君不能獨畜、一國不能獨容、成名況乎諸侯、莫不願以爲臣。是①聖人之不得埶者也、仲尼・子弓是也。一天下、財萬物、長養人民、兼利天下、通達之屬、莫不從服、六説者立息、十二子者遷化、則②聖人之得埶者、舜・禹是也。今夫仁人也、將何務哉。上則法舜・禹之制、下則法仲尼・子弓之義、以③務息十二子之説。如是則天下之害除、仁人之事畢、聖王之跡著矣（『荀子』非十二子篇）。

（一三）赤塚忠〈一九八六〉は、韓非と李斯が荀子の門下であったことは疑わしい、とする。なお、荀子の禮を中心とする政治思想については、佐藤将之《二〇一〇》《二〇一六》を參照。

（一四）丞相李斯曰、今皇帝幷有天下、別黑白而定一尊。……臣請①史官非秦記皆燒之。②非博士官所職、天下敢有藏詩・書・百家語者、悉詣守尉雜燒之。有敢偶語詩・書者弃市。……令下三十日不燒、黥爲城旦。所不去者③醫藥・卜筮・種樹之書。若欲有學法令、以吏爲師（『史記』卷六 秦始皇本紀）。

（一五）こうした秦の焚書像が展開していく状況については、西山尚志〈二〇一四〉を参照。

（一六）陳夢家〈一九五七〉。斎木哲郎〈一九八六〉も参照。

（一七）譚戒甫〈一九五九〉。これに対して、赤塚忠《一九七七》は、『莊子』天下篇を『淮南子』よりも後の成立としている。

（一八）以本爲精、以物爲粗、以有積爲不足、澹然獨與神明居。古之道術、有在於是者。關尹・老聃、聞其風而悅之。①建之以常無有、主之以太一、以濡弱謙下爲表、以空虛不毀萬物爲實。關尹曰、在己无居、形物自著。其動若水、其靜若鏡、其應若響。芴乎若亡、寂乎若淸。同焉者和、得焉者失。未嘗先人而常隨人。老聃曰、知其雄、守其雌、爲天下谿。知其白、守其辱、爲天下谷。人皆取先、己獨取後。曰、受天下之垢。人皆取實、己獨取虛。无藏也、故有餘。巋然而有餘。其行身也、徐而不費、无爲也而笑巧。人皆求福、己獨曲全。曰、苟免於咎。以深爲根、以約爲紀。曰、堅則毀矣、銳則挫矣。②常寬容於物、不削於人。可謂至極。關尹・老聃乎、古之博大眞人哉（『莊子』天下篇）。なお、『莊子』は、郭慶藩《一九六一》を底本とした。

（一九）芴漠无形、變化无常。死與生與、天地並與、神明往與。芒乎何之、忽乎何適。萬物畢羅、莫足以歸。古之道術、有在於是者。莊周聞其風而悅之。以謬悠之說、荒唐之言、无端崖之辭、時恣縱而不儻、不以觭見之也。以天下爲沈濁、不可與莊語、以巵言爲曼衍、以重言爲眞、以寓言爲廣。獨與天地精神往來、而不敖倪於萬物、不譴是非、以與世俗處。其書雖瓌瑋、而連犿无傷也。其辭雖參差、而諔詭可觀。彼其充實、不可以已、①上與造物者遊、而下與外死生、无終始者爲友。其於本也、弘大而辟、深閎而肆。其於宗也、可謂稠適而上遂矣。②雖然、其應於化而解於物也、其理不竭、其來不蛻、芒乎昧乎、未之盡者（『莊子』天下篇）。

（二〇）池田知久《一九八九》の説による。

（二一）若劉氏之書、①觀天地之象、通古今之事、權事而立制、度形而施宜、原道之心、合三王之風、以儲與扈冶。玄眇之中、精搖靡覽、棄其畛挈、斟其淑靜、②以統天下、理萬物、應變化、通殊類。非循一跡之路、守一隅之指、拘系牽連之物、而不與世推移也。故置之尋常而不塞、布之天下而不窕（『淮南子』巻二十一　要略篇）。なお、『淮南子』は、何寧（撰）『淮南子集釈』（中華書局、一九九八年）を底本とした。

（二二）政治思想であることは、蒙文通《一九六六》、特殊な歴史的社会的環境に応じて生まれたものであることは、金谷治《一九五九》に述べられている。

（二三）池田知久〈一九八〇a〉〈一九八〇b〉〈一九八〇c〉。このほか、有馬卓也《一九九八》、内山直樹〈二〇〇〇〉も参照。

（二四）池田知久《一九八九》〈一九八〇a〉〈一九八〇b〉〈一九八〇c〉を参照。

（二五）『史記』巻百三十　太史公自序に、「太史公、天官を唐都に學び、易を楊何に受け、道論を黄子に習ふ（太史公、學天官於唐都、受易於楊何、習道論於黄子。）」とある。

（二六）易大傳、天下一致而百慮、同歸而殊塗。夫陰陽・儒・墨・名・法・道德、此務爲治者也。直所從言之異路、有省不省耳。嘗竊観①陰陽之術、大祥而衆忌諱、使人拘而多所畏。然其序四時之大順、不可失也。②儒者博而寡要、勞而少功。是以其事、難盡從。然其序君臣・父子之禮、列夫婦・長幼之別、不可易也。③墨者儉而難遵、是以其事、不可偏循。然其彊本節用、不可廢也。④法家嚴而少恩。然其正君臣・上下之分、不可改矣。⑤名家使人儉而善失眞。然其正名實、不可不察也。⑥道家使人精神專一、動合無形、贍足萬物。其爲術也、因①陰陽之大順、采②儒・③墨之善、撮⑤名・④法之要、與時遷移、應物變化、立俗施事、無所不宜、指約而易操、事少而功多。儒者則不然、以爲、人主天下之儀表也。主倡而臣和、主先而臣隨。如此則主勞而臣逸。至於大道之要、去健羨、絀聰明、釋此而任術。夫神大用則竭、形大勞則敝。形神騷動、欲與天地長久、非所聞也（『史記』巻一百三十　太史公自序）。

（二七）道家、無爲。又曰、無不爲。其實易行、其辭難知。其術以虛無爲本、以因循爲用。無成埶、無常形。故能究萬物之情。不爲物先、不爲物後。故能爲萬物主。有法無法、因時爲業。有度無度、因物與合。故曰、聖人不朽、時變是守。虛者道之常也、因者君之綱也。羣臣並至、使各自明也。其實中其聲者謂之端、實不中其聲者謂之窾。窾言不聽、姦乃不生。賢・不肖自分、白黑乃形。在所欲用耳、何事不成。乃合大道、混混冥冥、光燿天下、復反無名。凡人所生者神也、所託者形也。神大用則竭、形大勞則敝。形神離則死。死者不可復生、離者不可復反。故聖人重之。由是觀之、神者生之本也、形者生之具也。不先定其神形、而曰我有以治天下、何由哉（『史記』巻一百三十　太史公自序）。

（二八）この時期においても『周易』の改変が続いていたことについては、池田知久〈一九九四b〉〈一九九五〉を参照。

（二九）「七略」が体系的でありながら、詩譜略・六藝略春秋家に亀裂や、兵書略に重複があることについては、内山直樹〈二〇一〇〉を参照。なお、「七略」および「七略別録」の佚文は、姚振宗《二〇〇八》に輯録されている。

（三〇）『漢書』藝文志が、統一的な王道政治の構想と結びつけられていることについては、金谷治〈一九五六〉を参照。なお、歴代の『漢書』藝文志研究を整理した傅栄賢《二〇〇七》、六藝思想は儒家の独占物ではなかったが、藝文志において諸氏十家をその支裔とし得たとすると共に、新出資料との関わりを論ずる李零《二〇一一》、「七略」を機に儒家が理論と実践の両面で有力になったとする尹海江《二〇一三》なども参照。

（三一）諸子十家、其可觀者九家而已。皆起於王道既微、諸侯力政、時君・世主、好惡殊方。是以九家之術、蠭出並作、各引一端、崇其所善。以此馳說、取合諸侯。其言雖殊、辟猶水火、相滅亦相生也。仁之與義、敬之與和、相反而皆相成也。①易曰、天下同歸而殊塗、一致而百慮。今異家者、各推所長、窮知究慮、以明其指。雖有蔽短、②合其要歸、亦六經之支、與流裔。使其人遭明王・聖主、得其所折中、皆股肱之材已。仲尼有言、禮失而求諸野。方今去聖久遠、道術缺廢、無所更索。彼九家者、不猶瘉於野乎。③若能修六藝之術、而觀此九家之言、舍短取長、則可以通萬方之略矣（『漢書』巻三十　藝文志）。

（三二）劉向・劉歆の校書事業に重修の痕跡が残ることについては、秋山陽一郎〈二〇一五〉を参照。

（三三）董仲舒の「天人三策」を分析し、それが『董仲舒書』に基づくことを明らかにしたものが、福井重雅《二〇〇五》である。これに対する反論には、深川真樹〈二〇一三〉〈二〇一五〉などがある。なお、小林春樹〈二〇一六〉も参照。

（三四）春秋大一統者、天地之常經、古今之通誼也。今師異道、人異論、百家殊方、指意不同。是以、上亡以持一統、法制數變、下不知所守。臣愚以爲、諸不在六藝之科・孔子之術者、皆絶其道、勿使並進、邪辟之説滅息、然後、統紀可一而法度可明、民知所從矣（『漢書』卷五十六　董仲舒傳）。

（三五）太史公曰、余①讀功令、至於廣厲學官之路、未嘗不廢書而歎也。曰、嗟乎。夫周室衰而關雎作、幽・厲微而禮樂壞、諸侯恣行、政由彊國。故孔子閔王路廢而邪道興、於是論次詩書、修起禮樂。……及至秦之季世、焚詩書、阬術士、六藝從此欠焉。……叔孫通作漢禮儀、因爲太常、諸生・弟子共定者、咸爲選首。於是喟然歎興於學。然尚有干戈、平定四海、亦未暇遑庠序之事也。孝惠・呂后時、公卿皆武力・有功之臣。孝文時、頗徵用、然孝文帝本好刑名之言。及至孝景、不任儒者、而竇太后又、好黃老之術。故諸博士、具官待問、未有進者。及今上卽位、趙綰・王臧之屬、明儒學、而上亦鄕之。於是招方正・賢良・文學之士。自是之後、言詩於魯則申培公、於齊則轅固生、於燕則韓太傅。言尚書自濟南伏生。言禮自魯高堂生。言易自菑川田生。言春秋於齊魯自胡毋生、於趙自②董仲舒。及竇太后崩、武安侯田蚡爲丞相、③絀黃老・刑名・百家之言、延文學・儒者數百人。而④公孫弘以春秋白衣爲天子三公、封以平津侯。天下之學士、靡然鄕風矣（『史記』卷一百二十　儒林列傳）。

（三六）謹與太常臧・博士平等議曰、……古者政教未洽、不備其禮。請因舊官而興焉。爲博士官置弟子五十人、復其身。①太常擇民年十八已上、儀狀端正者、補博士弟子。②郡國縣・道・邑有好文學、敬長上、肅政教、順鄕里、出入不悖所聞者、令・相・長・丞、上屬所二千石。二千石謹察可者、當與計偕、詣太常、得受業如弟子。③一歳皆輒試、能通一藝以上、補文學掌故缺。其④高弟可以爲郎中者、太常籍奏。卽⑤有秀才異等、輒以名聞。其不事學、若下材及不能通一藝、輒罷之。而請諸不稱者罰。……請選擇其秩比二百石以上、及吏百石通一藝以上、補左右內史、大行卒史。比百石已下、補郡太守卒史、皆各二人、邊郡一人。先用誦多者、若不足、乃擇掌故、補中二千石屬、文學掌故補郡屬、備員。請著功令、佗如律令。制曰、可。自此以來、則⑥公卿・大夫・士吏、斌斌多文學之士矣（『史記』卷一百二十　儒林列傳）。

（三七）西川利文〈一九九〇〉。このほか、平井正士〈一九七四〉〈一九七七〉、小林春樹〈一九八三〉も參照。

（三八）贊曰、劉向稱、①董仲舒有王佐之材、雖伊・呂亡以加、筦・晏之屬、伯者之佐、殆不及也。至向子歆以爲、伊・呂乃聖人之耦、王者不得則不興。故顏淵死、孔子曰、噫。天喪余。唯此一人爲能當之。自宰我・子贛・子游・子夏不與焉。仲舒遭漢承秦滅學之後、六經離析、下帷發憤、潛心大業、令後學者、有所統壹、爲羣儒首。然考其師友・淵源所漸、②猶未及乎游・夏。而曰筦・晏弗及、伊・呂不加、過矣。至向曾孫龔、篤論君子也、③以歆之言爲然（『漢書』巻五十六　董仲舒傳）。

（三九）『漢書』巻三十六　楚元王傳に、「又 董仲舒 私かに災異の書を爲り、主父偃 取りて之を奏するに坐し、吏に下され、罪は不道に至る。幸ひにも不誅を蒙り、復た太中大夫、膠西相と爲り、老病を以て免ぜられて歸る。漢 興さんと欲する所有らば、常に詔問有り。仲舒 世の儒宗と爲りて、議を定めて天下に益する有り（又董仲舒坐私爲災異書、主父偃取奏之、下吏、罪至不道。幸蒙不誅、復爲太中大夫、膠西相、以老病免歸。漢有所欲興、常有詔問。仲舒爲世儒宗、定議有益天下）」とあるように、劉向は董仲舒を「儒宗」と高く評価している。

（四〇）自武帝初立、魏其・武安侯、爲相而隆儒矣。及仲舒對册、推明孔氏、①抑黜百家、②立學校之官、③州郡擧茂材・孝廉、皆自仲舒發之（『漢書』巻五十六　董仲舒傳）。

第五章　王莽の革命と古文學

はじめに

王莽は、中国史上はじめて儒教を利用した革命を行い、前漢に代わって莽新を建国する。(一) 康有為《一八九一》は、その際、王莽が劉歆に『周禮』や『春秋左氏傳』などの古文經典を偽作させ、それを簒奪に利用したと主張して、『春秋公羊傳』を正統とする自らの立場を鮮明にした。古文經典のすべてを劉歆の偽作とする康有為の主張は否定されているが、(二) 王莽が古文を立學し、儒教の經義が革命の中で大きな役割を果たしたことは間違いない。

王莽の事績を伝える『漢書』は、『尙書』を継承する「史」であることを示すために、堯から始まり秦の穆公の悔恨で終わる『尙書』に準えて、高祖から始まり王莽の悪政で終わるよう構成されている。このため、班固の『漢書』において、王莽傳は特殊な地位を持つ。列傳であるにも拘らず、体裁は本紀と同様に年代記として編纂され、王莽の詔・制・令・書のみならず、孺子嬰に対して漢の天命が尽きたことを述べる策命までをも掲載している。漢は、王莽という一人により滅ぼされ、光武帝という一人により復興した。しかも、漢という国家を建設したものも、高祖という一人の「聖王」による。このように『尙書』が、堯という一人が中華の基本を築きあげるところから、秦の穆公という一人が敗戦を悔やむことまでを描いているように、『漢書』は、高祖という一人が漢の基本を築きあげ、王莽という一人が漢を滅ぼすまでの「事を述」べているのである（渡邉義浩〈二〇一六ａ〉）。

しかし、本章より第九章までの諸章で実証するように、前漢を簒奪した王莽によって、班固が在るべき姿と考える「古典中國」は形成された。第四章までに検討してきたように、班固が、前漢武帝期の大儒董仲舒に、儒教一尊の理想を仮託したのは、「古典中國」の形成者が王莽であり、「古典中國」の形成と共に漢が一度は滅亡したことを隠蔽するためであった。

本章は、王莽が形成する「古典中國」の具体像を解明する前提として、漢新革命へと至る王莽の権力確立過程ならびに莽新の樹立後において、儒教がいかなる役割を果たしたのかを論ずるものである。

一、周公と『尚書大傳』

王莽は、前漢元帝の王皇后の甥として生まれた。成帝の外戚として権力を振るった伯父である大將軍の王鳳の看病を機に、王莽は、王商・王根の推挙を受け、やがて王皇太后を後ろ盾に大司馬となって政権を掌握する。ところが、続く哀帝の親政期、王莽は、儒教經義に基づき、哀帝の生母丁姫と祖母の傅太后に尊号を奉ることに反対し、一時失脚した。しかし、哀帝の死後、平帝を擁立して大司馬に返り咲くと、錄尚書事を兼任して独裁的な権力を掌握するに至るのである。

元始元（一）年、自らの地位を確立するため、王莽は安漢公に就任する。その間の事情について、『漢書』は次のように記している。

始め 益州に風して塞外の蠻夷をして白雉を獻ぜしむ。元始元年正月、（王）莽 太后に白し詔を下して、白雉を

　以て宗廟に薦む。……（王太后の）策に曰く、「漢 危く嗣無きも、而るに公 之を定む。……蓋し白雉の瑞は、周成の象なり。故に嘉號を賜ひて安漢公と曰ひ、帝を輔翼し、平を致すを期す。朕が意に違ふこと毋かれ」と。[三]

王莽は、益州に示唆して上納させた白雉を周公の故事に準えさせることにより[四]、安漢公に封建された。周公の「越裳國の白雉」の故事を伝える文献は、『尙書大傳』である。『尙書大傳』は、鄭玄注の序によれば、伏生の遺説と撰述者の張生・歐陽生による增改との二層より形成される。『尙書』の傳に止まらない、雜多な説を含む今文經典である（池田秀三〈一九九六〉を参照）。『尙書大傳』は、白雉と周公との関係を次のように伝えている。

　尙書大傳に曰く、「交趾の南に越裳國有り。周公の居攝六年、禮を制し樂を作り、天下 和平たり。越裳 三象を以て九譯を重ねて白雉を獻じて曰く、「道路 悠遠にして、山川 阻深たれば、音使 通ぜず、故に譯を重ねて朝す」と。成王 以て周公に歸《おく》らしむ。……周公 乃ち之を王に歸り、先王の神致を稱へて、以て宗廟に薦む。周德既に衰へたるも、是に於て稍く絶ゆ」と。[五]

『尙書大傳』によれば、越裳國からの白雉は、周公が「居攝」して「制禮作樂」した結果、招来された貢物である。[六]周公の「居攝」と「制禮作樂」については、『尙書大傳』は次のように位置づける。

　謹みて大傳を按ずるに、「周公 政を攝するや、一年 亂を救はんとし、二年 殷に克ち、三年 奄を踐し、四年 侯衞を建て、五年 成周を營み、六年 禮を制し樂を作り、七年 政を成王に致す」と。[七]

『尙書大傳』は、周公の居攝の集大成として六年目に「制禮作樂」をあげ、七年で政權を成王に返したとする。王莽は、元帝期より本格化する儒教に基づく漢家の禮樂の制作に積極的に関与していた（保科季子〈一九九八〉を参照）。王莽は、大司馬・錄尙書事として平帝の政治を掌る自らの姿を成王の攝政をつとめた周公に重ねるため、白雉を周公の故事に準えたのである。

また、『尚書大傳』は、周公が即位したか否かについて、『禮記』文王世子篇や『史記』魯周公世家と同じように、周公は居攝時に即位していた、とする。

(尚書大傳に)又曰く、「帝 周公に祚を踐むを命ずれば、朱草 暢生す」と。[八]

このように『尚書大傳』では、周公の執政は、上帝に命じられた「踐祚」と理解されていたのである。王莽の政権掌握は、こうした『尚書大傳』の周公理解を典範として進められていく。ただし、周公の居攝を典範とする以上、七年後には、政治を奉還し、臣下とならざるを得ない。それ以上の権力を永続的に掌握するためには、周公を超えなければなるまい。

元始四(四)年、王莽は、自らの娘を平帝の皇后となし、周公の太宰と伊尹の阿衡とを合わせた「宰衡」という地位に就く。周公を超えようとする試みの一つと考えてよい。その典拠は、『春秋穀梁傳』である。

(王莽)上書して言へらく、「……臣莽 伏して自ら惟ふに、爵は新都侯爲り、號は安漢公爲り、官は宰衡・太傅・大司馬爲り。……穀梁傳に曰く、「天子の宰は、四海に通ず」と。臣愚 以爲へらく、宰衡の官は百僚を正し海内を平らかにするを以て職と爲すも、而るに印の信無くんば、名實 副はず。臣莽 兼官の材無きも、今 聖朝 既に過誤《あやま》りて之を用ふ。臣 請ふらくは御史に宰衡の印章を刻ませ、宰衡太傅大司馬の印と曰ひ、成らば臣莽に授けよ。太傅と大司馬の印を上らん」と。[九]

王莽は、このように「宰衡」の職掌の典拠を『春秋穀梁傳』に求めている。[一〇] しかし、春秋三傳に共通する「夏、公は宰の周公・齊侯・宋子・衞侯・鄭伯・許男・曹伯に葵丘に會す(夏、公會宰周公・齊侯・宋子・衞侯・鄭伯・許男・曹伯于葵丘)」という僖公九年の經文に対して、『春秋穀梁傳』僖公九年は、「天子の宰は、四海に通ず(天子之宰、通于四海)」と述べるに止まるが、『春秋公羊傳』僖公九年は、「宰の周公とは何ぞや。天子の政を爲す者なり(宰周公者何。

天子之爲政者也）」と解釈している。周公と明記し、天子の政治を行う者であると解釈する『春秋公羊傳』が、周公の故事を典範とする王莽に好都合であることは言うまでもない。それにも拘らず、王莽が『春秋穀梁傳』を引用するのはなぜであろうか。

前掲のように、哀帝の親政時、王莽は、哀帝の生母丁姫と祖母の傅太后に尊号を奉ることに反対して失脚している。その際に、次のような経緯があった。

時に哀帝の祖母たる定陶傅太后・母たる丁姫 在り。高昌侯の董宏 上書して言へらく、「春秋の義に、母は子を以て貴しと。丁姫 宜しく尊號を上るべし」と。（王）莽 師丹と與に共に宏 朝を誤らせ不道なりと劾す。語は丹の傳に在り。（一一）

哀帝の生母丁姫と祖母の傅太后に尊号を奉ろうとした董宏が、典拠とした春秋の義は、『春秋公羊傳』の「母は子を以て貴し（母以子貴）」であった。これに対して、『春秋穀梁傳』は、妾母への低い処遇を主張している。（一二）王莽が『春秋公羊傳』より『春秋穀梁傳』を尊重する背景には、自らの失脚に係わりのある『春秋公羊傳』への反発を想定し得る。『春秋穀梁傳』もまた、『尙書大傳』と同様に今文經典である。王莽は、当初より一貫して古文學のみを尊重したわけではない。

元始五（五）年、王莽は、明堂（一三）で祫祭し、五月には九錫を受ける。その理由は以下のとおりである。

惟れ元始五年五月庚寅、太皇太后 前殿に臨み、延《まね》き登し、親しく之に詔して曰く、「……孝哀皇帝 即位するや、驕妾は窺欲し、姦臣は萌亂す。公 手づから高昌侯の董宏を劾し、改めて故の定陶共王の母の僭坐を正す。①是れよりの後、朝臣の論議、經に據ざるはなし。……②詩の靈臺、書の作雒、鎬京の制、商邑の度、今に於て復興す。……遂に③禮を制し樂を作り、宗廟社稷を綏靖するの大勳有り。普天の下、惟だ公のみ是れ頼り、官は宰衡に在り、位は上公と爲る。今 九命の錫を加へ、其れ以て祭を助け、文武の職を共にし、乃ち遂に厥の祖に及ぼせ。於戯、豈に休からずや」(一四)と。

とあるように、王莽が九錫を受ける理由には、①朝臣の論議が經書に依拠するようになったこと、②『詩經』に基づいて靈臺を建て、『尚書』に基づいて周公の洛邑・鎬京・商邑の制度を復興したことも挙げられる。しかし、最も重要な理由は、王莽が③「制禮作樂」を行ったことに求められている。九錫の賜与も、『尚書大傳』を典拠とする周公の事例を規範として行われていると言えよう。『春秋穀梁傳』を援用した「宰衡」という官職による周公超克の試みは、王莽の政権確立にはさほど機能せず、『尚書大傳』を典拠に周公を典範とすることが継続されているのである。元始五（五）年十二月、王莽はついに居攝しながら、踐祚する。その際には、どのような經書を典拠としたのであうか。

（王）舜ら卽ち共に（王）太后をして詔を下さしめて曰く、「……君の年 幼稚なれば、必ず寄託して攝に居るもの有り。然る後に能く天施を奉じて地化を成し、羣生 茂育す。①書に云はずや、「天工は、人其《すなは》ち之に代はる」と。朕 孝平皇帝の幼年なるを以て、且く國政を統ぶるも、元服を加ふれば、政を委ねて之を屬せんと幾ふ。今短命にして崩ず、嗚呼 哀しいかな。……安漢公の莽 輔政すること三世、比りに際會に遭ふも、漢室を安んじ光かし、遂に殊風を同にし、②制作するに至るは、周公と世を異にして符を同じくす。今 前煇光の囂・武功長の通、丹石の符を上言し、朕 深く厥の意を思ふに、皇帝に爲れとは、乃ち皇帝の事を攝行するを云ふなり。夫れ法有らば成すこと易きも、聖人を非《そし》る者は法を亡《なみ》す。③其れ安漢公をして居攝踐祚せしむること、周公の故事の如くせよ。武功縣を以て安漢公の采地と爲し、名づけて漢光邑と曰ふ。禮儀を具して奏せよ」(一五)と。

王莽に居攝踐祚を命じる王皇太后の詔の中で引用される經典は、①『尚書』皐陶謨である。そして、周公の②「制禮作樂」と同じ功績をあげたことを理由に、③周公の故事にしたがって、王莽は居攝のまま踐祚したのである。

以上のように、王莽は、『尙書大傳』を中心とする今文經典に見える、周公が居攝のまま踐祚したという經義を典拠に、自らの居攝踐祚を正統化している。莽新を建国する前の王莽は、『尙書大傳』の周公像を典範として自己の行動を正統化していたと言えよう。しかし、周公を典範とすれば、やがては君主の地位を返還しなければならない。王莽は、『尙書大傳』の周公像より離れることを模索し続ける。その過程で古文學が重視されていく。

二、舜と『春秋左氏傳』

前漢の哀帝より以前、太學に學官が置かれた經は、すべて今文學であった。これに対して、王莽は、古文學を立學する。

> 平帝の時、又 左氏春秋・毛詩・逸禮・古文尙書を立つ。遺失を罔羅し、兼ねて之を存する所以にして、是は其の中に在り。[一六]

王莽は、このように平帝期に『春秋左氏傳』・『毛詩』・『逸禮』・『古文尙書』という古文の經書を専修する學を太學の學官に立てた。さらに、王莽は『周禮』も學官に立てた。

> (劉)歆 周官十六篇を以て周禮と爲し、王莽の時、歆 奏して以て禮經と爲し、博士を置く。[一七]

『周禮』はもともとは『周官』という書名であったが、それを『周禮』と改めた劉歆の上奏を受けて、王莽は『周禮』を學官に立てて、博士を置いたのである。

古文學を立學した王莽は、經義の統一を試みる。

是の歳（元始四年）、（王）莽 奏すらく、明堂・辟雍・靈臺を起こし、學者の爲に舍を築くこと萬區、市に常滿倉を作り、制度 甚だ盛んなり。樂經を立て、博士員を益すこと、經ごとに各〻五人。天下の一藝に通じ教授するもの十一人以上、及び①逸禮・古書・毛詩・周官・爾雅・天文・圖讖・鍾律・月令・兵法・史篇文字有り、其の意を通知する者を徵し、皆 公車に詣らしむ。天下の異能の士を網羅し、至る者 前後千もて數へ、皆 ②説を廷中に記さしめ、將に乖繆を正し、異説を壹にせしめんとすと云ふ。[一八]

とあるように、王莽は元始四（四）年、三雍を立て、博士官を増員するとともに、①『毛詩』や『周禮』といった古文を初めとする多くの学者を公車にいたらせ、前漢宣帝期の石渠閣会議のような②經義の統一を試みた。しかし、元始四（四）年は、未だ王莽自身の拠るべき經典が定まっていなかったこともあってか、その試みは完成しなかった。それでも王莽は、果敢に經典を利用して、自らの權力の永続化を求めていく。

王莽が注目したものは、漢火德・漢堯後説であった。[一九] 父の賈徽が劉歆より左氏傳を受けている後漢の賈逵は、漢火德説と『春秋左氏傳』の関係について、次のように述べている。

又 五經家は皆 圖讖を証とするを以て劉氏の堯の後爲るを明らかにする者無し。而るに左氏は獨り明文有り。五經家は皆 顓頊の黃帝に代はるを言ひ、而して堯は火德爲るを得ず。①左氏は以て少昊は黃帝に代はると爲す。②卽ち圖讖 謂ふ所の帝宣なり。如令《もし》 堯の火爲るを得ざれば、則ち漢は赤爲るを得ず。其の發明・補益する所 實に多し。[二〇]

賈逵は、「五經家」が証明することのできなかった堯の火德を①『春秋左氏傳』にある黃帝の次は少昊であるとする文によって証明することができる。そのことにより、堯と漢の火德も定まり、②それが圖讖とも符合する、と『春秋左氏傳』を高く評価するのである。

賈逵が尊重する漢火德・漢堯後説を完成させた者は、劉歆である。

世經 春秋 昭公十七年に、「郯子 來朝す」と。傳に曰く、「昭子 問ふに、「少昊氏 鳥もて名づくるは何の故ぞ」と。對へて曰く、「吾が祖なり。我れ之を知る。昔者、黃帝氏は雲を以て紀す、故に雲師と爲りて雲もて名づく。炎帝氏は火を以て紀す、故に火師と爲りて火もて名づく。共工氏は水を以て紀す、故に水師と爲りて水もて名づく。太昊氏は龍を以て紀す、故に龍師と爲りて龍もて名づく。我が高祖の少昊摯の立つや、鳳鳥 適ゝ至る、故に鳥に紀し、鳥師と爲りて鳥もて名づく」と」と。言ふこころは郯子 少昊に據りて黃帝に受け、黃帝は炎帝に受け、炎帝は共工に受け、共工は太昊に受く、故に先づ黃帝を言ひ、上は太昊に及ぶ。(二二)

劉歆の「世經」は、『春秋左氏傳』昭公 傳十七年を論拠に、帝王の系譜に少昊を挿入し、相生の終始五德説に基づき、堯火德説を論証したのである。

さらに、漢堯後説もまた、『春秋左氏傳』を重要な論拠とする。『春秋左氏傳』文公 傳十三年に見える「其の處る者、劉氏と爲る (其處者、爲劉氏)」という、士會の子孫が劉氏になったとする六文字に、襄公 傳二十四年・昭公 傳二十九年にみえる堯の子孫が劉累であり、劉累の子孫が范氏である史伝説話をあわせ、さらに、『漢書』巻一 高祖本紀の贊にひく、秦に留まった劉氏が漢室の祖先となるという劉向の説を加えると、漢堯後説は完成する。(二三)

『春秋左氏傳』を學官に立てた王莽は、郊祀の際の別神として五行の神である五帝の一つに少昊を入れる。

(始建國元年、王莽 策命して) 又 曰く、「帝王の道は、相 因りて通じ、盛德の祚は、百世 享祀す。予 惟ふに黃帝・①帝少昊・帝顓頊・帝嚳・帝堯・帝舜・帝夏禹・皋陶・伊尹は咸 聖德有りて、皇天に假《いた》り、功烈 巍巍として、遠きに光施す。予 甚だ之を嘉みし、其の後を營求して、厥の祀を祚せんと將《ねが》ふ。②惟ふに王氏は、虞帝の後なりて、出づるに帝嚳よりす。劉氏は、堯の後なりて、出づるに顓頊よりす。是に於て姚恂を封じて初睦侯と爲し、黄帝の後を奉ぜしむ。梁護を脩遠伯と爲し、少昊の後を奉ぜしむ。皇孫の功隆公千に、帝嚳の後を奉ぜしむ。劉歆を祁烈伯と爲し、顓頊の後を奉ぜしむ。國師の劉歆の子たる疊を伊休侯と爲し、堯の後を奉ぜしむ。嬀昌を始睦侯と爲し、虞帝の後を奉ぜしむ。……四代の古宗は、明堂に宗祀して、以て皇始祖考虞帝に配す。(一三)

王莽は、劉歆の説に従って五帝の一つに①「少昊」を入れ、漢堯後説を承認するだけではない。王氏が②「虞」舜の後裔であることも主張している。始建國元（九）年、王莽はすでに前漢に代わって莽新を建国していた。あくまでも攝政に止まらざるを得ない『尚書大傳』の周公を規範とすることに代えて、舜の後裔であることを前面に推し出すことにより、王莽が漢新革命を達成しようとしたことを理解できよう。

漢新革命を堯舜革命に準えるための漢堯後説が『春秋左氏傳』を典拠とするように、王莽が舜の後裔であることの論拠もまた、『春秋左氏傳』に求められた。

（王）莽 自ら黄帝の後なりと謂ふ。其の自本に曰く、①黄帝 姓は姚氏、八世にして②虞舜を生む。舜 嬀汭に起こる。嬀を以て姓と爲す。周の武王に至り、舜の後たる③嬀滿を陳に封ず、是れ③胡公爲り、十三世にして完を生む。完 字は④敬中、齊に犇り、齊の桓公 以て卿と爲す、姓は田氏なり。十一世にして⑤田和 齊國を有し、二世にして王と稱す。⑥王建に至りて秦の滅ぼす所と爲る。項羽 起ち、建の孫たる安を封じて濟北王と爲す。漢の興るに至りて、安 國を失ふも、齊人 之を王家と謂ふ。因りて以て氏と爲す。(一四)

王莽は、「自本」により、自らが①「黄帝」そして②「舜」の末裔であることを強く主張する。それは、舜の後裔である③「嬀滿（胡公）」が、④敬中・⑤田和・⑥王建と続いて自己に至ることに求められた。このうち、④敬中については、『春秋左氏傳』に記載がある。

二十二年春、陳人 其の大子御寇を殺す。陳の公子完、顓孫と與に齊に奔る。……齊侯 ④敬中をして卿爲らしむ。……（敬中）桓公に酒を飲ましめ、樂しむ。公曰く、「火を以て之に繼げ」と。辭して曰く、「臣 其の晝を卜すも、未だ其の夜を卜せざれば敢へてせず」と。君子曰く、「酒をば以て禮を成し、繼ぐに淫を以てせざるは、⑴義なり。君を以て禮を成し、淫に納れざるは、⑵仁なり」と。初め、懿氏 敬中に妻《めあは》せんことを卜す。其の妻 之を占ひ吉と曰ふ。……⑶此れ其れ陳に代はりて國を有たんか。此こに在らず、其れ異國に在らん。此れ其の身に非ず、其の子孫に在らん。……陳の初めて亡ぶに及ぶや、陳桓子 始めて齊に大たり。其の後に亡ぶや、成子 政を得たり。（二五）

「君子曰く」という『春秋左氏傳』の案語において、陳の④敬中の⑴「義」と⑵「仁」が讃えられ、⑶敬中の子孫が「異國」で栄えることが予言される。それが齊の田氏である。

さらに、『春秋左氏傳』昭公 傳八年にも、虞の末裔が繁栄する予言が載せられる。

晉侯 史趙に問ひて曰く、「陳は其れ遂に亡びんか」と。對へて曰く、「未だし」と。「……②舜 之に重ぬるに明德を以てし、德を遂に寘《お》けり。遂 世〻之を守り、⑤胡公に及ぶまで淫せず。故に周 之に姓を賜ひ、虞帝を祀らしむ。臣 聞くならく、⑴盛德は必ず百世祀らる、と。虞の世數は未だし。繼守は將に齊に在らんとす、其の兆 既に存す」と。（二六）

『春秋左氏傳』には、②「舜」の子孫である③「胡公」まで德を守り続けたため、⑴「虞の世數」が「百世祀」られる、と説かれているのである。

このように『春秋左氏傳』莊公 傳二十二年・昭公 傳八年で語られる世系は、前掲した王莽の「自本」の記載と符節を一にし、一貫して「虞〔舜〕の末裔」が、やがて世に顕れることを述べている。（二七）

こうして王莽は、『春秋左氏傳』を典拠として、漢堯後説と王莽舜後説とを結合することができた。これに基づ

き、堯舜革命を規範とする漢新革命の正統化が行われるのである。[二八]

予は不徳なるを以て、①皇初祖考たる黃帝の後、皇始祖考たる虞帝の苗裔に託し、而も太皇太后の末屬なり。……②赤帝たる漢氏高皇帝の靈、天命もて傳國金策の書を承《つた》へ、予 甚だ祇み畏るるも、敢へて欽み受けざるや。[二九]

居攝三（八）年十一月の下書の中で、王莽は自らを①黃帝・舜の苗裔と位置づけ、②漢を火德（赤德）とする。そのうえで、王莽は正統性を次のように完成する。

（始建國元年）漢の高廟を以て文祖廟と爲す。莽曰く、「予の①皇始祖考たる虞帝は嬗《ゆづ》りを唐に受く。②漢氏の初祖たる唐帝、世々に傳國の象有り、予 復た親しく金策を漢の高皇帝の靈に受く。……」と。[三〇]

始建國元（九）年には、『尚書』堯典の「（舜）正月上日、終りを文祖に受く（〈舜〉正月上日、受終于文祖）」に基づき、漢の高祖劉邦廟を文祖廟とすることにより、堯舜革命を規範として漢新革命を成し遂げたことの正統化を完成したのである。

以上のように、王莽は、やがては政治を奉還しなければならない周公の攝政を『尚書大傳』を典拠に規範とする限界を超えて、『春秋左氏傳』を典拠に漢堯後説と王莽舜後説を立証することにより、堯舜革命に準えて漢新革命を実現し得た。今文の『尚書大傳』から古文の『春秋左氏傳』へと依拠する經典を展開することにより、自らの地位を攝政から皇帝へと推しあげたのである。

三、『周禮』と太平の実現

王莽は、古文の『春秋左氏傳』に基づいて、舜の後裔であることを主張し、堯の子孫である漢からの革命を正統化したが、その論拠は『春秋左氏傳』だけに求められたわけではない。一方で王莽は、その革命を特徴づけるともされる「符命」を積極的に利用していた。[三二] 經書は、王莽の正統性を完璧に保障するほどまでには普及はしていなかった。符命は、常に何らかの瑞祥と関連して出現することが、圖讖と比べた際の特徴である。そこには、天命が托宣されており、それは符命が王莽の意図を汲んだ者に作為されたことによる。符命は、天命による革命の正統化を担うものと考えてよい。

平帝が崩御する元始五（五）年十二月、王莽は、初めて符命を用いた。

　是の月（元始五年十二月）、前煇光の謝囂　奏すらく、武功長の孟通　井を浚ひて白石を得、上圓に下方たり、丹書もて石に著はせる有り。文に曰く、①「安漢公の莽に告ぐ、皇帝と爲れ」と。符命の起こるや、此れより始まる。莽　羣公をして以て（王）太后に白せしむ。太后曰く、②「此れ天下を誣罔す、施行す可からず」[三三]と。

王莽は、①「安漢公の莽に告ぐ、皇帝と為れ」という符命を用いて、これを機に居摂践祚する。ここでは、王皇太后が、符命を②「天下を誣罔」するものであると否定していることに注目したい。王莽の革命は、平秀道〈一九五六〉や安居香山〈一九六六ａ〉が「符命革命」と称するほどには、全面的に符命に依拠していない。もちろん符命が儒學の宗教性を高め、儒教へと変容させたことは事実である。だが、王莽の革命は、『春秋左氏傳』など古文學の經義に基づき、漢堯後説や王莽舜後説などを論理的に構築することと相互に補完しあいながら実現したものなのである。

それでも、經書の論理だけでは、天によって正統化される天子の地位に就くことは難しかった。ここに儒學が神秘性・宗教性を帯びた儒教へと展開せざるを得ない理由がある。

　宗室の廣饒侯たる劉京　上書して言へらく、「（居攝三年）七月中、齊郡臨淄縣昌興亭長の辛當　一暮に數〻夢みて曰く、「吾　天公の使なり。天公　我をして亭長に告がしめて曰く、「攝皇帝　當に眞と爲るべし」と。卽し我を信ぜざれば、此の亭中に當に新井有るべし」と。亭長 晨に起き亭中を視るに、誠に新井有りて、地に入ること百尺且《ばか》りなり」[三三]と。

居攝三（八）年、「攝皇帝 當に眞と爲るべし」という符命が現れる。符命により王莽は天子に近づいていった。そして、王莽が最終的に即位する契機となった天命を伝えたものも、また符命であった。

梓潼人の哀章、長安に學問するも、素より行ひ無く、好みて大言を爲す。莽が居攝するを見て、卽ち銅匱を作りて、兩檢を爲る。其の一に署して、①天帝行璽金匱圖と曰ひ、其一に署して、②赤帝行璽某傳予黃帝金策書と曰ふ。某なる者は、高皇帝の名なり。書に言ふ、「王莽は眞天子と爲れ、皇太后は天命の如くせよ」と。圖書は皆莽の大臣八人を書し、又 令名の王興・王盛を取る。章 因りて自ら姓名を竄《い》れ、凡そ十一人と爲し、皆 官爵を署し、輔佐と爲す。[三四]

このように居攝三（八）年、哀章が「金匱圖」と「金策書」を奉り、王莽は即位する。「金匱圖」は天命、「金策書」は劉邦の命を伝え、天子および皇帝という二つの正統性を保障する。[三五]天から天子たることを、そして漢家から皇帝たることを認められた王莽は、こうして莽新を建国したのである。

王莽は、即位すると符命を天下に宣布した。

（始建國元年）秋、五威將の王奇ら十二人を遣はして、符命四十二篇を天下に班つ。德祥五事・符命二十五・福應十二あり、凡そ四十二篇なり。[三六]

王莽は、新建国後の始建國元（九）年秋、「符命四十二篇」を天下に宣布して、自らの正統性を主張する。後漢の光武帝劉秀が即位の後に、圖讖を天下に宣布したことは、これに倣ったものと考えてよい。

しかしながら、王莽を支えるべき二つの正統性が融合することはなかった。漢家から禪讓を受けて皇帝として即位するために、王莽は、『春秋左氏傳』により漢堯後説と王莽舜後説を論証し、堯舜革命に準えて漢新革命を正統化した。そして、天子として即位するために符命を利用して、天命を語った。しかし、今文學に比べて論理的とされる古文學の正しさを符命が証明することはなかった。春秋公羊學派が中心となって偽作した符命と論理的な古文學とは、一体化しなかったのである。（三七）そのため、劉邦の命を伝える金策書を用意し、皇帝位の禪讓までをも符命により正統化しようとしたのである。後漢「儒教國家」は白虎觀会議において、緯書を利用することで、古文學の經義を今文學に取り込む。經書と緯書が一体化するという、鄭玄まで続く漢の儒教の特徴（三八）は未だ形成されていない。古文學と符命との関係は乖離したままであった。

したがって、王莽は、莽新の建国後、前漢とは異なった政策を施行することで、自らの正統性を示し続けねばならなかった。その典範に据えたものが『周禮』である。王莽が『周禮』を尊重した理由は、『周禮注疏』序周禮廢興に、「周公 太平を致すの迹（周公致太平迹）」とあるように、周公が太平を招来した功業の規範を記したものと位置づけられ、それを劉歆が正統化に用いることを勧めたことが大きい。王莽は、『周禮』を用いて、太平の実現を目指していく。このため第七章で詳述するように、王莽は、支配の根幹となる税制を『周禮』に基づいて改めた。

又 周官を以て民に税す。凡そ田 耕さざれば不殖と爲し、三夫の税を出せしむ。城郭の中宅 樹藝せざる者は不毛と爲し、三夫の布を出せしむ。民の浮游して事とするもの無きは、夫布一匹を出せしむ。其の布を出す能はざる者は、縣官に冗作して之に衣食す。諸の衆物・鳥獸・魚鼈・百蟲を山林・水澤に取り、及び畜牧する者の嬪婦、桑蠶・織紝・紡績・補縫・工匠・醫巫・卜祝、及び它の方技、商販・賈人の坐して里區・謁舍に肆列するものは、皆 各〻自ら爲す所を占《はか》り、其の在所の縣官に於て、其の本を除き、其の利を計り、之を十一分して、其の一を以て貢と爲す。敢て自ら占らず、自ら占るも實を以てせざる者は、盡く采取する所を沒入して、縣官に作

すること一歳。(三九)

このように王莽の税制の典範は『周禮』に求められた。(四〇)傍線部については、『周禮』地官司徒 載師に、「凡そ宅 毛せざる者は里布有り、凡そ田 耕さざる者は屋粟を出す。凡そ民 職事無き者は、夫家の征を出す（凡宅不毛者有里布、凡田不耕者出屋粟。凡民無職事者、出夫家之征）」とある。後半は、宇野精一《一九四九》によれば、山虞、林衡、川衡、澤虞、迹人、丱人、角人、羽人、掌葛など、及び大宰の九職、九貢などや閭師の貢法などの内容を纏めたものの如くである、という。王莽およびその周囲が、『周禮』を十二分に読み込んでいることが分かろう。

始建國二（一〇）年より始められた、王莽の経済政策の中で最も特徴的な六筦は、鹽・鐵・酒・山澤の産物・銭布銅冶・五均賖貸(四一)を政府の管理下に置くものである。中でも、最も重視された五均賖貸は、物価平準と低利金融策であった（本書第七章も参照）。

（王）莽 性 躁擾にして、爲すこと無き能はず。興造する所有る毎に、必ず古に依り經文を得んと欲す。國師公の劉歆 言へらく、「周に①泉府の官有り、讎《う》れざるを収めて、得んと欲するものに與ふ。即ち易の所謂、財を理め辭を正し、民 非を爲すを禁ずる者なり」と。莽 乃ち詔を下して曰く、「夫れ②周禮に賖貸有り、樂語に五均有り、傳記に各〻 斡《つかさど》るもの有り。今 賖貸を開き、五均を張り、諸の斡る者を設くるは、衆庶を齊へ、幷兼を抑へる所以なり」と。遂に長安及び五都に於て、五均の官を立て、更めて長安の東西の市令、及び洛陽・邯鄲・臨淄・宛・成都の市長を名づけ、皆 五均司市師と爲す。(四二)

このように、五均賖貸は、物価平準と低利金融策であった。劉歆の上言中に①「泉府」、王莽の詔中に②「周禮に賖貸有り」とあるように、その典拠は『周禮』に置かれた。

『周禮』地官司徒 ①泉府に、「凡そ②賖する者は、祭祀は旬日に過ぐること無く、喪紀は三月に過ぐること無し。凡そ民の②貸るる者は、其の有司と弁じて之を授け、國服を以て之が息と爲す（凡賖者、祭祀無過旬日、喪紀無過三月。凡民之貸者、與其有司弁而授之、以國服爲之息）」とある。これについて、鄭玄は注をつけて、「王莽の時、民 貸りて以て産業を治むる者は、但だ贏の得る所を計りて息を受く。歳に什一に過ぐること無し（王莽時、民貸以治産業者、但計贏所得受息。無過歳什一）」としている。

また、『周禮』地官司徒 司市には、「司市は市の治教政刑を掌る。……泉府を以て貨を同じくして斂賖す（司市掌市之治教政刑。……以泉府同貨而斂賖）」とあり、鄭注は、「同は共なり。同なる者は、民の貨 售《う》れざれば則ち爲に斂めて之を買ひ、民 貨無ければ則ち賖貰して之を予《あた》ふるを謂ふ（同共也。同者、謂民貨不售則爲斂而買之、民無貨則賖貰而予之）」と述べている。

祭祀・喪紀に費用を貸し、資本を貸与して事業を起こさせる「五均賖貸」は、『周禮』泉府・司市を典拠としている。津田左右吉は、『周禮』の成立を前漢末とするが、[四三]「五均賖貸」に着目するとき、改めて注目すべき重要な指摘である。王莽の幣制改革もまた、武帝がかつて試みた大銭鋳造による平価切り下げを主としている。[四四]春秋三傳と同じように、『周禮』もまた出現時の政治状況の影響を受け、武帝期に行われた経済政策を含むと考えることも可能なのではないか。王莽や劉歆は、『周禮』を掲げて復古を装いながら、武帝期の積極的な経済政策を展開することにより、豪族の台頭に伴い弱体化していた君主権力の再編を目指したと考えられるのである。

王莽の井田思想を政策化した王田制は『孟子』に基づく（本書第六章）。しかし、その税制は『周禮』を典拠とする。また、王莽の経済政策の特徴となる六筦の中心である「五均賖貸」も、『周禮』を典拠とする（本書第七章）。新建国後の王莽が、『周禮』を経済政策の中心に据えたことが分かる。しかし、王田制も六筦も、現実の経済に混乱を与えただけに終わり、經典に依拠した経済政策は、現実の国政を良好に運営させることはなかった。加えて、匈奴に対するそれを典型とする対外政策の失敗は、王莽政権を短命に終わらせたのである（本書第八章）。

おわりに

王莽は、革命へと至る権力確立の過程で、主として三つの經典を自己の行動の典範とした。漢の臣下としては、『尚書大傳』を典拠とする即位と同義の「周公居攝」を規範として、禮樂の制作を通じて、漢の実権を掌握した。しかし、周公を典範とすれば、やがては君主の地位を返還しなければならない。王莽は、『尚書大傳』の周公像より離れることを模索し続ける。その過程で古文學、具体的には『春秋左氏傳』を重視していく。

王莽は、『春秋左氏傳』を典拠に劉歆が完成した漢の堯後説と火德説を尊重し、それに自らの舜後説を合わせることで革命の準備を整えていく。あくまでも攝政に止まらざるを得ない『尚書大傳』の周公を典範とすることに代えて、舜の後裔を前面に推し出すことで、漢新革命を達成しようとした。王莽は、今文の『尚書大傳』から古文の『春秋左氏傳』へと依拠する經典を展開することにより、自らの地位を攝政から皇帝へと推しあげたのである。さらに王莽は、瑞祥と共に出現する天命の托宣である「符命」を利用することと、漢堯後説や王莽舜後説などを論理的に構築することを相互に補完しあいながら革命を実現させる。そうしたなかで、儒學は神秘性・宗教性を帯びた儒教へと展開していく。

王莽は、莽新の建国後、前漢とは異なった政策を施行することで、自らの正統性を示し続けようとした。その典範に据えたものが『周禮』である。王莽は、『周禮』に基づき、太平の実現を目指した。その手段は、『周禮』に含まれる武帝の諸政策の復興による君主権力の再編に求められた。だが、経済・外交政策の破綻により、やがて王莽は滅亡するのである。

《注》

（一）王莽の伝記については、渡邉義浩《二〇一二》を参照。このほか、王莽に関する概略的な知識を提供するものに、劉修明《一九八九》、周桂鈿《一九九六》、葛承雍《一九九七》、東晋次《二〇〇三》、楊永俊《二〇〇五》、孟祥才《二〇〇六》、龔琛《二〇一〇》などがある。

（二）『春秋左氏傳』が劉歆の偽作と考えられないことについては鎌田正《一九六三》、『周禮』のそれについては宇野精一《一九四九》を参照。

（三）始風益州令塞外蠻夷獻白雉。元始元年正月、（王）莽白太后下詔、以白雉薦宗廟。……（王太后）策曰、漢危無嗣、而公定之。……蓋白雉之瑞、周成象焉。故賜嘉號曰安漢公、輔翼于帝、期於致平。毋違朕意（『漢書』卷九十九上 王莽傳上）。

（四）白雉が「周公の故事」に結びつけられることは、瞿兌之《一九六七》、斎木哲郎《二〇〇四》も参照。

（五）尚書大傳曰、交趾之南有越裳國。周公居攝六年、制禮作樂、天下和平。越裳以三象重〔九〕譯而獻白雉曰、道路悠遠、山川阻深、音使不通、故重譯而朝。成王以歸周公。……周公乃歸之於王、稱先王之神致、以薦于宗廟。周德既衰、於是稍絶（『太平御覽』卷七百八十五 四夷一）。陳寿祺《二〇〇五》により〔 〕を補った。なお、『後漢書』列傳七十六 南蠻傳にも、ほぼ同文が引用される。

（六）『白虎通』封禪に、「四夷 化すれば、越裳 貢ぐ（四夷化、越裳貢）」とあり、後漢「儒教國家」においても、太平招来の瑞祥の一つとして「越裳貢」が尊重されている。

（七）謹按大傳、周公攝政、一年救亂、二年（伐）〔克〕殷、三年踐奄、四年建侯衞、五年營成周、六年制禮作樂、七年致政成

王『隋書』卷四十二 李德林傳附李百藥傳）。陳寿祺《二〇〇五》により、「伐」を「克」に改めた。

（八）（尙書大傳）又曰、帝命周公踐祚、朱草暢生（『太平御覽』卷八百七十三 休徵二）。

（九）（王莽）上書言、……臣莽伏自惟、爵爲新都侯、號爲安漢公、官爲宰衡・太傅・大司馬。……穀梁傳曰、天子之宰、通于四海。臣愚以爲、宰衡官以正百僚平海內爲職、而無印信、名実不副。臣莽無兼官之材、今聖朝既過誤而用之。臣請御史刻宰衡印章、曰宰衡太傅大司馬印、成授臣莽。上太傅與大司馬之印（『漢書』卷九十九上 王莽傳上）。

（一〇）周公の「太宰」という職名は、『春秋左氏傳』定公 傳四年、伊尹の「阿衡」のそれは、『尙書』商書 太甲上を典拠とする。

（一一）時哀帝祖母定陶傅太后・母丁姬在。高昌侯董宏上書言、春秋之義、母以子貴。丁姬宜上尊號。（王）莽與師丹共劾宏誤朝不道。語在丹傳（『漢書』卷九十九上 王莽傳上）。

（一二）田中麻紗巳〈一九八五〉、渡邉義浩〈二〇〇七b〉を参照。

（一三）王莽の明堂について、永井弥人〈一九九六〉は、經學化された高祖廟であったとする。南沢良彦《二〇一八》も参照。また、明堂の考古学的復元には、楊鴻勛〈一九九八〉がある。

（一四）惟元始五年五月庚寅、太皇太后臨于前殿、延登、親詔之曰、……孝哀皇帝卽位、驕妾窺欲、姦臣萌亂。公手劾高昌侯董宏、改正故定陶共王母之僭坐。①自是之後、朝臣論議、靡不據經。……②詩之靈臺、書之作雒、鎬京之制、商邑之度、於今復興。……遂③制禮作樂、有綏靖宗廟社稷之大勳。普天之下、惟公是賴、官在宰衡、位爲上公。今加九命之錫、其以助祭、共文武之職、乃遂及厥祖。於戲、豈不休哉（『漢書』卷九十九上 王莽傳上）。

（一五）（王）舜等卽共令（王）太后下詔曰、……君年幼稚、必有寄託而居攝焉。然後能奉天施而成地化、羣生茂育。①書不云乎、天工、人其代之。朕以孝平皇帝幼年、且統國政、幾加元服、委政而屬之。今短命而崩、嗚呼哀哉。……安漢公莽輔政三世、比遭際會、安光漢室、遂同殊風、②至于制作、與周公異世同符。今前煇光囂・武功長通、上言丹石之符、朕深思厥意、云爲皇帝者、乃攝行皇帝之事也。夫有法成易、非聖人者亡法。③其令安漢公居攝踐祚、如周公故事。以武功縣爲安漢公采地、名曰漢光邑。具禮儀奏（『漢書』巻九十九上 王莽傳上）。

（一六）平帝時、又立左氏春秋・毛詩・逸禮・古文尚書。所以罔羅遺失、兼而存之、是在其中矣（『漢書』巻八十八 儒林傳贊）。黄彰健《一九八二》によれば、平帝の元始五（五）年正月に、立學は実現したという。

（一七）（劉）歆以周官十六篇爲周禮、王莽時、歆奏以爲禮經、置博士（『漢紀』巻二十五 成帝紀）。

（一八）是歳（元始四年）、（王）莽奏、起明堂・辟雍・靈臺、爲學者築舍萬區、作市常滿倉、制度甚盛。立樂經、益博士員、經各五人。徵天下通一藝教授十一人以上、及有①逸禮・古書・毛詩・周官・爾雅・天文・圖讖・鍾律・月令・兵法・史篇文字、通知其意者、皆詣公車。網羅天下異能之士、至者前後千數、皆②令記説廷中、將令正乖繆、壹異説云（『漢書』巻九十九上 王莽傳上）。

（一九）漢火德・漢堯後説については、久野昇一〈一九三八〉〈一九四一〉、小冷賢一〈一九九三〉、福井重雅《二〇〇五》、楊権《二〇〇六》を参照。

（二〇）又五經家皆無以証圖讖明劉氏爲堯後者。而左氏獨有明文。五經家皆言顓頊代黄帝、而堯不得爲火德。①左氏以爲少昊代黄帝。②卽圖讖所謂帝宣也。如令堯不得爲火、則漢不得爲赤。其所發明・補益實多（『後漢書』列傳二十六 賈逵傳）。

（二一）世經　春秋昭公十七年、郯子來朝。傳曰、昭子問、少昊氏鳥名何故。對曰、吾祖也。我知之矣。昔者、黄帝氏以雲紀、故爲雲師而雲名。炎帝氏以火紀、故爲火師而火名。共工氏以水紀、故爲水師而水名。太昊氏以龍紀、故爲龍師而龍名。我高祖少昊摯之立也、鳳鳥適至、故紀於鳥、爲鳥師而鳥名。言郯子據少昊受黄帝、黄帝受炎帝、炎帝受共工、共工受太昊、故先言黄帝、上及太昊（『漢書』巻二十一下 律曆志下）。

（二二）渡邉義浩〈二〇〇七b〉を参照。なお、劉向の学問の特徴を総合と折衷に求め、そうした儒家による統一折衷が經學という形式を通して一応の完成をみた、元帝から王莽の期間に經學の絶対的権威が確立したとする池田秀三〈一九七八〉も参照。

（二三）（始建國元年、王莽策命）又曰、帝王之道、相因而通、盛德之祚、百世享祀。予惟黄帝・①帝少昊・帝顓頊・帝嚳・帝堯

・帝舜・帝夏禹・皋陶・伊尹咸有聖德、假于皇天、功烈巍巍、光施于遠。予甚嘉之、營求其後、將祚厥祀。②惟王氏、虞帝之後也、出自帝嚳。劉氏、堯之後也、出自顓頊。於是封姚恂爲初睦侯、奉黃帝後。梁護爲脩遠伯、奉少昊後。皇孫功隆公千、奉帝嚳後。劉歆爲祁烈伯、奉顓頊後。國師劉歆子疊爲伊休侯、奉堯後。嬀昌爲始睦侯、奉虞帝後。……四代古宗、宗祀于明堂、以配皇始祖考虞帝（『漢書』卷九十九中 王莽傳中）。

（二四）（王）莽自謂、黃帝之後。其自本曰、①黃帝姓姚氏、八世生②虞舜。舜起嬀汭、以嬀爲姓。至周武王、封舜後③嬀滿於陳、是爲③胡公、十三世生完。完字④敬仲、犇齊、齊桓公以爲卿、姓田氏。十一世⑤田和有齊國、二世稱王。至⑥王建爲秦所滅。項羽起、封建孫安爲濟北王。至漢興、安失國、齊人謂之王家、因以爲氏（『漢書』卷九十八 元后紀）。

（二五）二十二年春、陳人殺其大子御寇。陳公子完、與顓孫奔齊。……齊侯使④敬仲爲卿。……（敬中）飲桓公酒、樂。公曰、以火繼之。辭曰、臣卜其晝、未卜其夜、不敢。君子曰、酒以成禮、不繼以淫、⑴義也。以君成禮、弗納於淫、⑵仁也。初、懿氏卜妻敬仲、其妻占之曰吉。……⑶此其代陳有國乎。不在此、其在異國。非此其身、在其子孫。……及陳之初亡也、陳桓子始大於齊。其後亡也、成子得政（『春秋左氏傳』莊公 傳二十二年）。

（二六）晉侯問於史趙曰、陳其遂亡乎。對曰、未也。……②舜重之以明德、寘德于遂。遂世守之、及③胡公不淫。故周賜之姓、使祀虞帝。臣聞、⑴盛德必百世祀。虞之世數未也。繼守將在齊、其兆既存矣（『春秋左氏傳』昭公 傳八年）。

（二七）『春秋左氏傳』が王莽の正統化のための竄入を含むことは多く指摘されており、たとえば重沢俊郎〈一九三九〉は、「元来、春秋諸国史の集成であった左伝が、劉歆に至って、体系有る思想として纏められた際、「経」に対して不相応な「伝」が王莽の正当化のために竄入された」と述べている。銭穆〈一九三五〉も参照。

（二八）王莽の革命については、渡会顕〈一九八四〉、渡辺かおり〈一九九五〉、松浦千春〈二〇〇八〉などがある。

（二九）予以不德、託于①皇初祖考黃帝之後、皇始祖考虞帝之苗裔、而太皇太后之末屬。……②赤帝漢氏高皇帝之靈、承天命傳國金策之書、予甚祗畏、敢不欽受（『漢書』卷九十九上 王莽傳上）。

（三〇）（始建國元年）以漢高廟爲文祖廟。莽曰、予之①皇始祖考虞帝受嬗于唐。②漢氏初祖唐帝、世有傳國之象、予復親受金策於漢高皇帝之靈（『漢書』巻九十九中　王莽傳中）。

(三一) 安居香山〈一九六六a〉。また、平秀道〈一九五六〉も参照。また、光武帝の圖讖については、安居香山〈一九六六b〉、平秀道〈一九六五〉がある。

(三二) 是月（元始五年十二月）、前煇光謝囂奏、武功長孟通浚井得白石、上圓下方、有丹書著石。文曰、①告安漢公莽、爲皇帝。符命之起、自此始矣。莽使羣公以白（王）太后。太后曰、②此誣罔天下、不可施行（『漢書』巻九十九中　王莽傳上）。

(三三) 宗室廣饒侯劉京上書言、（居攝三年）七月中、齊郡臨淄縣昌興亭長辛當一暮數夢曰、吾天公使也。天公使我告亭長曰、攝皇帝當爲眞。卽不信我、此亭中當有新井。亭長晨起視亭中、誠有新井、入地且百尺（『漢書』巻九十九上　王莽傳上）

(三四) 梓潼人哀章、學問長安、素無行、好爲大言。見莽居攝、卽作銅匱、爲兩檢。署其一曰、①天帝行璽金匱圖、其一署曰、②赤帝行璽某傳予黃帝金策書。某者、高皇帝名也。書言、王莽爲眞天子、皇太后如天命。圖書皆書莽大臣八人、又取令名王興・王盛。章因自竄姓名、凡爲十一人、皆署官爵、爲輔佐（『漢書』巻九十九上　王莽傳上）。

(三五) 漢の君主が皇帝と天子という二つの称号に応じた二段階即位をすることについては、渡邉義浩〈二〇〇七c〉を参照。

(三六)（始建國元年）秋、遣五威將王奇等十二人、班符命四十二篇於天下。德祥五事・符命二十五・福應十二、凡四十二篇。（『漢書』巻九十九中　王莽傳中）。

(三七) 岩本憲司〈二〇一〇〉によれば、従来、今文學派が偽作したとされてきた緯書の中に、古文學派のそれも含まれるという。しかし、緯書と古文學とが一体化できるほどの近接性は持ち得ていなかったと考えてよい。

(三八) 白虎観会議における今文學と緯書の融合については、渡邉義浩〈二〇〇五b〉を参照。

(三九) 又以周官稅民。凡田不耕爲不殖、出三夫之稅。城郭中宅不樹芸者爲不毛、出三夫之布。民浮游無事、出夫布一匹。其不能出布者、宂作縣官衣食之。諸取衆物・鳥獸・魚鼈・百蟲於山林・水澤、及畜牧者嬪婦、桑蠶・織紝・紡績・補縫・工匠・醫巫・卜祝、及它方技、商販・賈人坐肆列里區・謁舍、皆各自占所爲、於其在所之縣官、除其本、計其利、十一分之、而以其一爲貢。敢不自占、自占不以實者、盡沒入所采取、而作縣官一歲（『漢書』巻二十四下　食貨志下）。

(四〇) 王莽の失敗と『周禮』を結びつけた者が司馬光に始まり、これが王安石への攻撃であったことを指摘しながら、王莽の政策と『周禮』との関係を論じている宇野精一《一九四九》は、王莽が『周禮』だけに依拠していないことを強調し、王莽はその財政政策の失敗によって滅んだのであり、『周禮』を用いたために滅亡したわけではないと主張している。なお、王莽が典拠とした『周禮』の経済政策の概観には、林耀曾《一九七七》、李普国《一九八七》がある。

(四一) 馬端臨『文獻通考』巻一百八十は、これを市易と名付け、王田とともに王莽の失政としている。なお六筦の制は、影山剛《一九九〇》《一九九五》に詳しい。

(四二) (王)莽性躁擾、不能無爲。毎有所興造、必欲依古得經文。國師公劉歆言、周有①泉府之官、收不讎、與欲得。即易所謂、理財正辭、禁民爲非者也。莽乃下詔曰、夫②周禮有賒貸、樂語有五均、傳記各有斡焉。今開賒貸、張五均、設諸斡者、所以齊衆庶、抑幷兼也。遂於長安及五都、立五均官、更名長安東西市令、及洛陽・邯鄲・臨淄・宛・成都市長、皆爲五均司市師(『漢書』巻二十四下 食貨志下)。

(四三) 津田左右吉〈一九三七〉。これに対して、池田末利〈一九八四〉は、宇野精一の戰國時代成立説を批判しながらも、津田説は行き過ぎであるとして、その成立を戰國末から秦を経て、漢初に及んでからのことであるとしている。郭沫若《一九三二》は、『周禮』を戰國時代に荀子の弟子が作成したとする。また、金春峯《一九九三》は、『周禮』の中には、宣帝期成立の『大載禮記』を踏まえる部分があることを指摘する。また、彭林《二〇〇九》は、『周禮』の中に道家思想がなく、讖緯・災異思想が少しく見られることから、その成書の下限を道家思想が主流でなくなった前漢の文帝・景帝期に求めている。なお、南昌宏〈一九九一〉、楊向奎〈一九五四〉も参照。

(四四) 山田勝芳〈一九七五〉〈一九九五〉《二〇〇〇》などを参照。

第六章　王莽の官制と統治政策

はじめに

王莽は革命へと至る権力確立の過程の中で、『尚書大傳』を典拠とする周公居攝を規範として、禮樂を制作することを通じて漢の実権を掌握した。その一方で、『春秋左氏傳』を典拠に、漢の堯後説と火徳説を完成し、自らの舜後説も創作することで革命の準備を整え、堯舜革命に準えて漢新革命を成し遂げた後には、政策の典拠を『周禮』を中心とする古文學へと収斂した（本書第五章）。そうして、王莽は後漢に完成する「古典中國」の基礎を築いたのである（本書第九章）。

王莽は、「大一統」を維持するために[一]、官制を改革し、儒教に基づく統治政策の根本に「封建」を置いた。また、「大一統」の障碍となる私的な土地の集積に対して「井田」の理想を準備し、文化に依拠するあらゆる価値基準を国家のもとに収斂するため「學校」を整備した[二]。それでも、『漢書』は、王莽の改革を記録するごとに、その有効性を否定し、失政として列挙する。河地重造〈一九七〇〉は、王莽は制度の整備・強化を、現実に立脚した改革ではなく、主として形式的な完整さによって満たそうとし、名称の改革によって果たそうとした、と評価する。たしかに、王莽の改革は、混乱をもたらし、政権を短命に終わらせた。しかし、儒教は、王莽の失敗の中から、自らの理想と現実とを擦り合わせる術を身につけていく。この結果、儒教は、その理想とする周の国制ではなく、漢の国制に經義を合わせる方向で、「古典中國」を指し示していくことになる。本章は、中国の官制・統治政策と儒教との関係において、王莽の改革が果たした意義を考察するものである。

一、爵制と官制

王莽の「封建」は、居攝三（八）年、翟義の乱の平定を機に施行された、周制を規範とする五等爵制より本格化する。『漢書』巻九十九上 王莽傳上に記録される上奏文を三つに分けて検討し、その理念と意図を追究しよう。

（王）莽 乃ち上奏して曰く、「明聖の世、國に賢人多し。故に唐虞の時、屋を比ねて封ず可く、功成り事就くに至らば、則ち賞を加ふ。夏后 塗山の會に至るや、玉帛を執る者 萬國あり。諸侯は玉を執り、附庸は帛を執る。周の武王 孟津の上《ほとり》に、尚ほ八百諸侯有り。周公 居攝するや、①后稷を郊祀して以て天に配し、文王を明堂に宗祀して、以て上帝に配す。[二]是を以て四海の內、各〻其の職を以て來たり祭る。蓋し諸侯は千八百あり。②禮記の王制は、千七百餘國あり。是を以て孔子 ③孝經を著して曰く、「敢て小國の臣を遺《わす》れざるに、況んや公・侯・伯・子・男に於てをや。故に萬國の歡心を得て、以て其の先王に事ふ」と。此れ天子の孝なり[三]。

王莽は、聖人の世には広く封建が行われ、時代と共に諸侯は少なくなったものの、周公が天を祀る際には、なお千八百の諸侯が祭りを助けに来たとする。その論拠は、①『孝經』聖治章篇[四]と③孝治章篇を中心とし、②『禮記』王制篇の「千七百餘國」という数より、諸侯を千八百と定める。安漢公として「居攝」する王莽は、規範とする周公の郊祭における諸侯の存在を論拠に、封建の必要性を主張したのである。ではなぜ、封建は崩壊したのか。それは、秦が無道にも諸侯を滅ぼして郡縣制を施行したためであるという。

秦 亡道を爲し、諸侯を殘滅して、以て郡縣と爲し、天下の利を擅にせんと欲す。故に二世にして亡ぶ。高皇帝 命を受け殘を除き、功を考へ賞を施し、國を建つること數百あり。後に稍く衰微して、其の餘 僅かに存す。太皇太后 躬ら大綱を統べ、廣く功德を封じて以て善を勸め、滅べるを興し絶へるを繼ぎて以て永世とす。是を以て大化は流通し、旦暮に且に成らんとす。羌の西海郡に寇害し、反虜の東郡に流言し、逆賊の西土に惑衆するに遭ひ、忠臣・孝子 奮怒せざるは莫く、征する所 殄滅し、盡く厥の辜を備《を》さめ、天下 咸寧たり。(五)

王莽の「封建」は、秦への批判を出発点とする。この点において、「過秦論」を著すなかで自らの政策を主張した賈誼を代表とするような、前漢儒者の系譜を王莽は継承する。(六)「高皇帝」劉邦の封建は、異姓の功臣を含むものであったが、それは「後に稍く衰微して」、わずかな例外を除いて劉氏のみを王とする郡國制として確立した。王太皇太后が進めた封建とは、太皇太后を輔政する王莽が、自らの安漢公を筆頭に、周公や孔子の子孫、二王の後などを封建したことを指す（本書第九章）。こうして封建を進めた結果、「大化は流通」し、異民族の侵入や反乱を平定できた、とするのである。

すなわち、王莽は、秦の郡縣制を否定するだけではなく、王を置く漢の郡國制をも批判している。莽新建国後の始建國元（九）年、王莽は、王氏一族を封建する一方で、漢の一族、および夷狄の君主が帯びていた王号を剝奪する。(七)こうして郡國制を廃止した王莽は、翌始建國二（一〇）年には、漢の諸王で公となっていた者を悉く「民」に落とした。(八) 以後、地皇元（二〇）年に、例外的に王として三男の王安を新遷王に、四男の王臨を統義陽王に封建するが、前漢で行われた郡縣制と、王を置く封建制とを併用する郡國制は、莽新を通じて復活されることはなかった。

上奏文に戻ろう。封建の理想を周公に求め、秦の郡縣制を否定し、漢の郡國制を批判した王莽は、自らの五等爵制を以下のように規定する。

今 禮を制し樂を作るに、①實に考ふるに周の爵は五等、地は四等なるは、明文有り。殷の爵 三等なるは、其の說有るも、其の文無し。②孔子曰く、「周は二代に監みて、郁郁乎として文なるかな、吾は周に從はん」と。臣請ふらくは、諸〻の將帥 當に爵邑を受くる者は、爵五等、地四等とすべし」と。奏 可とせらる。是に於て封ぜらるる者、高きは侯・伯と爲り、次は子・男と爲り、爵關內侯を賜ふに當たる者は、名を更めて附城と曰ふ。凡そ數百人なり（九）。

王莽の五等爵制の論拠として重要なものは、②「孔子曰く」と明示される『論語』八佾篇ではなく、王莽の五等爵の特徴となる①「地は四等」とする規定である。五等爵は、儒教の多くの經典に記されるが、その中で地を四等とするものは、『孟子』である。

（周室 ①爵祿を班かつに）天子一位、公一位、侯一位、伯一位、子・男 同に一位、①凡そ五等なり。君一位、卿一位、大夫一位、上士一位、中士一位、下士一位、凡そ六等なり。天子の制、②地 方千里、公・侯は皆 方百里、伯は七十里、子・男は五十里、②凡そ四等なり。五十里なること能はずして、天子に達せず、諸侯に附するものを附庸と曰ふ。天子の卿は、地を受くること侯に視へ、大夫は地を受くること伯に視へ、元士は地を受くること子・男に視ふ（一〇）。

王莽の五等爵制は、『孟子』の規定そのままではない。儒教經典の中で、唯一、①爵を五等、②地を四等に分ける五等爵制を説く『孟子』では、①天子・公・侯・伯・子男という五等を說く。しかし、王莽は、自らが安漢公であるために「公」を省き、侯・伯・子・男・「附城」という五等を上奏しているのである。

郡縣に対する封建の優位性を主張しながらも、典拠の『孟子』に従いきれてないところに、莽新建国以前の王莽の現実への妥協を見ることができよう。やがて、莽新を建国した王莽は、始建國元（九）年、官制を改革すると同時に、それを爵制に位置づけていく。

> （王莽）又 金匱を按じ、輔臣 皆 封拜す。太傅・左輔・驃騎將軍・安陽侯の王舜を以て①太師と爲し、安新公に封ず。大司徒・就德侯の平晏を②太傅・就新公と爲す。少阿・羲和・京兆尹・紅休侯の劉歆を③國師・嘉新公と爲す。廣漢梓潼の哀章を④國將・美新公と爲す。是れ四輔爲りて、位は上公なり。太保・後承・承陽侯の甄邯を⑤大司馬・承新公と爲す。丕進侯の王尋を⑥大司徒・章新公と爲す。步兵將軍・成都侯の王邑を⑦大司空・隆新公と爲す。是れ三公爲り。大阿・右拂・大司空・衞將軍・廣陽侯の甄豐を⑧更始將軍・廣新公と爲す。京兆の王興を⑨衞將軍・奉新公と爲す。輕車將軍・成武侯の孫建を⑩立國將軍・成新公と爲す。京兆の王盛を⑪前將軍・崇新公と爲す。是れ四將爲り。凡そ十一公なり。……❶大司馬司允・❷大司徒司直・❸大司空司若を置き、位 皆 孤卿たり。更めて大司農を名づけて❹羲和と曰ひ、後 更めて❹納言と爲す。大理を❺作士と曰ひ、太常を❻秩宗と曰ひ、大鴻臚を❼典樂と曰ひ、少府を❽共工と曰ひ、水衡都尉を❾予虞と曰ひ、三公司卿と凡めて九卿とし、三公に分屬せしむ。一卿毎に大夫三人を置き、一大夫ごとに元士三人を置き、凡そ二十七大夫、八十一元士なり。分かちて中都官の諸職を主る。更めて光祿勳を名づけて(1)司中と曰ひ、太僕を(2)太御と曰ひ、衞尉を(3)太衞と曰ひ、執金吾を(4)奮武と曰ひ、中尉を(5)軍正と曰ひ、又 (6)大贅官を置き、乘輿・服御の物を主らしむ。後 又 兵を典らしむ。秩位は皆 上卿、號して六監と曰ふ。（一一）

王莽の中央官制は、四輔・三公・四將・九卿・六監を中核とする。（一二）前漢に存在した官に傍線、『尚書』を典拠とする官に二重傍線を引きながら、その官職名を確認すると、位は三公の上の「上公」とされる四輔は、①太師・②太傅・③國師・④國將、三公は、⑤大司馬・⑥大司徒・⑦大司空、四輔・三公と同様、就官者が公に封建される四將は、⑧更始将軍・⑨衞將軍・⑩立國將軍・⑪前將軍である。また、「上卿」とされる六監は、⑴司中・⑵太御・⑶太衞・⑷奮武・⑸軍正・⑹大贅官、九卿は、❶大司馬司允・❷大司徒司直・❸大司空司若・❹羲和（納言）・❺作士・❻秩宗・❼典樂・❽共工・❾予虞である。二十七（羲和と納言を二つとする）の官職名のうち、新しい官職名が十五を占める一方で、漢の官職名を受け継ぐものが六例、『尚書』舜典に見える舜が置いた官職名が六例あり、しかも後者は九卿に集中している。自らを舜に準えて革命をおこした王莽の新設する官としては、相応しい典拠であるが、決してそれが多いというわけではない。

また、点線部を含む三公―九卿―「二十七大夫―八十一元士」という官の序列は、『禮記』王制篇を典拠するが、[二三]今文尚書の夏侯家・歐陽家も三公・九卿・二十七大夫・八十一元士の説を取っており、[二四]三公・九卿・二十七大夫・八十一元士という考え方は、『禮記』だけではなく、今文尚書家にも典拠を持つ。

しかし、三公・三孤・六卿説を取る『周禮』との関連性が、三つ置かれた「孤卿」や「六監」あるいは、孤卿である三公司卿（三孤）を除くと「六卿」となる九卿に見え隠れしており、一つの經典に基づいて体系的な官制を構築しているとは言い難い。王莽の官制改革は、經典だけに基づく理念的なものではないのである。

それ以上に重要なことは、王莽の官制の特徴が、四輔・三公・四將を「十一公」と総括し、公―卿―大夫―士という序列に表現されるように、官制を爵制によって秩序づけようとしているところにある。「封建」により賜与する爵位を儒教に基づく統治政策の根本に置いているのである。具体的には、前漢で行われていた秩石制に基づく官制の序列は、次のように改変される。

名秩を更め、百石を庶士と曰ひ、三百石を下士と曰ひ、四百石を中士と曰ひ、五百石を命士と曰ひ、六百石を元士と曰ひ、千石を下大夫と曰ひ、比二千石を中大夫と曰ひ、二千石を上大夫と曰ひ、中二千石を卿と曰ふ。車服

>
　 黻冕は、各〻差品有り。(一五)

　このように王莽は、漢の秩石制を卿・大夫・士からなる爵制へと転換しているのである。ここに王莽の官制の特徴がある。爵制は「封建」である。ただし、中央官制を爵制により秩序づけることは矛盾が少ない。爵制に伴う封土の問題が生じ難いためである。しかし、地方官制は、爵制の導入に伴い大きな改変を被る。実封を伴った封建であれば、中央から派遣される地方官は不必要となるためである。ただし、それを行えば、皇帝たる王莽の権力は、中国の隅々にまで行き届くことはない。このため、武帝期以降の前漢では、郡太守と同質の國相を王の封國に派遣することにより、本来的には共存し得ない郡縣制と封建制を併立させた。郡國制は、事実上の郡縣制という形により中央集権的な地方行政制度を保持していたのである。王莽が、郡縣制さらには郡國制を否定して、封建制を復活しながら、地方行政を掌握しようとするのであれば、諸侯の封土と地方行政とを共存させる擦り合わせが必要となろう。

二、封土と地方行政

　中央官制を改革した始建國元（九）年、王莽は、地方官制の改革にも着手している。

> 郡太守を改めて大尹と曰ひ、都尉を太尉と曰ひ、縣の令・長を宰と曰ふ。(一六)

名称の改変だけではなく、爵制との結合を行っている点は、中央官制と同じである。

> 天下の牧守　皆　前に翟義・趙明らの州郡を領する有るに、忠孝を懷くを以て、牧を封じて男と爲し、守を附城と爲す。(一七)

　王莽が、州牧を男爵とし、郡守（郡大尹）を附城に封建したのは、賜爵に伴う封土の制定には、地方官の協力が必要不可欠であったためであろう。地方官に有爵者を任用しながら、封建した諸侯へ封土を分与することは、ようやく始建國四（一二）年になって本格化する。

（王）莽 明堂に至り、諸侯に茅土を授く。書を下して曰く、「……州は禹貢に從ひ九と爲し、爵は周氏に從ひ五と爲す。諸侯の員は、千有八百、附城の數も亦た之の如し。……諸そ公は①一同、衆萬戶・土②方百里有り。侯・伯は一國、衆戶五千・土方七十里あり。子・男は一則、衆戶二千有五百・土方五十里あり。附城の大なる者は食邑③九成・衆戶九百・土方三十里あり。九より以下は、降殺するに兩を以てし、③一成に至る。五差 備具し、合はせて一則に當たる。今 已に茅土を受くる者は、公十四人・侯九十三人・伯二十一人・子百七十一人・男四百九十七人にして、凡そ七百九十六人なり。附城は千五百一十一人なり。九族の女の任と爲る者は、八十三人。及び漢氏の女孫たる中山の承禮君・遵德君・脩義君は更めて以て任と爲す。十有一公、九卿、十二大夫、二十四元士なり。諸國の邑采の處を定むるに、侍中・講理大夫の孔秉らをして、州部・衆郡の地理・圖籍を曉知する者と與に、共に壽成・朱鳥堂に校治せしむ。予 數〻羣公・祭酒・上卿と與に、親しく聽視し、咸 已に通ず。夫れ德を褒め功を賞するは、仁賢を顯らかにする所以なり。九族の和睦するは、親親を褒むる所以なり。予 永く惟《おも》ひて解《おこた》らず、前人を思稽す。將に黜陟を章らかにして、以て好惡を明らかにし、元元を安ぜんとす」と。④圖簿未だ定まらず、未だ國邑を授けざるを以て、且く都內に受奉せしむること、月ごとに錢 數千なり。④諸侯 皆 困乏し、庸作する者有るに至る（一八）。

王莽の制書中に用いられる公を②「方百里」に封建することは、すでに掲げた『孟子』萬章章句下に見られる。しかし、①「同」と③「成」という単位は、『孟子』には用いられない。これらの単位は、莽新建国後の王莽が中心に据えた『周禮』を典拠とする。『周禮』冬官考工記 匠人に、「方十里を③成と爲す……②方百里を①同と爲す（方十里爲③

成……②方百里爲①同）」とあり、鄭玄の注に、「鄭司農、説くに春秋傳を以てして曰く、「田③一成有り」と。又曰く、「列國は①一同」と（鄭司農、説以春秋傳曰、有田③一成。又曰、列國①一同）」（『周禮注疏』巻四十二 匠人）とあるように、王莽の封建制は、一同を方百里とし、一成を方十里とする『周禮』の規定に基づこうとしている。（一九）ただし、「附城の大なる者」が九成で方三十里とされるように、『周禮』の規定に比べて三分の一の大きさとなっている。このため、「五差 備具し、合はせて一則に當たる」のは、九成を九百戸、一成を百戸として、一則の二千五百戸に相当する戸数のみであり、土地の広さの合計は、一則とはならない。王莽が邦土の分配に苦労していることが窺えよう。

莽新建国後の五等爵制は、かつて王莽が就いていた安漢公と係わる「公」の爵位を賜与するようになると共に、『孟子』から『周禮』へと典拠を展開している。しかし、その実態は、④封邑を実際に附与することができずに混乱を招いただけであったという。成を規定の三分の一に止めても、「公十四人・侯九十三人・伯二十一人・子百七十一人・男四百九十七人」、および「附城は千五百一十一人」の合わせて、二千三百七人（前掲したように、『禮記』王制篇を典拠とする定数で言えば、諸侯千八百人、附城千八百人の三千六百人）の封土を確保することは、容易なことではなかったのである。

王莽は、その解決に向けて、天鳳元（一四）年、さらなる地方官制の改革を試みる。

莽 周官・王制の文を以て、卒正・連率・大尹を置き、職は太守の如くす。屬令・屬長、職は都尉の如くす。州牧・部監を置くこと二十五人、禮すること三公の如くす。監は位 上大夫、各〻五郡を主る。公氏を牧と作し、侯氏を卒正とし、伯氏を連率とし、子氏を屬令とし、男氏を屬長とし、皆 其の官を世〻にせしむ。其の爵無き者は尹と爲す。長安城の旁を六郷に分け、帥を置くこと各〻一人。三輔を分かちて六尉郡と爲し、河東・河内・弘農・河南・潁川・南陽を六隊郡と爲し、大夫を置き、職は太守の如くす。屬正、職は都尉の如くす。更めて河南大尹を名づけ保忠信卿と曰ふ。河南の屬縣を益して三十に滿たす。六郊に州長を置くこと各〻一人、人ごとに五縣を主る。及び它の官名も悉く改む。大郡は分かちて五と爲すに至る。郡縣は亭を以て名と爲す者三百六十、以て符命の文に應ずるなり。緣邊は又 竟尉を置き、男を以て之と爲す。諸侯國の閒田は、黜陟の增減と爲すとしか云ふ。莽 書を下して曰く、「常安の西都を六鄉と曰ひ、衆縣を六尉と曰ふ。義陽の東都を六州と曰ひ、衆縣を六隊と曰ふ。粟米の內を內郡と曰ひ、其の外を近郡と曰ふ。鄣徼有る者を邊郡と曰ふ。合はせて百二十有五郡あり。九州の內、縣は二千二百有三あり。……。（二〇）

王莽は、ここで地方官制と五等爵制との連動を明確にする。州牧は公爵保持者とし、侯爵保持者の郡の行政官を卒正、伯爵保持者のそれを連率と呼び、爵位を持たない大尹と明確に区別した。また、子爵保持者の郡の軍事官を屬令、男爵保持者のそれを屬長と呼び、爵位を持たない尹と明確に区別した。王莽の改革は、公—侯—伯—子—男の五等爵制を州牧—卒正—連率—屬令—屬長という地方官制に反映させたことに止まらない。官位と異なり、基本的に世襲されるという爵位の特性を生かして、「皆 其の官を世〻にせしむ」、すなわち地方官の世襲制度を打ち出したのである。これは、郡縣制の根幹を揺るがす大変革であり、周の封建制への復古を強く帯びた政策と言えよう。

かかる制度を実現するための問題点は、「二千二百有三」の縣で、二千三百七人（定数は三千六百人）の封土をどのように満たすかにある。林剣鳴《二〇〇三》は、二千二百三縣のほかに二千三百七の封地があったとする。これに対して、紙屋正和〈二〇〇七〉は、一萬戸や五千戸にのぼる公爵・侯爵・伯爵の封邑には一縣をあて、二千五百戸以下の子爵・男爵・附城の封邑には、その規模に応じて縣の中の鄉や亭（のいくつか）をあてることを予定し、それを含めて二千二百三縣にすることにしていた。前漢時代の列侯がすべて縣侯であることに対して、後漢時代には縣侯の他に鄉侯・亭侯があるという。公・侯・伯の封地については疑問も残るが、縣については首肯し得る。ただし、こうした王莽の解決方法は、その土地政策である「井田」と矛盾しないのであろうか。

三、井田と爵位

王莽の「井田」を実現するための土地政策である王田制は、周の井田法を規範に、始建國元（九）年より、開始された。

莽曰く、「古者は、廬井を設けし八家に、一夫一婦の田 百畝ありて、什に一して税さば、則ち國給《た》り民富みて頌聲作《おこ》る。此れ唐虞の道、三代の遵行する所なり。①秦 無道爲りて、賦税を厚くして以て自ら供奉し、民力を罷《つか》れしめて以て欲を極め、聖制を壊し、井田を廢す。是を以て兼幷 起こり、貪鄙 生ず。強者は田を規るに千を以て數へ、弱者は曾て立錐の居無し。又 奴婢の市を置き、牛馬と蘭《をり》を同《とも》にし、民臣を制し、其の命を顓斷す。姦虐の人、因縁して利を爲し、人の妻子を略賣するに至る。天心に逆らひ、人倫に誖り、天地の性は人を貴と爲すの義に繆《たが》ふ。書に曰く、「予 則ち女《なんぢ》を奴戮せん」と。唯だ命を用ひざる者にして、然る後に此の辜を被る。②漢氏は田租を減輕し、三十にして一を税すも、常に更賦有り、罷癃せしも咸 出ださる。而も豪民 侵陵して、分田刼假す。厥の名は三十に一を税するも、③實は什に五を税するなり。父子・夫婦、終年 耕芸するも、得る所は以て自ら存するに足らず。故に富者は犬馬だに菽粟を餘まし、驕りて邪を爲す。貧者は糟糠だに厭かず、窮して姦を爲す。倶に辜に陷り、刑用 錯《お》かず。……（二二）。

王莽の王田制は、①秦によって井田が破壊された結果、貧富の差が拡大したとの認識を前提とする。封建が秦に破壊されたように、井田もまた秦に破棄された、とするのである。②漢は、秦に比べれば田租を軽減したものの、更賦があるため、③実質的な税負担は十分の五にも及ぶ。このため、貧富の差が拡大していると王莽は考える。『漢書』巻二十四上 食貨志上に収録される董仲舒のものとされる井田思想が、商鞅の改革により井田制が除かれ、貧富の差が拡大したとの認識から述べられることと揆を一にする発想である（二二）。

予 前に①大麓に在り、始めて②天下の公田をして口井せしむ。時に則ち嘉禾の祥有るも、反虜・逆賊に遭ひて且く止む。今 更めて天下の田を名づけて王田と曰ひ、奴婢を私屬と曰ひ、皆 賣買するを得ざらしむ。其の男口③八に盈たずして、田④一井を過ぐる者は、餘田を分ちて九族・鄰里・鄕黨に予へよ。故より田無く、今 當に田を受くる者は、制度の如くせよ。敢て井田の聖制を非《そし》り、法を無《なみ》し衆を惑はす者有らば、諸〻の四裔に投じて、以て魑魅を禦がしむること、皇始祖考虞帝の故事の如くせよ（二三）。

①大麓とは、舜が試練に耐え、堯から禪讓を受ける契機となった土地である。その場所で、②公田を分配して瑞祥があったことを拠り所に、王莽は、田無き者には田を与えよ、としたのである。また、『孟子』の井田の主張の特徴である②「公田」の他にも、③「八」家、④「一井」という字句を用いていることから、王莽の王田制が『孟子』を典拠とすることが分かる。ただし、『孟子』そのものではない。

方 里にして④井す。井は九百畝、其の中は②公田と爲す。③八家は皆 百畝を私し、同に公田を養ふ。公事 畢はりて、然る後 敢へて私事を治む（二四）。

このように『孟子』は、九百畝の土地を百畝の公田を残して八家で均分する。これに対して、王田制は、井田の中に公田を設けるという発想は継承しない。『孟子』を典拠としながらも、その井田思想が現実に合わせて展開されていることを理解できよう。

こうした井田の理想と、爵制に基づく封土の所有や官職の世襲は必ずしも矛盾しない。池田温〈一九六三〉が述べるように、井田を代表とする中国における「均田」とは、生物的人間一人一人の土地保有の平等ではなくして、社会的身分体系に位置を占める一人一人の土地保有の均衡を意図するものだからである。渡辺信一郎〈二〇一一〉は、張家山漢墓竹簡中の前漢「二年律令」の戸律に、爵位ごとの受田規定があること、および天聖令明抄本殘卷より復原した唐の「開元二十五年田令」に記される職事官と永業田の規定より、国家的諸身分に対応する土地給付関係が均田制であるとする。均田制は、農民百姓の均等土地保有＝分田を広汎な基盤とするものの、官人身分その他良賤諸身分の階層内均等所有を包括的に規定する身分制的土地所有であることを明らかにしたのである。

王莽が出現した前漢末は、二十等爵制に基づく爵制的土地所有が危機に瀕していた。哀帝の綏和二（前七）年の限田政策は、「二年律令」では九十五頃とされる關內侯も一頃＝百畝とされる庶民も押し並べて、諸王・列侯・公主・關內侯・吏・民の土地保有を一律三十頃以内に限定しようとするものであった。それが失敗に終わった状況の中で、王莽は、「均田」の制の広汎な基盤を成す農民に給付される百畝＝一頃の土地所有を王田制で再建すると共に、五等爵に基づき、公＝方百里、侯・伯＝方七十里、子・男＝方五十里、附城の九成＝方三十里という、同一身分・階層内における均等土地所有を確立しようとした。封建した爵位を基準に、地方官制を序列化し、その世襲化によって地方行政の安定化を目指したのと同じように、爵制に基づく「均田」の制の広範な底辺に王田制を施行し、五等爵制に基づき身分制的土地所有を定めることにより、貧富の差の拡大による国家支配の崩壊を乗り切ろうとしたのである。これは、儒教理念としては正しい。

しかし、王莽の努力にも拘らず、地方統治が安定し、国家財政が建て直ることはなかった。天鳳三（二六）年に、王莽は、その苦悩を赤裸々に語る。

五月、莽 吏祿の制度を下して曰く、「予 陽九の阸、百六の會に遭ひ、國用 足りず、民人 騷動す。公卿より以下、一月の祿は、十緵の布二匹、或いは帛一匹なり。予 毎に之を念ひ、未だ嘗て戚《うれ》へずんばあらず。今 阸會已に度り、府帑 未だ能く充たざると雖も、略ぼ頗る稍く給せらる。其れ六月朔庚寅を以て、始めて吏祿を賦すこと皆 制度の如くせよ。四輔・公卿・大夫・士より、下は輿僚に至るまで、凡そ十五等。僚の祿は一歲に六十六斛、稍や差を以て增し、上は四輔に至りて萬斛と爲すと云ふ。……」と。莽の制度、煩碎なること此の如し。課計 理む可からず、吏 終に祿を得ず、各〻官職に因りて姦を爲し、賕賂を受取して以て自ら共給す。（二五）

王莽は、天鳳三（一六）年の六月に至り、官僚の俸給を「制度の如く」支給し始めた。それは、「六十六斛」から「萬斛」に至る俸祿とされたが、班固によれば計算の収拾がつけず、官僚は俸祿を得られなかった、という。

王莽の理想は、どこまで理解されたのであろう。中央・地方の官制が機能しなかっただけではない。その世界観に基づく外交政策への反発から夷狄の侵入は激化し（本書第八章）、『周禮』に基づいた税制改革も経済を混乱させただけであった（本書第七章）。王莽の失政は、後世の儒者たちに儒教の理想と現実を擦り合わせることの難しさを伝えた。改革の旗手は、こうして簒奪者の烙印を押される。

おわりに

王莽の官制と統治政策の根底には「封建」があった。しかも、それは前漢に見られる皇帝一族の封建ではなく、異姓の臣下を五等爵により秩序づけていく、という特徴を持っていた。それは、最終的には、爵制の特徴である世襲性を利用して、地方官の世襲化を試みるほど、徹底した周制への回帰であり、封建・井田を破壊した秦の国制、さらにはそれを批判的に継承した漢の国制の否定であった。

前漢の儒教は、自らの正統性を主張するため、秦の全面的な否定の上に、秦への反措定として、自らの国制の理想を周に仮託して組み上げた。しかし、漢の国制や統治政策は、秦のそれを基本的に踏襲したものであった。したがって、前漢後半期以降に本格化する国制への儒教の提言は、大きな混乱をもたらした（渡邉義浩〈二〇〇六ａ〉）。それを継承して、行き着くところまで進めた者が王莽であった。現実から乖離した王莽の政策は、その政権を短命に終わらせる。

しかし、その失敗は、儒教が中国の国制・統治政策に自らの理想を組み合わせる際に、現実との妥協が必要不可欠であることを知らしめた。王莽と同様、五等爵制を施行した西晉では、王莽のような封土の分与を行わず、官制とも直接爵位を連動させなかった（渡邉義浩〈二〇〇七ｄ〉）。このように突出した王莽の儒教への信頼と服従は、後漢「儒教國家」が「古典中國」を確立する際に（渡邉義浩《二〇〇九》）、大きな影響を与える。

それは、「古典中國」が儒教に基づく国家・社会の典範であるにも拘らず、儒教の經典が理想とする周の国政に従わない、という影響である。儒教の理想とする「封建」は、中央官制の秩序化は可能であるが、地方行政を機能させ、中央集権的な統一国家の支配、および「大一統」の原則を維持することができなかった。すなわち「古典中國」の形成は、周ではなく、秦の中央集権的官僚制度を継承した漢の国制を諸經の組み合わせと解釈によって規範化せざるを得ないことを王莽の失政は明示した。こうした意味においても、王莽が「古典中國」の形成に果たした役割は大きいのである。

《注》

(一)「大一統」の背景に置かれた王莽の世界観が、『禮記』王制篇の「方三千里」の九州説から『周禮』の「方萬里」の九州十蕃國説へと展開することについては、本書第八章を参照。

(二)『漢書』巻十二 平帝紀に、「(元始三年)夏、安漢公、車服の制度、吏民の養生・送終・嫁娶・奴婢・田宅・器械の品を奏す。官稷及び學官を立つ。郡國を學と曰ひ、縣・道・邑・侯國を校と曰ふ。校・學に經師一人を置く。鄕を庠と曰ひ、聚を序と曰ふ。序・庠に孝經師一人を置く(〈元始三年〉夏、安漢公、奏車服制度、吏民養生・送終・嫁娶・奴婢・田宅・器械之品。立官稷及學官。郡國曰學、縣・道・邑・侯國曰校。校・學置經師一人。鄕曰庠、聚曰序。序・庠置孝經師一人)」とある。

(三)(王)莽乃上奏曰、明聖之世、國多賢人。故唐虞之時、可比屋而封、至功成事就、則加賞焉。至于夏后塗山之會、執玉帛者萬國。諸侯執玉、附庸執帛。周武王孟津之上、尚有八百諸侯。周公居攝、①郊祀后稷以配天、宗祀文王於明堂、以配上帝。是以四海之內、各以其職來祭。蓋諸侯千八百矣。②禮記王制、千七百餘國。是以孔子著③孝經曰、不敢遺小國之臣、而況於公・侯・伯・子・男乎。故得萬國之歡心、以事其先王。此天子之孝也(『漢書』巻九十九上 王莽傳上)。

(四)『孝經』聖治章篇に、「昔者 周公、后稷を郊祀して以て天に配し、文王を明堂に宗祀して、以て上帝に配す。是を以て四海の內、各〻其の職を以て來たり祭る(昔者周公、郊祀后稷以配天、宗祀文王於明堂、以配上帝。是以四海之內、各以其職來祭)」とあり、最初以外同文である。

(五)秦爲亡道、殘滅諸侯、以爲郡縣、欲擅天下之利。故二世而亡。高皇帝受命除殘、考功施賞、建國數百。後稍衰微、其餘僅存。太皇太后躬統大綱、廣封功德以勸善、興滅繼絕以永世。是以大化流通、旦暮且成。遭羌寇害西海郡、反虜流言東郡、逆賊惑衆西土、忠臣・孝子莫不奮怒、所征殄滅、盡備厥辜、天下咸寧(『漢書』巻九十九上 王莽傳上)。

(六)前漢における儒者の秦への批判については、金谷治《一九六〇》を参照。

（七）『漢書』巻九十九中 王莽傳中に、「王氏の齊縗の屬を封じて侯と爲し、大功を伯と爲し、小功を子と爲し、緦麻を男と爲し、其の女を皆 任と爲す。男は睦を以て、女は隆を以て號と爲し、皆 印韍を授く。諸侯をして太夫人・夫人・世子を立てしめ、亦た印韍を受《さず》く。又 曰く、「天に二日無く、土に二王無きは、百王不易の道なり。漢氏の諸侯 或いは王と稱し、四夷に至るも亦た之の如きは、古典に違ひ、一統に謬る。其れ定めて諸侯王の號は皆 公と稱し、及び四夷の僭號して王と稱する者は皆 更めて侯と爲す」と（封王氏齊縗之屬爲侯、大功爲伯、小功爲子、緦麻爲男、其女皆爲任。男以睦、女以隆爲號焉、皆授印韍。令諸侯立太夫人・夫人・世子、亦受印韍。又曰、天無二日、土無二王、百王不易之道也。漢氏諸侯或稱王、至于四夷亦如之、違於古典、繆於一統。其定諸侯王之號皆稱公、及四夷僭號稱王者皆更爲侯）」とある。

（八）『漢書』巻九十九中 王莽傳中に、「漢の諸侯王の公爲る者は、悉く璽綬を上りて民と爲れ（漢諸侯王爲公者、悉上璽綬爲民）」とある。

（九）今制禮作樂、①實考周爵五等、地四等、有明文。殷爵三等、有其說、無其文。②孔子曰、周監於二代、郁郁乎文哉、吾從周。臣請、諸將帥當受爵邑者、爵五等、地四等。奏可。於是封者、高爲侯・伯、次爲子・男、當賜爵關內侯者、更名曰附城。凡數百人（『漢書』巻九十九上 王莽傳上）。

（一〇）（周室班①爵祿）天子一位、公一位、侯一位、伯一位、子・男同一位、①凡五等也。君一位、卿一位、大夫一位、上士一位、中士一位、下士一位、凡六等。天子之制、②地方千里、公・侯皆方百里、伯七十里、子・男五十里、②凡四等。不能五十里、不達於天子、附於諸侯曰附庸。天子之卿、受地視侯、大夫受地視伯、元士受地視子・男（『孟子』萬章章句下）。ちなみに「六等」は、封建された所領における君主と臣下の班ち方である。

（一一）（王莽）又按金匱、輔臣皆封拜。以太傅・左輔・驃騎將軍・安陽侯王舜爲①太師、封安新公。大司徒・就德侯平晏爲②太傅・就新公。少阿・羲和・京兆尹・紅休侯劉歆爲③國師・嘉新公。廣漢梓潼哀章爲④國將・美新公。是爲四輔、位上公。太保・後承・承陽侯甄邯爲⑤大司馬・承新公。丕進侯王尋爲⑥大司徒・章新公。步兵將軍・成都侯王邑爲⑦大司空・隆新公。是爲三公。大阿・右拂・大司空・衞將軍・廣陽侯甄豐爲⑧更始將軍・廣新公。京兆王興爲⑨衞將軍・奉新公。輕車將軍・成武侯孫建爲⑩立國將軍・成新公。京兆王盛爲⑪前將軍・崇新公。是爲四將。凡十一公。……置❶大司馬司允・❷大司徒司直・❸大司空司若、位皆孤卿。更名大司農曰❹義和、後更爲❹納言。大理曰❺作士、太常曰❻秩宗、大鴻臚曰❼典樂、少府曰❽共工、水衡都尉曰❾予虞、與三公司卿凡九卿、分屬三公。每一卿置大夫三人、一大夫置元士三人、凡二十七大夫、八十一元士。分主中都官諸職。更名光祿勳曰⑴司中、太僕曰⑵太御、衞尉曰⑶太衞、執金吾曰⑷奮武、中尉曰⑸軍正、又置⑹大贅官、主乘輿・服御物。後又典兵。秩位皆上卿、號曰六監（『漢書』卷九十九中 王莽傳中）。

（一二）このほか、左伯・右伯からなる「二伯」、義和・義仲・義叔・和仲・和叔からなる「義和」、都匠・司命・五司・誦詩工・徹膳宰・執法・杜下五史からなる「諸司卿」、師友祭酒・侍中祭酒・諫議祭酒・講易祭酒・講詩祭酒・講禮祭酒・講書祭酒・講春秋祭酒・講樂祭酒からなる「祭酒」などがあったことについては、東晋次《二〇〇三》を參照。

（一三）『禮記』王制篇に、「天子は、三公・九卿・二十七大夫・八十一元士なり（天子、三公・九卿・二十七大夫・八十一元士）」とある。

（一四）『北堂書鈔』卷五十 設官部一に引く許愼の『五經異義』に、「今尙書の夏侯・歐陽說に、天子は三公、一に司徒と曰ひ、二に司馬と曰ひ、三に司空と曰ふ。九卿・二十七大夫・八十一元士なり。凡そ百二十。天に在りて山川と爲る（今尙書夏侯・歐陽說、天子三公、一曰司徒、二曰司馬、三曰司空。九卿・二十七大夫・八十一元士、凡百二十。在天爲山川）」とある。また、こうした官制のあり方が、揚雄の『太玄經』にも受容されていることは、堀池信夫《一九八八》を參照。

（一五）更名秩、百石曰庶士、三百石曰下士、四百石曰中士、五百石曰命士、六百石曰元士、千石曰下大夫、比二千石曰中大夫、二千石曰上大夫、中二千石曰卿。車服黻冕、各有差品（『漢書』卷九十九中 王莽傳中）。

（一六）改郡太守曰大尹、都尉曰太尉、縣令・長曰宰（『漢書』卷九十九中 王莽傳中）。

（一七）天下牧守皆以前有翟義・趙明等領州郡、懷忠孝、封牧爲男、守爲附城（『漢書』卷九十九中 王莽傳中）。

（一八）（王）莽至明堂、授諸侯茅土。下書曰、……州從禹貢爲九、爵從周氏爲五。諸侯之員、千有八百、附城之數亦如之。……諸公①一同、有衆萬戶・土②方百里。侯・伯一國、衆戶五千・土方七十里。子・男一則、衆戶二千有五百・土方五十里。附城大者食邑③九成・衆戸九百・土方三十里。自九以下、降殺以兩、至於③一成。五差備具、合當一則。今已受茅土者、公十四人・侯九十三人・伯二十一人・子百七十一人・男四百九十七人、凡七百九十六人。附城千五百一十一人。九族之女爲任者、八十三人。及漢氏女孫中山承禮君・遵德君・脩義君更以爲任。十有一公、九卿、十二大夫、二十四元士。定諸國邑采之處、使侍中講理大夫孔秉等、與州部・衆郡曉知地理・圖籍者、共校治于壽成・朱鳥堂。予數與羣公・祭酒・上卿、親聽視、咸已通矣。夫褒德賞功、所以顯仁賢也。九族和睦、所以褒親親也。予永惟匪解、思稽前人。將章黜陟、以明好惡、安元元焉。④以圖簿未定、未授國邑、且令受奉都內、月錢數千。④諸侯皆困乏、至有庸作者（『漢書』巻九十九中 王莽傳中）。

（一九）『春秋左氏傳』哀公 傳元年に、「田③一成有り（有田③一成）」とあり、『春秋左氏傳』襄公 傳二十五年に、「且つ昔 天子の地は一圻、列國は①一同（且昔天子之地一圻、列國①一同）」とあるように、『周禮』と共に古文に属する『春秋左氏傳』にも、成・同という単位が見える。『史記』巻三十一 吳太伯世家の集解に、「賈逵曰く、方十里を③成と爲す（賈逵曰、方十里爲③成）」とあるように、古文家の賈逵が、方十里を一成としているように、これらの単位は、古文經に基づくものであった。

（二〇）莽以周官・王制之文、置卒正・連率・大尹、職如太守。屬令・屬長、職如都尉。置州牧・部監二十五人、見禮如三公。監位上大夫、各主五郡。公氏作牧、侯氏卒正、伯氏連率、子氏屬令、男氏屬長、皆世其官。其無爵者爲尹。分長安城旁六鄉、置帥各一人。分三輔爲六尉郡、河東・河內・弘農・河南・潁川・南陽爲六隊郡、置大夫、職如太守。屬正、職如都尉。更名河南大尹曰保忠信卿。益河南屬縣滿三十。置六郊州長各一人、人主五縣。及它官名悉改。大郡至分爲五。郡縣以亭爲名者三百六十、以應符命文也。緣邊又置竟尉、以男爲之。諸侯國閒田、爲黜陟增減云。莽下書曰、常安西都曰六鄉、衆縣曰六尉。義陽東都曰六州、衆縣曰六隊。粟米之內曰內郡、其外曰近郡。有鄣徼者曰邊郡。合百二十有五郡。九州之內、縣二千二百有三。……（『漢書』巻九十九中 王莽傳中）。

（二一）莽曰、古者、設廬井八家、一夫一婦田百畝、什一而稅、則國給民富而頌聲作。此唐虞之道、三代所遵行也。①秦爲無道、厚賦稅以自供奉、罷民力以極欲、壞聖制、廢井田。是以兼并起、貪鄙生。強者規田以千數、弱者曾無立錐之居。又置奴婢之市、與牛馬同蘭、制於民臣、顓斷其命。姦虐之人、因緣爲利、至略賣人妻子。逆天心、誖人倫、繆於天地之性人爲貴之義。書曰、予則奴戮女。唯不用命者、然後被此辜矣。②漢氏減輕田租、三十而稅一、常有更賦、罷癃咸出。而豪民侵陵、分田刧假。厥名三十稅一、③實什稅五也。父子・夫婦、終年耕芸、所得不足以自存。故富者犬馬餘菽粟、驕而爲邪。貧者不厭糟糠、窮而爲姦。俱陷于辜、刑用不錯。……（『漢書』卷九十九中 王莽傳中）。

（二二）「井田」思想の系譜については、渡邉義浩〈二〇〇五a〉を参照。

（二三）予前在①大麓、始令②天下公田口井。時則有嘉禾之祥、遭反虜・逆賊且止。今更名天下田曰王田、奴婢曰私屬、皆不得賣買。其男口不盈③八、而田過④一井者、分餘田予九族・鄰里・鄉黨。故無田、今當受田者、如制度。敢有非井田聖制、無法惑衆者、投諸四裔、以禦魑魅、如皇始祖考虞帝故事（『漢書』卷九十九中 王莽傳中）。

（二四）方里而④井。井九百畝、其中爲②公田。③八家皆私百畝、同養公田。公事畢、然後敢治私事（『孟子』滕文公章句上）。これに対して、『周禮』の井田は、「一易」「再易」といった田土の肥瘠によって支給する面積を変え、田土の配分は、家口数および力役を出す人数を考慮して決められている。『孟子』にみられた公田が無くなり、耕地分配法は『孟子』に比べて複雑となり、土地の肥瘠や家口数に応じた割当が問題とされるに至っているが、王莽の王田制とは無関係である。渡邉義浩〈二〇〇五a〉を参照。

（二五）五月、莽下吏祿制度曰、予遭陽九之阸、百六之會、國用不足、民人騷動。自公卿以下、一月之祿、十緵布二匹、或帛一匹。予每念之、未嘗不戚焉。今阸會已度、府帑雖未能充、略頗稍給。其以六月朔庚寅、始賦吏祿皆如制度。四輔・公卿・大夫・士、下至輿僚、凡十五等。僚祿一歲六十六斛、稍以差增、上至四輔而爲萬斛云。……。莽之制度、煩碎如此。課計不可理、吏終不得祿、各因官職爲姦、受取賕賂以自共給（『漢書』卷九十九中 王莽傳中）。

第七章　王莽の経済思想と『周禮』

はじめに

王莽は、儒教に基づく様々な政策を建議することにより、「儒教國家」の古典的国制とそれを正統化する儒教の經義から成る「古典中國」の形成に大きな役割を果たす（本書第九章）。その一方で、『尚書大傳』を典拠とする周公居攝を規範に権力を確立し、『春秋左氏傳』を典拠に漢の堯後説と火德説を完成すると、自らの舜後説を創作することで、堯舜革命に準えて漢新革命を成し遂げた（本書第五章）。莽新の建国後は、官制と統治政策の根底に「封建」を置き（本書第六章）、その外交もまた、匈奴をはじめとする諸民族の離反を招きながらも、儒教的世界観に基づく政策を貫き続けた（本書第八章）。

これらの諸政策が、いずれも前漢後半期の儒者の主張を継承・発展させたものであることに対して、王莽の経済政策、中でも六筦と呼ばれる経済統制政策は、「民と利を争」うと儒者が批判していたものであった。むろん、王莽は、その典拠を『周禮』に求め、儒教による正統化を行っている。しかし、そもそも『周禮』の経済思想自体が、他の經書と異なっているのである。

『周禮』は、官制を記す形態とその文体が他の經典と趣を異にすることもあり、劉歆の顕彰以来、その真偽や制作年代に関する論争が絶えない。鄭玄のごとく『周禮』を經禮に位置づける者からは、「周公 太平を致すの迹」（賈公彥「序周禮廢興」）として尊重され[一]、何休のごとく『周禮』を批判する者からは、「六國陰謀の書」（賈公彥「序周禮廢興」）と攻撃されてきたのである[二]。

『周禮』の制作年代については、周公のころから前漢末まで多くの説が唱えられているが[三]、劉向・劉歆の校書を通じて成帝期に世に現れた、という出現過程に異論はない。『周禮』に限らず、重層的な成立過程を持つ儒教經典は、その成書よりも出現時期に注目することで、書籍としての特徴を把握できることも多い。たとえば、春秋三傳は、景帝期（公羊傳）・宣帝期（穀梁傳）・成帝期（左氏傳）の政治課題への対応をそれぞれの經義の中に組み込んでいる（渡邉義浩〈二〇〇七b〉）。『周禮』が世に現われた成帝期は、王莽の權力樹立過程とも重なる。王莽と黄門郎の同僚であり、その経済政策を正統化した劉歆は、いかなる政治状況を背景に『周禮』を顕彰したのであろうか。

本章は、王莽の経済政策、ならびにそれを正統化した『周禮』の経済思想の特徴を前漢末の政治状況との関わりの中で明らかにするものである。まずは、その背景となる王莽の台頭から検討しよう。

一、五將十侯

王莽は、若くして孤となった。父の王曼が、早世したためである。王曼は、王禁の妾腹の子である（本章末 **図「五將十侯」** を参照）。正妻の子である姉の王政君は、元帝の皇后として後の成帝を生んだ。竟寧元（前三三）年、成帝が即位すると、王政君は皇太后となり、同腹の兄である王鳳が、❶大司馬大將軍として輔政する。成帝期の国政を掌握し、「五將十侯」（『漢書』卷九十八 元后傳贊）と称された王氏の政権は、これより始まる。建始元（前三二）年、元皇太后と同腹の王崇は、兄の王鳳（(1)陽平侯）に続く二人目の列侯として(2)安成侯に封ぜられる。河平二（前二七）年には、王譚（(3)平阿侯）・王商（(4)成都侯）・王立（(5)紅陽侯）・王根（(6)曲陽侯）・王逢時（(7)高平侯）の兄弟が同時に封建される。「五侯」と称されたかれらとその子弟が奢侈を極め、元皇太后と父を同じくする八男のうち王曼以外がすべて列侯となっても、王莽は節倹な生活を続けていた。

　莽の羣兄弟は皆　將軍・五侯の子にして、時に乘じて侈靡し、輿馬・聲色・佚遊を以て相　高ぶる。莽は獨り孤貧なれば、因りて節を折りて恭儉爲り。禮經を受くるに、沛郡の陳參に師事し、身を勤しみ學を博め、服を被ること儒生の如くす。母及び寡嫂に事へ、孤たる兄の子を養ひ、行は甚だ敕備たり。(四)

王莽が師事した沛郡の陳參の父である陳咸は、元帝期に宦官の石顯と対決した朱雲を御史中丞として支持し（『漢書』巻六十七 朱雲傳）、成帝期には王立の党派として丞相の翟方進に少府を罷免されている（『漢書』巻六十 杜周傳）。陳咸は、王莽が漢を簒奪すると、子の陳參にも官を辞めさせて郷里に帰り、漢家の祭祀儀禮により祖臘を行い続けたという。その際、陳咸は、家にあった法律の文書をすべて壁の中に隠したと伝えられるように、後漢において「沛國の陳氏」は律令家として名高い（『後漢書』列傳三十六 陳寵傳）。それでも、元帝期より中央官界で活躍した陳咸を父に持つ陳參であれば、天子七廟制や郊祀をめぐる禮の議論を王莽に伝授できたと考えられる。(五)

王莽が世に出る契機は、伯父の王鳳への献身的な介護にあった。

　陽朔中に、世父たる大將軍の鳳　病む。莽　疾に侍り、親しく藥を嘗め、首を亂し面に垢つけ、衣帶を解かざること月を連ぬ。鳳　且に死せんとするや、以て太后及び帝に託す。拜して黄門郎と爲り、射聲校尉に遷る。(六)

王鳳は、帯も解かずに介護にあたった王莽を元皇太后と成帝に託す。これにより、王莽は黄門郎に任ぜられた。王莽は、ここで劉歆と同僚になる（『漢書』巻三十六 楚元王傳）。また、班固の祖父班穉とも同僚となり、穉の兄である班斿に兄事し、班穉を弟と遇した。班斿は、劉向・劉歆と共に校書にあたっていた（『漢書』巻一百上 敍傳上）。王莽が後に政策の典拠とする古文學を深く学んだのは、この交友関係に依る。

久之《ひさしくして》、叔父たる成都侯の商 上書して、戸邑を分けて以て莽を封ぜんと願ふ。及び長樂少府の戴崇・侍中の金渉・胡騎校尉の箕閎・上谷都尉の陽並・中郎の陳湯、皆 當世の名士たるが、咸 莽が爲に言ふ。上 是に由りて莽を賢とす。永始元年、莽を封じて新都侯と爲し、南陽の新野の都鄉に國せしむること、千五百戸なり。(七)

やがて王莽は、叔父の王商が自らの封邑を分けて封建を願ったこと、ならびに「當世の名士」である金渉・箕閎・陽並・陳湯らの口添えもあって、永始元（前一六）年、王氏九番目の列侯として(9)新都侯に封建された。王莽は、莽新を建国すると金渉たち四名の子を男爵に封建して恩に報い（『漢書』巻九十九中 王莽傳中）、王商の子である王邑を「腹心」としている（『漢書』巻九十九上 王莽傳上）。

王莽が兄事した班斿は、成帝の覚えめでたく、同じくお気に入りであった淳于長や張放と共に、乘輿に参乗し、宴席に侍ることが多かった。しかし、班斿は、驕奢な淳于長たちとは反りが合わなかったという。この淳于長こそ、青年期の王莽最大の競争相手であった。

淳于長は、元皇太后の姉である君俠の子で、舅にあたる王鳳の介護に努めた。王莽抜擢の契機となった王鳳への介護は、王莽と共に淳于長があたっていたのである。王鳳は、王莽と同じように、淳于長を成帝と元皇太后に託した。成帝は淳于長を校尉諸曹から、やがて水衡都尉・侍中、さらには衞尉へと抜擢する（『漢書』巻九十三 佞幸 淳于長傳）。ついに元延三（前一〇）年、淳于長は(10)定陵侯に封建され、王氏の親族で十番目の列侯となったのである（『漢書』巻十 成帝紀）。

王莽と同じ出世の契機を持ちながら、淳于長の外戚としてのあり方は、王莽のそれと対照的であった。

外は諸侯・牧守と交はり、賂遺・賞賜も亦た鉅萬を絫《かさ》ぬ。多く妻妾を畜ひ、聲色に淫し、法度を奉ぜず。初め許皇后 左道に執はるるに坐し、廢せられて長定宮に處る。而して后の姉たる嬚は龍頟思侯の夫人と爲り、寡居す。長 嬚と私通し、因りて取りて小妻と爲す。許后 嬚に因り長に賂遺し、復た倢伃と爲らんことを求めんと欲す。長 許后の金錢・乘輿・服御の物を受くること前後千餘萬、詐りて爲に上に白すを許すに、立つるに左皇后と爲さんことを以てす。嬚の長定宮に入る毎に、輒ち嬚に書を與へ、許后を戲侮し、嫚易して言はざる無し。書記を交通し、賂遺すること年を連ぬ。(八)

淳于長は、賄賂を取り、法令を守らず、許皇后の姉と私通し、廃位された許皇后を侮り、左皇后に立つための口添えをすると約束して賄賂を受けるなどの非道を繰り返した。

こうした外戚のあり方は、淳于長だけではなく、王鳳の弟たち「五侯」にも共通する。やがて❸大司馬衞將軍として輔政する王商は、長安城を穿って灃水の水を邸宅の大溜池に注ぎ船を浮かべ、やがて❹大司馬票騎將軍として輔政する王根は、園中の築山・漸台のたたずまいを白虎殿に準える。帝城を穿ち、天子の制に準える二人の驕奢潛上に怒った成帝は、当時の輔政であった❷大司馬車騎將軍の王音を責めた。王音は、自ら刑罰を受けることを請い、王商らもそれに従ったため、成帝はこれを許したが（『漢書』巻九十八 元后傳）、「五侯」の非道は、このようなものであった。淳于長は、こうした「五侯」の後継者と言えよう。

そうした中で、ひとり王音だけは、身を修め、しばしば諫め正して、忠節の心を尽くした。王鳳の死去に臨んで、成帝は「五侯」の筆頭である王譚を後任にしようとした。しかし、王鳳は反対する。

鳳 頓首して泣きて曰く、「譚ら臣と至親と雖も、行は皆 奢僭にして、以て百姓を率導する無し。御史大夫の音が謹敕なるに如かず。臣 敢て死を以て之を保せん」と。鳳 且に死せんとするに及び、上疏して上に謝し、復た固く音を薦めて自ら代はらしめんとし、譚ら五人は必ず用ふ可からずと言ふ。天子 之を然りとす[九]。

王鳳は、「五侯」を用いず、王音を後任とすべきことを遺言したのである。王禁の弟である王弘の子でありながら、王音が王鳳の後任として❷大司馬車騎將軍となり、⑻安陽侯に封建されたのは、王音が「五侯」のような外戚として驕奢なあり方を取らなかったことによる。早くに卒したため王禁の八子の中で唯一列侯に封建されなかった王曼を父に持つ王莽は、王音の謹厳実直な生き方を模範とした。王音の子である王舜は、やがて王莽の「腹心」として重用されていく（『漢書』巻九十九上 王莽傳上）。

王音、そして王莽のあり方を支えたものは、前漢後半期に勢力を増加させていた儒教官僚たちの皇帝への諫言であった。成帝は寛大な人柄であり、進んで儒者の直言を聞き入れた。翟方進らは、法に照らして帝の過ちを挙げ、劉向・杜鄴・王章・朱雲は、思うままに帝に逆らった。このため王氏兄弟をはじめ、公卿大夫、外戚の史氏・許氏に至るまで、諫言によって誹られないものはなかったという（『漢書』巻一百上 敍傳上）。王莽は、「五將十侯」と称された王氏一族の中で勝ち残るために、王音を模範として儒教の理想とする外戚であろうと努め、勢力を伸長していく。

綏和元（前八）年、王莽はついに淳于長を失脚させる。このとき❹大司馬票騎將軍であった王根は、成帝の弟である定陶共王（定陶恭王）の母、傅太后より莫大な賄賂をもらい、共王の子劉欣（のちの哀帝）を太子とすることを成帝に勧めていた。成帝は、これを受けて定陶王を太子とする。輔政が五年に及んだことを理由に、王根が骸骨を請うと、成帝は封邑を五千戸増すと共に、職を免じて邸に就かせる。王氏の序列で言えば、衞尉として九卿の位にいた淳于長が、王根に代わるべき地位にあった。王莽は、病気に伏せる王根を看病している時に、淳于長の罪科を告発する。

（王莽）因りて言ふ、「長 將軍の久しく病むを見、意に喜びて、自ら以へらく當に代はりて輔政すべしと。衣冠

に對ひて署置を議語するに至る」と。具さに其の辠過を言ふ。(一〇)

王根は怒り、元皇太后にも申し上げるよう指示し、王莽は、淳于長がもとの皇后の許氏の姉と通じていることなどを伝えた。元皇太后も怒り、成帝に上奏するよう指示し、成帝は淳于長を免官した。これに対して、淳于長は、王立の子王融に賄賂を贈り、取りなしを依頼する。しかし、成帝がこれを不審に思い尋問すると、王立は王融を自殺させた。成帝はさらに怪しみ、淳于長を逮捕・尋問すると、許氏を侮り、左皇后に立てようと図ったことを自白し、獄中で死んだ。こうして王莽は、淳于長を打倒し、王氏五人目の❺大司馬として輔政の任に就いたのである。

しかし、翌年、成帝が崩御すると、王莽は、哀帝の外戚を避けて政権から遠ざかった。王根が賄賂を受けて、定陶王を太子としたばかりに、王莽の輔政は一年で終わり、平帝の即位まで雌伏を余儀なくされたのである。王莽は、淳于長や王根のような外戚の驕奢を憎む中で、ますます儒教に傾倒していく。

二、民と利を争う

王莽の経済政策の中で最も特徴となる六筦は、塩・鉄・酒・山沢の産物・錢布銅冶・五均賖貸を政府の管理下に置くものである。影山剛《一九九〇》《一九九五》によれば、六筦のうち、塩・鉄・酒の専売は前漢武帝期の経済政策の継続と復活であり、錢布銅冶も武帝期の貨幣制度改革の再現である。五均もまた平準法の延長・発展と位置づけられる。これに対して、山林叢沢の筦（斡、専売）のうち「三夫の税」は『周禮』に基づく。そして、賖貸は、前漢に先行する制度がなく、『周禮』の經文をそのまま制度の条文に含む低利融資政策であるという。

前漢武帝期に、塩・鉄・酒の専売や貨幣制度改革、均輸・平準法が施行されると、董仲舒がこれを批判した、と

『漢書』はいう。

（董仲舒 又 言ふ）……古の井田の法は、卒に行ひ難しと雖も、宜しく少しく古に近くし、民の名田を限りて、以て足らざるを澹《た》らしめ、幷兼の路を塞ぎ、鹽鐵は皆 民に歸し、奴婢を去り、專殺の威を除き、賦斂を薄くし、繇役を省きて、以て民力を寛かにすべし。然る後に善く治む可きなり。仲舒 死するの後、功費 愈ゝ甚だしく、天下 虚耗し、人 復た相 食む。(一一)

このように董仲舒は、塩・鉄の専売に反対した、とされる。ただし、『漢書』に記された董仲舒の事績は、「天人三策」をはじめとして班固の擬作を含む可能性を持つ。(一二) ここでも、董仲舒の死後、「功費 愈ゝ甚しく」なったとの評価は、班固による董仲舒の顕彰と考えられる。それでも、『董仲舒書』などに纏められた董仲舒の後学の主張をもとにしたと考えられる『漢書』の記述が、塩・鉄の専売反対であったことは、鹽鐵論争における「賢良・文學」の立場と共通するものとして注目すべきである。(一三) 塩・鉄専売への反対は、前漢における儒者の主張の基調であった。

昭帝の始元六（前八一）年、御史大夫の桑弘羊ら政策担当者と前年に推挙された郡國の賢良・文學とが、塩・鉄・酒の専売、均輸・平準法の是非をめぐって激しい論戦を繰り広げた。鹽鐵論争である。西嶋定生〈一九六五〉によれば、賢良・文學の背後には内朝の権力者霍光がおり、外朝の権力者桑弘羊と政権の帰趨をかけて、経済政策を争ったものが鹽鐵論争であるという。やがて宣帝期の桓寛が、論争の記録である鹽鐵議文をもとに『鹽鐵論』を編纂する。日原利國は、『鹽鐵論』における賢良・文學の主張が、基本的に春秋公羊學の立場に一致し、政策担当者の法家主義に対抗するものであったとする。(一四)『鹽鐵論』において賢良・文學は、次のように述べている。

文學 對へて曰く、「竊かに聞くならく、治人の道は、淫佚の原を坊《ふせ》ぎ、道德の端を廣げ、末利を抑へて、仁義を開くにあり。示すに利を以てすること毋く、然る後に教化 興す可く、而して風俗 移す可きなりと。今 郡國に鹽鐵・酒榷・均輸有りて、民と利を爭ふ。敦厚の樸を散じ、貪鄙の化を成す。是を以て百姓、本に就く者は寡く、末に趨る者は衆し。夫れ文 繁なれば則ち質 衰へ、末 盛んなれば則ち本 虧く。末 修まれば則ち民 淫し、本 修まれば則ち民 愨《よ》し。民 愨ければ則ち財用 足り、民 侈なれば則ち饑寒 生ず。願はくは鹽鐵・酒榷・均輸を罷めん。本を進め末を退く所以にして、廣く農業を利するに便ならん」と。(一五)

『鹽鐵論』の冒頭に掲げられるこの言説に、賢良・文學側の主張は集約されている。かれらは、農業を「本」、商業を「末」とする立場から、「鹽鐵・酒榷・均輸」という國家による経済統制は、「民と利を爭ふ」ことであり、農業を衰退させるため、中止すべしと主張したのである。

しかし、桑弘羊が失脚した後にも、霍光は塩・鉄の専売を廃止しなかった。賢良・文學の主張は、霍光に利用されただけで、未だ国政に反映されることはなかったのである。(一六)

塩・鉄の専売は、儒者の主張が国政に反映し始めた元帝期になって、ようやく廃止に向けて動き出す。

元帝 位に卽くや、天下 大いに水あり。關東の郡十一 尤も甚し。二年、齊の地 飢う。穀 石ごとに三百餘なり。民 多く餓死し、琅邪郡に人 相 食む。位に在るの①諸儒 多く言ふ、「鹽鐵の官及び北假の田官、常平倉をば罷む可し。②民と利を爭ふこと毋かれ」と。上 其の議に從ひ、皆 之を罷む。……其の後③用度 足らざれば、獨り鹽鐵の官を復す。(一七)

元帝期においても、①「諸儒」が塩・鉄の専売に反対する論拠は、國家が②「民と利を爭ふ」べきではないことに置かれた。元帝期は、「古典中國」の形成に向けて、中国の古典的国制が整備され始めた時期である（渡邉義浩〈二〇〇五〉）。塩・鉄の専売を廃止したことは、経済政策もまた儒者の理想に近づき得たと評価できる。

しかし、③「用度 足らざ」ることを理由に、塩・鉄の専売はまもなく復活された。専売の利益は大きく、その廃止は財政に不足を来らせたのである。この結果、中止された時期は、元帝の初元五（前四四）年から永光三（前四一）年という、わずか四年足らずとなった（『漢書』巻九 元帝紀）。こうして儒者の理想とする経済政策は、現実と擦り合わせる中で、廃止に追い込まれた。儒家は經典の変更を迫られていたのである。

王莽は、前漢末期における儒者の主張を經典に基づいて現実に反映させることにより、権力を掌握すると共に「古典中國」を形成していく。ただし、塩・鉄の専売は、「元始中の故事」と総称される禮制の改革に比べて、このころの儒者の主張と現実との間には大きな隔たりがあった。王莽はそれを埋めるために新たに出現した『周禮』を用いる。『周禮』は、儒教經典としては例外的に、國家による経済への介入を主張していたからである。

劉歆の顕彰により『周禮』が出現した成帝期には、元帝期に復活された塩・鉄の専売が継続されていた。それにも拘らず、成都の羅氏は、塩業によって巨大な利益を挙げている。

> 程・卓 既に衰へるも、成・哀の間に至るや、成都に羅裒あり、訾 鉅萬に至る。初め裒 京師に賈し、身に數十百萬を隨ふ。平陵の石氏の爲に錢を持す。其の人 彊力なり。石氏 訾は如・苴に次ぎ、親信して資を厚くして之を遣はし、巴蜀に往來せしむ。數年間に千餘萬を致す。[①]裒 其の半を擧げ、曲陽・定陵侯に賂遺し、其の權力に依り、[②]郡國に賖貸せば、人 敢て負くもの莫し。[③]鹽井の利を擅にし、期年に得る所は自づから倍す。遂《かく》て其の貨を殖す[一八]。

羅裒は、平陵の石氏の資産を運用して財を成すと、①その半ばを⑹曲陽侯の王根・⑽定陵侯の淳于長に賄賂として贈り、その権力に依りながら②「郡國に賖貸（賖は賒の異体字）」して財を成したという。賖貸については、『漢書』王莽傳に次のように記される。

> 初めて六筦の令を設く。縣官に命じて、酒を酤《う》り、鹽鐵の器を賣り、錢を鑄せしむ。諸〻の名山・大澤の衆物を

采取する者には之に税す。又 市官をして賤《やす》きを收め貴きを賣らしむ。賒貸して民に予へ、息を收むること百に月ごとに三なり。(一九)

王莽の六筦政策の中で、「賒貸」は、民に錢を貸して、百錢につき一月ごとに三錢の利息を取る、貸し付け政策とされている。月毎の利子率は三分、年利にすると単利では三割六分となる。羅裒が取った利子は記録されないが、外戚の権力を背景に巨額な資本を貸し付ければ、巨利を得られたことは疑いない。

重要な点は、成帝期にも、塩・鉄の専売が継続されている以上、③「鹽井の利を擅に」することは、本来的には不可能なはずであったことにある。塩の生産は民間で行われたが、その流通は國家が掌握していたためである。そこで、羅裒は、⑹曲陽侯の王根と⑽定陵侯の淳于長に賄賂を贈ることにより、③「鹽井の利を擅に」することを可能としたのであろう。(二〇) 塩・鉄の専売という國家による経済への統制策を名目化する行為である。莽新の末、賈復が南陽郡冠軍縣の縣掾として、河東の塩の受領運搬に当たっているように（『後漢書』列傳七 賈復傳）、王莽時の塩・鉄の専売は、前漢以来の縣掾の専売関与を踏襲している。元帝期に一時廃止されたものの、それ以降は王莽の時まで同じ形で専売制は継続していたのである。したがって、それが完全に運用されていれば、改めて王莽が六筦の中に塩・鉄の専売を含める必要はない。王根・淳于長と結んだ羅裒により、塩・鉄の専売政策は揺るがされていたのである。

賄賂を受けて王莽の輔政を一年で終わらせる原因を作った⑹王根、王莽の競争相手で驕奢を極めていた⑽淳于長は、羅裒より賄賂を受けることにより、國家の経済政策を名目化していた。こうした癒着を断ち切るためにも王莽は、塩・鉄の國家管理を再建する必要があった。そうした國家による経済統制を正統化する論拠を提供したものが『周禮』である。

三、『周禮』と『管子』

『周禮』の経済思想は、井田制を代表とする土地制度、（二一）九賦・九功・九貢と分類される税役制度のほか、（二二）塩・鉄の専売を典型とする國家の経済に対する積極的な介入に特徴を持つ。すでに検討したように、『周禮』が出現した成帝期には、外戚の王氏と結んだ成都の羅裒が、塩業で巨利をあげていた。『周禮』の校書にあたった劉向・劉歆のうち、父の劉向は、『列女傳』や『説苑』を著すことで外戚の専横を批判していた（本書第三章）。外戚の経済的基盤となっている豪商を抑え、國家の財政を充実させるために、『周禮』の中に、それまでの經書とは反する、國家による積極的な経済への介入政策を含めた可能性は否定できない。

『周禮』以外の經書、および先秦時代の文献には、國家の経済への介入政策となる「賖貸」を含むものはない。『漢書』の中では、「賖貸」は四ヵ所、「賖貸」は二ヵ所で用いられるが、王莽の六筦政策とそれを正統化する『周禮』を除くと、使用事例は、貨殖傳の羅裒に関わる条に限定される。羅裒の郡國への「賖貸」を批判する中で、『周禮』に「賖貸」の國家管理が含められた可能性は高いのである。

それでは、『周禮』は、いかなる文献の影響を受けて、「賖貸」を記したのであろうか。その際に注目すべきは、『周禮』との近接性が実証されている『管子』である。（二三）『管子』もまた劉向が、五百六十四篇にも及ぶ雑多な篇の集積であったものを八十六篇の完足本として定着させたものである。『管子』の中にも「賖貸」という字句は用いられていないが、その輕重篇は「賖貸」の前提となる國家による積極的な経済への介入を主張している。金谷治《一九八七》によれば、『管子』中の経済思想は、輕重篇を除く大部分は戰國末期までに収まる内容を持つが、塩・鉄の専売、鉱山の国営など國家の経済統制を説く輕重篇は、桑弘羊らに連なる一派の文献が元になっているという。『鹽鐵論』には、次のように記される。

御史 進みて曰く、「……管仲 桓公に相たりて、先君の業を襲ひ、輕重の變を行ひ、南のかた強楚を服して諸侯に伯《は》たらしむ。今 大夫君、太公・桓・管の術を修め、鹽鐵を統一し、山川の利を通じて萬物 殖す。……」と。[二四]

このように御史大夫の桑弘羊は、管仲たちに準えられ、その「術」を継承して塩・鉄を専売していると認識されていたのである。[二五] こうした桑弘羊と管仲との近接性が、桑弘羊を管仲に準える諸生の言葉の背景にある。金谷治〈一九九七〉は、桑弘羊を中心とする経済論を推進して、『管子』輕重篇を編集した人々は、「輕重家」と呼ばれる専門の経済コンサルタントであったとする。このように前漢後半期に統制経済の成功者として管仲を位置づける人々によって著された『管子』輕重篇が、『周禮』の経済思想へと連なっていくのである。

『周禮』は、官職ごとにその職掌を記すことで、自らの思想を表現する。このため、経済思想も多くの官職に跨がって記述されており、『管子』が直接引用されることもない。それでも小柳司気太〈一九四二〉は、税法（地均の法・田租の加減・市場関所の税・賦役）、士農工商の雑居の禁止、救恤、度量衡の統一、水利・治水、国庫窮乏の原因などに両者の共通性を指摘している。

劉歆は、王莽に『周禮』に基づく経済政策を勸めた際、次のように述べている。

國師公の劉歆 言へらく、「周に泉府の官有り、讎《う》れざるを收めて、得んと欲するものに與ふ。卽ち易の所謂、財を理め辭を正し、民 非を爲すを禁ずる者なり」と。[二六]

劉歆は、このように『周禮』の経済思想の長所を泉府の記述に求めている。したがって、王莽もそれを踏まえて、『周禮』の泉府を重視する。

莽乃ち詔を下して曰く、「夫れ周禮に賖貸有り、樂語に五均有り、傳記に各〻斡《つかさど》るもの有り。今賖貸を開き、五均を張り、諸〻の斡る者を設くるは、衆庶を齊へ、幷兼を抑へる所以なり」と。(二七)

王莽は、このように『周禮』泉府の「賖貸」を典拠に詔を出しているのである。『周禮』地官司徒 泉府は、『周禮』において國家による経済への介入を説く中心部分なのである。その冒頭を掲げよう。

泉府。市の征布を以て市の售《う》れざる貨の民用に滯る者を斂めて、其の賈《あたひ》を以て之を買ふことを掌る。物ごとに楬げて之を書《しる》して、以て不時にして買ふ者を待つ。買ふ者 各〻其の抵に從ひ、都鄙は其の主に從ふ。國人・郊人は其の有司に從ひて然る後に之を予ふ。(二八)

これは、國家が市場の売れ残りを買いあげて価格を維持する経済政策である。同様の主張は、『管子』輕重篇にも見ることができる。

子大夫、五穀菽粟を有する者は、敢て左右すること勿かれ。請ふ平賈を以て之を取らん。……國粟の賈《あたひ》、坐《ゐ》ながらに長じて四十倍なり。君 四十倍の粟を出して、以て孤寡を振《すく》ひ、貧病を收め、獨・老・窮にして子無き者を視、相 鬻ぐを得る靡くして之を養ひ、溝瀆の中に赴かしむること勿かれ。(二九)

このように『管子』輕重篇もまた、國家が「平價」で穀物を買いあげ、価格が上がるのを待って民を救済すべきことを主張している。國家が物資を買い上げ、価格を管理することで経済を統制しようとする発想を『管子』が『周禮』と共通にすることを理解できよう。

王莽の賖貸の典拠となった『周禮』の泉府の条を掲げよう。

凡そ賖する者は、祭祀は旬日に過ぐること無く、喪紀は三月に過ぐること無し。凡そ民の貸る者は、其の有司と辨じて之を授け、國服を以て之が息と爲す。(三〇)

「賒」について、鄭玄の注は、鄭司農（鄭衆）の見解を引用して次のように述べている。

　鄭司農云ふ、「賒は、貰なり。祭祀・喪紀の故を以て、官に從ひ物を貰買す」と。[三一]

「貰」について、孫詒讓は、「先に物を貰し、而る後に直を償ふ（先貰物、而後償直）」（『周禮正義』巻二十八 地官司徒 泉府）と解釈し、貰を掛け売りとする。そして、「旬日・三月を過ぐるに得《あ》たれば、而して息有り（得過旬日・三月、而有息）」（『周禮正義』巻二十八 地官司徒 泉府）と、「祭祀」では十日、「喪紀」では三ヵ月を超えると利息が発生したと理解する。『管子』輕重篇には、祭祀に際して課税する方法が述べられており、祭祀を媒介として國家が収入を得るという発想にも共通性が見られる。

「貸」の場合の「國服」について、鄭玄は次のように注をつける。

　王莽の時、民 貸りて以て産業を治むる者は、但だ贏の得る所を計りて息を受く。歳ごとに什に一に過ぐること無し。[三二]

王莽の時、民が借りた利息の年利は、一割を超えたことはない、とするのである。これは、『漢書』に基づく。

　民 祭祀・喪紀せんと欲すれども用無き者は、錢府 入るる所の工・商の貢を以て、但だ之に賒するのみ。祭祀は旬日を過ぐること毋く、喪紀は三月を過ぐること毋し。民 或いは乏絶し、貸りて以て産業を治めんと欲する者は、均しく之を授く。其の費を除き、得る所を計りて息を受け、歳ごとに什に一に過ぐること毋からしむ。[三三]

鄭玄の注及び孫詒讓の解釈は、『漢書』にこのようにある王莽の施策に基づくと考えてよい。しかし、すでに掲げたように、『漢書』巻九十九中 王莽傳中では、王莽の「賒貸」の利息は、百錢につき一月ごとに三錢の利息（年利にすると単利では三割六分）とされており、『漢書』の中で記述に矛盾がある。[三四]

さて『管子』輕重篇には、四方の民がいずれも、「稱貸の家」からの借金に苦しんでいると桓公に報告される場面がある。

（南方の萌《たみ》は）其の稱貸の家、多き者は千萬、少き者は六七百萬たり。其の之を出だすや、伯ごとに伍に中るなり。其の息を受くるの萌は、八百餘家なり。[三五]

「稱貸の家」の利息は、南方では「伯」（百錢）ごとに「伍」（五十錢）の高利に至ったというのである。羅裒の「賖貸」もこれに類した利息を取っていたのであろうか。これを国政の障害と考える管仲は、桓公に「稱貸の家」の証文を廃棄させる方法を献策する。『管子』は、國家が民に低利で融資を行うべきことの理由となる高利貸しの撲滅を主張している。『周禮』の「賖貸」の前提となる思想と言えよう。このように考えると、王莽が『周禮』に基づき経済統制政策を試みた社会背景は、羅裒という高利貸しが外戚と結んで勢力を拡大していた状況に近いことが分かる。

『周禮』は、劉向が整理にあたった『管子』の國家による経済統制思想の影響を受けながら、儒教の經書としては例外的に、國家による積極的な経済介入思想を含むものであった。このため、前漢の武帝が行った経済統制政策を模範として、塩・鉄の専売をはじめとする六筦を展開した王莽の経済政策を正統化できたのである。ただし、このことはもちろん、『周禮』が劉向・劉歆の擬作であることをそのままでは意味しない。しかし、『周禮』もまた、当該時期の政治状況に大きく影響されながら出現したことを証明するものである。

おわりに

王莽青年期の競争相手であった淳于長、収賄に努め王氏の勢力後退の原因となった王根の奢侈の背後には、外戚と結ぶことで國家の専売政策を擦り抜け、蓄財に勉めた羅裒の存在があった。そうした私的な利益を追求する塩商の出現を防ぎ、また何よりも国家の収入を確保するためには、儒者が反対していた塩・鉄の専売が必要不可欠であった。元帝期の一時的な塩・鉄の専売の中止による国用不足は、それを強く印象づけた。これが王莽の経済政策とそれを劉歆が『周禮』により正統化した背景となる政治状況であった。

外戚と結んで専売を崩した塩商を憎む劉向は、『管子』輕重篇を校書している。父の校書を受けた劉歆が、経済統制の思想を『周禮』に組み込み、『周禮』に儒教經典としては例外的な経済介入思想を含ませた可能性は高い。そして劉歆は、王莽に『周禮』に基づく経済統制を献策し、その結果として実施された王莽の経済統制政策が六筦であったのである。

《注》

（一）鄭玄が『周禮』を經禮と位置づけることは、加賀栄治《一九六四》、鄭玄の太平思想と『周禮』との関係については、間嶋潤一《二〇一〇》を参照。また、賈公彥が著した「周禮疏序」の詳細な訳注に、池田秀三〈一九八一〉がある。

（二）中国歴代における『周禮』への批判については、宇野精一《一九四九》を参照。

（三）宇野精一《一九四九》、侯家駒《一九八七》、南昌宏〈一九九一〉の整理によれば、①周公作（清以前の諸家）、②孔子手定（熊十力）、③西周末（林泰輔）、④戰國時代、齊人の作（宇野精一）、⑤趙人、荀子の弟子（郭沫若）、⑥戰國時代末、『呂氏春秋』の前、晉人の作（錢穆）、⑦『呂氏春秋』の後、秦の統一前（史景成）、⑧秦の始皇帝ごろ（田中利明）、⑨王莽・劉歆らの偽作（清以前の諸家）⑩前漢末（津田左右吉）などの諸説がある。このほか、池田末利〈一九八四〉は秦漢、彭林《二〇〇九》は前漢初、と主張している。

(四) 莽羣兄弟皆將軍・五侯子、乘時侈靡、以輿馬・聲色・佚遊相高。莽獨孤貧、因折節爲恭儉。受禮經、師事沛郡陳參、勤身博學、被服如儒生。事母及寡嫂、養孤兄子、行甚敕備（『漢書』巻九十九上 王莽傳上）。

(五) 天子七廟制や郊祀をめぐる議論と『春秋左氏傳』との関係については、渡邉義浩〈二〇〇七b〉を参照。

(六) 陽朔中、世父大將軍鳳病。莽侍疾、親嘗藥、亂首垢面、不解衣帶連月。鳳且死、以託太后及帝。拜爲黃門郎、遷射聲校尉（『漢書』巻九十九上 王莽傳上）。

(七) 久之、叔父成都侯商上書、願分戶邑以封莽。及長樂少府戴崇・侍中金涉・胡騎校尉箕閎・上谷都尉陽並・中郎陳湯、皆當世名士、咸爲莽言。上由是賢莽。永始元年、封莽爲新都侯、國南陽新野之都鄉、千五百戶（『漢書』巻九十九上 王莽傳上）。

(八) 外交諸侯・牧守、賂遺・賞賜亦絫鉅萬。多畜妻妾、淫於聲色、不奉法度。初許皇后坐執左道、廢處長定宮。而后姊孊爲龍頟思侯夫人、寡居。長與孊私通、因取爲小妻。許后因孊賂遺長、欲求復爲倢伃。長受許后金錢・乘輿・服御物前後千餘萬、詐許爲白上、立以爲左皇后。孊每入長定宮、輒與孊書、戲侮許后、嫚易無不言。交通書記、賂遺連年（『漢書』巻九十三 佞幸 淳于長傳）。

(九) 鳳頓首泣曰、譚等雖與臣至親、行皆奢僭、無以率導百姓。不如御史大夫音謹敕。臣敢以死保之。及鳳且死、上疏謝上、復固薦音自代、言譚等五人必不可用。天子然之（『漢書』巻九十八 元后傳）。

(一〇) (王莽) 因言、長見將軍久病、意喜、自以當代輔政。至對衣冠議語署置。具言其辠過（『漢書』巻九十三 佞幸 淳于長傳）。

(一一) (董仲舒又言) ……古井田法、雖難卒行、宜少近古、限民名田、以澹不足、塞幷兼之路、鹽鐵皆歸於民、去奴婢、除專殺之威、薄賦斂、省繇役、以寬民力。然後可善治也。仲舒死後、功費愈甚、天下虛耗、人復相食（『漢書』巻二十四上 食貨志上）。

(一二) 董仲舒の「天人三策」が、『董仲舒書』を粉本とする班固の擬作であることは、福井重雅《二〇〇五》を参照。

（一三）鹽鐵論争への董仲舒の影響を論じたものに、湯浅邦弘〈一九八七〉がある。

（一四）日原利国〈一九五四〉。このほか、呉慧《一九八一》、晋文《二〇〇五》、徐漢昌《一九八二》もあるが、思想史的な捉え方に新しみはない。

（一五）文學對曰、竊聞、治人之道、坊淫佚之原、廣道德之端、抑末利、而開仁義。毋示以利、然後教化可興、而風俗可移也。今郡國有鹽鐵・酒榷・均輸、與民爭利。散敦厚之樸、成貪鄙之化。是以百姓、就本者寡、趨末者衆。夫文繁則質衰、末盛則本虧。末修則民淫、本修則民愨。民愨則財用足、民侈則饑寒生。願罷鹽鐵・酒榷・均輸。所以進本退末、廣利農業便也（『鹽鐵論』巻一　本議）。なお、『鹽鐵論』は、王利器《一九八三》を底本とした。

（一六）福井重雅〈一九九七〉は、『鹽鐵論』中に頻見する中央政府の最高官僚たちの主張や発言は、いぜんとして法家や秦政を賛美し、孔子や儒家を蔑視してはばかることはない、と述べている。霍光がこうした状況を変革することもなかったのである。

（一七）元帝卽位、天下大水。關東郡十一尤甚。二年、齊地飢。穀石三百餘。民多餓死、琅邪郡人相食。在位①諸儒多言、鹽鐵官及北假田官、常平倉可罷。②毋與民爭利。上從其議、皆罷之。……其後③用度不足、獨復鹽鐵官（『漢書』巻二十四上　食貨志上）。

（一八）程・卓既衰、至成・哀間、成都羅裒、訾至鉅萬。初裒賈京師、隨身數十百萬。爲平陵石氏持錢。其人彊力。石氏訾次如・苴、親信厚資遣之、令往來巴蜀。數年間致千餘萬。①裒擧其半、賂遺曲陽・定陵侯。依其權力、②賖貸郡國、人莫敢負。③擅鹽井之利、期年所得自倍。遂殖其貨（『漢書』巻九十一　貨殖傳）。

（一九）初設六筦之令。命縣官、酤酒、賣鹽鐵器、鑄錢。諸采取名山・大澤衆物者稅之。又令市官收賤賣貴。賖貸予民、收息百月三（『漢書』巻九十九中　王莽傳中）。

（二〇）羅裒が王根と淳于長に接近した理由として、両者が共に水衡都尉に就任していることに注目すべきである。水衡都尉は、武帝期に國家財政に移行された上林苑の管理を行ったが、そこには錢の鋳造を掌る鍾官・辨銅・均輸の「上林三官」が置かれていた。加藤繁〈一九一八、一九〉を参照。

（二一）鈴木隆一〈一九七四〉は、『周禮』の井田制を『孟子』の井田制への過渡期と位置づけ、曾我部静雄〈一九八四〉は、『周禮』と『孟子』の井田制に異なるところはないとする。

（二二）越智重明〈一九八一〉は、『周禮』の財政収入は、基本的には収益税と人頭税からなっており、前漢前期の税体系と同質であり、田制収入もまた、軍役・徒役・力役からなり、漢代の役体系にほぼ対応する、としている。また、『周禮』の税制度に関する資料の整理として、林耀曾《一九七七》、李普国《一九八七》がある。

（二三）『周禮』と『管子』の近接性については、小柳司気太〈一九四二〉を参照。ただし小柳は、先行する『周禮』の影響を『管子』が受けたと理解している。

（二四）御史進曰、……管仲相桓公、襲先君之業、行輕重之變、南服強楚而伯諸侯。今大夫君、修太公・桓・管之術、統一鹽鐵、通山川之利而萬物殖。……（『鹽鐵論』輕重 第十四）。

（二五）西田太一郎〈一九五三〉は、鹽鐵論における賢良・文學と政策担当者の対立を儒家と法家の対立と見る視角から、武帝の外国征討と法治主義を理論化したのが商鞅ら法家思想であるのに対して、塩鉄専売などの統制経済を合理化したのは、管子の軽重思想であるとしている。

（二六）國師公劉歆言、周有泉府之官、收不讎、與欲得。卽易所謂、理財正辭、禁民爲非者也（『漢書』巻二十四下 食貨志下）。

（二七）莽乃下詔曰、夫周禮有賖貸、樂語有五均、傳記各有斡焉。今開賖貸、張五均、設諸斡者、所以齊衆庶、抑幷兼也（『漢書』巻二十四下 食貨志下）。

（二八）泉府。掌以市之征布斂市之不售貨之滯於民用者、以其賈買之。物楬而書之、以待不時而買者。買者各從其抵、都鄙從其主。國人・郊人從其有司然後予之（『周禮』地官司徒 泉府）。

（二九）子大夫、有五穀菽粟者、勿敢左右。請以平賈取之。……國粟之賈、坐長而四十倍。君出四十倍之粟、以振孤寡、收貧病、視獨・老・窮而無子者、靡得相鬻而養之、勿使赴於溝澮之中（『管子』輕重甲 第八十）。『管子』は、馬非百《一九七九》

を底本とした。

(三〇) 凡賒者、祭祀無過旬日、喪紀無過三月。凡民之貸者、與其有司辨而授之、以國服爲之息（『周禮』地官司徒　泉府）。

(三一) 鄭司農云、賒、貰也。以祭祀・喪紀故、從官貰買物（『周禮注疏』巻十五　地官司徒　泉府）。

(三二) 王莽時、民貸以治產業者、但計贏所得受息。無過歲什一（『周禮注疏』巻十五　地官司徒　泉府）。

(三三) 民欲祭祀・喪紀而無用者、錢府以所入工・商之貢、但賒之。祭祀毋過旬日、喪紀毋過三月。民或乏絕、欲貸以治產業者、均授之。除其費、計所得受息、毋過歲什一（『漢書』巻二十四下　食貨志下）。

(三四) 山田勝芳〈一九八八〉は、必要経費を除いた収益に対して月三分＝3％、年間で一割を越えない、と解釈している。

(三五) (南方之萌者) 其稱貸之家、多者千萬、少者六七百萬。其出之、中伯伍也。其受息之萌、八百餘家（『管子』輕重丁　第八十三）。

〔図　五將十侯〕

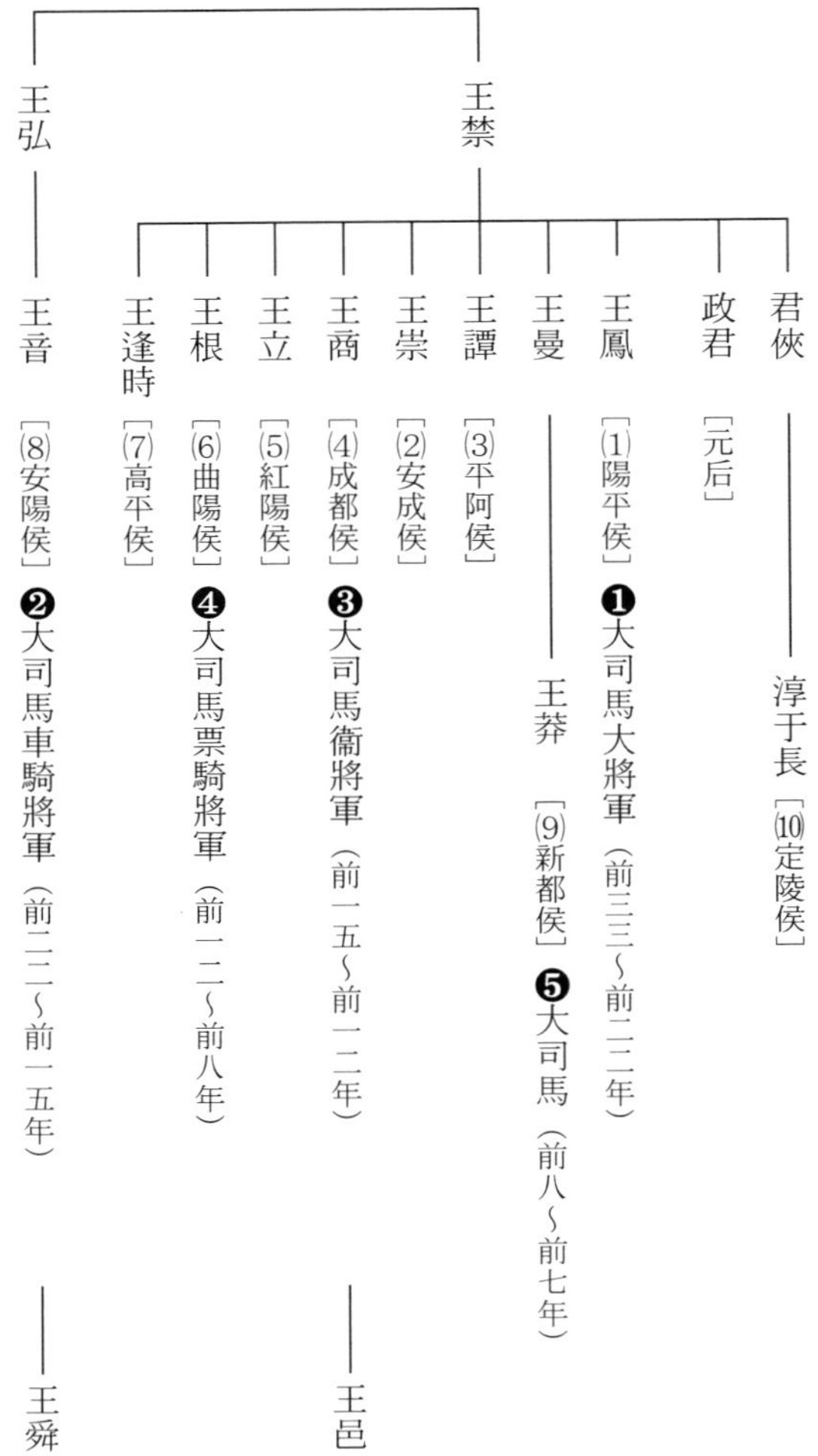
王禁
王弘
君俠
淳于長〔⑽定陵侯〕
政君〔元后〕
王鳳〔⑴陽平侯〕❶大司馬大將軍（前三三～前二二年）
王曼
王莽〔⑼新都侯〕❺大司馬（前八～前七年）
王譚〔⑶平阿侯〕
王崇〔⑵安成侯〕
王商〔⑷成都侯〕❸大司馬衛將軍（前一五～前一二年）
王邑
王立〔⑸紅陽侯〕
王根〔⑹曲陽侯〕❹大司馬票騎將軍（前一二～前八年）
王逢時〔⑺高平侯〕
王音〔⑻安陽侯〕❷大司馬車騎將軍（前二二～前一五年）
王舜

第八章　理念の帝国

はじめに

前漢末期、儒學が神秘性を帯びて儒教へと変容し、国家支配の正統化を試みると共に、理想的国家モデルの形成に努めていたころ、その過程に大きく関わりながら権力を伸張させた者が王莽である。王莽はやがて、前漢を滅ぼして莽新を建国し、儒教に基づく統治制度・支配の正統性・世界観を構築していく。莽新はわずか十五年で滅亡するが、その国制は、「古典中國」の原型として、後漢「儒教國家」に継承されていく（渡邉義浩〈二〇〇五〉）。

王莽は、儒教に基づく世界観を中国内のみならず、夷狄に及ぼしていく。そこには、「天下」という概念の展開が必要であった。本章は、王莽の世界観をその根底に置かれた「天下」概念の經學的典拠より探り、世界観の展開の中で王莽が構築しようとした「理念の帝国」を明らかにするものである。

一、王者の徳を示す夷狄

高祖劉邦以来、匈奴の侵攻に苦しめられてきた前漢は、武帝の時、始めて本格的に匈奴への反撃を開始する。春秋三傳に代表される儒教經典は、その出現時の政治状況を反映するという特徴を持つことが多い（渡邉義浩〈二〇〇七b〉）。武帝の父景帝の時に出現した『春秋公羊傳』は、匈奴に苦しむ前漢の国際情勢を背景に、激しい攘夷思想を持ち、百世前の復讐をも是認する。

前漢の武帝期に董仲舒の献策によって太學に五經博士が置かれ、儒教が国教化されたという理解は、班固の『漢書』の偏向に基づく誤解である（渡邉義浩〈二〇〇九〉）。武帝期の政治思想は、漢初以来の黄老思想が未だ有力であった。しかし、権力に接近する術に長けていた公羊學派の努力が実り、武帝期も後半の太初四（前一〇一）年、武帝は公羊傳を典拠に詔を発布するに至る。

（武帝）乃ち詔を下して曰く、「高皇帝は朕に平城の憂を遺し、高后は時に單于の書の悖逆なるに絶《た》ふ。昔 齊の襄公 九世の讎を復《むく》い、春秋 之を大《たふと》ぶ」（一）と。

武帝の詔の典拠は、『春秋公羊傳』莊公四年に、「九世 猶ほ以て讎を復ゆ可きか。百世と雖も可なり（九世猶可以復讎乎。雖百世可也）」とある、復讐の是認を説く春秋の義に置かれる。このように武帝は、匈奴との戦いを『春秋公羊傳』の攘夷思想により正統化したのである。

しかし、宣帝の時、匈奴との関係は一変する。匈奴の内紛により、呼韓邪單于が自ら漢に来朝し、正月の朝賀に参列したのである。匈奴との和親という新たな政治状況を背景に、宣帝期に出現した『春秋穀梁傳』は、華夷混一の理想社会の実現を説いた（渡邉義浩〈二〇〇八a〉）。

黄池の會に、呉子 進めるかな、遂に子といふ。呉は夷狄の國なりて、祝髮文身なるも、魯の禮に因り晉の權に因りて、冠をば端して襲がんと請ひ、其れ成周に藉りて、以て天王を尊ばんと欲す。呉 進めり。呉は東方の大國なり、累累として小國を致して、以て諸侯を會して、以て中國に合はす。呉 能く之を爲さば、則ち臣ならざらんや。呉進めり。王は尊稱なり、子は卑稱なり。尊稱を辭して卑稱に居りて、以て諸侯を會して、以て天王を尊ぶ。呉王の夫差曰く、「好き冠を」と。孔子曰く、「大なるかな、夫差は未だ能く冠を言はざるも冠を欲す」と[二]。

このように、宣帝が石渠閣会議を機に學官に立てた『春秋穀梁傳』は、夷狄であった呉が進んで「子」という爵を称するに至ったことを孔子の言により高く評価する。行論との関わりでは、その際、爵に至るほど文化を受容した象徴として「冠」が掲げられていることに、留意しておきたい。

王莽が平帝を擁立して権力を確立したころ、漢と匈奴との関係は、戦争状態にはなかった。そこで、王莽は、中華の徳を慕う夷狄として匈奴を利用するため、その朝貢を求める。

（王）莽 中國 已に平らかなれば、唯だ四夷 未だ異有らざれと念ひ、乃ち使者を遣はして黄金幣帛を齎し、重く匈奴の單于に賂らしむ。上書せしめて言へらく、「聞くならく中國は二名なるを譏ると。故に名の嚢知牙斯をば 今 更めて知を名とし、慕ひて聖制に従はん」と。又 王昭君の女たる須卜居次を遣はして入侍せしむ[三]。

王莽は、匈奴に手厚く贈り物をする一方で、單于に改名をさせ、「聖制」に従うことを乞い願わせている。このほか王莽は、東方では海外の民を招き寄せ、南方では黄支國を手なずけ、西方では羌族に朝貢を求めている（『漢書』巻九十九上 王莽傳上）。夷狄を中華の徳に従わせることで、執政者である自らの徳を演出せんとしたのである。

こうした夷狄の位置づけの必要性は、元始元（一）年、王莽が安漢公に封建された理由に遡る。王莽はその理由を「塞外の蠻夷」から献上させた「白雉の瑞」に求めている（『漢書』巻九十九上 王莽傳上）。「白雉の瑞」とは、『尚書大傳』に記される越裳國の白雉のことである[四]。越裳國の白雉は、周公が居攝して制禮作樂した結果、招来された貢物であった。夷狄の來貢は、王莽が周公に準えて権力を確立していくうえで、自らの徳を示すための重要な瑞祥なのである。

かかる王莽の態度は、漢以外の天下の存在を前提とし、四方に夷狄の国が存在することを容認するという世界観を前提とする。この時期の王莽の世界観は、次のようなものであった。

(元始五年五月庚寅)……詩の靈臺、書の作雒、鎬京の制、商邑の度、今に於て復興す。先帝の元功を昭章し、祖宗の令徳を明著し、嚴父配天の義を推顯し、郊禘宗祀の禮を修立して、以て大孝を光かす。是を以て四海は雍雍として、萬國は義を慕ひ、蠻夷の殊俗も、召かずして自ら至り、化に漸《すす》み冕を端《ただ》し、珍を奉じ祭を助く。(五)

王莽は「萬國が義を慕」う中で夷狄が招かずして至り、教化によって進んで「冕を端」すという世界観を説く。冕という冠を重視することからも明らかなように、これは『春秋穀梁傳』の華夷混一の理想である。莽新建国前の王莽は、こうした『春秋穀梁傳』の華夷混一の世界観に基づき匈奴と和親関係を結んでいたのである。

この時期の王莽の世界観の根底に置かれた「天下」概念は、『尚書』堯典篇に求められていた。

(元始五年、王) 莽 復た奏して曰く、「(元) 太后 統を秉ること數年、恩澤 洋溢し、和氣 四塞し、絶域の俗を殊にするものも、義を慕はざるはなし。……臣 又 聞くならく、聖王は天文を序《つい》じ、地理を定め、山川・民俗に因りて以て州界を制すと。漢家の地は、二帝・三王より廣く、凡そ十二州なるも、州名及び界 多く經に應ぜず。①堯典は十有二州なるも、後に定めて九州と爲す。漢家の廓地 遼遠にして、州牧 部を行くに、遠き者は三萬餘里なれば、九と爲す可からず。②謹みて經義を以て、十二の州名・分界を正して、以て正始に應ぜん」と。(六)

元始五(五)年の詔において、王莽は「天下」を『尚書』堯典篇の「十二州」と定めていたのである。(七)しかし、その際に王莽が①「九州」とするには「漢家の廓地」は「遼遠」に過ぎるため「十二」とする、と述べているように、「十二州」は經義として中途半端なものであった。『尚書』の「天下」は禹貢篇の「九州」を採ることが一般的なためである。しかし、堯舜革命に準えて前漢の禪讓を目指す王莽は、經義に基づく十全な世界観よりも、②漢の「天下」十二州を堯典篇の「天下」概念に準えることを優先した。漢が祖先とする堯の「天下」概念を伝える『尚書』堯典篇に基づいて、この時期の王莽は、夷狄はあくまでも「天下」の外にあり、「天下」を支配する中華に教化されて、その中に入ってくるべき存在と捉えていたのである。

この間、王莽と匈奴との関係は悪化していた。西域の車師後王の姑句が戊己校尉の徐普に追われて匈奴に亡命し、去胡來王の唐兜が西域都護の但欽に見捨てられて匈奴に亡命すると、匈奴の烏珠留若鞮單于は、これを漢に報告した。王莽は、西域が中国に内属しているとして、二人の王を受け入れてはならないと伝えた。單于は、宣帝・元帝とは、長城以南は中国皇帝の所領、以北は匈奴の所領であるとの約束をしていると反論したが、王莽は態度を硬化させ、單于の命乞いにもかかわらず、二人の王を送致させて処刑する。（八）これを機に両者の関係が悪化したのである。

それでも、王莽が匈奴に対して軍事行動を取ることはなかった。前漢を簒奪する以前の王莽は、周公を模倣するため、『春秋穀梁傳』の華夷混一の世界観に基づき、匈奴との和親関係を維持していたのである。

二、「大一統」における夷狄の位置

王莽は、莽新を建国すると異民族政策を転換する。みずからの「理念の帝国」に夷狄を含ませ、それに従わせようとしていくのである。

（始建國元年、王莽 策命して）又 曰く、「①天に二日無く、土に二王無きは、百王不易の道なり。漢氏の諸侯 或いは王と稱し、四夷も亦た之の如きに至るは、古典に違ひ、②一統に繆《もと》る。其れ諸侯王の號は皆 公と稱し、及び四夷の僭號して王と稱する者は皆 更めて侯と爲すを定めん」と（九）。

王莽即位時の策命は、中国内の諸侯とともに、夷狄が王を称することを②「一統に繆る」と糾弾する。ここには、「大一統」すべき「天下」には、夷狄を含むべきである、との理念を窺うことができる。その理念に鑑みて、前漢が、匈奴との和親を機に、夷狄を王に封建していたことを儒教の經義に悖ると否定したのである。異民族への政策を変更した理由は、西域の問題を契機とする匈奴との関係の悪化に加え、莽新の成立とともに、周公と夷狄との関係を規範とする必要性が終焉したことにも求め得る。

夷狄の「稱王」を否定する經義の典拠は、『禮記』と『春秋公羊傳』に求められた。①『禮記』曾子問篇に、「孔子曰く、「天に二日無く、土に二王無し」と（孔子曰、天無二日、土無二王）」とあり、『禮記』は、王の並立を否定する。また、②『春秋公羊傳』隱公元年に、「何ぞ王の正月と言ふや。一統を大《たふと》べばなり（何言乎王正月。大一統也）」とあるように、『春秋公羊傳』は、「天下」が王のもとに統一されるべきことを冒頭の隱公元年に掲げていた。夷狄の「稱王」を否定する莽新の異民族政策は、『禮記』と『春秋公羊傳』を典拠に正統化されたのである。

このうち『禮記』の世界観は、經學上の「天下」概念の中では、最も小さい方三千里の領域を持つ九州＝中國説に基づく（一〇）。

恆山より南河に至るまでは、千里にして近し。［冀州の域なり。］南河より江に至るまでは、千里にして近し。［豫州の域なり。］江より衡山に至るまでは、千里にして遙かなり。［荊州の域なり。］東河より東海に至るまでは、千里にして遙かなり。［徐州の域なり。］東河より西河に至るまでは、千里にして近し。［亦た冀州の域なり。］西河より流沙に至るまでは、千里にして遙かなり。［雍州の域なり。］西は流沙を盡くさず、南は衡山を盡くさず、東は東海を盡くさず、北は恆山を盡くさず。凡そ四海の內、長を斷ち短を補なはば、方三千里、田八十萬億一萬億畝と爲す。「九州の大計なり。(二一)」

「　」で示した鄭玄注に、そこが何州であるかを明示するように、『禮記』の「四海の內」は、中華の政治空間である「九州」を範囲とする。その大きさを「方三千里」とするのである。ここには、理念として夷狄は居住しない。『禮記』王制篇が成立したとされる前漢の文帝期は、(二二)対外的に消極策を採っており、夷狄の居住範囲までをも「天下」に含める発想は、未だ必要とされてはいなかった。したがって、「天に二日無く、土に二王無し」と述べる『禮記』では、「四海の內」の諸侯が王を称することの不当は糾弾し得ても、匈奴などの夷狄が王を称することは否定できない。

そこで、王莽は、『春秋公羊傳』を組み合わせる。(二三)激しい攘夷思想を持つ『春秋公羊傳』の「大一統」を論拠に、夷狄の僭号を批判するのである。成公十五年に、「王者は天下を一にするを欲す（王者欲一乎天下）」とあるように、『春秋公羊傳』における「大一統」の範囲は「天下」である。隱公元年に、「王者に外無し（王者無外）」とあるように、王の威信の及ぶ「天下」には、夷狄の居住地を含む。成公十五年に、「諸夏を內とし夷狄を外とす（內諸夏外夷狄）」とあるためである。『春秋公羊傳』は、攘夷思想を背景に、夷狄の居住地までをも「天下」に含め、それを「大一統」すべきという理想を説くのである。

このように、王莽が夷狄の王号を剝奪する經學的典拠は、『禮記』の「方三千里」の夷狄を含まない「天下」と、『春秋公羊傳』の夷狄を含む「天下」の「大一統」の組み合わせとして表現された。しかし、經典の「天下」概念が異なるため、相互矛盾を来していると言わざるを得まい。

こうした中、王莽は、王号を剝奪した中国内の諸侯への封建を進める。その際に示された王莽の世界観は、『尚書』堯典篇に基づき前漢の国制に適合させた「十二州」から、『尚書』禹貢の「九州」へと展開している。

（始建國四年、王）莽 明堂に至り、諸侯に茅土を授く。書を下して曰く、「予 不徳を以て、聖祖を襲ひ、萬國の主と爲る。黎元を安ずるは、侯を建つるに在りと思ひ、州を分ち域を正して、以て風俗を美とせん。前代を追監するに、綱を爰《もつ》て紀を爰てせん。惟ふに堯典に在りては、十有二州にして、衞に五服有り。詩の國十五、九州に抪徧す。殷の頌に九有を奄有すの言有り。禹貢の九州に幷・幽無く、周禮の司馬に則ち徐・梁無し。帝王 相 改め、各〻云爲有り。……州は禹貢に從ひ九と爲し、爵は周氏に從ひ五有らんと。……」と。(一四)

王莽は、『尚書』禹貢篇に、「禹 九州を別ち、山に隨ひ川を濬《ふか》くし、土に任じて貢を作る（禹別九州、隨山濬川、任土作貢）」とあることを論拠として、中國を「九州」に分けるとともに、諸侯を封建した。莽新の建国に伴い、『尚書』本来の主張である「九州」説を採用するに至ったのである。

『尚書』禹貢篇における「九州」の「天下」概念は、今古文の別に基づき、「方五千里」と「方一萬里」という解釈が並存する。許愼の『五經異議』は次のように述べている。

又 異義に、「①今尚書歐陽・夏侯說に、中國は方五千里なりと。②古尚書說に、五服は旁《かた》がた五千里、相 距たること萬里なりと。許愼 謹みて按ずるに、今 漢の地を以て之を考ふるに、③黑水より東海に至り、衡山の陽より朔方に至るは、經 略ぼ萬里なり。古尚書說に從ふ」と。鄭氏に駮無く、許と同じ。(一五)

『禮記注疏』に引用される、許愼の『五經異議』によれば、①今文の歐陽尚書・夏侯尚書は中國（九州）を「方五千里」、②古文尚書は「方萬里」と主張していたという。王莽の時、古文尚書は學官に立てられており、王莽は、天下を「方萬里」とする古文尚書の「天下」概念に基づいて「九州」制を施行したと考えてよい。しかし、「方萬里」の古文尚書說にしても、許愼によれば、その範囲は③西の黑水から東の東海、南の衡山から北の朔方までとされており、匈奴の居住地が中國（九州）に含まれることはない。夷狄である匈奴もまた、「大一統」されるべきとする世界観は、『尚書』禹貢篇の「天下」概念からも説明し得ないのである。

王莽は、莽新の建国と共に『禮記』王制篇の「方三千里」、さらには『尚書』禹貢篇の「方萬里」の「天下」概念に基づき、『春秋公羊傳』の義のように天下を「大一統」することを目指し、夷狄の称王を否定した。しかし、『禮記』と『尚書』の「天下」概念は、いずれも夷狄を含むものではなく、『春秋公羊傳』の「大一統」と組み合わせられるものではなかった。そうした中、現実の政治状況では、夷狄を制御する世界観を要請する事態が、さらに進行していた。

三、夷狄を従える理念の帝国

王莽が国内の諸侯を封建し、『尚書』禹貢篇に基づく九州＝方萬里の「天下」概念を掲げた始建國四（一二）年から遡ること三年、『禮記』の九州＝方三千里の「天下」概念のもとで下した始建國元（九）年の策命に沿って、王莽は匈奴と外交交渉を進めていた。

五威將の王駿・五威率の甄阜らを派遣して、漢に代わって天命を受けたことを單于に知らせた王莽は、大量の金帛を賜与すると共に單于の璽綬を改めた。漢が贈っていた璽の文は「匈奴單于璽」であったが、王莽が変更した文は「新匈奴單于章」と、匈奴の前に「新」を附し、「璽」を「章」に改めるものであった。「璽」と「印」の中間に位置づけられる「章」は、漢に服属した周辺異民族の首長に与えられるものであり、匈奴の前に附せられた「新」は、匈奴が新の臣下であることを示す(二六)。このため、翌始建國二（一〇）年より、匈奴は中国に侵攻を繰り返していたのである。匈奴の侵攻は、やがて王莽政権の崩壊を促す赤眉の乱を導く社会不安を醸成していく。

夷狄をもその支配下に置くべき理念を構築する必要に迫られた王莽は、新たな世界観を提示する。

（天鳳元年、王）莽 書を下して曰く、「常安は西都にして六郷と曰ひ、衆縣を六尉と曰ふ。義陽は東都にして六州と曰ひ、衆縣を六隊と曰ふ。粟米の內は內郡と曰ひ、其の外は近郡と曰ふ。鄣徼を有する者は邊郡と曰ふ。合はせて百二十有五郡なり。九州の內、縣は二千二百有三なり。公の①甸服と作るもの、是れを惟城と爲す。諸〻の②侯服に在るもの、是れを惟寧と爲す。③采・④任に在る諸侯、是れを惟翰と爲す。⑤賓服に在るもの、是を惟屏と爲す。文教を揆り、武衞を奮ふに在るもの、是を惟垣と爲す。九州の外に在るもの、是を⑥惟藩と爲す。各〻其の方を以て稱と爲し、總べて萬國と爲す」と（一七）。

王莽は、天鳳元（一四）年、「九州の外に在るもの」を含めた世界観を提示するに至る。「③采・④任」に、顔師古は注を付け、「采は、③采服なり。任は、④男服なり（采、采服也。任、男服也）」とする。また「⑤賓服」には、「賓服は、卽ち古の⑤衞服なり。諸侯の賓服なるを取りて以て名と爲す（賓服、卽古衞服也。取諸侯賓服以爲名）」と注を付ける。

顔師古に従えば、王莽の新たな世界観は、兩都（東都・西都）制の畿內にあたる「六郷・六尉・六州・六隊」と①甸服・②侯服・③采服・④男服・⑤衞服から成る「九州」、さらには「九州の外に在る」⑥惟藩により構成される。これまでとは異なる「天下」概念に基づき、「九州」の外に住む夷狄の居住地をも、その「大一統」の及ぶべき地域とすべきという新たな「理念の帝国」が、ここに観念されたのである。その典拠は、何に求められたのであろうか。

儒教の經典の中で、①甸服・②侯服・③采服・④男服・⑤衞服をすべて満たす經典は、『周禮』である。

職方氏は天下の圖を掌りて、以て天下の地を掌る。其の邦國・都鄙・四夷・八蠻・七閩・九貉・五戎・六狄の人民と、其の財用、九穀・六畜の數要とを弁じ、其の利害を周知す（一八）。

このように『周禮』の「天下」概念は、中國のみならず「四夷」以下の夷狄を含む。その領域は、続く九州説と九服説によって構造的に説明される。九州の領域と物産を説明したのち、九服について、『周禮』は次のように説明する。

乃ち九服の邦國を弁ずるに、方千里を王畿と曰ふ。其の外方五百里を❶侯服と曰ふ。又 其の外方五百里を❷甸服と曰ふ。又 其の外方五百里を❸男服と曰ふ。又 其の外方五百里を❹采服と曰ふ。又 其の外方五百里を❺衛服と曰ふ。又 其の外方五百里を❻蠻服と曰ふ。又 其の外方五百里を❼夷服と曰ふ。又 其の外方五百里を❽鎮服と曰ふ。又 其の外方五百里を❾藩服と曰ふ。（一九）

『周禮』によれば九服のうち、字義からも明らかなように、❻蠻服・❼夷服・❽鎮服・❾藩服が夷狄の居住地域であり、王畿と❶侯服・❷甸服・❸男服・❹采服・❺衛服を合わせた五服が、九州＝中國となる。『禮記』・『尚書』の「天下」概念が、九州＝中國であったことに対して、『周禮』の「天下」概念は、九州＝中國＋夷狄とされているのである。夷狄を「天下」に含む『周禮』の異質性には、匈奴が帰服していた成帝期のころに、劉向・劉歆によって発見されたという、『周禮』の出現時における国際情勢が刻印されている。

王莽の新たな世界観の根底に置かれる「天下」概念と『周禮』のそれとを比較してみよう。王莽の「天下」は、王畿の周囲に①甸服・②侯服・③采服・④男服・⑤衛服が置かれ、その外側に⑥惟藩という夷狄の居住地域が広がる。これに対して、『周禮』は、「方千里」の王畿の周囲に❶侯服・❷甸服・❸男服・❹采服・❺衛服が置かれ、その外側に❻蠻服・❼夷服・❽鎮服・❾藩服という夷狄の居住地域が広がる。五服の順序が異なることは、王莽が以前依拠していた『尚書』禹貢篇の⑴甸服・⑵侯服・⑶綏服・⑷要服・⑸荒服という順序の一部が残存したと考えてよく、夷狄の居住地域に⑥惟藩しか置かれないことは、王莽による「六」の尊重を原因とする。すなわち、王莽の世界観の根底に置かれた「天下」概念は、『周禮』そのものではないが、「天下」の中に中國のみならず周囲の夷狄を含む『周禮』の「天下」概念に基づくものなのである。

こうして王莽は、夷狄を包括する『周禮』の「天下」概念を根底に置き、それを「大一統」すべきと観念する「理念の帝国」を完成させた。かつて行った、「匈奴單于」を「降奴服于」、「高句驪」を「下句驪」とする改名は、「理念の帝国」に相応しい概念操作と言えよう。しかし、夷狄が「理念の帝国」に内属することはなく、王莽は内外の反乱の中で滅亡していくのである。

おわりに

莽新建国以前の王莽の世界観は、『尙書』堯典篇の「十二州」を「天下」とするもので、ここには夷狄は含まれない。したがって、その異民族政策は、『春秋穀梁傳』を典拠とする夷狄との融和を基調としながら、自らの徳を証明する存在として、夷狄の朝貢を歓迎するものであった。

これに対して、莽新建国後の王莽の世界観は、当初は『禮記』王制篇の「方三千里」の九州（中国）説を取っていたが、やがて『尙書』禹貢篇の「方萬里」＝九州（中國）説という「天下」概念に基づくものとなった。しかし、いずれの「天下」も夷狄を含むものではなく、『春秋公羊傳』の夷狄を含めた「大一統」の理想を生かしきることができなかった。そこで、王莽は、『周禮』の「天下」＝九州＋蕃國（四海）説という「天下」概念を採用し、夷狄を含む「大一統」を主張し得る「理念の帝国」を観念するに至る。こうして王莽の理想的な世界観は、經學上の「天下」概念の拡大により完成した。しかし、現実の莽新という国家は、夷狄の王號を容認しないことに対する匈奴などの侵入の中で滅亡していく。

それでも、「天下」に夷狄を含むという異質性を持つ『周禮』の「天下」概念に基づく世界観の構築は、後世に大きな影響を与えた。中華を支配した夷狄出身の君主が、『周禮』を尊重する理由は、かかる世界観との関係の中で再検討する必要があろう。また、中華世界の外に夷狄の存在を許容する世界観は、東アジアにおける「冊封体制」の観念の背景になる。また、佛教やイスラム教、さらにはヨーロッパ世界と接触していく際に、自らのアイデンティティーとして振りかざす世界観にも王莽の影響は及ぼうが、これらの問題については、今後の課題としておきたい。

《注》

（一）（武帝）乃下詔曰、高皇帝遺朕平城之憂、高后時單于書絶悖逆。昔齊襄公復九世之讎、春秋大之（『漢書』巻九十四上 匈奴傳上）。

（二）黄池之會、吳子進乎哉、遂子矣。吳夷狄之國也、祝髮文身、欲因魯之禮因晉之權、而請冠端而襲、其藉于成周、以尊天王。吳進矣。吳東方之大國也、累累致小國、以會諸侯、以合乎中國。吳能爲之、則不臣乎。吳進矣。王尊稱也、子卑稱也。辭尊稱而居卑稱、以會乎諸侯、以尊天王。吳王夫差曰、好冠來。孔子曰、大矣哉、夫差未能言冠而欲冠也（『春秋穀梁傳』哀公十三年）。

（三）（王）莽念中國已平、唯四夷未有異、乃遣使者齎黄金幣帛、重賂匈奴單于。使上書言、聞中國譏二名。故名囊知牙斯今更名知、慕從聖制。又遣王昭君女須卜居次入侍（『漢書』巻九十九上 王莽傳上）。

（四）瞿兌之《一九六七》。また、斎木哲郎《二〇〇四》も参照。

（五）（惟元始五年五月庚寅）……詩之靈臺、書之作雒、鎬京之制、商邑之度、於今復興。昭章先帝之元功、明著祖宗之令德、推顯嚴父配天之義、修立郊禘宗祀之禮、以光大孝。是以四海雍雍、萬國慕義、蠻夷殊俗、不召自至、漸化端冕、奉珍助祭（『漢書』巻九十九上 王莽傳上）。

（六）（元始五年、王）莽復奏曰、（王）太后秉統數年、恩澤洋溢、和氣四塞、絶域殊俗、靡不慕義。……臣又聞、聖王序天文、定地理、因山川・民俗以制州界。漢家地、廣二帝・三王、凡十二州、州名及界多不應經。①堯典十有二州、後定爲九州。漢家廓地遼遠、州牧行部、遠者三萬餘里、不可爲九。②謹以經義、正十二州名分界、以應正始（『漢書』巻九十九上 王莽傳上）。

（七）『尚書』堯典に、「十有二州を肇め、十有二山を封じ、川を濬くす（肇十有二州、封十有二山、濬川）」とあり、これを典拠に堯典の天下を「十二州」としている。

（八）王莽の対外政策については、西嶋定生《一九七四》、東晋次《二〇〇三》を参照。

（九）（始建國元年、王莽策命）又曰、①天無二日、土無二王、百王不易之道也。漢氏諸侯或稱王、至于四夷亦如之、違於古典、②繆於一統。其定諸侯王之號皆稱公、及四夷僭號稱王者皆更爲侯（『漢書』巻九十九中 王莽傳中）。

（一〇）經學上の天下構造については、渡辺信一郎〈一九九九〉を参照。

（一一）自恆山至於南河、千里而近。［冀州域］。自南河至於江、千里而近。［豫州域］。自江至於衡山、千里而遙。［荊州域］。自東河至於東海、千里而遙。［徐州域］。自東河至於西河、千里而近。［亦冀州域］。自西河至於流沙、千里而遙。［雍州域］。西不盡流沙、南不盡衡山、東不盡東海、北不盡恆山。凡四海之內、斷長補短、方三千里、爲田八十萬億一萬億畝。［九州之大計］（『禮記』王制篇）。［　］内は鄭玄注。

（一二）『禮記正義』王制篇には、その成立を孟子以降とする鄭玄の説と、漢の文帝期とする盧植の説とが併記されている。盧植の『禮記解詁』については、池田秀三〈一九九〇、九一〉を参照。

（一三）康有為《一八九一》は、王莽と左氏傳との深い関わりを主張するが、王莽は外交政策では左氏傳を典拠とはしない。王莽が左氏傳を含めて、あらゆる儒教經典を利用したことは、宇野精一《一九四九》、岩本憲司〈二〇〇七〉を参照。

（一四）（始建國四年、王）莽至明堂、授諸侯茅土。下書曰、予以不德、襲于聖祖、爲萬國主。思安黎元、在于建侯、分州正域、以美風俗。追監前代、爰綱爰紀。惟在堯典、十有二州、衞有五服。詩國十五、抪徧九州。殷頌有奄有九有之言。禹貢之九州無幷・幽、周禮司馬則無徐・梁。帝王相改、各有云爲。……州從禹貢爲九、爵從周氏有五（『漢書』卷九十九中　王莽傳中）。

（一五）又異義、①今尚書歐陽・夏侯說、中國方五千里。②古尚書說、五服旁五千里、相距萬里。許愼謹按、以今漢地考之、③自黑水至東海、衡山之陽至於朔方、經略萬里。從古尚書說。鄭氏無懺、與許同（『禮記注疏』卷十一　王制篇）。

（一六）『漢書』卷九十四下　匈奴傳下。印章については、栗原朋信〈一九六〇〉を参照。また、渡辺恵理〈一九九四〉も参照。

（一七）（天鳳元年、王）莽下書曰、常安西都曰六鄉、衆縣曰六尉。義陽東都曰六州、衆縣曰六隊。粟米之內曰內郡、其外曰近郡。有鄣徼者曰邊郡。合百二十有五郡。九州之內、縣二千二百有三。公作①甸服、是爲惟城。諸在②侯服、是爲惟寧。在③采・④任諸侯、是爲惟翰。在⑤賓服、是爲惟屏。在揆文教、奮武衞、是爲惟垣。在九州之外、是爲⑥惟藩。各以其方爲稱、總爲萬國焉（『漢書』卷九十九中　王莽傳中）。

（一八）職方氏掌天下之圖、以掌天下之地。弁其邦國・都鄙・四夷・八蠻・七閩・九貉・五戎・六狄之人民、與其財用、九穀・六畜之數要、周知其利害（『周禮』夏官司馬　職方氏）。

（一九）乃弁九服之邦國、方千里曰王畿。其外方五百里曰❶侯服。又其外方五百里曰❷甸服。又其外方五百里曰❸男服。又其外方五百里曰❹采服。又其外方五百里曰❺衞服。又其外方五百里曰❻蠻服。又其外方五百里曰❼夷服。又其外方五百里曰❽鎭服。又其外方五百里曰❾藩服（『周禮』夏官司馬　職方氏）。

第九章　「古典中國」の形成と王莽

はじめに

「古典中國」は、「儒教國家」の国制として後漢の章帝期に白虎観会議により定められた中国の古典的国制と、それを正統化する儒教の經義により構成される（本書序章）。こうした理想的国家モデルの形成に大きな役割を果たした王莽の新は、わずか十五年で滅びた。それにも拘らず、莽新を滅ぼした後漢は、王莽の国制を基本的には継承し、それを儒教の經義と漢の国制とに擦り合わせ続ける。その結果、後漢で確立した「古典中國」は、儒教の經義より導き出された統治制度・支配の正統性・世界観を持つに至る。

「古典中國」の統治制度は「大一統」を原則とし、それを保つ方策としては、「郡縣」と「封建」が対照的に語られる。「大一統」の障碍となる私的な土地の集積に対しては、「井田」の理想を準備し、文化に依拠するあらゆる価値基準を国家のもとに収斂するため、「學校」が置かれる。また、「古典中國」の支配の正統性は、「皇帝」と共に用いられる「天子」という称号に象徴される。さらに、現実に中国を脅かす異民族を包含する世界観として、「華夷」思想を持つのである。

王莽は、前漢の実権を掌握する過程において、儒教に基づき様々な政策を建議していく。また、莽新を建国した後にも、自らの理想に基づく諸政策を展開する。(一) 本章は、後漢「儒教國家」が確立した「古典中國」の形成過程を論ずることにより、王莽の果たした役割と限界を追究する。とりわけ、莽新成立前後における王莽の政策の変化に注目することにより、王莽の古典的国制への提言と古文學との関係を明らかにするものである。

一、古典的国制への提言

渡辺信一郎《二〇〇三》は、前漢末から王莽期の国制改革として、⑴洛陽遷都・⑵畿內制度・⑶三公設置・⑷十二州牧設置・⑸南北郊祀・⑹迎氣（五郊）・⑺七廟合祀・⑻官稷（社稷）・⑼辟雍（明堂・靈臺）・⑽學官・⑾二王後・⑿孔子子孫・⒀樂制改革・⒁天下之號（国家名）の十四項目を掲げ、古典的国制の指標とした。これらの国制に関する王莽の関与を時系列に基づいて掲げ、王莽の古典的国制に関する提言とその經學的典拠を検討し、王莽が「古典中國」の形成に果たした役割を明らかにしよう。

王莽が、最初に行った古典的国制への提言は、⑾二王の後と⑿孔子の子孫の封建に関わる。漢にとって⑾二王の後は、殷と周の子孫となる。武帝は、周の後裔である姬嘉を周子南君に封じ、元帝は、周子南君を周承休侯として、その位を諸侯王に次ぐものとした。その際、殷の子孫は分散しており、定めることができなかった。そこで梅福は、殷人である⑿孔子の子孫を殷の後裔として封建することを主張したが、梅福が外戚の王鳳と対立していたこともあって、すぐには採用されなかった。それでも綏和元（前八）年、二王の後を立てることが定まり、孔子の末裔を封建して殷紹嘉公とした。こうして前漢における二王の後は、周室の子孫である周承休侯と、孔子の子孫である殷紹嘉公に定まっていたのである。(二)

元始元（一）年、王莽は、安漢公に封建されて権力を掌握すると、⑾二王の後とは別に、周公と⑿孔子の子孫を封建することを提言する。

周公の後たる公孫相如を封じて褒魯侯と爲し、孔子の後たる孔均を褒成侯と爲し、其の祀を奉ぜしむ。孔子を追謚して褒成宣尼公と曰ふ。[三]

王莽は、⑾二王の後とされている子孫とは別に、⑿孔子の子孫の封建を提言したのである。孔子の子孫の封建は、後世に継承される。ただし、その際に、孔子と並んで周公の子孫を封建したことには、王莽の政権基盤を強化する意図が隠されていた。

⑿孔子の子孫を封建することは、殷の末裔を⑾二王の後と位置づけない、この後の中国の諸国家にも継承される。[四]とともに孔子を顕彰するという目的において、⑾二王の後として孔子の子孫を封建した成帝期の政策の延長と考えてよい。これに対して、周公の子孫の封建は、王莽が新たに提言したことである。しかも、王莽は元始三（三）年、自らの娘を平帝の皇后にしようとした際、周公と孔子の子孫の子女を二王の後の子女と並べて、皇后の候補に挙げるべきとしている（『漢書』巻九十九上　王莽傳上）。王莽は、古典的国制として受け継がれる孔子の子孫の封建だけではなく、後世には継承されなかった周公の子孫の封建を行い、周公の子孫の子女を孔子のそれと同格に優遇しているのである。

周公の子孫の子女を尊重しながらも、王莽は結局、自らの娘を平帝の皇后に据える。予定どおりの行動である。それに合わせて、大司徒司直の陳崇が、王莽の功労を称える上奏をする。陳崇は、王莽を舜に準えると共に、成王による周公の封建を踏まえた上で、周公の子孫がすでに封建されていることを論拠に、王莽の子を封建するように主張する（『漢書』巻九十九上　王莽傳上）。周公の子孫の封建は、王莽の子を封建させるための典拠づくりにも利用されているのである。

　本書第五章で述べたように、安漢公となった王莽は、『尚書大傳』の周公像に基づき、「制禮作樂」を行った後に、周公を典範として「居攝踐祚」する。こうした王莽の権力掌握過程において、周公の子孫を封建し、それに準えて自己の子を封建することは、王莽の輔政を正統化する一翼を担う。王莽が、周公の子孫の封建を提言した理由は、ここにある。

⑾二王の後と⑿孔子の子孫を封建することは、後世に継承されたが、周公の子孫を封建することは王莽の輔政を正統化するための独自の政策であり、継承されなかった。⑾二王の後と⑿孔子の子孫に関する王莽の提言には、古典的国制へと継承されていく普遍性と、王莽の権力固有の正統化という二つの側面を見ることができるのである。

　自らの娘を皇后にした王莽は、翌元始四（四）年より、後世「元始中の故事」と呼ばれる、禮制改革に着手する。元始四（四）年には、⑼辟雍・明堂・靈臺を起こし、[五] 元始五（五）年には、⑸南北郊祀・⑺七廟合祀を確立し、⑹迎氣（五郊）を定め、⑻官稷（社稷）を立てた。[六] これら「元始中の故事」のうち、後世に最も重要な影響を与えた⑸南北郊祀・⑺七廟合祀は二で、⑼の中心となる明堂祭祀は三で扱うことにし、ここでは、⑹迎氣（五郊）と⑻官稷（社稷）を検討しよう。

⑹迎氣（五郊）とは、四時に行う郊祭のことで、風雨が時節ごとに潤し、寒暑が四時ごとに順調なことを祈念するものである。『後漢書』志八 祭祀志中によれば、後漢の迎氣は、「元始中の故事」を採用して、立春には青帝句芒を祀り春を迎え、立夏には赤帝祝融を祀り夏を迎え、立秋の十八日前には黄帝后土を祀り黃靈を迎え、立秋には白帝蓐收を祀り秋を迎え、立冬には黑帝玄冥を祀り冬を迎えるものであったという。しかし、王先謙『後漢書集解』に引く黄山が指摘しているように、[七] 後漢の迎氣は、王莽の「元始中の故事」そのままではない。

後に莽 又 奏言すらく、「……謹みて太師の光・大司徒の宮・羲和の歆ら八十九人と議するに、皆 曰く、「……羣神を分くるに類を以て相 從ひて五部と爲し、天墬の別神の兆に於てす。中央の帝 黄靈后土の時、及び日廟・北辰・北斗・塡星・中宿中宮を長安城の未の墬の兆に於てす。東方の帝 太昊青靈勾芒の時、及び羣公・風伯廟・歳星・東宿東宮を東郊の兆に於てす。南方の炎帝赤靈祝融の時、及び熒惑星・南宿南宮を南郊の兆に於てす。西方の帝 少皡白靈蓐收の時、及び太白星・西宿西宮を西郊の兆に於てす。北方の帝 顓頊黑靈玄冥の時、及び月廟・雨師廟・辰星・北宿北宮を北郊の兆に於てせん」と」と。奏 可とせらる[八]。

王莽は、それぞれの神格を後漢の如く黄「帝」・青「帝」……と「帝」だけを用いて称さず、黄「靈」・青「靈」……とも呼ぶ[九]。王莽はやがて、漢を火徳たる堯の後裔と位置づけ、自らを土徳たる舜の後裔と自称して、堯舜革命に準えて漢新革命を行う（本書第五章）。土徳の始まりである黄帝と同じ称号を持つ神格を用いないよう、「帝」だけではなく「靈」を用いたのであろう。それは、四方には「帝」として、太昊・炎帝・少皡・顓頊を附しながらも、中央だけは、軒轅を入れることなく、「中央の帝 黄靈后土」と帝の名を空位にしていることに明らかである。

ここで想起されるのは、秦が雍の四時に「黑時」を立てず、水徳である自らを相当させていたことである[一〇]。王莽もまた、自らを黄徳の受命者と位置づけるが故に、黄帝の位を空けておいたと考えてよい。⑹迎氣（五郊）にもまた、古典的国制へと継承されていく普遍性と、王莽の権力固有の正統化という二つの側面を見ることができるのである。

⑻官稷（社稷）は、王莽により始めて設置される。土地を祀る社と五穀を祀る稷は、本来別の祭祀対象であったが、土地は五穀を生ずる力を持つため、稷は社に付設して祭られた。社には、大社と王社の別があり、大社は百姓のために、王社は天子自らのために祭るものである（『禮記』祭法篇）。前漢の高祖劉邦は、秦の社稷を除いたあと、漢の社稷として太社（大社）と太稷を建てた。そして、さらに官社（王社）を建てて、夏の禹王を配食する。その際、

官稷を建てることはなかったという（『漢書』巻二十五下 郊祀志下 注引臣瓚曰）。前漢は、太社・太稷と官社（王社）という「二社一稷」を祀っていたのである。

これに対して、王莽は、次のような社稷の制度を制定する。

（王）莽 又 言ふ、「帝王 社稷を建立するは、百王 易はらず。社なる者は、土なり。宗廟は、王者の居る所なり。稷なる者は、百穀の王、宗廟に奉じ粢盛を共する所以にして、人 食みて以て生活する所なり。王者は尊重して親祭せざるは莫し。自ら之が主と爲り、禮すること宗廟の如くす。……遂に官社の後ろに官稷を立て、夏の禹を以て官社に配食し、后稷を官稷に配食す」（二一）と。

王莽は、新たに官稷を官社の後ろに立て、后稷を配食して、太社・太稷と官社・官稷という「二社二稷」制を創設したのである。

『漢書』郊祀志は、王莽がいかなる經義に基づき「二社二稷」制を創始したかを伝えない。藤川正数〈一九八三〉は、後漢末の建安年間（一九六～二二〇年）に行われた社稷をめぐる鄧義と仲長統の論争について、鄧義の人鬼説を古文派（「二社二稷」）、仲長統の土・穀説を今文派と分類し（「二社一稷」）、王莽・劉歆を古文派の先駆と位置づける。しかし、王莽の「二社二稷」制は、一方で禹を官社に配食するという高祖以来の漢の伝統を継承しているため、これを經義のみに依拠する後漢末の論争と同質に捉えることは難しい。それでも、『春秋左氏傳』には次のようにある。

共工氏に子有り、句龍と曰ふ。后土と爲る。……后土を社と爲す。稷は、田正なり。烈山氏に子有り、柱と曰ふ。稷と爲る。夏より以上 之を祀る。周の棄も亦た稷と爲る。商より以來 之を祀る（二二）。

このように王莽の「二社二稷」制が、『春秋左氏傳』の經義から影響を受けていることは認めてよい。王莽の「二社二稷」制では、「漢家の故事」を受けて、禹を官社に配食する一方で、『春秋左氏傳』が稷とする后稷を官稷に配食しているからである。

光武帝は、王莽の「元始中の故事」を継承せず、高祖以来の「二社一稷」制に戻した。「漢家の故事」を古文派の經義より優先したのである。『白虎通』社稷は、今文の『孝經援神契』に従って、社神を土神、稷神を穀神と規定している。(一三)

王莽の「二社二稷」制は、曹魏に継承される。藤川正数〈一九八三〉によれば、曹魏は社神を先農、稷神を后稷とする人鬼説を取り、王莽もまた、人鬼説に基づいて「二社二稷」制を取っていたという。社神を土神、稷神を穀神とする今文説を避けていたと言い換えてもよい。⑹迎氣（五郊）において王莽は、自らのために、土德の「黃帝」を空ける工夫を凝らしていた。⑻官稷（社稷）においては、社神を土神とすることを避け、同じように土德を残す工夫をしていたと考えてよい。それは、同じく自らを土德と位置づけ、堯舜革命に準えて漢魏革命を起こした曹魏において、人鬼説に基づき王莽の「二社二稷」制が採用されたことも傍証となろう。さらに、自らを周公に準える王莽にとって重要な周の始祖后稷（棄）の宣揚は、稷神に后稷を配食することで果たされている。その際、古文である『春秋左氏傳』が、政策の典拠とされていることにも注目しておきたい。

このように、王莽の古典的国制への提言には、⑾二王の後・⑿孔子の子孫の封建と⑹迎氣（五郊）に、後世へ継承されていく普遍性と王莽という権力固有の正統化という、二つの側面を見ることができた。そして、⑻官稷（社稷）に関する「元始中の故事」は、後漢には継承されていないことも明らかになった。従来、言われているほど、(一四)王莽の政策は、そのままの形で後漢に継承されたわけではないのである。

続いて「元始中の故事」の中核となる⑸南北郊祀と⑺七廟合祀の改革を検討しよう。

二、普遍性と「漢家の故事」

前漢では、甘泉の泰畤・汾陰の后土と雍の五畤の祭祀が重視されていたが、成帝期には、儒教の經義に基づかないこれらの祭祀の是非をめぐって、論争が繰り広げられた。[一五] 匡衡は、郊祀の呪術色の排除を目指し、甘泉の泰畤と汾陰の后土、さらには五帝を祀る雍の五畤を廃止して、長安城の南郊と北郊で天地の祭祀を行うことを主張した。(5)南北郊祀の提言である。これを受けて成帝は、建始元（前三二）年三月、南郊で上帝を祀り、北郊で后土を祀った。しかし、劉向は、匡衡を批判して南北郊に反対する。元皇太后はこれを是とし、永始二（前一五）年、天地の祭祀を甘泉・汾陰の故地に復帰させた。ところが、谷永が、長安の南北郊に戻すことを要請する中、元皇太后は、成帝の崩御もあって、一旦は長安に戻したものの、哀帝の病気により、再び甘泉・汾陰に復帰させたのである。[一六]

こうした天地の祭祀をめぐる右往左往に終止符を打ち、南北郊祀を確立した者が王莽である。

平帝の元始五年、大司馬の王莽 奏言すらく、「王者は天に父事す、故に爵を天子と稱す。①孔子曰く、「人の行は孝より大なるは莫く、孝は父を嚴にするより大なるは莫く、父を嚴にするは天に配するより大なるは莫し」と。王者は其の考を尊びて、以て天に配せんと欲し、考の意に緣りて、祖を尊ばんと欲し、推して之を上し、遂に始祖に及ぶ。②是を以て周公は后稷を郊祀して以て天に配し、文王を明堂に宗祀して以て上帝に配す。③禮記に、「天子は天地及び山川を祭るに、歳ごとに偏くすと」と。④春秋穀梁傳に、「十二月下辛を以て、正月上辛の郊をトす」と。……皆曰く、「宜しく建始の時の丞相たる衡らが議の如く、長安の南北郊を復すること故の如くせよ」と」と。[一七]

王莽は長安の南北郊を確立し、甘泉・汾陰の祭祀、雍の五時を廃止した。その際、王莽が政策の正統性の論拠として掲げた經典は、いずれも今文系の①・②『孝經』聖治章篇・③『禮記』曲禮下篇・④『春秋穀梁傳』哀公元年であった。

一方、王莽は、その祭禮の改制においては、古文系の『周禮』を重視する。

莽 又 頗る其の祭禮を改めて曰く、「①周官に、天墬の祀は、樂に別有り合有り。其の合樂に曰く、「六律・六鐘・五聲・八音・六舞を以て大いに合樂して、天神を祀り、墬祇を祭り、四望を祀り、山川を祭り、先妣・先祖を享る」と。凡そ六樂もて、六歌を奏さば、而して天墬・神祇の物 皆 至る。……②禮記に曰く、「天子は籍田すること千晦、以て天墬に事ふ」と。是に繇《よ》りて之を言へば、宜しく黍稷有るべし。……③其の別樂に曰く、「冬の日至に、墬上の圜丘に於て奏樂し、六變すれば、則ち天神 皆 降る。夏の日至に、澤中の方丘に於て奏樂し、八變すれば、則ち墬祇 皆 出づ」と。天墬に常位有り、常には合するを得ず。此れ其れ各〻特に祀る者なり。……④易に曰く、「陰を分かち陽を分かち、迭ひに柔剛を用ふ」と。日の冬至を以て有司をして南郊に奉祠し、高帝を配して羣陽を望せしむ。日の夏至に有司をして北郊に奉祭し、高后を配して羣陰を望せしむ」と。（一八）

王莽の祭禮の提言は、……で示した三ヵ所の中略により区切った四つの部分より成る。第一は、①『周官』の大司樂に基づき、天地の祭りの際の合樂を述べ、天地をあわせ祀ることを正統化する。第二は、②『禮記』祭義篇に基づき、天地の祭りには犧牲のほか、黍と稷を供えることを述べる。第三は、③『周官』の大司樂に基づき、天地の祭りの際の別樂を述べ、冬至の日に南郊で天、夏至の日に北郊で地、そして正月には南郊で天地を合祭することの典拠とする。第四は、④『周易』説卦傳に基づき、冬至の南郊での祭りにはもろもろの陽神を望祭し、夏至の北郊での祭りにはもろもろの陰神を望祭することを述べている。このように王莽は、郊祀の具体的な祭禮を『周官（周禮）』春官大司樂を中心に定めている。王莽は、成帝期より議論が繰り返されていた⑸南北郊祀を確立した後に、新たなる祭祀の規範として『周禮』を用いているのである。

一方、皇帝の祖先を祭祀する宗廟の⑺七廟合祀については、何代前までの祖先を祭るのか、傍系から皇帝位を継承した場合、皇帝に即位していない実父のための廟を建てるべきなのか否かをめぐって、これも成帝期より論争が行われてきた[一九]。孔光と何武は、太祖廟・太宗廟のみを不毀廟とし、武帝の廟は親が尽きたので毀つべきであるとした。これに対して、劉歆と王舜は、武帝の廟を世宗廟として不毀廟にすべきこと、および不毀廟の数に制限はなく、七廟の数の中に含まれないことを主張する。

太僕の王舜・中壘校尉の劉歆 議して曰く、「……①禮記の王制及び春秋穀梁傳に、「天子は七廟、諸侯は五、大夫は三、士は二なり」と。……春秋左氏傳に曰く、②「名位 同じからざれば、禮も亦た數を異にす」と。③「上より以て下に、降し殺ぐに兩を以てす、禮なり」と。七なる者は、其の正法の數にして、常數とす可き者なり。宗は此の數の中に在らず。宗は、變なり。苟しくも功德有らば則ち之を宗とし、預《あらかじ》め設《つら》ねて數と爲す可からず。……」と[二〇]。

劉歆は、⑺七廟合祀の典拠として①『禮記』王制篇と『春秋穀梁傳』僖公十五年を掲げる。そのうえで、「宗」の数には制限はなく、「宗」は七廟の中には含まれないとする独自の主張の部分では、『春秋左氏傳』の②莊公 傳十八年、③襄公 傳二十六年を論拠としている。哀帝は、劉歆らの議に従い、世宗となる武帝廟を不毀廟とした。

それでも、論争は続き、最終的に⑺七廟合祀が確立したのは、元始五（五）年、王莽が上奏して、宣帝の父の廟を毀つことを定めたことによる（『漢書』巻七十三 韋賢傳附韋玄成傳）。その際、王莽が宗廟に関するいかなる学説を典拠にしたのか、『漢書』に記録はない。王莽の宗廟理解を示すものは、莽新を建国した後、自らの宗廟を作りあげた際の記事である。

九廟は、一に黃帝太初祖廟と曰ひ、二に帝虞始祖昭廟と曰ひ、三に陳胡王統祖穆廟と曰ひ、四に齊敬王世祖昭廟と曰ひ、五に濟北愍王王祖穆廟と曰ふ。凡そ五廟 墮《こぼ》たずと云ふ。六に濟南伯王尊禰昭廟と曰ひ、七に元城孺王尊禰穆廟と曰ひ、八に陽平頃王戚禰昭廟と曰ひ、九に新都顯王戚禰穆廟と曰ふ。（二一）

王莽は、地皇三（二二）年、自らの九廟を作りあげた。天子は七廟であるべきにも拘らず、九廟と成し得たのは、不毀廟を数えないためである。王莽は、『春秋左氏傳』の經義に基づく劉歆の說に從って自らの宗廟を樹立している。⑺七廟合祀の確立の際にも、王莽の主張の論拠は劉歆の学説にあったと考えてよい。⑸南北郊祀の具体像を定めた『周禮』と共に、古文學に属する『春秋左氏傳』は、後出故の完成度の高さと「漢家の故事」に囚われない理念の提供により、揺れる漢家の制度を正し、来るべき莽新の新たな世の規範を示し得たのである。

なお、王莽は、莽新を建国した翌始建國元（九）年、漢の高祖劉邦の高廟を改名している。

（始建國元年）漢の高廟を以て文祖廟と爲す。莽曰く、「①予の皇始祖考たる虞帝、嬗りを唐に受く。②漢氏の初祖たる唐帝、世〻に傳國の象有り。予 復た親しく金策を漢の高皇帝の靈に受く。……」と。（二二）

このように王莽は、漢の高廟を文祖廟としているのである。これは、①『尚書』堯典の「正月上日、（舜）終はりを文祖に受く（正月上日、〈舜〉受終于文祖）」を典拠とする。②漢の初祖を唐（堯）と位置づけ、その後裔である高祖の高廟を文祖廟とすることで、舜の後裔たる王莽が、堯舜革命を規範に漢新革命を成し遂げた正統性を主張しているのである。（二三）

このように、王莽は、前漢において議論が重ねられてきた天子の天地祭祀と皇帝の祖先祭祀を⑸南北郊祀と⑺七廟合祀として確立し、中国皇帝による天地・祖先祭祀の基本を作りあげた。その際、典拠の中心に置いた經義は、前者が『周禮』、後者が『春秋左氏傳』という、いずれも古文學のそれであった。古文學の後出故の完成度の高さと漢家の故事に囚われない普遍性が、新たなる規範を創出する上で有利に働き、その政策を後世に継承させたのである。

三、古文學への傾斜

王莽は、自己の地位の変容に伴い、それを正統化するための經義を展開する。なかでも、⑨明堂（辟雍・靈臺）祭祀は、今文・古文の解釈の違いを巧みに利用している。経義の違いを明確にするため、經典ごとの解釈を示しておこう。(二四)

> 昔者《むかし》周公、諸侯を明堂の位に朝せしめ、天子 斧依を負《お》ひて、南鄕して立つ。三公は、中階の前に、北面して東上す。諸侯の位は、阼階の東に、西面して北上す。……此れ周公の明堂の位なり。明堂なる者は、諸侯の尊卑を明らかにするなり。……武王 崩じて、成王 幼弱なり。周公 天子の位を踐みて、以て天下を治む。六年、諸侯を明堂に朝せしめ、禮を制し樂を作り、度量を頒ちて、天下 大いに服せり。七年、政を成王に致す。成王 周公を以て天下に勳勞有りと爲す。(二五)

『禮記』は、明堂を周公が諸侯を集め、その尊卑を明らかにし、さらに成王に代わって踐祚した周公の「制禮作樂」を頒かつ場所であったとする。元始五（五）年十二月、王莽は「居攝踐祚」するが、そこまでは周公に倣った「制禮作樂」を目指していた。今文『禮記』の經義は、その典拠として重要な意味を持つ。

また、『孝經』には次のようにある。

　昔者、周公は后稷を郊祀して以て天に配し、文王を明堂に宗祀して、以て上帝に配す。是を以て四海の內、各〻其の職を以て來り祭る。又 何を以て孝に加へんや。[一六]

『孝經』は、明堂を周公が文王を宗祀した場所とし、その孝心の現れを見て、諸侯がそれぞれの土地の産物を持って祭祀の手助けに来たと位置づけている。明堂と周公とを関わらせる点において、『禮記』に近い解釈と言えよう。
これに対して、春秋左氏學は、明堂を祖廟であるとする。

　（狼）瞫曰く、「周志に之れ有り、「勇にして則ち上を害するは、明堂に登らず」」と。［杜預注］明堂は、祖廟なり。功を策し德を序す所以なり、故に不義の士、升るを得ず。[一七]

杜預は、西晉の人であるが、『春秋左氏經傳集解』で次のように述べている。

　左氏の舊說、及び賈逵・盧植・蔡邕・服虔ら、皆 祖廟と明堂とを以て一と爲す。故に杜 之に同じくす。[一八]

明堂を祖廟とする杜預の解釈は、左氏學の旧説と賈逵など後漢の左傳學者の説を継承したものであるという。賈逵の父賈徽は、劉歆より左氏學を受けている。[一九] 明堂を祖廟とする解釈は、『春秋左氏傳』出現以来のものである蓋然性は高い。
それでは、王莽の明堂祭祀の展開を検討しよう。[二〇]

　是の歲、莽 奏して、明堂・辟雍・靈臺を起て、學者の爲に舍を築くこと萬區、市・常滿倉を作り、制度 甚だ盛んなり。樂經を立て、博士員を益すこと、經ごとに各〻五人なり。[二一]

このように、元始四（四）年、王莽は、明堂・辟雍・靈臺という三雍を建設した。翌元始五（五）年に行った明堂の祭祀には諸侯が参加している。

五年正月、明堂に祫祭し、諸侯王二十八人・列侯百二十人・宗室の子九百餘人、徵せられて祭を助く。(三二)

王莽の明堂祭祀は、諸侯王・列侯・宗室の子、あわせて千人以上が、祭祀を助けるために動員されている。明堂の祭祀は、諸侯が助けに来るべきものという『孝經』聖治章篇の經義に基づき、王莽は明堂の祭祀を行ったのである。『孝經』だけではない。明堂で祭祀を行う王莽の姿は、群臣に周公が明堂で諸侯を会する『禮記』の經義を想起させた。『禮記』明堂位篇に、「昔者《むかし》周公、諸侯を明堂の位に朝せしむ」とあるためである。

平帝が崩御し、王莽に皇帝になれとの符命が下っていた元始五（五）年の十二月、群臣は次のように上奏する。

……禮の明堂記に曰く、「周公 諸侯を明堂に朝せしめ、天子 斧依を負ひ南面して立つ」とは、「周公 天子の位を踐し、六年 諸侯を朝せしめ、禮を制し樂を作りて、天下 大いに服せり」を謂ふなり。……臣 請ふらくは、安漢公 居攝して踐祚し、天子の韍冕を服し、斧依を戶牖の間に背ひ、南面して羣臣を朝し、政事を聽かんことを。(三三)

群臣は、『禮記』明堂位篇（明堂記）の周公が諸侯を集め、成王に代わって踐祚した周公の「制禮作樂」を頒かつ場所であったという明堂の理解を背景として、王莽を周公に準え、「居攝踐祚」する正統性を明堂に求めたのである。上奏を受けた元皇太后はこれを可とし、翌年より、王莽の「居攝踐祚」が始まる。王莽は、自らが周公の「制禮作樂」を行っている証明として明堂を建設し、『禮記』明堂位篇の經義に基づいて、自己の地位と政策を正統化したのである。

始建國元（九）年、前年に莽新を建国していた王莽は、明堂の太廟で祫祭を行う。宗廟の建設が遅延していたことも、その理由の一つである。

騎都尉の囂らを遣はして、黄帝の園位を上都の橋時に分治せしむ。虞帝を零陵の九疑に於てし、胡王を淮陽の陳に於てし、愍王を齊の臨淄に於てし、伯王を濟南の東平陵に於てし、孺王を魏郡の元城に於てし、使者は四時に祠を致す。其の廟の當に作るべき者は、天下 初めて定まるを以て、且く明堂の太廟に祫祭す。(三四)

王莽は、先祖の廟でまだ建設中のものは、明堂の太廟で合わせ祀っている。ここでの明堂は、王莽即位前の「制禮作樂」の場所ではない。「明堂の太廟」と明記されるように、明堂を祖廟とする春秋左氏學の解釈に基づいている。王莽は、今文『禮記』の經義から古文左氏學の經義へと明堂の解釈を展開することにより、自らの地位の変化に応じて明堂の役割を変貌させているのである。

王莽は、地皇元（二〇）年にも、明堂を用いる。

莽 又 四方に盜賊 多きを見て、視《しめ》して自ら安んじて能く萬世の基を建つる者と爲らんと欲して、乃ち書を下して曰く、「予 受命してより陽九の戹・百六の會に遭ひ、府帑 空虛にして、百姓 匱乏せり。宗廟 未だ修まらざれば、且く明堂の太廟に祫祭す。……」と。(三五)

このように王莽は、宗廟の代わりに明堂の太廟で祫祭を行っている。こうして王莽は、即位した後には、古文の春秋左氏學の解釈に基づき、明堂を運用したのである。

皇帝に即位した後の王莽は、『春秋左氏傳』や『周禮』といった古文學に、自らの政策の論拠を置くことが多かった。古典的国制に関する提言の中で、王莽の即位後に行われたものとしては、初始元（八）年の即位とともに⒁天下の号を新と定めたこと、同年に古官の採用の中で⑶三公を置いたこと、始建國四（一二）年、西周の東西両都を古制とする⑵畿內制度を施いたこと、天鳳四（一七）年、⑴雒陽への遷都を目指したことを挙げることができる（すべて『漢書』巻九十九中 王莽傳中による）。

これらの諸政策のうち、⑴と⑵はともに『周禮』を典拠とするもので、⑵畿内制度は、やがて天鳳元（一四）年に、両都が「六鄉・六尉・六州・六隊」とされ、『周禮』に基づく世界観に収斂されていく。本書第八章で明らかにしたように、天鳳元（一四）年には、『周禮』に基づく世界観が完成していた。王莽は、こうして即位後の自らの政策の典拠を『周禮』と『春秋左氏傳』を中心とする古文學へと収斂していったのである。

おわりに

王莽は、前漢において古典的国制への提言を行う際には、今文學の經義も積極的に活用していた。すでにそのころより見られた王莽の古文學への傾倒は、莽新の建国後に加速する。古文學は、今文學に比べて後出であるため、理念的で完成度が高い。王莽の諸政策が、後の中国国家にも採用される普遍性を有した理由である。中でも古典的国制の中核を占める祭祀は、国家支配の中でも理念的な部分であり、古文學を典拠にしたことは、一定の成功を収め得る原因となった。むろん、王莽の古典的国制への提言には、後世に受け継がれた普遍性だけではなく、王莽固有の権力の正統化を目指す部分も存在した。それでも、明堂を周公制禮の場から天子の祖廟へと展開することに成功したように、即位後における古文學への傾斜は、王莽の政策の正統化を推進した。

ところが、古文學は、具体的な統治政策の典拠としては相応しくない部分も多かった。『周禮』を典拠とする王莽の税制は、大きな混乱を招き、『周禮』の「天下」概念に基づく外交政策は、異民族の侵入を激化させた（本書第八章）。国の形も具体的な政策も古文學に依拠する中で、王莽の政策は理念化し、現実から遊離していく。「漢家の故事」に寄り添いながら自らの經義を調整した今文學とは異なり、儒教の理想を追究し、思弁性の高い、抽象的な古文學が、国政の具体像と乖離していたためである。こうして莽新は、滅亡する。

経義と国政との調整は後漢で行われる。古文學が有し、王莽が傾倒した儒教の理想は重要である。このため、漢の現実と擦り合わせられるものは、白虎観会議で取り込まれた（渡邉義浩〈二〇〇五b〉）。また、經義と「漢家の故事」とを並用する国政の運用も後漢で軌道に乗る（渡邉義浩〈二〇〇六a〉）。このように、今文學による国政の正統化を進めた後漢「儒教國家」ですら、国政運用のすべてを經義に依拠することは不可能であった。それでも、王莽は、古文學を典拠に自らの理想として、中国初の「古典中國」の形成を試みた。王莽が目指した儒教の理想、なかでも『周禮』に基づく古典的国制の提示は、「古典中國」の確立と継承に大きな影響を与え続けるのである。

《注》

（一）王莽の諸政策が、儒教のいかなる經義を典拠とするかについては、劉師培《一九六五》がある。ただし、それは主として『周官』に基づく王莽の政策の分析に止まっている。また、本書第五章から第八章を参照。

（二）『漢書』巻六十七　梅福傳。なお、二王の後については、岡安勇〈一九八〇〉、佐川繭子〈二〇〇七〉がある。

（三）封周公後公孫相如爲褒魯侯、孔子後孔均爲褒成侯、奉其祀。追謚孔子曰褒成宣尼公（『漢書』巻十二　平帝紀）。

（四）中国諸国家における孔子の子孫の封建については、楠山春樹〈一九九一〉を参照。

（五）『漢書』巻九十九上　王莽傳上には、⑼辟雍・明堂・靈臺を起こしたほか、王莽が元始四（四）年に⒀樂經の博士を立てたことを伝える。また、王莽が、古文の左氏春秋・毛詩・逸禮・周禮を⑽學官に立てたことは、『漢書』巻八十八　儒林傳贊のほか、本書第五章を参照。

（六）このほか、元始五（五）年には、④『尚書』堯典篇を典拠に十二州を置いている。それがやがて『尚書』本来の主張である禹貢篇の九州へと展開する王莽の世界観については、本書第八章を参照。
（七）黄山は、そもそも王莽が五郊迎氣を行ったのは、元始年間（一～五年）ではなく、居攝元（六）年の迎春が最初であるとする。本章は、迎氣の内容を上奏した元始五（五）年を重視する。
（八）後莽又奏言、……謹與太師光・大司徒宮・羲和歆等八十九人議、皆曰、……分羣神以類相從爲五部、兆天墬之別神。中央帝黃靈后土畤、及日廟・北辰・北斗・塡星・中宿中宮於長安城之未墬兆。東方帝太昊靑靈勾芒畤、及羣公・風伯廟・歲星・東宿東宮於東郊兆。南方炎帝赤靈祝融畤、及熒惑星・南宿南宮於南郊兆。西方帝少皡白靈蓐收畤、及太白星・西宿西宮於西郊兆。北方帝顓頊黑靈玄冥畤、及月廟・雨師廟・辰星・北宿北宮於北郊兆。奏可（『漢書』卷二十五下 郊祀志下）。
（九）五行との関わりの中で「靈」を用いることは、『禮記』禮運篇に、「五行 以て質と爲し、禮義 以て器と爲し、人情 以て田と爲し、四靈 以て畜と爲す。……何をか四靈と謂ふ。麟・鳳・龜・龍、之を四靈と謂ふ（五行以爲質、禮義以爲器、人情以爲田、四靈以爲畜。……何謂四靈。麟・鳳・龜・龍、謂之四靈）」とある。
（一〇）『史記』卷二十八 封禪書。なお、栗原朋信《一九六〇》は、『史記』に記された秦水德説を批判するが、その説の当否に拘らず、王莽は『史記』に基づいて秦を水德と理解し、それを先例と位置づけていたと考えられる。
（一一）（王）莽又言、帝王建立社稷、百王不易。社者、土也。宗廟、王者所居。稷者、百穀之王、所以奉宗廟共粢盛、人所食以生活也。王者莫不尊重親祭、自爲之主、禮如宗廟。……遂於官社後立官稷、以夏禹配食官社、后稷配食官稷（『漢書』卷二十五下 郊祀志下）。なお、この記事は元始五（五）年に繫年されているが、『漢書』卷十二 平帝紀には、元始三（三）年に官稷を立てたと記されている。
（一二）共工氏有子、曰句龍。爲后土。……后土爲社。稷、田正也。有烈山氏之子、曰柱。爲稷。自夏以上祀之。周棄亦爲稷。自商以來祀之（『春秋左氏傳』昭公 傳二十九年）。
（一三）『白虎通』社稷篇に、「王者の社稷有る所以は何ぞ。天下の爲に福を求め功に報ずればなり。人は土に非ずんば立たず、穀に非ずんば食せず。土地は廣博にして、偏くは敬す可からず。五穀は衆多にして、一一にして祭る可からず。故に土を封じ社を立て、土を尊する有るを示すなり。稷は、五穀の長なり。故に稷を封じて之を祭るなり（天者所以有社稷何。爲天下求福報功。人非土不立、非穀不食。土地廣博、不可偏敬。五穀衆多、不可一一而祭。故封土立社、示有尊土也。稷、五穀之長。故封稷而祭之也）」とある。

（一四）たとえば、西嶋定生《一九七四》などを参照。

（一五）金子修一《二〇〇六》を参照。また、郊祀制度全般については、小島毅〈一九八九〉を参照。

（一六）成帝期の政治状況とそれを踏まえて『春秋左氏傳』が出現したことについては、渡邉義浩〈二〇〇七b〉を参照。

（一七）平帝元始五年、大司馬王莽奏言、王者父事天、故爵稱天子。①孔子曰、人之行莫大於孝、孝莫大於嚴父、嚴父莫大於配天。王者尊其考、欲以配天、緣考之意、欲尊祖、推而上之、遂及始祖。②是以周公郊祀后稷以配天、宗祀文王於明堂以配上帝。③禮記、天子祭天地及山川、歲偏。④春秋穀梁傳、以十二月下辛、卜正月上辛郊。……皆曰、宜如建始時丞相衡等議、復長安南北郊如故（『漢書』巻二十五下　郊祀志下）。

（一八）莽又頗改其祭禮曰、①周官、天墬之祀、樂有別有合。其合樂曰、以六律・六鐘・五聲・八音・六舞大合樂、祀天神、祭墬祇、祀四望、祭山川、享先妣・先祖。凡六樂、奏六歌、而天墬・神祇之物皆至。……②禮記曰、天子籍田千畮、以事天墬。繇是言之、宜有黍稷。……③其別樂曰、冬日至、於墬上之圜丘奏樂、六變、則天神皆降。夏日至、於澤中之方丘奏樂、八變、則墬祇皆出。天墬有常位、不得常合。此其各特祀者也。……④易曰、分陰分陽、迭用柔剛。以日冬至使有司奉祠南郊、高帝配而望羣陽。日夏至使有司奉祭北郊、高后配而望羣陰（『漢書』巻二十五下　郊祀志下）。

（一九）板野長八〈一九七二〉、保科季子〈一九九八〉を参照。

（二〇）太僕王舜・中壘校尉劉歆議曰、……①禮記王制及春秋穀梁傳、天子七廟、諸侯五、大夫三、士二。……春秋左氏傳曰、②名位不同、禮亦異數。③自上以下、降殺以兩、禮也。七者、其正法數、可常數者也。宗不在此數中。宗、變也。苟有功德則宗之、不可預爲設數。……（『漢書』巻七十三　韋賢傳附韋玄成傳）。

(二一) 九廟、一曰黃帝太初祖廟、二曰帝虞始祖昭廟、三曰陳胡王統祖穆廟、四曰齊敬王世祖昭廟、五曰濟北愍王王祖穆廟、凡五廟不墮云。六曰濟南伯王尊禰昭廟、七曰元城孺王尊禰穆廟、八曰陽平頃王戚禰昭廟、九曰新都顯王戚禰穆廟（『漢書』卷九十九下 王莽傳下）。

(二二)（始建國元年）以漢高廟爲文祖廟。莽曰、①予之皇始祖考虞帝、受嬗于唐。②漢氏初祖唐帝、世有傳國之象。予復親受金策於漢高皇帝之靈。……（『漢書』卷九十九中 王莽傳中）。

(二三) 王莽と同じく漢から禪讓を受けた曹丕の即位を勸進する「魏公卿上尊號奏」が、「終はりを文祖に受く」という『尙書』の文言を典拠に、堯舜革命に準えて漢魏革命を正統化していることについては、渡邉義浩〈二〇〇四〉を参照。

(二四)『孟子』梁惠王章句下・『荀子』彊國篇では、王道政治の場として、『呂氏春秋』や『淮南子』時則訓では、天子が月令を施す場所として、明堂は位置づけられている。明堂の祭祀については、南沢良彦《二〇一八》も参照。

(二五) 昔者周公、朝諸侯于明堂之位、天子負斧依、南鄕而立。三公、中階之前、北面東上。諸侯之位、阼階之東、西面北上。……此周公明堂之位也。明堂也者、明諸侯之尊卑也。……武王崩、成王幼弱。周公踐天子之位、以治天下。六年、朝諸侯於明堂、制禮作樂、頒度量、而天下大服。七年、致政於成王。成王以周公爲有勳勞於天下（『禮記』明堂位篇）。なお、王莽の三雍については、津田左右吉〈一九三一～三三〉に詳細な研究がある。

(二六) 昔者、周公郊祀后稷以配天、宗祀文王於明堂、以配上帝。是以四海之內、各以其職來祭。又何以加於孝乎（『孝經』聖治章篇）。

(二七)（狠）瞫曰、周志有之、勇則害上、不登於明堂。［杜預注］明堂、祖廟也。所以策功序德、故不義之士、不得升（『春秋左氏經傳集解』卷十八 文公 傳二年）。

(二八) 左氏舊說、及賈逵・盧植・蔡邕・服虔等、皆以祖廟與明堂爲一。故杜同之（『春秋左氏經傳集解』卷十八 文公 傳二年）。

(二九) 鎌田正《一九六三》。田中麻紗巳〈一九七六〉も参照。

（三〇）永井弥人〈一九九六〉は、王莽の明堂政策を經學化された高祖廟ともいうべき明堂を置いたと理解するが、王莽の即位前・即位後の変化に注目していないため、その主張に説得力を欠く。

（三一）是歲、莽奏、起明堂・辟雍・靈臺、爲學者築舍萬區、作市・常滿倉、制度甚盛。立樂經、益博士員、經各五人（『漢書』卷九十九上　王莽傳上）。

（三二）五年正月、祫祭明堂、諸侯王二十八人・列侯百二十人・宗室子九百餘人、徵助祭（『漢書』卷九十九上　王莽傳上）。

（三三）……禮明堂記曰、周公朝諸侯於明堂、天子負斧依南面而立、謂周公踐天子位、六年朝諸侯、制禮作樂、而天下大服也。……臣請安漢公居攝踐祚、服天子韍冕、背斧依于戶牖之間、南面朝羣臣、聽政事（『漢書』卷九十九上　王莽傳上）。

（三四）遣騎都尉囂等、分治黄帝園位於上都橋時。虞帝於零陵九疑、胡王於淮陽陳、敬王於齊臨淄、愍王於城陽莒、伯王於濟南東平陵、孺王於魏郡元城、使者四時致祠。其廟當作者、以天下初定、且祫祭於明堂太廟（『漢書』卷九十九中　王莽傳中）。

（三五）莽又見四方盜賊多、欲視爲自安能建萬世之基者、乃下書曰、予受命遭陽九之戹・百六之會、府帑空虛、百姓匱乏。宗廟未修、且祫祭於明堂太廟。……（『漢書』卷九十九下　王莽傳下）。

第十章　元始中の故事と後漢の禮制

はじめに

中国は自らが生きる国家や社会が限界を迎えるとき、「古典」とすべき中国像を有していた。それを「古典中國」と称するのであれば[1]、「古典中國」を形成するうえで、「元始中の故事」の構築をはじめとして、王莽の果たした役割は非常に大きい。したがって、西嶋定生は、王莽により規定された諸儀禮である「元始中の故事」を重視して、王莽期に儒教の國教化を求めている[2]。

ただし、王莽は、前漢を滅ぼした後、政策の拠り所とする經典を今文學から古文學へと展開する中で、「元始中の故事」を変更することもあった。たとえば、明堂の解釈を古文左氏學の經義に基づくものへと変更し、王莽自らの革命や国家を正統化した（本書第九章）。このため、莽新を打倒して漢を再興した光武帝劉秀は、今文學を學官の中心に置くだけではなく、王莽の禮制にも検討を加えていく。

本章は、光武帝、そしてその改革を継承した明帝が、王莽の「元始中の故事」をどのように受けとめながら、後漢の禮制を構築していくのかを検討するものである。

一、古文學の重み

光武帝は、建武元（二五）年に後漢を建国すると、翌建武二（二六）年には天を祀る郊祀を行った。

（建武）二年正月、初めて郊兆を雒陽城の南七里に制し、①鄗に依り、②元始中の故事を采る。圓壇八陛を爲り、中に又重壇を爲り、天地は其の上《かみ》に位し、皆南郷し、西を上とす。其の外壇の上に五帝の位を爲る。（三）

①鄗とは、前年、即位に際して告天儀禮を行った場所であり、光武帝は、その時と同様に、②「元始中の故事」を採用して天の親祭を行った。（四）即位したとはいえ、まだ赤眉との戦いの最中であり、新たな禮制を整備する余裕はなかった。「元始中の故事」における郊祀の儀禮は、『後漢書』志七 祭祀上の劉昭注に引用された『三輔黃圖』に載せる「元始の儀」に詳細に残されている。（五）

> ①常に歲孟春正月上辛若《も》しくは上丁を以て、親しく天を南郊に郊祭し、地を以て配し、山川を望秩し、羣神に徧くす。天地の位は皆南郷して席を同じくし、地は差《や》や東に在り、牢を共して食す。②太祖高皇帝・高后を壇上に配し、西郷して、后は北に在り、亦た席を同じくし、牢を共して食す。日の冬至に、有司をして天神を南郊に奉祭せしめ、高皇帝を配して羣陽を望す。夏至に、有司をして地祇を北郊に奉祭せしめ、高皇后を配して羣陰を望す。天地は牲二を用ひ、燔燎瘞埋は牲一を用ひ、先祖先妣は牲一を用ふ。天は牲を以て左にし、地は牲を以て右にし、皆黍稷及び樂を用ふ」と。（六）

「元始中の故事」は、天地の祭祀について、天子自身による親祭と官僚が代行する有司攝事の祭式とを区別していた。すなわち、①正月上辛もしくは上丁の日に行うのが親祭であり、そこでは天地を共に祭る。その際には、高皇帝劉邦と高后を配侑とする。これは、王莽により、『周禮』春官 大司樂を中心的な典拠として定められたものであった（本書第九章）。光武帝が建武二年正月に初めて行った郊祀も親祭され、②高皇帝と高后を配侑としており、光武帝の天の祭祀は、王莽の定めた「元始中の故事」に基づいて始められたと言えよう。

ところが、建武七（三一）年になると、「元始中の故事」では行われていなかった、堯を配侑とすべしという議論が起こる。王莽が尊重した『春秋左氏傳』に基づき、漢は堯の子孫とされていたからである。王莽が定めた「元始中の故事」の流れに従っていけば、当然、堯を配侑とする方向に進むことになる。

七年五月に至りて、三公に詔して曰く、「漢は當に堯を郊すべし。其れ卿・大夫・博士と議せ」と。時に侍御史の杜林 上疏して、「以爲へらく、漢の起こるは堯に因縁せずと。殷・周と宜を異にし、而も舊制は高帝を以て配す。方《まさ》に軍師 外に在れば、且《まさ》に元年郊祀の故事の如くすべし」と。上 之に從ふ。語は林の傳に在り（七）。

光武帝が、堯を配祀すべきか否かを問う詔を三公に下し、卿・大夫・博士と集議させたところ、侍御史の杜林の上奏によって、堯は配祀せず、「元始中の故事」のままとすることになった。これは、表面的には、王莽の制度をそのまま継続した形となっている。しかし、堯を漢の祖先として配侑しないことは、漢が堯の子孫であり、王莽が舜の子孫であることを前提に、堯舜革命に準えて正統化された漢新革命を否定することになる（本書第五章）。果たしてそのように理解できるのであろうか。

杜林は范曄の『後漢書』に專傳を持ち、そこに上奏文も引用されるが、司馬彪が『續漢書』の種本とした『東觀漢記』を劉昭が注に引用しているので、より詳細なそれを掲げて、杜林の上奏内容をさらに詳しく検討しよう。

臣 聞くならく、河・雒に營みて以て民と爲し、肌膚に刻みて以て刑と爲し、疆を封じ界を畫して以て諸侯を建て、田を井して什に一して以て國用に供するは、三代の同じき所なりと。漢 興るに至るに及び、時宜に因り、世務に趨り、煩苛を省き、實事を取り、苟しくも高亢の論を貪らず。是を以て土中の京師を去り、關内の遠都に就き、肉刑の重律を除き、髡鉗の輕法を用ふ。郡縣には世祿の家を置かず、農人には三十して一を取る。政は卑なれば行はれ易く、禮は簡なれば從ひ易し。民は愚智と無く、漢の德を思ひ仰ぎ、漢の祀を樂しみ承く。①基業の特起するは、堯に因緣せず。堯は漢より遠く、民 曉らかには信ぜず。言は其の耳に提ぐるも、終には悅諭せざらん。后稷は周に近く、民 戶ごとに之を知れり。世は據りて以て興り、基は其の祚に由る。本より漢とは異なれり。②郊に高帝を祀るは、誠に民の望に從ひ、萬國の歡心を得たれば、天下の福應、此れより大なるは莫し。民 種祀を奉ずること、且つ猶ほ世主のごとくし、先俗を失はず。羣臣 僉 鯀を薦すも、考績 成らざれば、九載にして乃ち殛《ころ》す。宗廟は至りて重く、衆心は違ひ難ければ、卒《には》かに改む可からず。詩に云ふ、「愆《あやま》らず忘れず、舊章に率由す」と。當に祖宗を尊ぶべきの故を明らかにせし文章なり。宜しく舊制の如くして、以て天下の惑を解き、易の所謂「天に先だちて天 違はず、天に後《おく》れて天の時を奉ず」の義に合《かな》ふべし。方に軍師は外に在らば、祭は且《しばら》く元年郊祭の故事の如くす可し」と。（八）

杜林は、古文尚書を修め、ここでの郊祀制度への提言のほか、建武十四（二九）年には肉刑復活論に反対している（『後漢書』列傳十七 杜林傳）。杜林が比較として周の祖である后稷を掲げているのは、天子の祖先を天に配祀することの重要性が、『孝經』聖治章篇に后稷の配祀を事例として説かれているためである。

子曰く、「天地の性は、人を貴しと爲す。人の行ひは、孝より大なるは莫し。孝は父を嚴《たふと》ぶより大なるは莫し。父を嚴ぶは天に配するより大なるは莫し。則ち周公 其の人なり。昔者 周公は后稷を郊祀して以て天に配す。文王を明堂に宗祀して以て上帝に配す。是を以て四海の內、各〻其の職を以て來りて助祭す。夫れ聖人の德、又 何を以て孝に加へんや」と。（九）

『孝經』聖治章篇において孔子は、周公が天を郊祀する際に、后稷を配侑としたことは最大の孝である、と述べている。漢家が堯を祖先とするのであれば、堯を配侑することこそ、孔子も尊重する「天子の孝」となる。しかし、杜林は、后稷が周の創業に近く、民も戸ごとにこれを知っていたことに対して、①堯は漢よりもはるかに遠く、民は漢と堯との関係を明らかには信じ得ない、と論ずる。そして、②高祖を配侑とすることが、民の望に叶うことであり、また高祖の創業が成功したのは、堯に起因しないと述べて、堯の配祀に反対したのである。王莽の「元始中の故事」からの流れは止められた、と評してよい。

しかし、ここで注目すべきは、堯の配侑には反対しながらも、堯を漢の祖先とすることを否定しない点である。堯を漢の祖先とする典拠は、『春秋左氏傳』である。杜林は古文學者であり、『春秋左氏傳』を否定し得ない立場にある。しかも、光武帝期には、李封・陳元という春秋左氏學者が博士とされていた。太學がすべて今文學者によって占められるのは、二人の死後、春秋左氏學者を博士に立てなくなった明帝期からなのである。（一〇）

この結果、光武帝は、王莽の漢新革命を正統化していた漢が堯の子孫である、という説そのものは否定しない。すなわち、王莽の漢新革命の正統性を否定できなかったのである。しかし、周の后稷のように、堯を配侑として漢がその子孫であることを天の祭祀に組み込むことはなかった。（一一）光武帝は、王莽の「元始中の故事」の流れを止めることはできた。しかし、王莽の定めた「元始中の故事」そのものは残さざるを得なかった。その理由は、「元始中の故事」を支える『春秋左氏傳』など古文學の勢力がなお強力であったことに求められる。

このように郊祀において光武帝は、結果としては「元始中の故事」をそのまま継承している。（一二）しかし、堯ではなく高祖のみを配侑とし続けることで、高祖から継承した漢の祭祀という色彩を郊祀に強めた。したがって、高祖を含めた祖先をどのように祭るのかという宗廟祭祀の重要性が高まっていく。

二、古文學から今文學へ

皇帝の祖宗を祀る宗廟について、「元始中の故事」は、王莽が宣帝の父の廟を毀つことにより、七廟合祀という状態を確立した。しかし、王莽自身は、莽新建国の翌始建國元（九）年、漢の高祖劉邦の高廟を文祖廟と改名して自らの禪讓を『尚書』堯典篇により正統化し、さらに地皇三（二二）年には、自らの九廟を作りあげた（本書第九章）。

これに対して、光武帝は、建武二（二六）年正月、高廟を雒陽に立て、高帝（劉邦）を太祖とし、文帝を太宗とし、武帝を世宗とした。これらの不毀廟の扱いは、王莽の「元始中の故事」の継承である。やがて、建武三（二七）年正月には、親廟を雒陽に立て、父である南頓君の劉欽より遡って四世祖である舂陵節侯の劉買に至るまでの親の尽きていない祖先を祀るという、新たな展開を示す。しかし、これは儒教の經義に悖る祭祀であった。そのため、中国統一後の建武十九（四三）年、五官中郎將の張純は、太僕の朱浮と共に奏議して、宗廟の整備の必要性を次のように主張する。

> 陛下は匹庶より興り、天下を蕩滌し、暴亂を誅鉏し、祖宗を興繼す。竊かに以《おも》ふに、經義の紀す所、人事も衆心も、實に創革に同じと雖も、而るに名づけて中興と爲す。宜しく先帝を奉じ、恭んで祭祀を承くべき者なり。元帝より以來、宗廟に高皇帝を奉祠して受命の祖と爲し、孝文皇帝を太宗と爲し、孝武皇帝を世宗と爲すは、皆舊制の如くせん。又 親廟四世を立て、南頓君より以上を推して舂陵節侯に盡く。①禮に、人の後と爲る者は則ち之が子爲りと。既に大宗に事《つか》ふれば、則ち其の私親を降す。今 高廟に禘・祫して、昭穆を陳ね序し、而して舂陵の四世、君臣 並び列す。卑を以て尊に廁《まじ》ふるは、禮の意に合《かな》はず。設《も》し王莽に遭はず、而して國嗣 寄ること

> 無くして、宗室を推求し、陛下を以て統を繼がしめしなば、安んぞ復た私親を顧みて、禮制に違ふことを得んや。昔 高帝は自ら受命し、太上に由らざるを以て、宣帝は孫にして祖を後《つ》ぐを以て、敢て私を親せず。故に父の爲に廟を立て、獨り羣臣のみ祠に侍す。臣愚 謂へらく、宜しく今の親廟を除きて、以て②二帝の舊典に則るべし。願はくは有司に下して博く其の議を采らんことを。(一三)

典拠とされている①「禮」は、『春秋公羊傳』成公十五年に、「人の後と爲る者は之が子爲るなり（爲人後者爲之子也）」とあることを踏まえている。張純らが上奏した宗廟制度は、古文學を尊重する王莽に対して、『春秋公羊傳』という今文學を典拠としているところに特徴がある。また、②「二帝の舊典」とは、高皇帝劉邦と宣帝が、皇帝に即位していない自らの生父を漢の宗廟に入れないと定めた「舊典」のことであり、「漢家の故事」が禮制の根拠として、併せて掲げられていることも重要である。「元始の故事」を支えていた古文學に代わって、今文學と「漢家の故事」に基づく政策が主張されるに至っているのである。

光武帝は、張純らの上奏を受けて、公卿・博士・議郎に下問して、複数の議の中から、大司徒の戴渉・大司空の竇融らの議を可とした。

> 宜しく宣・元・成・哀・平の五帝四世を以て今の親廟に代ふべく、宣・元皇帝をば尊びて祖・父と爲し、親ら奉祠す可く、成帝より以下は、有司 事を行ひ、別に南頓君の爲に皇考廟を立てん。其の祭ること上は春陵節侯に至り、羣臣 奉祠して、以て尊尊の敬、親親の恩を明らかにせん。(一四)

こうして光武帝は、張純の上奏に応じた戴渉らの議を受けて、雒陽の高廟では、漢の不毀廟である太祖廟（高帝劉邦）・太宗廟（文帝）・世宗廟（武帝）の三不毀廟と、光武帝の父の世代にあたる元帝、祖父の世代にあたる宣帝を祭祀した。一方、光武帝の同世代にあたる成帝、子の世代にあたる哀帝・平帝については、雒陽の高廟の西廟に神主を置き、四時に長安の故高廟で祭祀するだけとした（『後漢書』志九 祭祀下）。このように、古文學に基づく「元始の故事」の天子七廟は、今文學と「漢家の故事」に基づき整備され直したのである。

また、王莽は宗廟の建設が遅延したため、古文學の『春秋左氏傳』に基づき明堂を祖廟と解釈することにより、始建國元（九）年、宗廟の代わりに明堂の太廟で、祖先の親疎遠近を祀る祫祭を行った。「元始中の故事」では、今文學の『禮記』明堂位篇に基づき「諸侯を會する場」とされていた明堂は、すでに王莽によってその役割を変更されていたのである（本書第九章）。

これに対して、光武帝は、地を祀る北郊を造営した建武中元元（五六）年、明堂・辟雍・靈臺の三雍を建造したが、運用を始める前に翌年崩御した。後を嗣いだ明帝は、即位の翌年、明堂ほか三雍の運用を開始したほか、後漢の主要な儀禮・祭祀を定めていく。

（永平）二年 春正月辛未、①光武皇帝を明堂に宗祀し、帝及び公卿・列侯 始めて②冠冕・衣裳・玉佩・絇履を服して以て事を行ふ。禮 畢はり、③靈臺に登る。……三月、④辟雍に臨み、初めて大射の禮を行ふ。……冬十月壬子、辟雍に幸し、初めて養老の禮を行ふ。詔して曰く、「光武皇帝 三朝の禮を建つるも、未だ臨饗するに及ばず。眇眇たる小子、聖業に屬當せり。閒《このごろ》 暮春の吉辰、初めて大射を行ひ、令月元日、復た辟雍を踐む。⑤三老に尊事し、五更に兄事す。……五更の桓榮は、朕に尚書を授く。詩に曰く、「徳として報ひざるは無く、言として酬ひざるは無し」と。其れ榮に爵 關內侯、食邑五千戶を賜へ。……」と。……是の歳、始めて⑥氣を五郊に迎ふ。（一五）

明帝は、永平二（五九）年正月、①光武帝を明堂に宗祀した。これは、莽新の明堂祭祀とは明確に異なる形である（藤川正数〈一九六八〉）。その典拠は、すでに掲げた『孝經』聖治章篇に、后稷を郊祀の配侑とし、文王を明堂に宗祀した、とあることに基づく。また、そのとき明帝は、②「冠冕」と記されるように、天子の法服である袞龍を定め、諸侯以下の服制を整備し、典章制度を確立した。[一六]そののち③靈臺に昇って、雲氣を觀察している。三月には④辟雍に臨み、「大射の禮」を始め、郷飲酒禮を郡縣の學校で行わせている。さらに⑥「迎氣」（五郊）もこの年に行っており、郷飲酒禮の実施を伝える『後漢書』志四 禮儀志上は、これを「是に於て七郊の禮樂・三雍の義 備はれり（於是七郊禮樂三雍之義備矣）」と評している。七郊とは、五帝及び天地を祠る郊、三雍とは、辟雍・明堂・靈臺をいう。十月には同じく辟雍で⑤「三老に尊事し、五更に兄事する」養老禮を実施している。[一七]

養老禮において「五更」とされた桓榮は、今文の歐陽尚書學を家學とし、光武帝は、その禮に適った応対を「眞の儒生」と称賛している（『後漢書』列傳二十七 桓榮傳）。そして、「（明帝）十歳にして能く春秋に通じ、光武 之を奇とす。……博士の桓榮に師事し、學びて尚書に通ず（十歳能通春秋、光武奇之。……師事博士桓榮、學通尚書）」（『後漢書』本紀二 明帝紀）と記されるように、明帝は、侍講・太子少傅であった博士の桓榮に師事して、歐陽尚書學を中心とした今文學を修めていたのである。

したがって、明帝は今文學に從うことにより、「元始中の故事」から離脱することを試みた。しかし、たとえば⑥「氣を五郊に迎」える「迎氣」は、祭祀志に次のように記される。

時氣を五郊の兆に迎ふ。永平中より、[①]禮讖及び月令に五郊迎氣の服色のこと有るを以て、因りて[②]元始中の故事を采り、五郊を雒陽の四方に兆す。中兆は未に在り、壇は皆三尺、階に等無し。[一八]

司馬彪は、迎氣を②「元始中の故事」に由来すると記載しているのである。ところが、王先謙『後漢書集解』に引く黄山は、その起源を元始年間（一～五年）ではないとする。黄山は、王莽が五郊迎氣を行ったのは、居攝元（六）年の迎春が最初であるという。とすれば、司馬彪は、王莽を起源とするという点において、「元始中の故事」に因ると記したと考えてよい。司馬彪の『續漢書』を表面的に読む限りにおいて、冒頭に掲げた西嶋説のように、「元始中の故事」に従ってすべてが定まったかのような誤解が生ずるのである。

しかし、たとえば「迎氣」にしても、あくまでもそれは王莽に由来するだけであって、王莽の行った迎氣そのものを明帝が採用しているわけではない。王莽は、自らを土徳たる舜の後裔と自称するため、土德の始まりである黃帝と同じ称号を持つ神格を用いないよう、四方には「帝」として、太昊・炎帝・少皡・顓頊を附しながらも、中央だけは、軒轅を入れることなく、「中央の帝 黃靈后土」と帝の名を空位にしていた（本書第九章）。

これに対して、明帝は、立春は春を迎えるため青帝句芒を祀り、立夏は夏を迎えるため赤帝祝融を祀り、立秋の十八日前は黃靈を迎えるため黃帝后土を祀り、立秋は秋を迎えるため白帝蓐收を祀り、立冬は冬を迎えるため黑帝玄冥を祀る、としている（『後漢書』志七・八 祭祀上・中）。すなわち、明帝は、王莽の黃靈を継承しながらも、祭祀対象はあくまで黃帝后土とし、また諸神の名も改めて、①『禮緯含文嘉』および『禮記』月令篇という、今文學の經書と緯書に法るようにしているのである。

明帝は、「天子七廟」のように、古文學に基づく禮制は、今文學と「漢家の故事」に基づき整備し直し、今文學であったものは、王莽による私的改変を正して、經義に基づくようにしているのである。

そして、「元始中の故事」に含まれないものについて、明帝は、今文學に基づき禮制を創設していく。

（永平）四年春二月辛亥、（明帝）詔して曰く、「朕 親ら藉田に耕して、以て農事を祈る。……」と。(一九)

天子が自ら田を耕す藉田儀禮は、前漢の文帝二（前一七八）年から始まっていたので（『漢書』巻四 文帝紀）、「元始中の故事」において、とくにその禮制が定められることはなかった。明帝は、集中的に禮制改革を行った永平二年から少し遅れた永平四（六一）年に、藉田儀禮を開始する。儀禮の具体像について、應劭の『漢官儀』は次のように伝えている。

應劭の漢官儀に曰く、「天子　東耕の日、三公・九卿を率ゐ、青幘を戴き、青衣を服し、青旂を戴き、蒼龍に駕す。往きて種堂に出で、天子　壇に升り、公卿　耕し訖はり、天子　壇に耕やし耒を擧ぐること三のみ」と。(二〇)

應劭の伝える藉田儀禮は、『禮記』月令篇の「天子　乃ち元日を以て、穀を上帝に祈る。乃ち元辰を擇びて、天子親ら耒耜を載せて、之を參保介と御との間に措き、三公・九卿・諸侯・大夫を帥ゐて、躬ら帝籍を耕やす。天子は三推し、三公は五推し、卿・諸侯は九推す（天子乃以元日、祈穀于上帝。乃擇元辰、天子親載耒耜、措之於參保介之御間、帥三公・九卿・諸侯・大夫、躬耕帝籍。天子三推、三公五推、卿・諸侯九推）」という記述に対応したものとなっている。明帝が今文學に基づき、禮制を構築したことは明らかである。

このように明帝は、「元始中の故事」からの脱却を目指した光武帝の政策を受け、多くの禮制改革を行い、依拠する經典を古文學から今文學へと移行していった。ところが、明帝の禮制改革の中には、儒教の經義に基づかないものも存在したのである。

三、漢家の故事

明帝の禮制改革の中で儒教の經義に基づかないものは、「漢家の故事」に從ったものである。「漢家の故事」は、光武帝も重視していた。それは、社稷の祭祀に見ることができる。

社には、大社と王社の別があり、大社は百姓のため、王社は天子自らのため畿內の土地を祭るものである（『禮記』祭法篇）。前漢の高祖劉邦は、秦の社稷を除いたあと、漢の社稷として太社（大社）を建て、また、官社（王社）を建てて、夏の禹王を配食した。しかし、官稷を建てることはなかったという（『漢書』巻二十五下 郊祀志下 注引臣瓚曰）。したがって前漢は、太社・太稷と官社（王社）を立て「二社一稷」を祭っていた。

これに対して、王莽は、新たに官稷を官社の後ろに立て、后稷を配食して、太社・太稷と官社・官稷という「二社二稷」制を創設する。王莽の「二社二稷」制は、『春秋左氏傳』の經義から影響を受けていると考えてよい。光武帝は、王莽の「元始中の故事」を継承せず、高祖以来の「二社一稷」制に戻した。「漢家の故事」を古文學より優先したのである（本書第九章）。

「漢家の故事」が、最も尊重された禮制は、喪禮である。後漢において、非現実的な三年喪という禮制が存在し、三年とは二十五ヵ月か二十七ヵ月かという經學上の論争が許容されたのも、理念とは別に「漢家の故事」により喪禮の現実的な運用がされていたためである。後漢における喪禮の經義は、やがて『白虎通』により二十五ヵ月が三年喪と定められた。しかし、天子はもとより官僚が、実際に三年喪に服することは、政務の停滞を招く。現実としては、この禮制は破綻している。このとき、三年喪を短縮する論拠を提供したものが、「文帝の故事」である。

文帝は本来、斬衰三年（二十五ヵ月間）服すべき喪を、大紅（大功）の服を十五日間、小紅（小功）の服を十四日間、纖服を七日間の計三十六日間だけ服すればよいと遺詔をし、一般の「吏民」に至っては、三日で「釋服」せよと命じている。後漢「儒教國家」は、この「文帝の故事」を典拠として、禮制上の經義である二十五ヵ月の喪禮と現実社会での生活をうまく擦り合わせていた。故事は、このように後漢「儒教國家」の經義が現実と合わないところを擦り合わせる役割を果たしていたのである[二二]。

明帝の禮制改革の中で、儒教の經義に基づかないものには、陵墓の上で祭祀を行う「上陵の禮」もある。これが成立した経緯については、『後漢書』祭祀志に次のように記されている。

①西都に舊《もと》上陵有り。東都の儀、百官・四姓親家の婦女・公主・諸王の大夫・外國の朝者侍子・郡國の計吏 陵に會す。晝漏上水、大鴻臚 九賓を設け、寢殿の前に隨立せしむ。鍾鳴るや、謁者 禮を治め客を引き、羣臣 位に就くこと儀の如くす。乘輿 東廂より下り、太常 導出す。西向して拜し、折旋して阼階より升り、神坐に拜す。退きて東廂に坐し、西向す。侍中・尚書・陛者は 皆 神坐の後なり。公卿・羣臣は神坐に謁《まみ》へ、太官は食を上り、太常樂は食擧を奏し、文始・五行の舞あり。禮樂 闋《を》はり、羣臣 賜食を受く。畢はりて、郡國の上計吏 次を以て前み、神軒に當たりて其の郡國の穀價、民の疾苦する所を占《まう》し、神に其の動靜を知らしめんと欲す。②孝子 親に事へて禮を盡くすは、敬愛の心なり。周徧《あまね》く禮の如くす。最後に親陵にてし、計吏を遣り、之に帶佩を賜ふ[一二]。

冒頭に①「西都に舊《もと》上陵有り」と、記されているように、上陵の禮は、「漢家の故事」を継承したものである。明帝の上陵は、「漢家の故事」を大規模にしたものと考えてよい。祭祀志は、この儀禮を「孝子 親に事へて禮を盡くすは、敬愛の心なり」と、孝の論理のもとに回収しようとする。郊祀における光武帝の配祀、明堂における光武帝の宗祀という明帝の禮制改革が、『孝經』聖治章篇を典拠としていたためであろう[一三]。

明帝が光武帝の原陵に登って墓祭を行ったことは、この後、「漢家の故事」として継承される。後漢では即位の際に、前漢の宗廟即位の伝統を受けながら、高廟と世祖廟の二廟に拜謁することが尊重されていく。そして、謁廟の後には、明帝が定めた上陵の禮が行われるに至るのである。

正月上丁、南郊に祠る。禮 畢はるや、北郊・明堂・高廟・世祖廟を次づ。之を五供と謂ふ。五供 畢はるや、次を以て上陵す[一四]。

このように、後漢では正月の南郊祭天に際して、北郊・明堂・高廟・世祖廟を順に祭る「五供」を行い、そのち

に「上陵」の禮を行っている。（二五）

後漢末の蔡邕は平生から、經義と異なるこの「漢家の故事」に疑問を抱いていた。だが、実際に上陵の禮に参加した後には、その感慨を師の胡廣に次のように報告している。

建寧五年正月、車駕 原陵に上るに、蔡邕 司徒掾爲れば、公に從ひて行く。陵に到り、其の儀を見、愾然として同坐の者に謂ひて曰く、「聞くならく、古は墓祭せずと。朝廷に上陵の禮有るも、始め謂へらく、損す可しと。今 其の儀を見、其の本意を察するに、乃ち孝明皇帝の至孝惻隱を知れば、舊に易ふ可からず」と。……邕 太傅の胡廣に見へて曰く、「國家の禮に煩有れども省く可からざる者は、知らず 先帝 心を用ふること周密の此に至ればなり」と。廣曰く、「然り。子 宜しく之を載して、以て學者に示すべし」と。邕 退きて焉を記す。（二六）

「古は墓祭せず」との儒教の經義とは異なっていても、明帝の光武帝を思う孝心の現れである「上陵の禮」は行われるべきである。蔡邕がこの思いを師の胡廣に報告すると、胡廣はこれを書き留め学者に示すべきだと答えた。現行『後漢書』の志とされている司馬彪の『續漢書』八志は、この結果書かれた蔡邕の「十意」を継承したものである。このように、後漢「儒教國家」は、後漢の末期に至るまで、「上陵の禮」に関しても、「漢家の故事」を經義に優先させている。後漢「儒教國家」は、皇帝にとって最も重要な祖先祭祀を儒教の禮制に合わせていないのである。「儒教國家」の初発形態としての後漢国家の特徴がここにある。これに対して、曹魏を建国した曹丕は、「漢家の故事」である上陵の禮を廃止する。

古は墓祭の禮無し。漢 秦を承け、皆 園寝有り。正月上丁、南郊に祠り、禮 畢はるや、北郊・明堂・高廟・世祖廟に次づ、之を五供と謂ふ。魏武 高陵に葬むらる。有司 漢に依り陵上に祭殿を立つ。文帝の黃初三年に至り、乃ち詔して曰く、「先帝 躬ら節儉を履み、省約を遺詔す。子は父に述《したが》ふを以て孝と爲し、臣は事を繫《つ》ぐを以て忠と爲す。古は墓祭せず、皆 廟に設く。高陵の上殿は皆 毀壊し、車馬は廐に還し、衣服は府に藏して、以て先帝が儉德の志に從へ」と。文帝 自ら終制を作り、又曰く、「壽陵に寢殿を立てること無く、園邑を造ること無かれ」と。自後、園邑・寢殿 遂に絕ゆ。[一七]

やがて曹魏の文帝曹丕は、曹操の薄葬の尊重を理由に、上陵の禮を行うための高陵の上殿を毀廢した。[一八] 經義に悖る「漢家の故事」は、後漢を滅ぼした曹魏には継承されなかったのである。西晉「儒教國家」においても、上陵の禮が復活することはなかった。三國曹魏における儒教への反発を受けて再編された「儒教國家」である西晉では、律令までもが經義を法源としていた（渡邉義浩〈二〇〇八d〉）。上陵の禮は、こうして終焉を迎える。

明帝の禮制改革は、王莽が拠り所とした古文學から今文學への移行という光武帝期の動向を推進するものであったが、そのすべてが今文學に基づくものではなかった。漢の復興を掲げ、中国を再統一した光武帝が「漢家の故事」を重視したことを受けて、前漢の儒教經義に基づかない故事を継承していたためである。

こうしたなか、明帝の改革を受けた章帝は、後漢「儒教國家」を確立することを目指して、後漢の国制と儒教經義を擦り合わせ、さらには社会全体を儒教の規範の下に置くために、皇帝親裁のもと後漢としての儒教經義を定める会議を行う。それが白虎觀会議である。後漢は、白虎觀会議において儒教の國教化を達成すると共に、「古典中國」の規範を後世に示すことになるのである（渡邉義浩〈二〇〇五b〉）。

おわりに

醇儒であった王莽は、とりわけ莽新の建国後、儒教への依存を先鋭化させ、その政策が受け入れられるか否かよりも、經學的に正しいか否か、今文學ではなく古文學に依拠しているか否かに重点を置いた。すでに前漢という国家が既存のものとしてあり、外戚として儒教に基づく政策を展開することで支持を集め、政権に辿りついた王莽としては、当然のことであろう。緯書により宗教性を強めていた儒教への王莽の信仰をそこに見ることもできる。

これに対して、莽新を打倒し、群雄割拠を切り抜けて後漢を建国した光武帝、および光武帝が禮制の整備まで政策を及ぼせないうちに即位した明帝は、儒教の信者ではなかった。圖讖を自らの革命に利用した光武帝も、それを信仰していたわけではなく（池田雅典〈二〇一一〉）、桓榮から歐陽尙書を受け、今文學に造詣の深かった明帝も、經學に国家の政策のすべてを依存することはなかった。実際の政務に支障を来す喪禮であれば、經典の規定よりも「漢家の故事」を優先し、あるいは上陵の禮のように、自ら新しく「漢家の故事」を創出することもあった。

したがって、後漢が「儒教國家」として確立し、「古典中國」として後世に継承されていくためには、今文學と古文學の經義を調整しながら、国家によって統一的な經義を確立することが必要となる。それが、章帝期に行われる白虎観会議なのである。

《注》

（一）「古典中國」の概念、およびそれを基準とした新しい中国史の時代区分への仮説は、本書序章を参照。

（二）西嶋定生〈一九七〇〉。なお、西嶋をはじめとする儒教の國教化をめぐる諸説については、渡邉義浩〈二〇〇九〉を参照。

（三）（建武）二年正月、初制郊兆於雒陽城南七里、①依鄗、②采元始中故事。爲圓壇八陛、中又爲重壇、天地位其上、皆南鄉、

西上。其外壇上爲五帝位（『後漢書』志七 祭祀上）。なお、本書では、『後漢書』として一体となって読み継がれてきた事実に鑑み、范曄『後漢書』に合刻された司馬彪『續漢書』志を『後漢書』志と表記する。

（四）光武帝は、建武元（二五）年、即位の際の告天儀禮でも、「元始中の故事」に従っている（『後漢書』志七 祭祀上）。

（五）「元始の儀」の翻訳は、渡邉義浩・池田雅典《二〇一二》を参照。また、「元始の儀」が王莽時の郊祀を具体的に伝えていることについては、目黒杏子〈二〇〇六〉を参照。

（六）①常以歳之孟春正月上辛若上丁、親郊祭天南郊、以地配、望秩山川、徧于羣神。天地位皆南郷同席、地差在東、共牢而食。②太祖高皇帝・高后配于壇上、西郷、后在北、亦同席、共牢而食。日冬至、使有司奉祭天神于南郊、高皇帝配而望羣陽。夏至、使有司奉祭地祇于北郊、高皇后配而望羣陰。天地用牲二、燔燎瘞埋用牲一、先祖先妣用牲一。天以牲左、地以牲右、皆用黍稷及樂（『後漢書』志七 祭祀上注引『三輔黄圖』）。なお、これ以降の郊祀制度の展開については、小島毅〈一九八九〉を参照。

（七）至七年五月、詔三公曰、漢當郊堯。其與卿・大夫・博士議。時侍御史杜林上疏、以爲、漢起不因緣堯。與殷・周異宜、而舊制以高帝配。方軍師在外、且可如元年郊祀故事。上從之。語在林傳（『後漢書』志七 祭祀上）。

（八）臣聞、營河・雒以爲民、刻肌膚以爲刑、封彊畫界以建諸侯、井田什一以供國用、三代之所同。及至漢興、因時宜、趨世務、省煩苛、取實事、不苟貪高亢之論。是以去土中之京師、就關內之遠都、除肉刑之重律、用髠鉗之輕法。郡縣不置世祿之家、農人三十而取一。政卑易行、禮簡易從。民無愚智、思仰漢德、樂承漢祀。①基業特起、不因緣堯。堯遠於漢、民不曉信。言提其耳、終不悅諭。后稷近於周、民戶知之。世據以興、基由其祚。本與漢異。②郊祀高帝、誠從民望、得萬國之歡心、天下福應、莫大於此。民奉種祀、且猶世主、不失先俗。羣臣僉薦鯀、考績不成、九載乃殛。宗廟至重、衆心難違、不可卒改。詩云、不愆不忘、率由舊章。明當尊祖宗之故文章也。宜如舊制、以解天下之惑、合於易之所謂先天而天弗違、後天而奉天時義。方軍師在外、祭可且如元年郊祭故事（『後漢書』志七 祭祀上注引『東觀漢記』）。

（九）子曰、天地之性、人爲貴。人之行、莫大於孝。孝莫大於嚴父。嚴父莫大於配天。則周公其人也。昔者周公郊祀后稷以配天。宗祀文王於明堂以配上帝。是以四海之內、各以其職來助祭。夫聖人之德、又何以加於孝乎（『孝經』聖治章篇）。

（一〇）漢魏から西晉の博士については、渡邉義浩〈二〇〇六b〉を参照。

（一一）なお、堯の祭祀はこののち、章帝により堯の母である慶都の陵墓がある濟陰郡成陽縣の靈臺で行われる（『後漢書』志八 祭祀中）。その後、成陽靈臺の祭祀は、地方官とそれに協力する仲氏などの豪族によって、後漢末まで続けられていく。「成陽靈臺碑」によれば、母の慶都のために黃屋を建て奉祠をしたことは、堯にまで遡り、前漢はその祭祀を継承したが、莽新の時にそれは途絶えた、という。そうした中、故廷尉の仲定が、祭祀の復興を奏請すると、濟陰太守である魏郡の審晃と成陽令である博陵の管遵は、それぞれ大掾を派遣して、仲定を補助したというのである。また、永康元（一六七）年の紀年を持つ、「孟郁脩堯廟碑」には、濟陰太守の孟郁が、堯の廟に拜謁して膏雨を得たことを機に、堯の大廟を繕治したことを伝えている。これについては、渡邉義浩《一九九五》第四章 祭祀を参照。

（一二）光武帝は、建武中元元（五六）年になると、文帝の母である薄皇后を高皇后と追尊し、北郊と高廟に配祀しているため（『後漢書』志八 祭祀中）、郊祀の配侑も呂后から薄皇后へと変更されたと考えられる。ここで「元始中の故事」は、変更される。

（一三）陛下興於匹庶、蕩滌天下、誅鉏暴亂、興繼祖宗。竊以、經義所紀、人事衆心、雖實同創革、而名爲中興。宜奉先帝、恭承祭祀者也。元帝以來、宗廟奉祠高皇帝爲受命祖、孝文皇帝爲太宗、孝武皇帝爲世宗、皆如舊制。又立親廟四世、推南頓君以上盡於舂陵節侯。①禮、爲人後者則爲之子。既事大宗、則降其私親。今禘・祫高廟、陳序昭穆、而舂陵四世、君臣並列。以卑廁尊、不合禮意。設不遭王莽、而國嗣無寄、推求宗室、以陛下繼統者、安得復顧私親、違禮制乎。昔高帝以自受命、不由太上、宣帝以孫後祖、不敢私親。故爲父立廟、獨羣臣侍祠。臣愚謂、宜除今親廟、以則②二帝舊典。願下有司博採其議（『後漢書』列傳二十五 張純傳）。

（一四）宜以宣・元・成・哀・平五帝四世代今親廟、宣・元皇帝尊爲祖・父、可親奉祠、成帝以下、有司行事、別爲南頓君立皇考廟。其祭上至舂陵節侯、羣臣奉祠、以明尊尊之敬、親親之恩（『後漢書』列傳二十五 張純傳）。

（一五）（永平）二年春正月辛未、①宗祀光武皇帝於明堂、帝及公卿・列侯始服②冠冕・衣裳・玉佩・絇履以行事。禮畢、③登靈臺。……三月、④臨辟雍、初行大射禮。……冬十月壬子、幸辟雍、初行養老禮。詔曰、光武皇帝建三朝之禮、而未及臨饗。眇眇小子、屬當聖業。閒暮春吉辰、初行大射、令月元日、復踐辟雍。⑤尊事三老、兄事五更。……五更桓榮、授朕尚書。詩曰、無德不報、無言不酬。其賜榮爵關内侯、食邑五千戸。……是歳、始⑥迎氣於五郊（『後漢書』本紀二 明帝紀）。

（一六）渡辺信一郎〈二〇〇二〉は、これを中国の「古典的國制」の完成と位置付けている。なお、明帝の礼制改革については、藤田忠〈一九九三〉もある。

（一七）養老禮については、渡部武〈一九七三〉を参照。また、金子修一《二〇〇六》は、永平二年を後漢における禮制の本格的な出発点としている。

（一八）迎時氣五郊之兆。自永平中、以①禮讖及月令有五郊迎氣服色、因②采元始中故事、兆五郊于雒陽四方。中兆在未、壇皆三尺、階無等（『後漢書』志七 祭祀上中）。①の「禮讖」は、ここでは『禮緯含文嘉』。『太平御覽』卷五百二十七に、「禮含文嘉曰、五祀、南郊・北郊・西郊・東郊・中兆、正謀」とある。また、『禮記』月令篇に、「立春之日、天子親帥三公・九卿・諸侯・大夫、以迎春於東郊」とある。

（一九）（永平）四年春二月辛亥、（明帝）詔曰、朕親耕藉田、以祈農事。……（『後漢書』本紀二 明帝紀）。

（二〇）應劭漢官儀曰、天子東耕之日、率三公・九卿、戴青幘、服青衣、載青旂、駕倉龍。往出種堂、天子升壇、公卿耕訖、天子耕於壇擧耒三而已（『太平御覽』卷五百三十七 禮儀 籍田）。

（二一）渡邉義浩〈二〇〇六ａ〉。なお、短喪を經典に基づいて理論化した杜預の動機については、渡邉義浩〈二〇〇五ｃ〉を参照。短喪の唐代における展開については、洲脇武志〈二〇〇九〉を参照。

（二二）①西都舊有上陵。東都之儀、百官・四姓親家婦女・公主・諸王大夫・外國朝者侍子・郡國計吏會陵。晝漏上水、大鴻臚設九賓、隨立寢殿前。鍾鳴、謁者治禮引客、羣臣就位如儀。乘輿自東廂下、太常導出。西向拜、折旋升阼階、拜神坐。退坐東廂、西向。侍中・尚書・陛者皆神坐後。公卿・羣臣謁神坐、太官上食、太常樂奏食擧、文始・五行之舞。禮樂闋、羣臣受賜食。畢、郡國上計吏以次前、當神軒占其郡國穀價、民所疾苦、欲神知其動靜。[2]孝子事親盡禮、敬愛之心也。周徧如禮。最後親陵、遣計吏、賜之帶佩（『後漢書』志四 祭祀上）。

（二三）後漢の祭祀と「孝」との関係については、目黒杏子〈二〇一六〉を参照。

（二四）正月上丁、祠南郊。禮畢、次北郊・明堂・高廟・世祖廟。謂之五供。五供畢、以次上陵（『後漢書』志四 禮儀上）。

（二五）渡邉義浩〈二〇〇七c〉を参照。なお、謁廟を重視することについては、金子修一《二〇〇六》を参照。

（二六）建寧五年正月、車駕上原陵、蔡邕爲司徒掾、從公行。到陵、見其儀、愾然謂同坐者曰、聞、古不墓祭。朝廷有上陵之禮、始謂、可損。今見其儀、察其本意、乃知孝明皇帝至孝惻隱、不可易舊。……邕見太傅胡廣曰、國家禮有煩而不可省者、不知先帝用心周密之至於此也。廣曰、然。子宜載之、以示學者。邕退而記焉（『後漢書』志四 禮儀志上注引謝承『後漢書』）。

（二七）古無墓祭之禮。漢承秦、皆有園寢。正月上丁、祠南郊、禮畢、次北郊・明堂・高廟・世祖廟、謂之五供。魏武葬高陵、有司依漢立陵上祭殿。至文帝黃初三年、乃詔曰、先帝躬履節儉、遺詔省約。子以述父爲孝、臣以繫事爲忠。古不墓祭、皆設於廟。高陵上殿皆毀壞、車馬還廐、衣服藏府、以從先帝儉德之志。文帝自作終制、又曰、壽陵無立寢殿、無造園邑。自後園邑・寢殿遂絕（『晉書』卷二十 禮志 中）。

（二八）曹操高陵と考えられる西高穴二号墓に、上陵の禮を行うため、陵屋が建てられていたこと、墓道に残る二つの柱洞のうち、新しい長方形の柱洞には、長期間柱が建っていた形跡が認められず、後漢以来の上陵の禮が廃棄された曹操高陵の遺跡として相応しいことについては、渡邉義浩〈二〇一四c〉を参照。

第十一章　規範としての「古典中國」

はじめに

儒教の國教化をめぐる論争は、前漢武帝期に董仲舒の献策により太學に五經博士が置かれ、儒教一尊が確立したという『漢書』の偏向に基づく「定説」への見直しから、再検討が始まった。(一)「定説」への批判を一書にまとめた福井重雅《二〇〇五》は、前漢武帝期に代わる儒教國教化の時期を前漢元帝期に求めている。また、池田知久〈二〇〇七〉は、國教化が段階的に達成されたことを主張し、それを萌芽（文帝～武帝期）・発展（昭帝～元帝期）・完成（成帝～王莽期）の三期により表現する。これに対して、本書もまた段階説を取るが、その時期は、開始（景帝～石渠閣会議）・進展（元帝～王莽期）・完成（光武帝～白虎觀会議）と考え、白虎觀会議における「儒教國教化」の完成が、「儒教國家」の成立を意味するものとしてきた（渡邉義浩《二〇〇九》）。そして、本章では、それが「古典中國」の成立でもあることを論証していく。

したがって、本章は、中国の国家や社会が危機を迎えたとき、自らの再建のために参照する国家・社会像を「古典中國」と名づけ、それが形成された後漢の章帝期における白虎觀会議で定められた「古典中國」の構成要素を十に分けて概述するものとなる。さらに、儒教の經義に基づいた体系的な参照軸である「古典中國」を形成した白虎觀会議の議論をまとめた『白虎通』が、後漢の中期以降より展開される訓詁學の前提となっていることに論及する。

さて、多くの側面を持つ儒教をいくつかの構成要素に分けて提示することは、かつて津田左右吉〈一九二五〉により試みられている。津田は、孔子の思想を⑴人間主義と合理主義的傾向を持つ、⑵礼を重んじる、⑶社会的統制として政治を重視する、⑷孝悌を主とした家族主義な実践道徳を説くという四つの構成要素に分類し、孔子の思想の具体像を描くことで、儒教の持っている多様な側面を提示した。

また、溝口雄三〈一九九〇〉は、中国儒教の十のアスペクトとして、①礼制・儀法・礼観念、②哲学思想、③世界観・治世理念、④政治・経済思想、⑤指導者の責任理念、⑥学問論・教育論、⑦民間倫理、⑧共同体論、⑨家族倫理・君臣倫理、⑩個人倫理を掲げている。

本章は、『白虎通』にまとめられた「古典中國」における国家の大綱と社会の規範を次のような十の項目に整理して提示するものである。

第一は、「儒教國家」の諸政策の根幹に置かれる原則であり、具体的には、1封建、2大一統、3井田、4學校、5華夷の別により構成される。第二は、中国社会の規範体系であり、具体的には、6世界・宇宙観、7國家・君主観、8人間観、9社会秩序、10家族秩序に分類し得る。

以下、具体的な資料を掲げて、これらがいかなる經義に基づき、どのように定められたのかを解明したうえで、『白虎通』が後漢の訓詁學に与えた影響について考察する。その前に、白虎観会議における議論を班固がまとめた『白虎通』に関する主要な先行研究を三種に大別して整理しておこう。

第一は、『白虎通』の独自性を稀薄とする立場である。『白虎通』を凡庸な經學と神學の混合物とする侯外盧〈一九五六〉、經學と神學の関係についての国家の答案とする任継愈《一九八五》、伝統社会の基本政治理念を系統的に概括したとする向晋衛《二〇〇七》は、その代表的な論考である。

第二は、『白虎通』が理想主義的礼教国家を描き出したとする立場である。「白虎通國家」は、禮教主義の見取図を描き、道徳国家の理想像を提供しながら、その実、經書解釈の歪曲によって後漢絶対主義の理論づけを意図した、とする日原利国《一九八六》、禮制・人倫の制定が目的であったという林麗雪〈一九八四〉、中国の伝統思想である人倫は三綱六紀を中心とし、その指導原則である尊尊と親親が『白虎通』により定まったとする季乃礼《二〇〇四》は、その代表的な論考である。

第三は、『白虎通』の後漢学術への影響力を重視する立場である。池田秀三〈一九九五〉は、日原利国の「白虎通國家」という概念を継承しながら、それを現実の国家とは無関係に構築された観念上の産物であるとする。そして、鄭玄による『周禮』と今文説の融合は、『白虎通』が拓いた道である、と位置づけている。

本章は、渡邉義浩〈二〇〇五b〉で論じたように、『白虎通』が後漢の国制と外戚の与政を正統化することを固有の特徴として持つことを前提とする。そのうえで『白虎通』の描き出した「古典中國」の基本形を「教科書」のような役割を持つものと捉えて重視する。そして、『白虎通』の後漢訓詁學への影響を「教科書」として踏まえられることにあった、と主張するものである。

一、「儒教国家」の大綱

1　封建

「古典中國」の国家像である「儒教國家」の大綱の第一は、「封建」である。秦の中国統一以降、「封建」と対照的に語られる「郡縣」制により、中央集権国家を形成する「古典中國」において、「封建」は直接的に分権を主張する概念として提示されることは少ない。(二)『白虎通』では、君主の持つ天子と皇帝という二つの称号が、「封建」から派生する爵と號によって語られ、州を単位に統括される後漢の郡國制が、「封建」に擬制することで正統化されている。

『白虎通』では、天子と皇帝は、「封建」から派生する「爵」・「號」であると規定されている。

天子なる者は、爵稱なり。爵 天子と稱する所以は何ぞや。王者は天を父とし地を母とし、天の子爲ればなり。(三)

天子が爵であることに対して、帝王(周制に擬制されている『白虎通』の王は、皇帝に読み替えて理解する)は、號である。

帝王なる者は何ぞや、號なり。號なる者は、功の表はれなり。功を表はし德を明らかにする所以は、臣下に號令すればなり。(四)

そして、天子と皇帝(帝王)という爵・號が並用される理由は、次のように説明される。

或いは天子と稱し、或いは帝王と稱するは何ぞや。以爲へらく、上に接して天子と稱する者は、爵を以て天に事ふるを明らかにするなり。下に接して帝王と稱する者は、位號 天下至尊の稱もて、以て臣下に號令するを明らかにすればなり。(五)

皇帝(帝王)が、功によってその地位に就き、「臣下に號令する者」と規定されることに対して、天子は「天に事ふる」「天の子」なのである。こうして後漢の皇帝が天子という称号を持つことは、臣下の爵位と同様に「封建」される爵によって説明される。(六)さらに、『白虎通』は、後漢の皇帝が、先帝の崩御に伴って卽日卽位し、天子として踰年卽位して改元することについて、『尚書』顧命篇が王から天子への二段階卽位として康王の卽位を記すことを典拠にしながら、同様に描いている。それによって、後漢の皇帝・天子の二段階卽位を正統化しているのである。(七)

また、『白虎通』は、「封建」に擬制することで、十三州に管轄される後漢の郡國制（事実上の郡縣制）を正統化する。その前提として、京師を「土中」に置くべきことは、次のように述べられる。

王者の京師は必ず土中を擇ぶは何ぞや。教道を均しくし、往來を平らかにし、善をして以聞するを易からしめ、惡を爲すをば以聞するを易からしめ、當に懼れ愼しみて、善惡を省みるべきを明らかにする所以なり。①尚書に曰く、「王　來《つと》めて上帝を紹《たす》け、自ら土中を服《をさ》めよ」と。聖人　天に承けて制作す。②尚書に曰く、「公よ、敢へて天の休を敬まずんばあらざれば、宅を相《み》て來《たまは》れ」と。(八)

『白虎通』は、「土中」の典拠を經書の『尚書』①召誥篇と②洛誥篇に求めることにより、後漢が洛陽に首都を置くことを儒教の經義により正統化する。その際、後漢が前漢の首都であった長安を特別視していることに、「畿內」概念を設定して対応する。「畿內」とは、西周の東西両都を古制とする制度であり、洛陽を東都とするものである。

周家は始めて何くにか封ぜられん。后稷は邰《たい》に封ぜらる。公劉は邰を去り邠に之く。①詩に曰く、「有邰《いうたい》の家室に卽く」と。②又曰く、「篤《あつ》いかな公劉、邠《ひん》に于て其れ觀る」と。周家　五遷するも、其の意は一なり。皆　其の道を成さんと欲するなり。(九)

『白虎通』は、『詩經』大雅の①生民と②公劉を典拠に、周には東都洛邑以前の都があったことを確認し、それが五遷していると述べる。それにより、洛邑以前の西都、および洛邑という畿內の存在が承認されている。こうして『白虎通』は、後漢が首都洛陽の周辺だけではなく、長安の周辺をも含めて司隷校尉部という特別行政地区を設置していたことを正統化するのである。そして、残りの十二の州については、牧伯制を次のように規定して対応する。

州伯なる者は、何の謂ぞ。伯は、長なり。賢良を選擇して、一州に長たらしむ、故に之を伯と謂ふなり。①王制に曰く、「千里の外に方伯を設く。五國　以て屬と爲し、屬に長有り。十國　以て連と爲し、連に率有り。三十國以て卒と爲し、卒に正有り。二百十國 以て州と爲し、州に伯有り」と。唐・虞 之を牧と謂ふ者は何ぞや。質たるを尙べばなり。大夫をして往來して諸侯を牧視せしむ、故に之を牧と謂ふ。旁ごとに三人を立て、凡そ十二人なり。②尙書に曰く、「十有二牧に咨れ」と。（一〇）

『白虎通』は、今文の①『禮記』王制篇を典拠に、「州伯」の規定を行ったうえで、それが堯・舜の時には「牧」と称されていたことを述べる。堯・舜を持ち出すことにより、九州を説く『尙書』禹貢篇ではなく、十二州を説く②『尙書』堯典篇を引用して、（一一）牧伯が十二州に置かれることを示す。こうして『白虎通』は、司隷校尉部と十二州で構成される後漢の州制に対応し、その管掌下で展開されている「郡縣」制を「封建」の擬制のもとに正統化しているのである。

このように、『白虎通』の「封建」は、周の封建制とは大きく様相を変えながら、後漢の天子・皇帝のあり方、中央集権的な郡縣制を正統化すると共に、「古典中國」としての規範を提示しているのである。

2 大一統

「大一統」は、『春秋公羊傳』隱公元年に、「何ぞ王の正月と言ふ。一統を大《たふと》べばなり（何言乎王正月。大一統也）」とあることを典拠とする、中國は統一されねばならないとする理念である。そのための手段として、「古典中國」は、地方行政制度としては郡縣制、中央官制としては三公九卿を頂点する中央集権的な官僚制を有する。さらに、中央集権を実現する手段として、権力を維持する官僚制に加えて、権威を維持するために、一元的な把握による文化的諸価値の収斂を試みる。天子・皇帝以外に権威を承認しないことで、その統一性を保とうとするのである。

秦・前漢の中央集権的官僚制を継承する後漢は、三公九卿を頂点とする中央官制を構築していた。『白虎通』は、王者の臣下には、三公九卿が置かれていたとする。

> 王者 三公九卿を立つる所以は何ぞや。曰く、「天は至神なりと雖も、必ず日月の光に因る。地は至靈なりと雖も、必ず山川の化有り。聖人は萬人の徳有りと雖も、必ず俊賢を須《ま》つ。三公・九卿・二十七大夫・八十一元士なり。以て天に順ひて其の道を成すなり」（一二）と。

『白虎通』が採用する「三公・九卿・二十七大夫・八十一元士」は、今文『禮記』王制篇に基づく。また『尚書』においても、『北堂書鈔』巻五十 設官部一に引く許慎の『五經異議』によれば、今文『尚書』の夏侯家・歐陽家が、『白虎通』と同じ「三公・九卿・二十七大夫・八十一元士」の説を取る。これに対して、古文の『周禮』は、三公・三孤・六卿説を取っており、『白虎通』とは異なる。『白虎通』は官學である今文學系の主張を採用し、後漢の三公九卿制を經義により正統化しているのである。

また、官僚を統制するための考課は、諸侯の「考黜」に擬制して正統化される。

> 諸侯 考黜する所以は何ぞや。王者 賢を勉《はげ》まし惡を抑ふる所以は、重民の至なればなり。尚書に曰く、「三載にして績を考へ、三考して黜陟す」（一三）と。

ここでも、『白虎通』は、中央集権的な『尚書』堯典篇を典拠としながら、諸侯に擬制することを通じて、官僚の考課を正統化している。

こうして『白虎通』は、中央官制、および1「封建」で掲げた郡縣制を維持する官僚群を考課によって統制し、中央集権的官僚制度を施行すべきことを規範として示したのである。

禮樂に象徴される文化的諸価値は、天子自らが天を都の郊外で祀る郊祀を頂点とする。現存の『白虎通』は、郊祀に関わる部分を欠くが、逸文によれば、郊祀を行う理由は天と天子の関係から次のように説明している。

白虎通に云ふ、「王者 天を祭る所以は何ぞや。父に事ふるに縁りて、以て天に事ふるなり」[一四]と。

天を祭る郊祀において、天と天子とが父と子と同様に、「孝」によって結びつけられる典拠は、緯書の『孝經鉤命決』に求められる。今文系の經書と共に、緯書も『白虎通』の重要な拠り所であった。

一方、皇帝として祖先を祀る宗廟について、『白虎通』は、平帝の元始五（五）年に定まった「天子七廟」制を正統化する。

白虎通に云ふ、「周は后稷・文・武を以て、七廟を特にす」[一五]と。

これは『禮記』王制篇に、「天子は七廟、三昭・三穆なり。大祖の廟と與にして七なり（天子七廟、三昭三穆。與大祖之廟而七）」とあることに基づく。鄭玄は注をつけて、「此れ周制の七なる者は、大祖及び文王・武王の祧と親廟四となり。大祖は后稷なり（此周制七者、大祖及文王・武王之祧與親廟四。大祖后稷）」と説明する。『舊唐書』巻二十五 禮儀志五には、「或ひと白虎通義を引くこと有りて云ふ、「后稷を始祖と爲し、文王を太祖と爲し、武王を太宗と爲す」と（或有引白虎通義云、后稷爲始祖、文王爲太祖、武王爲太宗）」という『白虎通』の逸文が残り、鄭玄はそれを踏まえていることが分かる。このように、『白虎通』は、周制を「天子七廟」制と認識することで、後漢の現実を正統化しているのである。

また、議論が多い「社稷」については、次のように主張する。

王者 社稷を有する所以は何ぞや。天下の爲に福を求め功に報いればなり。人は土に非ざれば立たず、穀に非ざれば食はず。土地 廣博にして、偏敬す可からざるなり。五穀 衆多にして、一一祭る可からざるなり。故に土を封じて社を立て、土有るを示すなり。稷は、五穀の長、故に稷を立てて之を祭るなり[一六]。

『白虎通』は、「社」を「土」とする。これに対して、たとえば『春秋左氏傳』は「社」を「句龍」、許愼は「土公」、鄭玄は「地示」としている。ここでも、『白虎通』は、「社」を「土」とする緯書の『孝經援神契』に基づいている。『白虎通』における緯書の重視が理解できよう。

王莽執政期に、周公制禮の場から天子の祖廟へとその性格を変えた明堂（一七）は、靈臺と共に、次のように定義される。

> 天子　靈臺有る所以の者は何ぞや。以て天人の心を考へ、陰陽の會を察し、星辰の証驗を揆《はか》りて、萬物　福を獲て方無きの元を爲す所以なり。詩に云ふ、「靈臺を經始す」と。天子　明堂を立つる者は、神靈に通じ、天地に感じ、四時を正し、教化を出し、有德を宗とし、有道を重んじ、有能を顯はし、有行を襃むる所以の者なり。明堂は上圓下方、八窗四闥、政を布くの宮、國の陽に在り（一八）。

明堂を説明する傍線部の典拠は、『孝經援神契』であり、ここでも緯書が重視されている。後漢は、光武帝の建武中元元（五六）年、辟雍・靈臺・明堂の三雍を洛陽に置き、明帝は、永平二（五九）年正月、光武帝を明堂に宗祀した。その典拠は、『孝經』聖治章篇に、后稷を郊祀の配侑とし、文王を明堂に宗祀した、とあることに基づく（本書第十章）。

なお、『白虎通』における辟雍の記述に関連して、保科季子〈二〇一六〉は、渡邉説を次のように批判している。

> ［『白虎通』は］「大學者、辟雍鄉射之宮」（辟雍篇）と太學＝辟雍とするが、……後漢の太學と辟雍はそれぞれ別に建設されていた。『白虎通』の制度が後漢国制全般を規定するかのような［渡邉義浩『後漢における「儒教国家」の成立』第二章の］議論は、やや過大評価である。（引用中の［］は、渡邉の補）

保科季子〈二〇一六〉が依る『白虎通』の底本が明示されないこともあり、「太《ママ》學なる者は、辟雍鄉射の宮なり」という訓読から、なぜ太學＝辟雍という解釈が導かれるのかは不明であるが、そもそも、この文は、盧文弨が『白虎通』の定本を作成した際に、『太平御覽』に引用する『白虎通』の逸文より追加した部分である。したがって、たとえば四部叢刊初編に収める景江安傅氏双鑑樓藏元刊本『白虎通』には、この部分は含まれていない。さらに、『太平御覽』の版本により、引用される『白虎通』の字句には異同がある。(一九) 文献学的に信用性が劣ると言わざるを得ない部分なのである。さらに、保科季子〈二〇一六〉は、後漢初期には辟雍と太學を同じものとする考え方が主流であった、と述べているが、初期に限定されず後漢末期の鄭玄も蔡邕も（蔡邕は明堂も同一視）辟雍と太學は同じものと考えている。それは、『禮記』王制篇に、次のような記述があることによる。

天子 之を教ふることを命じて、然る後に學を爲《つく》る。①小學は公宮の南の左に在り、大學は郊に在り。②天子には辟廱と曰ひ、諸侯には頖宮と曰ふ。(二〇)

『禮記』王制篇が、天子の「大學」（太學）を「辟廱」（辟雍）と呼ぶことは明らかである。『白虎通』辟雍は、それを知りながらも、①と②の連続により、太學と辟雍を同じものと明示することを避けるため、①・②を共に引用しながらも、あえて離して引用することによって、太學と辟雍が同じものと解釈されないよう工夫している。

①が引用されるのは、陳立が「右總論入學尊師之義」とまとめる部分である。

古者 年十五にして大學に入る所以は何ぞや。以爲へらく、八歳に毀齒すれば、始めて識知有り、學に入りて書計を學ぶ。……易に曰く、「我 童蒙に求むるに匪ず、童蒙 我に求む」と。王制に曰く、「小學は公宮の南の左に在り、大學は郊に在り」と。又 曰く、「王太子・王子・羣后の太子・公卿・大夫・元士の嫡子、皆 焉に造《いた》る」(二一)と。

ここでは、『禮記』王制篇の「小學」「大學」を受けるものは前後にない。そうした工夫があることにより、『白虎通』では、『禮記』王制篇のように、太學と辟雍を同じものと解釈する必要が生じないのである。

②が引用されるのは、陳立が「右論辟雍泮宮」とまとめる部分である。

天子　辟雍を立つるは何ぞや。辟雍は禮樂を行ひ、德化を宣ぶる所以なり。……辟の言たるや積なり、天下の道德を積む。雍の言爲るや壅なり、天下の儀則なり。故に之を辟雍と謂ふなり。王制に曰く、「天子には辟廱と曰ひ、諸侯には頖宮と曰ふ」と。外圓なる者は、觀る者をして均平ならしめんと欲すればなり。（二二）

ここの引用においても、『禮記』王制篇の「辟廱」と「大學」とを関わらせる文章が、『白虎通』の前後にはない。このようにして、『白虎通』は、辟雍と太學を同じものとする『禮記』王制篇の文を分割して記載することにより、辟雍が完成した際に、太尉の趙熹の上奏によって、破壊されるはずであった太學が残され、辟雍と太學が並存した、という後漢の現実に經義を適合させているのである。保科季子〈二〇一六〉の批判は当たるまい。

また、樂制については、『白虎通』に次のように記されている。

王者に六樂有る者は、公を貴び德を美とすればなり。供養を作す所以なり。謂へらく先王の樂に因り、法有るを明らかにし、其の本を正すを示し、己の自ら樂を作る所を興こし、己が作なるを明らかにするなり。（二三）

ここでは、王者の持つべき六樂を『春秋公羊傳』昭公二十五年に、「王者　六樂を宗廟の中に舞ふは、先王の樂を舞ひ、法有るを明らかにするなり。己の樂を舞ひ、則有るを明らかにするなり（王者舞六樂於宗廟之中、舞先王之樂、明有法也。舞己之樂、明有則也）」とある文に基づいて説明している。ただ『白虎通』のこの部分は、盧文弨が文字を多く改め、それでもなお陳立が「此の文は訛脱多し」と述べるように、『春秋公羊傳』に比べて読みにくいが、『春秋公羊傳』をもとに六樂を規定していることは明らかである。

このように『白虎通』は、『春秋公羊傳』隱公元年に掲げられる「大一統」を三公九卿・十二州牧などの中央集権的な官僚制と禮樂に象徴される文化的諸価値の収斂により実現し得ることを後漢の現実に即しながら規範として定めているのである。

3　井田

「古典中國」の経済政策を象徴する「井田」は、身分ごとにその所有する土地を等しくしようとする理念である。[二四]現行の『白虎通』には、「井田」という言葉そのものは残存しないが、その理念は爵位ごとの均等な土地所有として次のように語られている。

　爵に五等有るは、以て五行に法《のっと》るなり。或いは三等なる者は、三光に法るなり。……王制に曰く、「公・侯は田方百里、伯は七十里、子・男は五十里なり」と。[二五]

『白虎通』に見える「公・侯」は「方百里」、「伯は七十里」、「子・男は五十里」とする『禮記』王制篇の記述に現れる爵位ごとの土地所有の概念は、たとえば前漢の包咸によれば「井田」の理念を基礎として、次のように把握されている。

　千乗の國なる者は、百里の國なり。古者《いにしへ》井田は、方里を井と爲す。井十を乗と爲し、百里の國は、千乗に適《かな》ふなり。[二六]

包咸は、井田を基本として、諸侯の土地ほか、すべての土地制度を規定する。一里四方（方里）を井とし、「井十」を「乗」とすることで、「百里の國」を「千乗」、すなわち一万井から成る國と考えるのである。したがって、『白虎通』のいう公・侯の所有する「百里の國」とは、民が所有する一井の一万倍となる。『白虎通』が、万井の公・侯から一井の民まで、身分に応じて等しく井田を所有すべしと観念していたことを理解できよう。ここでは、渡辺信一郎〈二〇〇六〉が、出土資料から明らかにした唐の「分田」の思想が、井田の理念により正統化されている。

　井田を維持するためには、民が農桑に励むことを必要とする。そのために君主が勧農に努めるべきことを『白虎通』は、次のように規定する。

王者 親しく耕し、后も親しく桑する所以は何ぞや。以て天下の農・蠶を率ゐればなり。(二七)

『白虎通』は、天下の農業・養蚕を奨励する天子と后妃を春秋公羊學に基づいて正統化している。(二八)このように、『白虎通』は、「井田」という字句を使うことはないが、爵位ごとの均等な土地所有という井田の理念に基づき、身分に応じて等しく井田を所有することを正統化し、天子が勧農に努むべきことを規定しているのである。

4　學校

「儒教國家」を維持するための教育制度は、支配者層に儒教を浸透させるため、國家が設置する「學校」によって推進される。そして民への教化は、學校の教育により儒教を身体化した牧民官に委ねられる。「學校」では、五經を中心とする儒教一尊の教育が展開される。『白虎通』は、孔子と五經の関係を次のように規定している。

孔子 五經を定むる所以の者は何ぞや。以爲へらく、孔子 周の末世に居り、王道は凌遲し、禮義は廢壞し、強は弱を陵ぎ、衆は寡を暴《しひた》ぐるも、天子は敢て誅せず、方伯は敢て伐たず、道德の行はれざるを閔む。故に周流して聘に應じ、其の道德を行はんことを冀ふ。衞より魯に反りてより、自ら用ひられざるを知る、故に五經を追定して、以て其の道を行はしめんとす。(二九)

『白虎通』は、諸国に用いられないことを知った孔子が、王に代わって「道德を行」うために五經を定めたと規定する。春秋公羊學派の孔子素王説である。また、前漢の石渠閣会議以前には、儒教經典は、六經と総称されていた。(三〇)しかし、漢が水德（六を成数）から土德（五を成数）に変わることに伴い、經はやがて五經に整備されていく。『白虎通』の規定は、それを承けたものである。火德（七を成数）の国家と自認する後漢では、五經のほか『孝經』・『論語』が經に準じた扱いを受けると共に、緯書は「七緯」として整備された。その一方で經書を五經とし続けた理由は、『白虎通』巻九 五經において、五經が「五常」に呼応することに求められている。

それでも『白虎通』においても、『孝經』・『論語』は尊重された。『白虎通』は、その存在理由を次のように説明している。

已に春秋を作るに、復た孝經を作るは何ぞや。正を制するを專らにせんと欲すればなり。孝經に於ては何ぞや。夫れ孝なる者は、天子より下は庶人に至るまで、上下 孝經に通ずる者なり。夫れ制作・禮樂は、仁の本なり。聖人の道德 已に備はれり。弟子 復た論語を記す所以は何ぞや。夫子の事に遭ひ異變するを見はし、之より號令を出し法とするに足ればなり。（三一）

『孝經』・『論語』それぞれの説明に、陳立が「文に訛有り」と指摘するように、文に乱れがあって読みにくい。『孝經』については、『孝經鉤命決』を踏まえた「春秋公羊序」に、「吾が志は春秋に在り、行は孝經に在り（吾志在春秋、行在孝經）」と『春秋』がありながら『孝經』が制作された理由が述べられる。しかし、現行の『白虎通』が、それに近いか否かを判断することは、この文からは難しい。確認できることは、『白虎通』が『孝經』・『論語』を五經に次ぐものと扱っていたことだけである。なお、後漢は、五經を辟雍と並置された太學で博士に教授させたが、辟雍・太學に関する規定は、すでに検討した。

学問を修めた者を官僚として登用する制度については、諸侯からの貢士に準えられて、貢士の部分に記述されていたと考えられる。貢士は散逸したが、次のような逸文が残る。

諸侯 三年に一たび士を貢ぐ者は、治道は三年にして成ること有ればなり。諸侯の士を天子に貢ぐ所以は、賢を進め善を勸むる者なり。天子 聘して之を求むる者は、義を貴べばなり。治國の道、本は賢を得るに在り。賢を得れば則ち治り、賢を失へば則ち亂る。（三二）

『白虎通』は、諸侯が三年に一回、賢人を貢ぐことは「尚賢」のためであり、賢人を得ることで国家は治まる、とする。後漢では「府君」と称され、故吏より忠を尽くされるなど、(三三)諸侯に準え得る郡太守が、郷擧里選を行うことで「尚賢」の実務に当たっていた。ここでも、『白虎通』は、郡太守に準え得る諸侯の貢士の意義を説くことで、後漢の官僚登用制度を正統化している。

このように、『白虎通』は、「學校」において五經と『論語』・『孝經』を修める賢士たちが、官僚として登用されることを「儒教國家」の支配の基本と規定しているのである。

5　華夷の別

「古典中國」の国際的秩序である「華夷の別」に関して、『白虎通』は「夷狄」を次のように位置づけている。

> 王者の臣とせざる所の者は三、何ぞや。二王の後・妻の父母・夷狄を謂ふなり。……①夷狄なる者は、中國と域を絶ち俗を異にし、中和の氣の生ずる所に非ず、禮義の能く化する所に非ず、故に臣とせざるなり。②春秋傳に曰く、「夷狄 相 誘《いざ》なはば、君子 疾《にく》まず」と。尚書大傳に曰く、「正朔の加へざる所、卽ち君子の臣とせざる所なり」と。(三四)

引用される②春秋傳は、『春秋公羊傳』昭公十六年であるが、公羊傳は夷狄を「不臣」とすべき主要な理由とはなっていない。夷狄を「不臣」とする主要な理由として挙げる①に最も近い内容を持つものは、緯書の『孝經鉤命決』である。(三五)後漢の儒教を現実に適応させてきた緯書は、華夷思想においても、夷狄を「不臣」と位置づけることにより、「稱臣」させると侵攻する匈奴の問題を解決する論拠を提供しているのである。

ただし、『白虎通』の夷狄の規定は、注（三五）に掲げた「政教の加へざる所」であるという『孝經鉤命決』の規定よりも、さらに踏み込んで、夷狄の生まれを①「中和の氣の生ずる所に非ず」とし、中華とは生まれが異なるとする。こうした夷狄観は、春秋左氏學のそれである。『春秋左氏傳』襄公 傳四年に、「戎は禽獸なり（戎禽獸也）」とあり、閔公 傳元年に、「戎狄は豺狼なれば、厭かしむ可からざるなり（戎狄豺狼、不可厭也）」とあるように、左氏傳は夷狄を生まれにより差別する。『白虎通』は、『春秋公羊傳』昭公十六年を引用することで、その夷狄観が公羊傳に基づくように見せながら、夷狄を生まれで差別する左氏傳の内容を導入することにより、「稱臣」させると侵攻する匈奴を「不臣」として、匈奴の侵攻に苦しむ後漢の政治的要請に応えているのである。[三六]

もちろん、中國は、常に夷狄を懐柔するわけではなく、「無道」な夷狄に対しては、積極的に討伐を行う。その中心となるものが、「三軍」である。

國に三軍有るは何ぞや。非常を戒め、無道を伐ち、宗廟を尊び、社稷を重んじ、安にして危を忘れざる所以なり。[三七]

匈奴との戦いが続いていた後漢における三軍の重要性を『白虎通』の規定にも見ることができるのである。「華夷の別」について『白虎通』は、『孝經鉤命決』により夷狄を「不臣」とし、『春秋左氏傳』により生まれで差別して、「稱臣」させると侵攻する匈奴を「不臣」と位置づけている。

このように、『白虎通』は「儒教國家」のあり方について、以下のように規定している。１「封建」は、周の封建制と大きく様相を変えながら、後漢の天子・皇帝のあり方、中央集権的な郡縣制を正統化する。周をそのまま規範とすることは、すでに王莽の時に失敗しているためである。２「大一統」は、三公九卿・十二州牧などの中央集権的な官僚制と禮樂に象徴される文化的諸価値の収斂により実現し得ることが、後漢の現実に即しながら規範として定められる。３「井田」は、爵位ごとの均等な土地所有という井田の理念に基づき、身分に応じて等しく井田を所有することを正統化し、天子が勧農に努むべきことを規定される。4「學校」は、そこにおいて、五經と『論語』・『孝經』を修める賢士たちを「貢士」に準えて官僚に登用することを「儒教國家」の支配の基本と規定する。5「華夷の別」は、『孝經鉤命決』により夷狄を「不臣」とし、『春秋左氏傳』により生まれで差別して、「稱臣」させると侵攻する匈奴を「不臣」と位置づける。

『白虎通』にまとめられた「古典中國」における国家の大綱である1封建・2大一統・3井田・4學校・5華夷の別は、いずれも後漢「儒教國家」のあり方と密接な関係を持つ一方で、『春秋公羊傳』など今文經典や緯書に典拠を求めて国家としての規範を示している。ただし、今文にはない古文經典固有の内容を緯書で補いきれない場合には、名を挙げないまでも『春秋左氏傳』などの古文經典を踏まえる場合があり、論証に甘みを残す部分もある。

それでは、『白虎通』において、中國社会の規範体系は、どのように規定されているのであろうか。

二、中国社会の規範

6　世界・宇宙観

中國における世界・宇宙観の中心に置かれると共に、中國社会の規範体系において、規範の正しさを根底で証明する「天」について、『白虎通』は次のように規定している。

　天なる者は何ぞや。天の言爲るや鎮なり。高きに居りて下を理《をさ》め、人の鎮爲ればなり。（三八）

『白虎通』において「天」は、「下を理め」るものとされる。これは、有人格の宗教的な主宰者としての天であり、無人格の機械的な自然ではない。（三九）王莽のころ儒學から変容した儒教の宗教性は、ここにも明確に現れている。『白虎通』の「天」は、天人相關説に基づいて、君主の悪政に対して「譴責」としての「災異」を下すものとされる。

天に災變有る所以は何ぞや。人君に譴告し、其の行を覺悟し、過を悔ひ徳を修め、思慮を深くせしめんと欲する所以なり。援神契に曰く、「行に點欠有れば、氣 天に逆《さから》ひ、情感 變出して、以て人を戒むるなり」と。(四〇)

『白虎通』において災異は、主宰性を持つ人格神である「天」が、「人君」の行いを譴責するために起こすもの、と規定される。典拠となる緯書は、『孝經援神契』である。ここでも緯書が「天」の宗教性の論拠となっている。そして『白虎通』の「天」は、君主の善政に対しては、「瑞祥」を出現させる。

天下 太平にして、符瑞の來り至る所以の者は、以爲へらく、王者は天を承け統理し、陰陽を調和す。陰陽 和すれば、萬物 序あり、休氣 充塞す。故に符瑞 並びに臻り、皆 徳に應じて至る。徳 天に至れば、則ち斗極 明らかに、日月 光《かがや》き、甘露降る。徳 地に至れば、則ち嘉禾 生じ、蓂莢 起ち、秬鬯 出でて、太平 感ず。(四一)

『白虎通』は、主宰性を持つ人格神である「天」が、天子に下す災異とともに瑞祥をも認めている。文中に明示されてはいないが、傍線部は災異と同様、『孝經援神契』を典拠とする。(四二) 天人相關説は、『孝經援神契』を中心的な論拠に正統化されている。『白虎通』において、天と天子とを結ぶ理念は、孝經緯を典拠とする「孝」なのである。(四三)

天人相關説では、天から譴責された天子が悪政を改めなければ、革命が起こる。天子が臣下に代わられることについて、『白虎通』は、次のようにそれを容認する。

五行の性、火は熱く水は寒し。溫水有るも寒火無きは何ぞや。臣は君と爲る可きも、君は更めて臣と爲る可からざるを明らかにすればなり。(四四)

『白虎通』は、冷たい水には温水があるのに、熱い火には寒火がない理由を、臣下は君主になることができるが、君主は臣下になることができないことによって説明する。臣下が革命により君主となることを容認しているのである。

このほか、『白虎通』五行では、後漢に盛んであった五行相生説だけではなく、五行相勝説にも依りながら、さまざまな現象を説明している。たとえば、子が親の仇討ちをすることは、「子 仇に復するは何にか法る。土 水に勝ち、水 火に勝つに法るなり（子復仇何法。法土勝水、水勝火也）」と、火↑水↑土↑金↑木の相勝説によって説明されている。重沢俊郎〈一九八三〉は、『白虎通』の五行解釈は、誤りといっても過言ではない解説を多くの事項について与えているが、五行説自体の弱点が補強されたと思われる要素は見当たらないと述べ、『白虎通』の五行説に厳しい。新たな独自の説が無くとも、『白虎通』は、万物を構成する五つの元素であると共に、その運動により天地万物を変化させる五行により、社会のさまざまな事象を解釈することで、五行の重要性を指摘している。こうした『白虎通』の独自性の少なさこそ、かえって「古典中國」の規範となり長く影響を与え得た『白虎通』の特徴なのである。

7　國家・君主観

國家が「號」を持つことについて、『白虎通』はその理由を次のように説明している。

> 夏・殷・周の號有る所以は何ぞや。以爲へらく、王者は受命すれば、必ず天下の美號を立てて、以て功を表はし自ら克く明らかにし、姓を易へて子孫の爲に制すればなり。夏・殷・周なる者は、天下を有《たも》つの大號なり。百王天下を同《とも》にして、以て相 別つこと無し。天下の大禮を改制して、號して以て自ら前に別つは、己の功業を表着する所以なり。必ず號を改むる者は、天命の已に著らかなるを明らかにし、己を天下に顯揚せんと欲する所以なり（四五）。

國家が「號」を持つべき必要性を『白虎通』は、天命を受けて革命を行ったことを明らかにするためとする。ここでも革命は肯定される。６で検討した天人相關説に基づき易姓革命が行われたことを國號の変更によって、天下に宣布する必要がある、というのである。

したがって、それぞれの國家には、その正統性を継承する前の國家があった。自らの國家より二代前に遡り、「二王の後」を尊重する必要性を『白虎通』は次のように述べている。

王者 二王の後を存する所以は何ぞや。先王を尊び、天下の三統を通ずる所以なり。天下は一家の有に非ざることを明らかにするは、謹敬謙讓の至りなり。故に之を百里に封じ、其の正色を服し、其の禮樂を行ひ、永く先祖に事ふるを得さしむ。(四六)

『白虎通』は、「天下の三統を通」じ、「天下は一家の有に非ざる」ことを明らかにするため、「二王の後」を尊重すべきであるという。後漢では、「二王の後」として、周と殷の子孫が褒魯侯と褒成侯（孔子の子孫を殷の子孫とする）として封建されていた。(四七)そうした後漢の現実を踏まえて、『白虎通』は「二王の後」の封建を規定しているのである。

そして、天人相關説に基づく易姓革命を防ぐためには、天子のあり方を正す必要があった。その手段の一つに「諫諍」がある。『白虎通』は、臣下による君主への諫諍を次のように規定している。

臣 君を諫むるの義有る所以は何ぞや。忠を盡くし誠を納むればなり。①論語に曰く、「之を愛して能く勞すること勿からんや。忠にして能く誨ふること勿からんや」と。②孝經に曰く、「天子に諍臣七人有れば、無道と雖も其の天下を失はず。諸侯に諍臣五人有れば、無道と雖も其の國を失はず。大夫に諍臣三人有れば、無道と雖も其の家を失はず。士に諍友有れば、則ち身 令名を離れず。父に諍子有れば、則ち身 不義に陷らず」と。……③諸侯の臣、諍ひて從はざれば去ることを得るは何ぞや。尊を屈して卑を申《のば》し、惡君を孤とするを以てなり。……禮の保傅に、「大夫は進み諫し、士は民の語を傳ふ」と。(四八)

ここでも『孝經』は重視され、②『孝經』諫諍篇が①『論語』憲問篇と共に掲げられて、天子にとって諫臣が重要であるという主張の論拠となっている。『孝經』は「愛敬」を基礎とすることにより、孝悌という家族関係を忠順という君臣関係へと関連させる（渡辺信一郎〈一九八七〉）。君主への諫言もまた、愛敬を基礎に忠順を持って行われることになろう。それにも拘らず、君主が諫言に従わなければ、③諸侯の臣下は君臣関係を解消することができる、と『白虎通』は規定する。君主の恣意的な権力行使を『白虎通』は、認めないのである。

また、君主の悪を記録することも、君主を善政に導くための手段の一つであった。

王法　史を立て事を記す者は、以て臣下の儀様と爲り、人の法則を取る所なればなり。動かば則ち當に禮に應ずべし。是を以て必ず過を記すの史、膳を徹するの宰有り。①禮の玉藻に曰く、「動かば則ち左史　之を書し、言はば則ち右史　之を書す」と。②禮の保傅に曰く、「王　度を失はば、則ち史は之を書し、工は之を誦し、三公は進みて之を讀み、宰は夫れ其の膳を徹す」と。是を以て天子は非を爲すを得ず。故に史の義　書せざれば則ち死す、宰　膳を徹せざれば亦た死す。(四九)

『白虎通』では君主の過ちを史が記録するだけではなく、それを読み聞かせ、宰が食膳を取りさげる、と規定される。前者の典拠は①『禮記』玉藻篇、後者の典拠は②『大戴禮記』保傅篇である。君主の行動を右史・左史が書きとめた記録を時間順に配列すれば、「起居注」となる。詳細は不明であるが、白虎観会議が開かれた章帝期に、馬皇太后は自ら『顯宗起居注』を撰した、という記録がある（『後漢書』本紀十上　馬皇后紀）。「史」の重視は、こうした後漢の現実、さらには、『白虎通』をまとめた班固が『漢書』を著す史家であったことの反映と考えてよい。『白虎通』は、天の譴責と天子を結ぶ天人相關説を中心に、「諫諍」や「史」など、天子のあり方を正す臣下の行動を併せて規定しているのである。

8 人間観

『白虎通』は、人間観の基本となる「性」と「情」について、次のように規定している。

> 性情なる者は、何の謂ぞや。性なる者は陽の施、情なる者は陰の化なり。人 陰陽の氣を稟けて生る。故に內に五性・六情を懐く。情なる者は、靜なり。性なる者は、生なり。此れ人 六氣を稟けて以て生るる所なり。故に鉤命決に曰く、「情は陰より生まれて、以て時の念を欲するなり。性は陽に生まれて、以て理に就くなり。陽の氣なる者は仁、陰氣なる者は貪、故に情に利欲有り。性に仁有るなり」と。(五〇)

性と情を陰陽により説明することは、『春秋繁露』巻十 深察名號に、「身の性情有るは、天の陰陽有るが若きなり(身之有性情也、若天之有陰陽也)」とあるように、『春秋繁露』の影響下にある。また、書名を明示して引用するように、性を理に就き仁があるものとし、情を利欲とすることは、『孝經鉤命決』を典拠としている。人間観の基本となる「性」と「情」についても、『白虎通』は今文學に基づいて規定をしている。

また、性情を細分化した「五性・六情」について、『白虎通』は次のように規定する。

> 五性なる者は、何の謂ぞ。仁・義・禮・智・信なり。仁なる者は、忍びざるなり。生を施し人を愛するなり。義なる者は、宜なり。斷決して中を得るなり。禮なる者は、履なり。道を履み文を成すなり。智なる者は、知なり。前聞を獨見して、事に惑はず、微を見て著を知るなり。信なる者は、誠なり。專一にして移らざるなり。故に人 生きて八卦の體に應じ、五氣を得て以て常と爲すは、仁・義・禮・智・信なり。六情なる者は、何の謂ぞや。喜・怒・哀・樂・愛・惡を六情と謂ふ。以て五性を扶成する所なり。(五一)

『白虎通』は、五性を董仲舒学派の五常説に基づいて、「仁・義・禮・智・信」とする。そして、『荀子』に見られるように、六情を「喜・怒・哀・樂・愛・惡」と規定する。ただし、『荀子』正名篇は、「性の好・惡・喜・怒・哀・

樂、之を情と謂ふ（性之好・惡・喜・怒・哀・樂、謂之情）」と述べるように、性と情を『白虎通』のようには区別しない。性と情を明確に分け、情を性の下に位置づける『白虎通』の性情の規定は、漢を代表する思想として後世の人間観に大きな影響を与えていく。

また、『白虎通』は、理想的人間である聖人の出現比率を次のように述べている。

聖人なる者は何ぞや。聖なる者は、通なり、道なり、聲なり。道は通ぜざる所無く、明は照さざる所無く、聲を聞き情を知り、天地と德を合はせ、日月と明を合はせ、四時と序を合はせ、鬼神と吉凶を合はす。禮の別名記に曰く、「五人を茂と曰ひ、十人を選と曰ひ、百人を俊と曰ひ、千人を英と曰ひ、倍英を賢と曰ひ、萬人を傑と曰ひ、萬傑を聖と曰ふ」と。[五二]

『白虎通』によれば、聖人は一万人×一万人＝一〇〇〇億人（億＝一〇万）分の一人に存在するという。『後漢書』志二十三 郡國五によれば、後漢の人口は「四千九百十五萬二百二十」であるというから、聖人の存在する確率は後漢全人口の二倍に一人に満たない。そうした極稀に出現する聖人の代表が、孔子である。

聖人 未だ沒せざりし時、寧んぞ其の聖なるを知らんや。曰く、「之を知る」と。①論語に曰く、「太宰 子貢に問ひて曰く、「夫子は聖者なるか」と。孔子曰く、「太宰 我を知るか」と」と。聖人も亦た自ら聖なるを知れるか。曰く、「之を知る」と。②孔子曰く、「文王 既に沒す、文 玆に在らざるや」と。[五三]

『白虎通』は、『論語』子罕篇（①・②とも）に基づき、孔子を聖人と規定している。そして、孔子だけではなく、帝王にも聖人がいることを次のように規定する。

何を以て帝王の聖人なるを知るや。①易に曰く、「古者 伏羲氏の天下に王たるや、是に於て始めて八卦を作る」と。②又 曰く、「聖人の易を作るなり」と。③又 曰く、「伏羲氏 沒す、神農氏 作る。神農 沒す、黄帝・堯・舜氏作る」と。文倶に作と言ふ、皆聖人なるを明らかにす。④論語に曰く、「聖なるか。堯・舜も其れ由《な》ほ諸《これ》を病めり」[五四]と。

このように、『白虎通』は、『周易』（①・③は繫辭下傳、②は說卦傳）と④『論語』雍也篇を典拠に、孔子だけではなく、歴代の帝王の中にも聖人がいる、と規定する。そして、『白虎通』巻七　聖人において「聖人皆異表有り」と続けて、十二人の聖人の姿形が異常であることを説く。たとえば、『春秋文曜鉤』に基づき、堯の眉が八色であること、『春秋演孔圖』や『春秋元命苞』に基づき、舜の瞳が二重であること、『春秋演孔圖』や『禮緯含文嘉』に基づき、禹の耳の穴が三つあることなどが語られる。ここにも、『白虎通』における緯書の影響力の大きさを見ることができるのである。

9　社会秩序

『白虎通』における諸規定の中で、後世に最も影響を与えたものの一つが、次に規定される「三綱六紀」説である。

三綱なる者は、何の謂ぞや。君臣・父子・夫婦を謂ふなり。六紀なる者は、諸父・兄弟・族人・諸舅・師長・朋友を謂ふなり。故に含文嘉に曰く、「君は臣の綱と爲り、父は子の綱と爲り、夫は妻の綱と爲る」と。又曰く、「諸父兄を敬し、六紀の道行はるれば、諸舅に義有り、族人に序有り、昆弟に親有り、師長に尊有り、朋友に舊有り」と。何ぞ綱紀と謂ふか。綱なる者は、張なり。紀なる者は、理なり。大なる者は綱と爲し、小なる者は紀と爲す。上下を張理し、人道を整齊する所以なり。人皆五常の性を懷き、親愛の心有り。是を以て紀綱は化と爲る。羅網の紀綱有りて萬目張られる若きなり。詩に云ふ、「亹亹たる文王、四方を綱紀す」[五五]と。

『春秋繁露』巻十 深察名號では、「三綱五紀」とされていた倫理体系は、『白虎通』では「三綱六紀」と規定される。「君臣・父子・夫婦」を「三綱」、「諸父・兄弟・族人・諸舅・師長・朋友」を「六紀」とし、たとえば「君は臣の綱と爲」ることを定める倫理秩序の典拠となっているものは、『禮緯含文嘉』である。『白虎通』は、尊尊・親親を原理とする人倫秩序である三綱六紀の倫理体系も、（五六）緯書を典拠に正統化しているのである。

また、社会秩序を維持するためには、倫理体系だけではなく、刑罰や禮制が用いられる。刑罰について、『白虎通』は、次のように規定している。

聖人 天下を治むるや、必ず刑罰有るは何ぞや。徳を佐け治を助け、天の度に順ふ所以なり。故に爵賞を懸くる者は、勸むる所有るを示すなり。刑罰を設くる者は、懼るる所有るを明らかにするなり。傳に曰く、「三皇は文無く、五帝は象を畫く。三王は刑を明らかにするに、世に應じて五を以てす」と。五刑なる者は、五常の鞭策なり。刑の五なる所以は何ぞや。五行に法るなり。大辟は水の火を滅ぼすに法り、宮なる者は土の水を壅ぐに法り、臏なる者は金の木を刻むに法り、劓なる者は木の土を穿つに法り、墨なる者は火の金に勝つに法る。（五七）

傍線部の「傳に曰く」は、『周禮注疏』巻二十六 春官宗伯下の注疏では、『孝經援神契』の文として引用される。ここでも、孝經緯が正統性の根拠である。そして、五刑（大辟〈死刑〉—宮—臏—劓—墨）という刑罰体系は、「五常の鞭策」と規定され、「五行」との関わりにおいて説明される。すなわち、五刑という刑罰の必要性が「五常」「五行」という儒教經義に求められているのである。こうした傾向は、經書を法源とする西晉の泰始律令へと継承されていく。（五八）

『白虎通』において、禮制に関する規定は非常に多いので、ここでは死去を著す文字に表現される差等だけを掲げておこう。（五九）

書に曰く、「成王 崩ず」と。天子 崩と稱するは何ぞ。尊卑を別ち、生死を異にすればなり。天子は崩と曰ふ。尊像を大とべばなり。崩の言爲るや㒲然・伏僵たり。天下 神明を失ふに撫擊せらる。黎庶は殞涕し、海內は悲涼せり。諸侯を薨と曰ふ、國 陽を失へばなり。薨の言爲るや奄、奄は、然亡なり。大夫を卒と曰ふ、精燿 終はればなり。卒の言爲るや國に終はるなり。士を不祿と曰ふ。君の祿 終はればなり。祿の言爲るや消なり。身は消へ名は彰はる。庶人を死と曰ふ。魂魄 去亡す。死の言爲るや澌なり。精氣 窮はまるなり。(六〇)

身分の差等に応じた死去の表現の差異は、『尚書』顧命篇を受けたあとは、『禮記』曲禮下の「天子を崩と曰ひ、諸侯を薨と曰ひ、大夫を卒と曰ひ、士を不錄と曰ふ（天子曰崩、諸侯曰薨、大夫曰卒、士曰不錄）」に基づくものであるが、それぞれの言葉を説明する文は、『白虎通』独自のものである。これらの文の典拠について、盧文弨は緯書ではないかと推測するが、具体的な書名を特定するには至っていない。ただし、これ以外の禮制に関する『白虎通』の規定も、多く緯書を典拠としており、盧文弨の推論は、妥当性が高いと考えられる。

10　家族秩序

現行の『白虎通』において、三十章という最も多くの規定を残すものが、「嫁娶」である。そこでは、竇氏などの外戚に有利な規定が多く残る。(六一)たとえば、前漢の外戚は皇帝と実際の母子関係を有する皇后の一族が多いが、後漢は皇帝の嫡妻の一族が外戚となっている。それと関わる『白虎通』の規定が、夷狄の項でも扱った「王者不臣」である。

妻の父母を臣とせざるは何ぞ。妻なる者は己と一體にして、恭しく宗廟を承け、其の歡心を得んと欲す。上は先祖を承け、下は萬世に繼ぎ、無窮に傳ふ、故に臣とせざるなり。春秋に曰く、「紀の季姜 京師に歸る」と。父母

の子に于けるや、王后爲りと雖も、尊を父母に加へず。王者は臣とせざるを知るなり。[六二]

傍線部の『春秋』は、『春秋公羊傳』桓公九年を踏まえるが、前後は省かれている。『春秋』の前に述べられる妻の父母を臣下としない理由については、『孝經鉤命決』に、「妻の父母を臣とせざる者は、親しく其の女と與に、共に先祖に事ふるに、其の歡心を欲すればなり（不臣妻之父母者、親與其女、共事先祖、欲其歡心）」とある記述を踏まえていることが分かる。しかし、『白虎通』は、「宗廟」との関わりを述べ、「臣とせざる」者が追加されるなど独自の記述を持つ。これは、会議の中で、嫡妻の父母（嫡妻方の外戚）を王者が「臣とせざる」者と明確に位置づけるよう定まったことの反映であろう。

また、後漢の外戚は、罪を犯した外戚家が再生産される特徴を持つが、それも『白虎通』で定められた、王者は「大國の女」を娶るという規定に従って、皇后が選ばれたことによる。その規定は、次のとおりである。

王者の娶るや、必ず先づ大國の女の禮儀 備はり見る所多きより選ぶ。①詩に云ふ、「大邦 子有り、天の妹に俔ふ。文 厥の祥を定め、渭に親迎す」と。明王なる者は必ず大國より娶るなり。②春秋傳に曰く、「紀侯 來朝す」と。紀子 女を天子に嫁がしむるを以て、故に爵を増して侯と稱す」[六三]と。

引用される①『詩經』は大雅 大明、②『春秋傳』は公羊傳の桓公二年であるが、冒頭に掲げられる「王者の娶るや、必ず先づ大國の女」という規定に經典の典拠はない。『白虎通』で定められた「春秋の義」と考えてよい。これが、後漢では、順帝の梁皇后、桓帝の竇皇后という罪を犯している外戚家からの立后の根拠とされた（渡邉義浩〈一九九〇〉）。ここに、『白虎通』の規定が、後漢「儒教國家」の政治の典拠となる規範であったことを理解し得る。

もちろん、外戚との関わりだけが、『白虎通』の家族秩序として定められたわけではない。『白虎通』には、宗族[六四]や同姓不婚[六五]や三年喪[六六]など、家族秩序を形成する際の基本となる規定が多く定められているのである。

このように『白虎通』は、「中国社会」の規範体系について、以下のように規定している。6「世界・宇宙観」は、主宰性を持つ人格神である「天」が、天子に災異と瑞祥を下すものとされ、天と天子とを結ぶ理念を『孝經援神契』に基づき「孝」に置く。また「五行」は、後漢に盛んであった五行相生説だけではなく、五行相勝説にも依りながら、社会のさまざまな事象を解釈することで、五行の重要性を指摘する。そこに独自の主張はないが、こうした独自性の少なさこそ、「古典中國」の規範として長く影響を与え続けた『白虎通』の特徴なのである。7「國家・君主観」は、國家が「號」を持つ理由を天人相關説に基づき行われた易姓革命を天下に宣布する必要性に求める。このため、それぞれの國家には、その正統性を継承する前の國家があり、それが「二王の後」の封建の必要性となる。そして、天人相關説に基づく易姓革命を防ぐため、天子のあり方を正す手段として、君主への諫諍、君主の悪を記す史の役割を重視する。8「人間観」は、性と情を陰陽により説明し、性を理に就き仁があるものとし、情を利欲とする。そして、五性を董仲舒学派の五常説に基づき、「仁・義・禮・智・信」とし、六情を『荀子』に見られるように「喜・怒・哀・樂・愛・惡」と規定して、情を性の下に位置づける。また、人間の理想である聖人の出現比率を一〇〇〇億人分の一人とし、孔子のほか帝王にも聖人がいることを認め、かれらの姿形の異常を説く。9「社会秩序」は、「君臣・父子・夫婦」を「三綱」、「諸父・兄弟・族人・諸舅・師長・朋友」を「六紀」として人倫秩序の基本とする。それを維持するため、「五刑」に整理される刑罰や禮制を用いるべきと規定する。10「家族秩序」は、「嫁娶」について「大國の女」を娶り、嫡妻の父母（嫡妻方の外戚）を王者が「臣とせざる」者と明確に位置づけるなど外戚に有利な規定を持つ。

以上のように、『白虎通』にまとめられた「中国社会」の規範体系である6世界・宇宙観・7國家・君主観・8人間観・9社会秩序・10家族秩序は、後漢の現実の影響を強く受ける一方で、普遍性を持つ、いわば「教科書」的な規定を經典を典拠に定めるものであり、「古典中國」の規範体系と成すに足るものであった。

それでは、「古典中國」の「儒教國家」と社会の規範体系である『白虎通』は、それ以降の經學の展開にいかなる影響を与えたのであろうか。

三、『白虎通』の影響

『白虎通』の後世への影響を考えるために、今一度ここで『白虎通』の特徴を整理しておこう。『白虎通』は、今文學による經典解釈を第一の特徴とする。それは、前漢末に出現した『周禮』・『春秋左氏傳』などの古文學が、漢の國制を正統化したことを利用して[六七]、王莽が前漢を簒奪したことへの反省に基づく[六八]。後漢は、光武帝のとき春秋左氏學を學官に立てたことを最後に、今文學のみを學官に立てた（渡邉義浩〔二〇〇五ｂ〕）。このため、『白虎通』は、古文學によって正統化されていた漢の國制を今文學の經義により改めて正統化し直すことになった。そこで、すでに述べたように、古文學を今文學に取り込むため、今文・古文それぞれの解釈を今文に引きつけながら融合するような解釈を行っていく。そのとき、典拠として多用されたものが緯書であった。また、『白虎通』の第二の特徴となる論証方法では、最初に問いを掲げ、それに答えを出し、その後に今文經書と緯書を典拠に引用して実証する、という形を取ったのである。これは、上奏文や對策の形と同じであり、奏上して天子の裁可を受けた上奏文をまとめた『白虎通』に相応しい。だからこそ、『白虎通』は、国家の規範足り得たのである。

それでは、こうした特徴を持つ『白虎通』は、許愼・蔡邕・應劭・鄭玄の經學に、どのような影響を与えたのであろうか。とくに重要な鄭玄だけは実例を挙げながら検証していこう。

『說文解字』を著したことでも著名な許愼の『五經異義』は、各經各派の異説を項目ごとに今文説と古文説に整理して提示し、その是非を論じたものである。田中麻紗巳によれば、(六九)許愼は『白虎通』とは異なる視点から、經學上の個々の問題を取りあげて論じている、という。許愼は、『白虎通』への反発という形で、自己の經説を展開したと考えてよい。

これに対して『獨斷』を著した蔡邕は、『白虎通』を賜与されている。したがって、白虎觀会議を次のように高く評価する。

昔、孝宣は諸儒を石渠に會し、章帝は學士を白虎に集め、經を通じ義を釋す。其の事 優大なり。文武の道は、宜しく之に從ふべき所なり。(七〇)

蔡邕は、宣帝の石渠閣会議と並び、章帝が白虎觀に學士を集め、經義を通釈したことを高く評価しているのである。これに対して、池田秀三〈一九九五〉は、蔡邕の著作が、論旨の運び、題目の設定の仕方も『白虎通』に酷似しながら、典拠として『白虎通』を引用しないのは、『白虎通』がもはや法典的権威を喪失しているためである、という。しかし、池田秀三〈一九九五〉も可能性として述べるように、強いて書名を挙げるまでもないほど『白虎通』の普及度が高かったとすべきであり、『獨斷』という書名も、『白虎通』に対する謙遜と考えられよう。後漢の諸制度を『獨斷』により後世に伝えた蔡邕は、『白虎通』から大きな影響を受けていたのである。

應劭の『風俗通義』は、巻頭の皇覇篇における三皇・五帝・三王・五伯の規定が、ほぼ『白虎通』と同一であるほか、封禪など実質的に同一の議論も多い。(七一)それにも拘らず、應劭は、あくまで『尚書』や「三禮」、孔子の言に依拠する形で議論を展開し、『白虎通』を引用することはない。これを池田秀三〈一九九五〉は、應劭にとって『白虎通』などは、もはや歯牙にかけるにも値しないものであった、と評する。しかし、『白虎通』が後漢の經學の最も基底に置かれていた、いわば「教科書」になっていたのであれば、そこから議論を写したとしても、典拠として「教科書」を挙げることはない。名を挙げて『白虎通』を引用しないことは、その内容がすでに身体化されていた、と考えることもできるのである。

詳細な注釋を多数残した鄭玄の場合、『白虎通』との関わりが具体的に指摘し得るため、後漢經學への影響の代表的な事例として、資料を挙げて検討しよう。鄭玄と『白虎通』については、第一に、「古典中國」が形成されることで太平が実現するという枠組みが継承されている(七一)。第二には、『周禮』と今文學説の融合、あるいは尊卑の別を根本理念とする祭祀の整然とした秩序づけ、さらには、祭祀を中心とする宗教国家の構想、緯書の重視、五行説・三統説の全面的導入といった構想と方法論の移設が見られる（池田秀三〔一九九五〕）。これにより、『白虎通』の鄭玄への大きな影響を論証できるのである。

『白虎通』は、鄭玄學における立論の前提となるものであった。たとえば、『尚書』洛誥篇について、鄭玄は次のように注を附している。經文と共に掲げよう。

［經］周公曰く、「王 肇めて殷の禮を稱《あ》げ、新邑に祀りて、咸 秩《ただ》して文《みだ》るること無かれ」と(七二)。

［注］鄭玄云ふ、「王者 未だ禮樂を制せず、恆に①先王の禮樂を用ふ。是れ紂を伐ちしより以來、皆②殷の禮樂を用ふるを言ふ。始めて成王 之を用ふるに非ざるなり。周公 禮樂を制して既に成るも、成王をして卽《ただ》ちに周の禮を用ひしめず。仍ほ殷の禮を用ひせしむる者は、明年 政に卽き神に職を受くるを告ぐるを待ちて、然る後に周の禮を班行せんと欲すればなり。班 訖はりて始めて周の禮を用ふるを得たり。故に神に且《しばら》く殷の禮を用ふるを告ぐるなり」と(七四)。

たとえば、朱子の弟子である蔡沈の『書集傳』が、「殷禮」について「殷」を「盛」の意として「盛んな祭り」と解釈することに対して、[七五] 鄭玄は②「殷」という①「先王」の禮を周が成立した後にも継承し続けていたとする。その前提となっているものが、『白虎通』の『尚書』解釈である。

　王者 始めて起こるや、何を用ひて民を正すか。以爲へらく、且《しばら》く先代の禮樂を用ひ、天下 太平なれば乃ち更めて焉を制作す。書に曰く、「肇め殷の禮を稱げ、新邑に祀る」と。此れ太平なれば殷の禮を去るを言ふなり。[七六]

『白虎通』は、国家が成立してから、しばらくの間、先代の禮樂を用いることを『尚書』の「殷禮」を「殷」という國家の「禮」と解釈することにより論証している。鄭玄の『尚書』注は、この『白虎通』の解釈を前提としているのである。

このように、『白虎通』が鄭玄の經學の前提となっていることは、池田秀三〈一九九五〉も、これ以外の事例を挙げて指摘している。『白虎通』の後漢經學への影響力の大きさは明らかであろう。

中国思想史における『白虎通』の意義は、後漢の現実を正統化しながらも、国家・社会のすべてを經典に基づいて説明することで、「古典中國」と称すべき国家と社会の規範型を儒教經義によって構築したところにある。[七七] 中国が自らの生きる国家や社会に限界を感じたときに、「古典」とすべき中国像を観念できた理由は、儒教によって中国像が描き得るという先例を『白虎通』が創りあげたことにある。

もちろん、『白虎通』のすべての規定が普遍的であったわけではなく、外戚の正統化に代表されるように、後漢の現実を經書で追認する部分もあった。しかも、古文學の内容を今文學の經書や緯書で根拠づけるため、經義による論証が不十分の部分も多かった。そうした經典解釈の雑駁さが、許愼・應劭・蔡邕・鄭玄などに、『白虎通』の經義に反発しながら、『白虎通』と同じように、一から經典解釈を行わせた動機となった。

それでも、「古典中國」の成立を『白虎通』に求める理由は、「古典中國」の經義が、ある程度は柔軟に転変すると考えるためである。『白虎通』の定めた經義そのものは展開しても、『白虎通』が最初に、國家と社会の規範型を国家のもとで儒教經義によって構築したという意義は薄れない。『白虎通』が定めた国家と社会の根底的な枠組み、たとえば、国家と社会に最も大きな影響を与える「天」の觀念が、唐宋変革期に大きく変化したのであれば（溝口雄三〈一九八七、八八〉）、それは、「古典中國」から「近世中國」への展開と捉えるべきなのである。

おわりに

『白虎通』の「古典中國」における役割は、國家・社会のすべてを經典に基づき説明することにより、国家と社会の規範を儒教經義によって構築したことにある。このため、「古典中國」の成立は、白虎觀會議が開かれ、それらの規範が裁可された後漢の章帝期に求めることができる。それは具体的な国家のあり方として後漢「儒教國家」の成立となり、思想史的意義を求めるのであれば、「儒教の國教化」の完成となる。

後漢末に現れた鄭玄の「古典中國」における役割は、今文學・古文學、および各經書・緯書における經義の違いを『周禮』を頂点として体系的に把握したことにある。鄭玄は、不十分な經義の擦り合わせに止まっていた『白虎通』の經義を展開し、後に王肅説という反措定の存在を許容しながらも、唐代までの經義の中核を占めた、という意味において、「古典中國」の經義を定めた者と位置づけられよう。

《注》

（一）「儒教國教化」論については、何回か研究動向を整理したが、最新のものは、渡邉義浩、仙石知子（訳）〈二〇一五〉である。

（二）「古典中國」が変容を始める魏晉期において、「郡縣」と対置する形での「封建」論が提出されること及びその内容については、渡邉義浩〈二〇〇五ｄ〉〈二〇一〇ａ〉〈二〇一〇ｂ〉を参照。

（三）天子者、爵稱也。爵所以稱天子何。王者父天母地、爲天之子也（『白虎通』巻一 爵）。『白虎通』は、陳立『白虎通疏證』を底本とし、陳立の校勘に従って文字を改めた場合には、元の文字を（ ）、改めた文字を〔 〕により表記した。なお、『漢書』巻二十五下 郊祀志下に、「平帝の元始五年、大司馬の王莽 奏言すらく、「王者 天に父事す、故に爵 天子と稱す。……」と。（平帝元始五年、大司馬王莽奏言、王者父事天、故爵稱天子。……）」とあり、『白虎通』における天子の規定は、王莽の上奏と同様であることが分かる。以下、『白虎通』の各条については、渡邉義浩〈二〇〇五ｂ〉のほか、渡邉義浩《二〇〇九》に収録した諸論文も参照。

（四）帝王者何、號也。號者、功之表也。所以表功明德、號令臣下者也（『白虎通』巻二 號）。

（五）或稱天子、或稱帝王何。以爲、接上稱天子者、明以爵事天也。接下稱帝王者、明位號天下至尊之稱、以號令臣下也（『白虎通』巻二 號）。

（六）『白虎通』巻一 爵に、「何を以て帝も亦た天子と稱するを知るや。以て天下に法ればなり。中候に曰く、「天子たる臣 放勛」と（何以知帝亦稱天子也。以法天下也。中候曰、天子臣放勛）」とあるように、天子が天に対して「天子臣某」と臣従することは、理念的には天によって天子が「封建」されていることを示している。尾形勇《一九七九》も参照。

（七）以上、天子と皇帝という呼称、及びその二段階即位については、渡邉義浩〈二〇〇七ｃ〉を参照。

（八）王者京師必擇土中何。所以均教道、平往來、使善易以聞、爲惡易以聞、明當懼愼、（損）〔省〕於善惡。①尚書曰、王來紹上帝、自服於土中。聖人承天而制作。②尚書曰、公、不敢不敬天之休、來相宅（『白虎通』巻四 京師）。①は、『尚書』召誥篇に、「王來紹上帝、自服于土中」とあり、ほぼ同文。②は、『尚書』洛誥篇に、「公、不敢不敬天之休、來相宅」とあり、同文。

（九）周家始封于何。后稷封于邰。公劉去邰之邠。①詩曰、卽有邰家室。②又曰、篤公劉、于邠其觀。周家五遷、其意一也。皆欲成其道也（『白虎通』卷四 京師）。①は、『詩經』大雅 生民に、「卽有邰家室」とあり、同文。②は、『詩經』大雅 公劉に、「篤公劉、于豳斯館」とあり、字句に異同がある。

（一〇）州伯者、何謂也。伯、長也。選擇賢良、使長一州、故謂之伯也。①王制曰、千里之外設方伯。五國以爲屬、屬有長。十國以爲連、連有率。三十國以爲卒、卒有正。二百十國以爲州、州有伯。唐・虞謂之牧者何。尙質。使大夫往來牧視諸侯、故謂之牧。旁立三人、凡十二人。②尙書曰、咨十有二牧（『白虎通』卷四 封公侯）。①は、『禮記』王制篇に、「千里之外設方伯。五國以爲屬、屬有長。十國以爲連。連有帥。三十國以爲卒、卒有正。二百一十國以爲州、州有伯」とあり、ほぼ同文。②は、『尙書』堯典篇に「咨十有二牧」とあり、同文。

（一一）『尙書』堯典篇が、秦の始皇帝による中國統一を反映して、「十二」という数を尊重することは、陳夢家〈一九五七〉を參照〉。なお、斎木哲郎〈一九八六〉もある。

（一二）王者所以立三公九卿何。曰、天雖至神、必因日月之光。地雖至靈、必有山川之化。聖人雖有萬人之德、必須俊賢。三公・九卿・二十七大夫・八十一元士。以順天成其道（『白虎通』卷四封公侯）。『禮記』王制篇に、「三公・九卿・二十七大夫・八十一元士」とあり、同文。

（一三）諸侯所以考黜何。王者所以勉賢抑惡、重民之至也。尙書曰、三載考績、三考黜陟（『白虎通』卷七 攷黜）。『尙書』堯典篇に、「三載考績、三考黜陟」とあり、同文。

（一四）白虎通云、王者〔所〕以祭天何。緣〔祀〕〔事〕父、以〔祭〕〔事〕天也（『北堂書鈔』卷九十 禮儀部十一）。これについて、『太平御覽』卷七十六 敍皇王上に、「孝經鉤命訣に曰く、「三皇は步、五帝は驟、三王は馳、五霸は騖。或いは天子と稱し、或いは帝王と稱す。何を以て言を爲すや。上に接して天子と稱するは、爵を以て天に事ふるを明らかにするなり。下に接して帝王と稱するは、以て臣下に號令するを明らかにするなり」と（孝經鉤命訣曰、三皇步、五帝驟、三王馳、五霸爲。〔或稱天子〕、或稱帝王、〔何以爲言〕。接上稱天子、明以爵事天〔也〕。接下稱帝王、明以號令臣下〕」とある。なお、〔 〕は、安居香山・中村璋八《一九七三》により補った。

（一五）白虎通云、周以后稷・文・武、特七廟（『禮記正義』巻十二 王制篇）。

（一六）王者所以有社稷何。爲天下求福報功。人非土不立、非穀不食。土地廣博、不可偏敬也。五穀衆多、不可一一祭也。故封土立社、示有土也。稷、五穀之長、故立稷而祭之也（『白虎通』巻三 社稷）。社を土とすることについては、『太平御覽』巻五百三十二 禮儀部十一 社稷に、「孝經説に曰く、「社は土地の主なり。地は廣く盡くは敬する可からず、故に土を封じ社と爲して以て功に報ゆ。稷は五穀の長なり。穀は衆くして遍くは祀る可からず、故に稷神を立て之を祭る」と（孝經説曰、社土地之主也。地廣不可盡敬、故封土爲社以報功。稷五穀之長也。穀衆不可遍祀、故立稷神祭之）」とある。

（一七）王莽期における明堂の位置付けについては、本書第九章を参照。

（一八）天子所以有靈臺者何。所以考天人之心、察陰陽之會、揆星辰之証驗、爲萬物獲福無方之元。詩云、經始靈臺。天子立明堂者、所以通神靈、感天地、正四時、出教化、宗有德、重有道、顯有能、褒有行者也。明堂上圓下方、八窗四闥、布政之宮、在國之陽（『白虎通』巻六 辟雍）。傍線部については、『禮記注疏』巻二十九 玉藻篇に、「援神契の説に、文王を明堂に宗祀して、以て上帝に配す。曰く明堂なる者は、上圓下方、八窻四闥、政を布くの宮、國の陽に在り（援神契説、宗祀文王於明堂、以配上帝。曰明堂者、上圓下方、八窻四闥、布政之宮、在國之陽）」とある。

（一九）当該部分の『白虎通』の逸文は、『太平御覽』の版本により異なる。宋蜀刻本に日本の静嘉堂などが所有する宋本を校勘した、四部叢刊三編に収録される『太平御覽』では、巻一百四十七 太子二に、「又曰、太子・羣后之太子・公卿・大夫・元士之嫡子、皆造小學。小學經藝之宮也、大學者辟雍鄉射之宮」とある。これに対して、二種の明版を校勘した、四庫全書に収録される『太平御覽』では、「又曰、王太子・王子・羣后之太子・公卿・大夫・元士之嫡子、皆造小學。〔小學經藝之宮、大學辟雍鄉射之宮〕」とある。盧文弨が校勘して「抱經堂叢書」に収める『白虎通』は、「又曰、王太子・王子・羣后之太子・公卿・大夫・元士之嫡子、皆造焉。小學經藝之宮、大學者辟雍鄉射之宮」としている。現行二種の『太平御覽』

は、「小學」が重なっており、「小學」で一度文章が終わる。盧文弨が依った『太平御覽』の版本は不明であるが、「焉」で終わり、「小學」は一回しか用いられない。四庫全書の『太平御覽』は、〔 〕で表現した部分は割注となっているが、「小學は經藝の宮、大學・辟雍は郷射の宮なり」と、太學・辟雍が並立していた後漢の制度に合わせた解釈がされている。なお、『太平御覽』の版本については、周生傑《二〇〇八》を参照。

（二〇）天子命之教、然後爲學。①小學在公宮南之左、大學在郊。②天子曰辟廱、諸侯曰頖宮（『禮記』王制篇）。

（二一）古者所以年十五入大學何。以爲、八歳毀齒、始有識知、入學學書計。……易曰、匪我求童蒙、童蒙求我。王制曰、小學在公宮南之左、大學在郊。又曰、王太子・王子・羣后之太子・公卿・大夫・元士之嫡子、皆造焉（『白虎通』卷六 辟雍）。

（二二）天子立辟雍何。辟雍所以行禮樂、宣德化也。……辟之言積也、積天下之道德。雍之爲言壅也、天下之儀則。故謂之辟雍也。王制曰、天子曰辟廱、諸侯曰頖宮。外圓者、欲使觀者均平也（『白虎通』卷六 辟雍）。

（二三）王者有六樂者、貴公美德也。所以作供養。謂（傾）〔因〕先王之樂、明有法、示正其本、興己所自作樂、明（作己）〔己作〕也（『白虎通』卷三 禮樂）。

（二四）渡辺信一郎〈二〇〇六〉は、これを「分田」という理念で把握したうえで、唐代の「均田制」が諸身分ごとの給田規定とその運用とによって編成されていたことを明らかにしている。

（二五）爵有五等、以法五行也。或三等者、法三光也。……王制曰、公・侯田方百里、伯七十里、子・男五十里（『白虎通』卷一 爵）。

（二六）千乘之國者、百里之國也。古者井田、方里而井。井十爲乘、百里之國、適千乘也（『論語集解』學而第一 包咸注）。

（二七）王者所以親耕、后親桑何。以率天下農・蠶也（『白虎通』卷六 耕桑）。

（二八）『春秋公羊傳注疏』卷五に、「天子 東田の千畝に親耕し、諸侯は百畝、后夫人は西郊に親しく桑を采りて、以て粢盛・祭服に共するは、躬ら孝道を行ひて、以て天下に先んずればなり（天子親耕東田千畝、諸侯百畝、后夫人親西郊采桑、以共粢盛・祭服、躬行孝道、以先天下）」とあり、後漢末の何休の注ではあるが、同様の思想が述べられている。

（二九）孔子所以定五經者何。以爲、孔子居周之末世、王道凌遲、禮義廢壞、強陵弱、衆暴寡、天子不敢誅、方伯不敢伐、閔道德之不行。故周流應聘、冀行其道德。自衛反魯、自知不用、故追定五經、以行其道（『白虎通』巻九 五經）。

（三〇）福井重雅〈一九九四〉を参照。井ノ口哲也〈二〇〇〇〉もある。

（三一）已作春秋、復作孝經何。欲專制正。於孝經何。夫孝者、自天子下至庶人、上下通孝經者。夫制作・禮樂、仁之本。聖人道德已備。弟子所以復記論語何。見夫子遭事異變、出之號令足法（『白虎通』巻九 五經）。

（三二）諸侯三年一貢士者、治道三年有成也。諸侯所以貢士于天子者、進賢勸善者也。天子聘求之者、貴義也。治國之道、本在得賢。得賢則治、失賢則亂。陳立『白虎通疏証』（前掲）が『北堂書鈔』巻七十九ほかより輯成した。以下、輯本は『白虎通疏証』と表記する。

（三三）後漢時代における故吏が郡太守に対して持つ隷属性については、鎌田重雄〈一九五三〉、角谷常子〈二〇〇八〉を参照。

（三四）王者所不臣三、何也。謂二王之後・妻之父母・夷狄也。……①夷狄者、與中國絶域異俗、非中和氣所生、非禮義所能化、故不臣也。②春秋傳曰、夷狄相誘、君子不疾。尚書大傳曰、正朔所不加、即君子所不臣也（『白虎通』巻七 王者不臣）。②は、『春秋公羊傳』昭公十六年に、「夷狄相誘、君子不疾也」とあり、ほぼ同文。

（三五）『禮記注疏』巻三十六 學記疏に、「又 鉤命決を按ずるに云ふ、「天子の常に臣とせざる所の者は三、唯だ二王の後・妻の父母・夷狄の君のみ。……夷狄の君を臣とせざる者は、此れ政教の加へざる所、謙りて臣とせざるなり。諸侯に此の禮無し」と（又按鉤命決云、天子常所不臣者三、唯二王之後・妻之父母・夷狄之君。……不臣夷狄之君者、此政教所不加、謙不臣也。諸侯無此禮）」とあり、『白虎通』の王者不臣の条そのものが、『孝經鉤命決』に大きく依拠していることが分かる。

（三六）両漢を通じた夷狄観の展開については、渡邉義浩〈二〇〇八ａ〉を参照。

（三七）國有三軍何。所以戒非常、伐無道、尊宗廟、重社稷、安不忘危也（『白虎通』巻五 三軍）。

（三八）天者何也。天之爲言鎭也。居高理下、爲人鎭也（『白虎通』巻九 天地）。

（三九）両漢における「天」については、東方学会で行われたシンポジウムの記録である「両漢における「天」の文化」（『両漢儒教の新研究』汲古書院、二〇〇八年）を参照。なお、*The Culture of 'Heaven' in the Former and Later Han.* ACTA ASIATICA 98' 2010. は、その英文論文集である。

（四〇）天所以有災變何。所以譴告人君、覺悟其行、欲令悔過修德、深思慮也。援神契曰、行有點欠、氣逆（干）〔于〕天、情感變出、以戒人也（『白虎通』巻六　災變）。

（四一）天下太平、符瑞所以來至者、以爲、王者承天統理、調和陰陽。陰陽和、萬物序、休氣充塞。故符瑞並臻、皆應德而至。德至天、則斗極明、日月光、甘露降。德至地、則嘉禾生、蓂莢起、秬鬯出、太平感（『白虎通』巻六　封禪）。

（四二）『太平御覽』巻八百七十三に、「孝經援神契に曰く、「王者の德　天に至れば、則ち甘露を降らす」と。……孝經援神契に曰く、「王者の德　地に至れば、則ち華苹　感ず」と。……孝經援神契に曰く、「王者の德　地に至れば、則ち嘉禾　生ず」と（孝經援神契曰、王者德至天、則降甘露。……孝經援神契曰、王者德至於地、則華苹感。……孝經援神契曰、王者德至於地、則嘉禾生）」とある。

（四三）天と天子が「孝」により結ばれることを視覚的に示す天の祭祀については、渡邉義浩〈二〇〇八ｂ〉を参照。

（四四）五行之性、火熱水寒。有溫水無寒火何。明臣可爲君、君不可更爲臣（『白虎通』巻四　五行）。

（四五）所以有夏・殷・周號何。以爲、王者受命、必立天下之美號、以表功自克明、易姓爲子孫制也。夏・殷・周者、有天下之大號也。百王同天下、無以相別。改制天下之大禮、號以自別於前、所以表着己之功業也。必改號者、所以明天命已著、欲顯揚己於天下也（『白虎通』巻二　號）。

（四六）王者所以存二王之後何也。所以尊先王、通天下之三統也。明天下非一家之有、謹敬謙讓之至也。故封之百里、使得服其正色、行其禮樂、永事先祖（『白虎通』巻八　三正）。

（四七）「二王の後」については、岡安勇〈一九八〇〉を参照。また、衍聖公の発端としての褒成侯を論じたものに、楠山春樹〈一九九一〉がある。

（四八）臣所以有諫君之義何。盡忠納誠也。①論語曰、愛之能勿勞乎。忠焉能勿誨乎。②孝經曰、天子有諍臣七人、雖無道不失其天下。諸侯有諍臣五人、雖無道不失其國。大夫有諍臣三人、雖無道不失其家。士有諍友、則身不離於令名。父有諍子、則身不陷於不義。……③諸侯之臣、諍不從得去何。以屈尊申卑、孤惡君也。……禮保傅、大夫進諫、士傳民語（『白虎通』卷五　諫諍）。①については、『論語』憲問篇に、「愛之能勿勞乎。忠焉能勿誨乎」とあり、同文。②については、『孝經』諫諍篇に、「昔者天子有爭臣七人、雖無道不失其天下。諸侯有爭臣五人、雖無道不失其國。大夫有爭臣三人、雖無道不失其家。士有爭友、則身不離於令名。父有爭子、則身不陷於不義」とあり、ほぼ同文。

（四九）王法立史記事者、以爲臣下之儀樣、人之所取法則也。動則當應禮。是以必有記過之史、徹膳之宰。①禮玉藻曰、動則左史書之、言則右史書之。②禮保傅曰、王失度、則史書之、工誦之、三公進讀之、宰夫徹其膳。是以天子不得爲非。故史之義不書則死、宰不徹膳亦死（『白虎通』卷五　諫諍）。①については、『禮記』玉藻篇に、「動則左史書之、言則右史書之」とあり、同文。②については、『大戴禮記』保傅篇に、「失度、則史書之、工誦之、三公進讀之、宰夫徹其膳。是以天子不得爲非」とあり、ほぼ同文。

（五〇）性情者、何謂也。性者陽之施、情者陰之化也。人稟陰陽氣而生。故內懷五性・六情。情者、靜也。性者、生也。此人所稟六氣以生也。故鉤命決曰、情生于陰、欲以時念也。性生于陽、以就理也。陽氣者仁、陰氣者貪、故情有利欲。性有仁也（『白虎通』卷八　性情）。傍線部の『孝經鉤命決』は、『白虎通』に引用されるもの以外は殘存しない。安居香山・中村璋八（編）《一九七三》も參照。

（五一）五性者、何謂。仁・義・禮・智・信也。仁者、不忍也。施生愛人也。義者、宜也。斷決得中也。禮者、履也。履道成文也。智者、知也。獨見前聞、不惑於事、見微知著也。信者、誠也。專一不移也。故人生而應八卦之體、得五氣以爲常、仁・義・禮・智・信也。六情者、何謂也。喜・怒・哀・樂・愛・惡謂六情。所以扶成五性（『白虎通』卷八　性情）。

（五二）聖人者何。聖者、通也、道也、聲也。道無所不通、明無所不照、聞聲知情、與天地合德、日月合明、四時合序、鬼神合吉凶。禮別名記曰、五人曰茂、十人曰選、百人曰俊、千人曰英、倍英曰賢、萬人曰傑、萬傑曰聖（『白虎通』卷七　聖人）。

（五三）聖人未沒時、寧知其聖乎。曰、知之。①論語曰、太宰問子貢曰、夫子聖者歟。孔子曰、太宰知我乎。聖人亦自知聖乎。

曰、知之。②孔子曰、文王既沒、文不在兹乎（『白虎通』巻七 聖人）。①については、『論語』子罕篇に、「大宰問於子貢曰、夫子聖者與。何其多能也。子貢曰、固天縱之將聖、又多能也。子聞之曰。大宰知我乎」とあり、節略されている。①については、『論語』子罕篇に、「文王既沒、文不在兹乎」とあり、同文。

（五四）何以知帝王聖人也。①易曰、古者伏羲氏之王天下也。於是始作八卦。②又曰、聖人之作易也。③又曰、伏羲氏沒、神農氏作。神農沒、黄帝・堯・舜氏作。文俱言作、明皆聖人也。④論語曰、聖乎。堯・舜其由病諸（『白虎通』巻七 聖人）。①については、『周易』繫辭下傳に、「古者包犧氏之王天下也。……於是始作八卦」とあり、節略されている。②については、『周易』說卦傳に、「昔者聖人之作易也」とあり、同文。③については、『周易』繫辭下傳に、「包犧氏沒、神農氏作。……神農沒、黄帝・堯・舜氏作」とあり、節略されている。④については、『論語』雍也篇に、「必也聖乎、堯・舜其猶病諸」とあり、字句に異同がある。

（五五）三綱者、何謂也。謂君臣・父子・夫婦也。六紀者、謂諸父・兄弟・族人・諸舅・師長・朋友也。故含文嘉曰、君爲臣綱、父爲子綱、夫爲妻綱。又曰、敬諸父兄、六紀道行、諸舅有義、族人有序、昆弟有親、師長有尊、朋友有舊。何謂綱紀。綱者、張也。紀者、理也。大者爲綱、小者爲紀。所以張理上下、整齊人道也。人皆懷五常之性、有親愛之心。是以紀綱爲化。若羅網之有紀綱而萬目張也。詩云、亹亹文王、綱紀四方（『白虎通』巻八 三綱六紀）。傍線部については、『詩經』大雅棫樸に、「勉勉我王、綱紀四方」とあり、字句が大きく異なる。『韓詩外傳』には、「亹亹文王」と引かれるので、『韓詩』であろうと陳立は推定する。

（五六）『白虎通』の倫理体系については、呂凱、田中智幸（訳）〈一九九六〉、季乃礼《二〇〇四》などを参照。

（五七）聖人治天下、必有刑罰何。所以佐德助治、順天之度也。故懸爵賞者、示有所勸也。設刑罰者、明有所懼也。傳曰、三皇無文、五帝畫象。三王明刑、應世以五。五刑者、五常之鞭策也。刑所以五何。法五行也。大辟法水之滅火、宮者法土之壅水、臏者法金之刻木、劓者法木之穿土、墨者法火之勝金（『白虎通』巻九 五刑）。

（五八）西晉の泰始律令が、經書を法源とすることは、渡邉義浩〈二〇〇八d〉を参照。

（五九）『白虎通』の禮制については、日原利国〈一九六二〉、向晋衛《二〇〇七》などを参照。

（六〇）書曰、成王崩。天子稱崩何。別尊卑、異生死也。天子曰崩。大尊像。崩之爲言〔墜〕然・伏僵。天下撫擊失神明。黎庶殞涕、海內悲涼。諸侯曰薨、國失陽。薨之爲言奄也、奄、然亡也。大夫曰卒、精燿終也。卒之爲言終於國也。士曰不祿。不終君之祿。祿之爲言消也。身消名彰。庶人曰死。魂魄去亡。死之爲言澌。精氣窮也（『白虎通』卷十一 崩薨）。傍線部について、『尚書』顧命篇に、「王崩」とある。この王が成王であることは、陳立の論証がある。

（六一）以下、『白虎通』と外戚の関わりについては、渡邉義浩〈一九九〇〉を参照。

（六二）不臣妻父母何。妻者與己一體、恭承宗廟、欲得其歡心。上承先祖、下繼萬世、傳于無窮、故不臣也。春秋曰、紀季姜歸于京師。父母之于子、雖爲王后、尊不加於父母。知王者不臣也（『白虎通』卷七 王者不臣）。傍線部について、『春秋公羊傳』桓公九年に、「紀季姜歸于京師」とあり、同文。

（六三）王者之娶、必先選于大國之女禮儀備所見多。①詩云、大邦有子、俔天之妹。文定厥祥、親迎于渭。明王者必娶大國也。②春秋傳曰、紀侯來朝。紀子以嫁女于天子、故增爵稱侯（『白虎通』卷十 嫁娶）。①について、『詩經』大雅 大明に、「大邦有子、俔天之妹。文定厥祥、親迎于渭」とあり、同文。②について、『春秋公羊傳』桓公二年に、「紀侯來朝」とあり、同文。

（六四）宗族については、『白虎通』卷八 宗族に、「宗なる者は、何の謂ぞや。宗は、尊なり。先祖の主爲るは、宗人の尊ぶ所なり。禮に曰く、「宗人 將に事有らば、族人 皆 侍る」と。古者に必ず宗有る所以は何ぞや。長く和睦する所以なり。大宗は能く小宗を率ゐ、小宗は能く群弟を率ゐ、有無を通じ、族人を紀理する所以の者なり。宗は其の始祖の後爲る者を大宗と爲す、此れ百世の宗とする所なり（宗者、何謂也。宗、尊也。爲先祖主也、宗人之所尊也。禮曰、宗人將有事、族人皆侍。古者所以必有宗何也。所以長和睦也。大宗能率小宗、小宗能率群弟、通於有無、所以紀理族人者也。宗其爲始祖後者爲大宗、此百世之所宗也）」と規定されている。

（六五）同姓不婚については、『白虎通』卷九 姓名に、「人の姓有る所以は何ぞ。恩愛を崇び、親親を厚くし、禽獸より遠ざかり、婚姻を別つ所以なり。故に世を紀し類を別ち、生をして相愛し、死をして相哀しましむ。同姓相娶るを得ざる者は、皆人倫を重ずるが爲なり（人所以有姓者何。所以崇恩愛、厚親親、遠禽獸、別婚姻也。故紀世別類、使生相愛、死相哀。同姓不得相娶者、皆爲重人倫也）」と規定されている。

（六六）三年喪については、『白虎通』巻十一喪服に、「三年の喪、何ぞ二十五月なる。……父は至尊、母は至親なり。故に加隆を爲して、以て孝子の恩を盡くすなり。恩愛は至深にして、之に加ふること則ち倍なり。故に再期すること二十五月なり（三年之喪、何二十五月。……父至尊、母至親。故爲加隆、以盡孝子之恩。恩愛至深、加之則倍。故再期二十五月也）」とあり、二十五ヵ月と規定されている。

（六七）漢の經學の中心であった春秋學の展開を検討することにより、古文學が漢の國制の正統化において優越性を有していたことを解明したものに、渡邉義浩〈二〇〇七b〉がある。

（六八）王莽が古文學を中心としながら、今文學を含めたさまざまな經典により、前漢から禪讓を受けて莽新を建国することについては、本書第五章・第六章・第七章・第九章を參照。

（六九）田中麻紗巳〈一九九〇〉。また、田中麻紗巳〈一九九五〉も參照。

（七〇）昔、孝宣會諸儒於石渠、章帝集學士於白虎、通經釋義。其事優大。文武之道、所宜從之（『後漢書』列傳五十下　蔡邕傳）。

（七一）『風俗通義』については、池田秀三〈一九九三〉を參照。

（七二）これを池田秀三〈一九九五〉は、鄭玄の禮の王國の設計図は、白虎通國家のそれをもとにしてより詳細精緻にひきなおしただけであって、基本設計そのものに変わりはないのである、と表現する。

（七三）周公曰、王肇稱殷禮、祀于新邑、咸秩無文（『尚書』洛誥篇）。

（七四）鄭玄云、王者未制禮樂、恆①用先王之禮樂。是言伐紂以來、皆用②殷之禮樂。非始成王用之也。周公制禮樂既成、不使成王卽用周禮。仍令用殷禮者、欲待明年卽政告神受職、然後班行周禮。班訖始得用周禮。故告神且用殷禮也（『尚書正義』巻十五）。

（七五）蔡沈『書集傳纂疏』巻五に、「此の下、周公 成王に告げ、洛に宅せしむるの事なり。殷は、盛なり。五年に與《およ》び再び之を殷祭す。殷は秩序を同じくするなり。文無きは、祀典に載せざるなり。言ふこころは王 始めて盛禮を擧げて、洛邑に祀り、皆 其の祭に當たる所の者を序し、祀典に載せざると雖も、而るに義 當に祀るべき者は、亦た序して之を祭るなり（此下、周公告成王、宅洛之事也。殷、盛也。與五年再殷祭之。殷同秩序也。無文、祀典不載也。言王始擧盛禮、祀於洛邑、皆序其所當祭者、雖祀典不載、而義當祀者、亦序而祭之也）」とある。

（七六）王者始起、何用正民。以爲、且用先代之禮樂、天下太平乃更制作焉。書曰、肇稱殷禮、祀新邑。此言太平去殷禮（『白虎通』巻三 禮樂）。

（七七）これを池田秀三〈一九九五〉は、国家のいかなる微少な制度・行事にも全て禮教的意味が附与されている国家、そして經書のあらゆる記述が整合体系化されている國家、かような礼の王國はまさしく『白虎通』が目指した禮教國家に他ならない、と表現する。

第十二章　漢書學の展開と「古典中國」

はじめに

後漢の章帝期に開かれた白虎観会議は、国家・社会のすべてを經典に基づいて説明することにより、国家と社会の規範を儒教によって構築した（渡邉義浩《二〇〇九》）。そうして成立した「儒教國家」のあり方は、どのようにして後漢という個別具体的な国家を超えて、「古典中國」と成り得たのであろうか。

後漢末に現れた鄭玄は、今文學と古文學、および各經典や緯書における經義の違いを『周禮』を頂点として体系的に統一する。それにより、不十分な擦り合わせに止まっていた『白虎通』の經義を展開して「古典中國」の經義を定めた。こうして『白虎通』で形成された「古典中國」は、鄭玄學の經義として展開していく。のち王肅説という反措定の存在を許容しながらも、鄭玄學は唐代までの經義の中核を占めた。しかも、鄭玄の經典解釈は、後漢という具体的な国家を超えようとするものであった[一]。

だが、鄭玄の經學だけで、後漢で定められた「古典中國」が、後世から古典と仰がれた訳ではない。具体的国家を超えた「漢」が古典化するには、魏晉南北朝時代を通じて「經」に次ぐ地位を得た「史」[二]書、とりわけ『漢書』の影響が看過できない。それでは、なぜ『史記』や『後漢書』ではなく、『漢書』なのであろうか。

本章は、漢書學の展開の中で後漢で定められた「古典中國」が受容され、「漢」が「古典中國」と見なされていく過程を論ずるものである。

一、漢書學の展開

『漢書』に先行する『史記』は、五帝から前漢武帝期までの興亡を通史として著したものである。司馬遷の『史記』執筆の思想的な背景は春秋公羊學にあり、その執筆目的は、春秋の微言により武帝をはじめとした権力者の横暴を批判することにあった。このため本来『太史公書』と名づけられていた『史記』は、事実を記す「史の記」に止まらず、「太史公曰」により事実の是非を弁ずる書となった。『史記』は、『春秋』を継承する書なのである。(三)班固は『漢書』巻六十二 司馬遷傳贊で、文質を兼ね備えた史家の才を持つ、と司馬遷を評価する。

しかし、班固は『史記』を続成せず、前漢一代の斷代史として『漢書』を著した。班固の『漢書』は、『尚書』を継承して漢の「典・謨」を「述」べたものである。班固は、『尚書』を継承する「史」であることを示すために、堯に始まり秦の穆公の悔恨で終わる『尚書』に準えて、高祖に始まり王莽の悪政で終わるよう『漢書』を構成した。それにより『漢書』は、史書の儒教化を達成した。そうした執筆意図を持つ『漢書』は、今日的な意味での正確な史実を記す必要性を持たない。後漢を筆頭とする後世は、鑑戒とすべき「在るべき姿」として、前漢を規範としていくことになろう。『漢書』は『尚書』を継承する規範の書なのである。(四)『史記』ではなく、『漢書』が「古典中國」を規範として伝える理由の一つは、こうした班固の執筆意図にある。

一方、「古典中國」が成立した後漢「儒教國家」を描く范曄の『後漢書』は、『東観漢記』など先行する多くの「後漢書」を改変して著された。劉宋の范曄は、劉氏を尊重する劉宋期を生きたことに加えて、光武帝劉秀の故郷南陽を郡望とする「南陽の范氏」として、規範たるべき後漢「儒教國家」を創設した光武帝を「美《よみ》」した。また、後漢「儒教國家」を崩壊させた外戚・宦官を「刺《そし》」り、それに抵抗した黨人を自分たち貴族の源流として「美」した。『後漢書』は、「文」の本質を「詩人の賦」の「美刺」と捉える范曄の「文學」性が色濃く現れた史書なのである（渡邉義浩〈二〇一八ａ〉）。「古典中國」は、范曄にはすでに先驗的であり、またその詳細を具体的に著すべき「志」を完成する前に、范曄は刑死した。現行の『後漢書』には合刻されている司馬彪『續漢書』の「八志」は、西晉において「儒教國家」を再編するための鑑とすべく、後漢「儒教國家」の諸制度をまとめたものである（渡邉義浩〈二〇〇六ｃ〉）。「古典中國」のあり方を後世に伝えるものと言えよう。しかし、『續漢書』の「八志」が、范曄の『後漢書』本紀・列傳と合刻されるのは、北宋の景祐年間（一〇三四～三七年）を俟たねばならず[五]、それはすでに「漢」が古典視された後のことであった。

こうして『尚書』を継承する規範の書である『漢書』が、漢および「古典中國」を後世に伝える書籍として広く読まれることになった。ただし、『漢書』には難読文字が多く、後漢の大儒である馬融が、東観の藏書閣に伺候し、班昭からその句読を授けられるほどであった（『後漢書』列傳七十四 列女 曹世叔父妻傳）。『隋書』經籍志に、『史記』の注釈書が三種しか著録されないことに対して、『漢書』のそれが十七種（佚書を含めれば二十一種）を数えるのは、そうした文体や読みにくさに一因を求めることもできる。しかし、『隋書』は両書の差異を次のように説明する。

是れより世〻著述有り、皆 班・馬に擬して、以て正史と爲す。作者 尤も廣く、一代の史、數十家に至る。①唯だ史記・漢書のみ、師法 相 傳はり、並びに解釋有り。三國志及び范曄の後漢は、音注有りと雖も、既に近世の作なれば、並びに之を讀みて知る可し。②梁の時、漢書に明らかなるものに劉顯・韋稜有り、陳の時に姚察有り、隋代に包愷・蕭該有りて、並びに名家と爲る。史記をば傳ふる者 甚だ微《すくな》し。今 其の世代に依り、聚めて之を編して、以て正史に備ふ[六]。

『隋書』經籍志によれば、多くの正史の中で、①『史記』と『漢書』だけに「師法」と「解釋」が伝わっていた。それは、『三國志』と范曄『後漢書』に附された「音注」とは異なるという。『三國志』の裴松之注は、音注に止まらず、むしろ異聞を伝え史料批判を行うことに特徴を持つが（渡邉義浩〈二〇〇三ａ〉）、『隋書』經籍志は、そうしたことには触れず、「近世の作」であるため、読み知ることができるとする。唐代において『三國志』と范曄『後漢書』は、古典ではない。

これに対して、『史記』『漢書』に対して行われた「師法」と「解釋」は、「經」への注釈のように、「一家の學」として伝承されてきた。それは、②『漢書』には梁の劉顯・韋稜、陳の姚察、隋の包愷・蕭該などの「名家」（一家の學をなす者）がいた、とする記述に明らかである。『漢書』が国家ごとにその時代を代表する「名家」を輩出したことに対して、『史記』は学説を伝える者がたいへん少なかったという。「經」に準えられる古典として、その読みと解釈が師説として伝承されてきたものは『漢書』なのである。『隋書』蕭該傳は、『漢書』の「名家」の一人とする蕭該について、次のように伝えている。

蘭陵の蕭該なる者は、梁の鄱陽王たる恢の孫なり。少くして攸侯に封ぜらる。梁の荊州 陷るや、何妥と與に同に長安に至る。性 篤學にして、詩・書・春秋・禮記、並《みな》大義に通じ、①尤も漢書に精なりて、甚だ貴遊の禮する所と爲る。開皇の初、爵山陰縣公を賜はり、國子博士に拜せらる。詔書を奉じて妥と與に②經・史を正定するも、然れども各〻所見を執りて、遞ひに相 是非し、久しくして就《な》す能はず、上 譴《せ》めて之を罷む。該 後に③漢書

及《と》文選の音義を撰し、咸 當時の貴ぶ所と爲る。[七]

隋の國子博士として③『漢書音義』十二巻を著した蕭該は、諸經と並んで①『漢書』に精通しており、それにより「貴遊」に礼遇された。貴族の前身である「名士」以来、文化を存立基盤とするかれらは、多くの文化に兼通し、あるいは特定の文化に精通することで高い名声を得てきた（渡邉義浩〈二〇〇三c〉）。ここでは、それが②「經・史」と並称される「史」、具体的には『漢書』となっている。『漢書』は、貴族間で名声を得るための卓越的な文化価値と認定されているのである。集部で尊重された『文選』と共に、蕭該が後に注釈をまとめた理由である。『漢書』に精通するかれらは、「漢書學者」と総称された。

東海の包愷、字は和樂、其の兄の愉は、五經に明らかなり。愷 悉く其の業を傳ふ。又 王仲通より史記・漢書を受け、尤も精究と稱せらる。大業中、國子助教と爲る。①時に于て漢書の學者、蕭・包二人を以て宗匠と爲す。②徒を聚めて教授し、著錄する者數千人。卒するに、門人 爲に墳を起こし碣を立つ。[八]

隋の文帝の長子楊勇に命ぜられて『漢書音』十二巻を著した包愷は、①「漢書の學者」たちから「宗匠」とされたという。包愷に学ぶ者だけでも②「數千人」と言われるほど、漢書學者による『漢書』の伝授が、尊重されていたのである。[九] 隋における『漢書』の古典化をここに見ることができよう。

多賀秋五郎《一九五三》によれば、唐の高祖李淵は「漢への回帰」を政治的理想として『漢書』を重視し、『漢書』は唐代を通じて官學の教科書とされた。そうした唐初における『漢書』重視の風潮の中で、漢書學者の頂点に君臨した者が顔師古である。顔師古は、本来『尚書』を受け継ぐ書として著された『漢書』に、經學的方法論に基づき注を付け、その本文を絶対視した。經學的方法論に基づき史を著すことは、班固の主張でもあった。顔師古は、裴松之が始めた史料批判という「史」的方法論に基づく注の付け方を班固の「經」的方法論に回帰させたのである。

さらに顔師古は、『漢書』に注を付けることで、「經」を補完しようとした。『漢書』はすでに滅んだ經文と解釈を伝える、經學にとって重要な書なのである。顔師古は、「經」における「史」の重要性を示すことで、国家の「正史」としての正統性を高めようとしたのである。顔師古は、「史」を「經」の枠内に留めることで「史」の地位を確立した（渡邉義浩〈二〇一七c〉）。「經」に存立を保障された『漢書』は、唐における「漢」の「古典中國」化を進めるだけでなく、「古典中國」を伝える史書として長く読み継がれていく。中国前近代において、おおむね『史記』よりも『漢書』の評価が高かった一つの理由である。

もちろん、『史記』が全く顧みられなかった訳ではない。大木康は、中唐の韓愈が古文復興運動の中で『史記』の「發奮著書」を評価し、明の古文辭派の李夢陽が『史記』を高く評価し、王世貞が『史記評林』に序文を寄せて『史記』が流行したことを重視する。（一〇）しかし、謝貴安〈二〇〇八〉が述べるように、明の朱元璋はともに農民出身の劉邦と自己とを同一視し、『漢書』を經典化して、多くの人々に『漢書』を学ばせている。また、柿沼陽平〈二〇一三〉が指摘するように、明の凌稚隆は『漢書評林』をまとめ、明代漢書學の隆盛を示した。前近代における『漢書』の優勢は、覆うべくもない。

清代には、漢唐訓詁學を尊重する考証學者が『漢書』をさらに高く評価した。清朝考証學の成果は、一九〇〇年、王先謙により『漢書補注』としてまとめられた。ただしそれは、国家や社会の規範として『漢書』を読むのではなく、歴史学の対象として『漢書』を研究するものであった。もはや「漢」を規範と仰がない「近代中國」が成立しようとしていたのである。（一一）

それでは、なぜ「近代中國」まで、『史記』よりも『漢書』が尊重されたのであろうか。『漢書』の内容に則して分析していこう。

二、規範の書

『漢書』は顔師古注の成立まで、主として「師法」の「解釋」の伝承により学ばれてきた。三國・兩晉において、「史」と「經」は未分離であった。それもあって『漢書』の授受は、經を修める方法を取っていたのである。唐の劉知幾は、魏晉南北朝時代の『漢書』の注解について、次のように説明している。

始め漢末より、陳の世に迄《いた》るまで、其の注解を爲る者、凡そ二十五家あり。専門に業を受くるに至りては、遂に五經と相 亞ぐ。(一二)

劉知幾は、『漢書』が漢末から陳までに二十五家の注釈を持つに至ったことと共に、その伝承が經と同様「専門に業を受」けるものであったことを指摘する。そして、『漢書』を学ぶ者は、「五經」に次ぐほどであったという。『漢書』伝授の具体例としては、三國孫呉の孫權が、太子の孫登に学ばせた状況が伝わっている。

(孫)權 (孫)登に①漢書を讀ませ、近代の事を習知せしめんと欲す。張昭に②師法有るも、重く之を煩勞するを以《おも》ひ、乃ち(張)休をして昭に從ひて讀を受け、還りて以て登に授けしむ。(一三)

孫權が『漢書』を学ばせたのは、それにより①「近代の事」を習知させるためであった。そして、張昭の②「師法」については、張休の受けた「讀」の具体像を韋昭の『呉書』が、次のように伝えている。

(張)休 字は叔嗣、弱冠にして諸葛恪・顧譚らと與に倶に太子たる(孫)登の僚友と爲り、漢書を以て登に授く。[呉書に曰く、「休 進授するに、文義を指摘し、事物を分別して、並びに章條有り。……」と。(一四)]。

張休傳の裴注に引かれた韋昭の『呉書』によれば、張休は孫登に『漢書』を進講する際、章句を区切って文義を指摘し、そこに現れる事物の解釈をしている。張昭の「師法」は「章句の學」である。訓詁學と言い換えてもよい。このように『漢書』は、經學の方法論により学ばれていたことが確認できるのである。しかも、方法論だけでなく、『漢書』そのものが經書と同列視されることもあった。

右國史の華覈 上疏して曰く、「臣 聞くならく、五帝・三王は皆 史官を立て、功の美を敍錄し、之を無窮に垂ると。漢の時に司馬遷・班固、咸 命世の大才にして、撰する所は精妙、六經と與に倶に傳はる。……」[一五]と。

孫呉の右國史である華覈は、司馬遷の『史記』と班固の『漢書』を「精妙」と評価し、「六經」と共に伝わってきたと述べて、その重要性を經書と同列に扱っている。時代と共に、その重要性はさらに高まる。

（劉殷に）七子有り、五子に各〻一經を授け、一子に太史公を授け、一子に漢書を授く。一門の內、七業 倶に興り、北州の學、殷の門をば盛んと爲す。[一六]

東晉・五胡十六國の時期、漢（前趙）に仕えた劉殷は、七人の子にそれぞれ五經と『太史公』（史記）・『漢書』を修めさせた。それが、「七業 倶に興」ると総括されるように、『漢書』や『史記』は、五經と並列に扱われ、五經とあわせて「七業」と称されるほど尊重されている。ただし、ここでは、『史記』と『漢書』が並称されているが、多くの注釈が著され、尊重されたものは、『漢書』であった。それはなぜであろうか。

三國季漢の劉備も遺言の中で、皇太子の劉禪に『漢書』と『禮記』の讀書を命じている（『三國志』巻三十二 先主傳注引『諸葛亮集』）。また、劉禪を託された丞相の諸葛亮は、『隋書』巻三十三 經籍志二に、「論前漢事一卷、蜀丞相諸葛亮」とあり、『新唐書』巻五十八 藝文志二に、「諸葛亮論前漢事一卷、又音一卷」と著録されるように、『漢書』に関する史論と注釈を著している。諸葛亮が修めた荊州學は、『周禮』を頂点に諸經を体系化した鄭玄學に対する最初の異議申し立てとして、『春秋左氏傳』を中心に実践を尊重する儒教であった（加賀栄治《一九六四》）。事実、諸葛亮は、荊州學で修めた『春秋左氏傳』を実際の政治の場に生かしている（渡邉義浩〈二〇〇二〉）。『春秋左氏傳』を国政の規範にしたと言い換えても良い。「漢室復興」を国是と定める諸葛亮が精通し、劉備が劉禪に読書を命じた『漢書』は、「漢」を復興するための規範を提供する書であった。諸葛亮は、漢を復興するための規範として『漢書』を読み、音義を付けると共に史実を論じた。単なる訓詁を超えて、史実を論ずることは『漢書』を規範に、自らの国家や社会を形成しようとしていく『漢書』の古典化の始まりである。

季漢は、その国名にも示されるように、『漢書』を規範とすべき国家であった。『漢書』が読まれる必然性を持つ国家と言い換えてもよい。だが、『漢書』は、孫呉でも読まれていたように、そうした国家に限定されず、また漢族に止まらず、国政の規範となっていく。

石勒 書を知らず、人をして漢書を讀ましむ。酈食其の六國の後を立つるを勸め、印を刻みて將に之に授けんとするを聞き、大いに驚きて曰く、「此の法 當に失すべし。云何《いかん》ぞ遂に天下を有《たも》つを得ん」と。留侯の諫むるに至り、迺ち曰く、「此れ有るに賴るのみ」と。[一七]

五胡十六國時代、後趙の建国者である羯族の石勒は、『漢書』を讀ませ聞いて、酈食其の六國後裔への封建策に及ぶと、驚いてそれを批判した。そののち、張良（留侯）の諫止を聞いて漢の天下統一に納得した、という。『漢書』から「漢」という古典とすべき国家の興亡理由を学んでいるのである。それが『尚書』を継承する『漢書』であって、『尚書』そのものではない理由は、石勒が酈食其の封建策を批判していることに現れている。『尚書』は、当時の政治状況を鑑みるには、あまりにも時代が隔たる。石勒は前掲した孫權の言葉で言えば、「近代の事」を学ぶために『漢書』を修めたのである。もちろん、儒教では周の封建制度は理想である。しかし、魏晉南北朝における「封建」の主張は地方分権を主張せず、あくまで国家の権力を強める政策であった。[一八]石勒は、周の封建制度を継承して分権を招く六國封建策を否定した。儒教經典が理想とする周そのものではなく、「近代の事」を描く『漢書』が規範とされた理由である。『春秋左氏傳』を尊重する荊州學を修めた諸葛亮が、『漢書』に注釈をつけたのも、『春秋左氏傳』にはない官僚制に基づく中央集権の形成を描く『漢書』の「近代の事」実を規範とするためであろう。

石勒のような非漢民族が中国を統治する際に、『漢書』を参照することは重要であった。自らの国家を漢民族の「古典中國」に近づけることができるためである。事実『漢書』は北朝でもよく読まれた。

太祖 曾て（崔）玄伯を引きて漢書を講ぜしむ。婁敬 漢祖に說き魯元公主を以て匈奴に妻はさんと欲するに至り、之を善しとし、嗟歎する者《こと》良《や》や久し。是を以て諸の公主 皆 賓附の國に釐降す。朝臣の子弟は、名族・美彦と雖も、尚するを得ず。（一九）

北魏の道武帝（太祖）は、崔淵（玄伯は字）に『漢書』を講義させ、魯元公主の降嫁策を善しとして、公主たちをすべて「賓附の國」に降嫁させた。それまでの部族制を超えて、（二〇）中国を支配する国家としての典型を「古典中國」に求めようとしているのである。このように『漢書』は、隋に至るまでの北朝系の国家においても、国政の規範とするに足る史書であった。

それでは再び、なぜ規範とされたものが『漢書』であって『史記』ではないのかを検討しよう。その理由は、前述したように、『尚書』を継承して漢を賛美する『漢書』の執筆目的と『漢書』を絶対視する顔師古注の經學的方法論にもある。そして何よりも、『白虎通』の編者である班固の著した『漢書』は、『史記』には記されない「古典中國」の形成過程を描いていることが、重要な理由なのである。

「古典中國」の形成過程を描く『漢書』には、儒教の經義に関わる論争が多数掲載される。顔之推の『顔氏家訓』には、（二一）『漢書』と經學との関係が次のように伝えられる。

> 魏收の議曹に在るや、①諸博士と與に宗廟の事を議するに、引きて漢書に據る。博士 笑ひて曰く、「未だ漢書もて經術を証し得るを聞かず」と。收 便ち忿怒して都《すべ》て復た言はず。②韋玄成の傳を取りて之を擲ちて起つ。博士一夜に共に之を披尋し、達明にして乃ち來りて謝びて曰く、「玄成 此の如き學ありと謂はず」と。[二二]

北齊の魏收は、①宗廟に関する議論を行った際に、典拠として『漢書』を引用し、②韋玄成傳を読むべしと博士たちを啓発した。韋玄成は、前漢元帝の丞相となり、諸儒を会して天子の禮、中でも郡國廟や宗廟について、多くの議論を残した（『漢書』巻七十三 韋玄成傳）。それらの議論が王莽によりまとめられ、「古典中國」の宗廟祭祀が定まるのである（本書第九章）。

『漢書』は、「漢」の『尚書』を目指して「古典中國」の形成過程と在るべき国家の規範を史的に描いた書籍である。このため「古典中國」が形成される過程での經學に関する議論は、韋玄成傳に限らず、多く収録される（本書第九章）。このため異民族のような「古典中國」を身につける必要のあるものはもとより、皇帝・貴族の必読書となったのである。『漢書』が「近代中國」以前に国政の規範とされた最大の理由は、『漢書』が「古典中國」の形成過程を記した史書であることによる。それは、唐代における漢書學の隆盛からも見ることができる。

三、「漢」の「古典中國」化

清の趙翼は、唐初の三顕学として、「三禮」・『漢書』・『文選』の学を挙げている。

> 六朝の人、最も三禮の學を重んず、唐初も猶ほ然り。……此れ見る可し、唐人の心を三禮に究め、①古義を考へて、以て時政を斷じ、務めて有用の學を爲し、而して徒らに以て博を炫《てら》ふに非ざるを。次は則ち漢書の學も、亦

た唐初の人 競ひて尚ぶ所なり。……此の顔注漢書は、今に至るまで奉じて準的と爲す者なり。房元齢、其の文の繁にして省し難きを以て、又 敬播をして其の要を撮《つ》み、四十巻と成さしむ。……②李善 漢書辯惑三十巻を撰す。……此れ又 唐人の心を漢書に究むるや、③各〻舊説を稟承し、敢て意を以て穿鑿を爲さざる者なり。梁の昭明太子の文選の學に至りては、亦た蕭該の音義より始まる。……（李）善 文選註解六十巻を撰し、之を表上す。絹一百二十匹を賜ふ。④今に至るまで文選を言ふ者は、善の本を以て定と爲す。（二三）

趙翼は、①唐の「三禮の學」は、「時政を斷」ずるための「有用の學」であるとする。貴族がその博学を「炫《てら》」うものではなく、国政の規範とするための学問であったというのである。それは、③それぞれ「舊説」を伝え、自らの恣意的な解釈で「穿鑿」することがなかったという「漢書の學」にも通ずるものであったのだろうか。

それを検討する前に、④李善注『文選』との関わりにも触れておきたい。『文選』に注をつけた李善は、②『漢書辯惑』三十巻を著した漢書學者でもあった（富永一登〈一九九六〉）。昭明太子の『文選』は、冒頭の巻一に、班固の「兩都賦」を掲げ、自らの「文學」の規範を班固に求める。（二四）また、班固は、漢が堯の火徳を孔子を媒介に継承した国家であることを「典引」に表現すると共に、「兩都賦」において後漢「儒教國家」の正しい支配のあり方を示す。（二五）「古典中國」を定めた白虎観会議の結果をまとめた班固は、「儒教國家」となった後漢が前漢に優ることを「兩都賦」に表現したのである。『文選』はそれを冒頭に置いて尊重する。さらに『漢書』は、「古典中國」における禮制の議論を明記する。『漢書』が、「三禮」・『文選』と並ぶ三顕学として、唐初に尊重されたのは当然のことなのである。

したがって、唐の中宗期の禮論争においては、「三禮」のほか『漢書』を典拠として議論が展開された。（二六）中宗の韋皇后の権力が強まっていた際の論争である。韋皇后が手本とする武則天は、高宗の乾封元（六六六）年の封禪の際に、それまで公卿が勤めていた亞獻（皇帝の初獻に続く神位に対する酬爵）を行うことで、皇后が天子と対になる権威を持つことを表現していた（『舊唐書』卷二十三 禮儀志三）。そこで、景龍三（七〇九）年、祝欽明と郭山惲は、中宗が南郊で天を親祭する際に、韋皇后が亞獻すべきことを次のように上奏したのである。

景龍三年、中宗 將に親しく南郊を祀らんとす。（祝）欽明 國子司業の郭山惲と二人、皇后も亦た合に助祭すべしと奏言す。遂《かく》て建議して曰く、「謹みて①周禮を按ずるに、……此の諸文に據らば、卽ち皇后 合に皇帝を助け天神を祀り、地祇を祭るべきは、明らかなり。故に②鄭玄 內司服に注して云ふ、「闕狄は、皇后 王の羣小祀を祭るを助くるの服なり」と。然らば則ち小祀だに尙ほ王の祭を助くれば、中・大は理を推して知る可し。……又③漢書の郊祀志に云ふ、「天地 合祭するに、先祖は天に配し、先妣は地に配す。天地 合精するに、夫婦 判合す。天を南郊に祭らば、則ち地を以て配するは、一體の義なり」と。此の諸文に據らば、卽ち皇后 合に祭を助くべきを知る。望み請ふらくは、別に助祭の儀注を修めて同に進めんことを」と。④帝 頗る以て疑と爲し、禮官を召して親しく之を問ふ。……時に尙書左僕射の韋巨源 又 旨を希ひ、欽明の議に協同す。⑤上 其の言を納れ、竟に后を以て亞獻と爲す[二七]。

祝欽明と郭山惲は、皇后の亞獻について、①『周禮』春官大宗伯などの規定を②鄭玄の注に従いながら解釈して、王后が宗廟だけではなく、天地・社稷の祭祀でも天子を助けていたと主張する。そして、③『漢書』郊祀志を引用し、「天地 合祭するに、先祖は天に配し、先妣は地に配す。天地 合精するに、夫婦 判合す」とある王莽の上奏文を典拠に、天地合祭と皇后預享を論証した。ところが、④「帝」（中宗）は、疑義を抱き、禮官に議論をさせた。小島毅〈一九八九〉によれば、蔣欽緒・唐紹・彭景直は、祝欽明と郭山惲らの經文の曲解を指摘し、魏晉以来、南北朝に皇后預享の先例がないため採用すべきでないとしている。また、褚无量も『周禮』には南郊に皇后が関与する明文がなく、『漢書』郊祀志にある天地合祭と皇后預享については、前漢末の不經の典であるため論拠とは成り得ないとしたのである。しかし、結局⑤韋后の亞獻は実現した。結論的に言えば、『漢書』に記された王莽の議論を規範として、唐は南郊儀禮における皇后の亞獻を定めたことになる。王莽がその形成に力を尽くした「古典中國」を記載する『漢書』は、「古典中國」の經義を集大成した鄭玄の經典解釈と共に規範とすべき古典とされているのである(一八)。

あるいは、祭禮の中で最も重要な南郊祭祀に加え、喪禮の中で最も重要な三年喪の唐での実施についても、『漢書』の影響を見ることができる。『禮記』王制篇に、「三年の喪は、天子より達す（三年之喪、自天子達）」とあるものの、現実に天子が三年もの間、喪に服せば政治は停滞する。後漢「儒教國家」はこの經義を「文帝の故事」を典拠に短くすることで、現実と經義とを擦り合わせていた（渡邉義浩〈二〇〇六a〉）。これに対して、西晉の杜預は、『春秋左氏傳』に注釈をつけるなかで、諒闇心喪制により短喪を正統化する。漢の「權」制として継承されていた短喪制を經義により正統化したのである（渡邉義浩〈二〇〇六a〉）。だが、經義による正統化を得ながらも、唐の高祖李淵は、喪服について遺詔の中で次のように述べている。

> 朕①漢文の遺詔を覽る毎に、慇懃なるに嘆ず。以爲へらく、當今の世は、咸 生を嘉して而《もっ》て死を惡み、葬を厚くして而て業を破り、服を重くして以て生を傷つく。吾は甚だ取らざるなり。……②吏民は令 到らば、出でて臨すること三日にして、皆 服を釋《ぬ》げ。……③其れ服の輕重は、悉く漢制に從ひて、日を以て月に易へ、事に於て宜と爲せ。其れ園陵の制度は、務めて儉約に從ひ、④漢魏を斟酌して、以て規矩と爲せ。百辟・卿士、孝子・忠臣は、徃を送り居に事へ、朕の意に違ふこと勿かれ(一九)。

高祖李淵は、①漢の文帝の遺詔を見るたびに、その細やかな心遣いに感嘆し、自らの喪服禮についても漢の文帝の故事に從うべきことを遺詔する。②「吏民」は「三日」で除服せよという部分はもとより、「當今の世」から省略を挟んで、②が終わるまで、すべて『漢書』に掲載される文帝の遺詔を典拠とする。それらが、『漢書』に基づくことは、③「漢制に從ひて、日を以て月に易へ」と述べている部分からも明らかである。これは『漢書』の應劭注に基づく（洲脇武志〈二〇〇九〉）。もちろん④「漢魏を斟酌して」とあるように、③の前の省略部分には曹操を承けて薄葬を定めた「魏文の終制」にも「取るべきもの」があることは述べられている。それでも、④「規矩と爲」すべき規範は、あくまでも『漢書』に掲げられる「文帝の故事」であった。

喪服禮においても、『漢書』と共に尊重されたものは、鄭玄の經典解釈であった。高祖李淵の時には三十六日であった「斬衰」は、玄宗期には二十七日に変更されていく。その間の事情について、崔祐甫は次のように述べている。

> 禮を案ずるに、君の爲には斬衰すること三年と。①漢文の權制は、猶ほ三十六日なり。國家 太宗の崩ずるや、遺詔も亦た三十六日なり。而るに羣臣 之を延ばし、既に葬むりて除くに、約四月なり。高宗の崩ずるや、服絕の輕重は、漢の故事の如し。武太后の崩ずるも亦た然り。②玄宗・肅宗の崩ずるに及び、始めて天子の喪を變じて二十七日と爲す。且つ當時の遺詔に、天下の吏人 三日にて服を釋《ぬ》げと曰ふと雖も、③朝の羣臣に在りて實服すること二十七日にして除くは、則ち朝臣 宜しく皇帝の制の如くすればなり。[三〇]

漢の文帝の①「權制」、すなわち「經」ではない仮の制度として、「斬衰」は「三十六日」とされてきたが、②「玄宗」のときから、「天子の喪」は「二十七日」に変わった。そして、「朝の羣臣」の服喪が文帝も述べる三日ではなく、二十七日であることを「皇帝の制」であると崔祐甫は語る。經に基づかない「漢文の故事」から「皇帝の制」として尊重される制度を構築した際に拠り所としたものも、「二十七日」という「漢」の經學であった。言うまでもなく、三年を二十五月とする王肅説に対して、鄭玄説は二十七月である。[三一] しかも、二十七「月」を二十七「日」とすることは、依然として『漢書』の影響下にある。

このように『漢書』の「文帝の故事」は、鄭玄の經義によって、「權」から「經」へと転換する。それは、王莽が形成した「古典中國」が、鄭玄の經學によって集大成されていったことの反映である。ただし、それは『漢書』と無関係に定められたものではない。このように「古典中國」は、鄭玄學はもとより『漢書』によって普及し、受容されていった。後漢「儒教國家」という具体的な国家を超えて「漢」が「古典中國」を代表するものとして後世から仰がれていく理由である。前漢の董仲舒が儒教一尊を定めたという『漢書』の董仲舒神話が、後世から疑われなかった理由もここにある。

おわりに

『漢書』が「古典中國」を規範として後世に伝えた理由は、一つには『漢書』が『尙書』を継承して「漢」を規範として描こうとした執筆意図、二つには『漢書』顔師古注が「經」における「史」の重要性を示すことで『漢書』が「經」に存立を保障されたことにある。そして何よりも、『白虎通』の編纂者である班固が著した『漢書』は、『史記』には記されない「古典中國」の形成過程を描く。これこそ『漢書』が「古典中國」の規範足り得る最大の理由であった。

中唐期の南郊儀禮において、韋后の亞獻は、『漢書』に記された王莽の議論を典拠に論証された。王莽がその形成に力を尽くした「古典中國」を記載する『漢書』は、『白虎通』の影響を受けながら「古典中國」の經義を集大成した鄭玄の經典解釈と共に、後世に規範とすべき古典とされているのである。また、短喪制においても、『漢書』に収録された「文帝の故事」が、唐の高祖に規範とされ、その「權」は鄭玄學に基づいて「經」とされた。こうして『漢書』は、鄭玄の經典解釈を俟って、「漢」を「古典中國」と同義のものとしたのである。

中唐からの『史記』の復権は、単に古文が尊重されたことだけを理由とはしていまい。新たな儒教の台頭に伴う「近世中國」の胎動が始まっていたのである。ただし、「近世中國」も、中国という国家と社会が儒教を根本に置く、という広義の「古典中國」の枠内に止まる。中国の「古典」、それは儒教により正統化された「漢」の中央集権的な専制政治なのであり、それを最初に形成した者は王莽なのである。

《注》

（一）以上、白虎観会議における「古典中國」の成立と鄭玄の經學については、本書第十一章を参照。

（二）「史」が「經」に次ぐ位置を占めるにあたって、『春秋左氏傳』序の影響が大きかったことは、渡邉義浩〈二〇一六b〉、〈二〇一七b〉を参照。

（三）渡邉義浩〈二〇一七a〉。それでも、班彪は、『史記』が「老荘を贊美」すると批判し（『後漢書』列傳三十上 班彪傳に引く『後傳』略論）、班固は「黄老を先にし、六經を後にす」と批判している（『漢書』卷六十二 司馬遷傳贊）。儒教の尊重が不十分とするのである。

（四）渡邉義浩〈二〇一六a〉を参照。なお、『史記』と『漢書』の特徴については、林宰雨《一九九四》、呂世浩《二〇〇九》なども参照。

（五）尾崎康《一九八九》、小林岳《二〇一三》を参照。

（六）自是世有著述、皆擬班・馬、以爲正史。作者尤廣、一代之史、至數十家。①唯史記・漢書、師法相傳、並有解釋。三國志及范曄後漢、雖有音注、既近世之作、並讀之可知。②梁時、明漢書有劉顯・韋稜、陳時有姚察、隋代有包愷・蕭該、並爲名家。史記傳者甚微。今依其世代、聚而編之、以備正史（『隋書』卷三十三 經籍志二）。なお、唐以前において、『史記』よ

りも『漢書』が尊重されたことについては、曾小霞〈二〇〇九a〉など多くの指摘がある。なお、曾小霞〈二〇〇九b〉は、それらの研究を整理したものである。これ以後の研究としては、孫文明・廖善維〈二〇一四〉がある。

（七）蘭陵蕭該者、梁鄱陽王恢之孫也。少封攸侯。梁荊州陷、與何妥同至長安。性篤學、詩・書・春秋・禮記、並通大義、①尤精漢書、甚爲貴遊所禮。開皇初、賜爵山陰縣公、拜國子博士。奉詔書與妥正定②經・史、然各執所見、遞相是非、久而不能就、上譴而罷之。該後撰③漢書及文選音義、咸爲當時所貴（『隋書』巻七十五 儒林 蕭該傳）。

（八）東海包愷、字和樂、其兄愉、明五經。愷悉傳其業。又從王仲通受史記・漢書、尤稱精究。大業中、爲國子助教。①于時漢書學者、以蕭・包二人爲宗匠。②聚徒教授、著録者數千人。卒、門人爲起墳立碣焉（『隋書』巻七十五 儒林 包愷傳）。

（九）以上、顔師古注が成立するまでの『漢書』の注釈については、吉川忠夫〈一九七九〉、柿沼陽平〈二〇一四〉を参照。なお、王光照〈一九九八〉は、隋における漢書學の隆盛の理由を隋が陳に対抗して自国を前漢以来の正統国家と捉えるため『漢書』を重視したことに求めている。

（一〇）大木康《二〇〇八》。同様のことは、畑村学〈二〇〇三〉にも指摘されている。また、明と清の『史記』『漢書』研究の違いについては、曾小霞〈二〇〇九c〉がある。

（一一）「古典中國」・「近代中國」など「古典中國」を指標とした時代区分とそれぞれの時代の特徴については、本書序章を参照。

（一二）始自漢末、迄乎陳世、爲其注解者、凡二十五家。至於專門受業、遂與五經相亞（『史通』巻十二 古今正史 漢書）。

（一三）（孫）權欲（孫）登①讀漢書、習知近代之事。以張昭有②師法、重煩勞之、乃令（張）休從昭受讀、還以授登（『三國志』巻五十九 呉主五子 孫登傳）。

（一四）（張）休字叔嗣、弱冠與諸葛恪・顧譚等俱爲太子（孫）登僚友、以漢書授登。［呉書曰、休進授、指摘文義、分別事物、並有章條。……］（『三國志』巻五十二 張昭傳附張休傳）。

（一五）右國史華覈上疏曰、臣聞、五帝・三王皆立史官、敍録功美、垂之無窮。漢時司馬遷・班固、咸命世大才、所撰精妙、與六經俱傳。……（『三國志』卷五十三　薛綜傳附薛瑩傳）。

（一六）（劉殷）有七子、五子各授一經、一子授太史公、一子授漢書、一門之内、七業俱興、北州之學、殷門爲盛（『晉書』卷八十八　孝友　劉殷傳）。

（一七）石勒不知書、使人讀漢書。聞酈食其勸立六國後、刻印將授之、大驚曰、此法當失。云何得遂有天下。至留侯諫、迺曰、賴有此耳（『世說新語』識鑒第七）。

（一八）魏晉南北朝の「封建」が、同姓諸侯に軍事力と地方行政の裁量権を大幅に認め、皇帝権力を分權化することにより、国家権力の集権化に努めようとしたものであったことは、渡邉義浩〈二〇〇五ｂ〉を参照。

（一九）太祖曾引（崔）玄伯講漢書。至婁敬説漢祖欲以魯元公主妻匈奴、善之、嗟歎者良久。是以諸公主皆釐降于賓附之國。朝臣子弟、雖名族・美彦、不得尚焉（『魏書』卷二十四　崔玄伯）。

（二〇）北魏における部族制の解体をめぐる問題については、谷川道雄《一九七一》、川本芳昭《一九九八》、窪添慶文《二〇〇四》、松下憲一《二〇〇七》などを参照。

（二一）顏之推が佛教信者でありながら、継承すべき「學」の中心に儒教を置き、それを一門に残すために『顏氏家訓』を著したことは、渡邉義浩〈二〇一九ａ〉を参照。

（二二）魏收之在議曹、①與諸博士議宗廟事、引據漢書。博士笑曰、未聞漢書得証經術。收便忿怒都不復言。②取韋玄成傳擲之而起。博士一夜共披尋之、達明乃來謝曰、不謂玄成如此學也（『顏氏家訓』勉學篇第八）。

（二三）六朝人、最重三禮之學、唐初猶然。……此可見、唐人之究心三禮、①考古義、以斷時政、務爲有用之學、而非徒以炫博也。次則漢書之學、亦唐初人所競尚。……此顏注漢書、至今奉爲準的者也。房元齡、以其文繁難省、又令敬播撮其要、成四十卷。……②李善撰漢書辯惑三十卷。……此又唐人之究心漢書、③各稟承舊說、不敢以意爲穿鑿者也。至梁昭明太子文選之學、亦自蕭該音義始。……（李）善撰文選註解六十卷、表上之。賜絹一百二十匹。④至今言文選者、以善本爲定（『廿二史箚記』卷二十　唐初三禮・漢書・文選之學）。

(二四)『文選』が冒頭に班固の「兩都賦」を置く意義については、牧角悦子〈二〇一八〉を参照。また、渡邉義浩〈二〇一五〉も参照。

(二五)渡邉義浩〈二〇一四c〉。なお、班固の文学については、呉崇明《二〇一〇》、潘定武《二〇〇八》なども参照。

(二六)唐代における郊祀の展開の具体像については、金子修一〈二〇〇六〉を参照。

(二七)景龍三年、中宗將親祀南郊。(祝)欽明與國子司業郭山惲二人、奏言皇后亦合助祭。遂建議曰、謹①按周禮、……據此諸文、卽皇后合助皇帝祀天神、祭地祇、明矣。故②鄭玄注內司服云、闕狄、皇后助王祭羣小祀之服。然則小祀尚助王祭、中・大推理可知。……又③漢書郊祀志云、天地合祭、先祖配天、先妣配地。天地合精、夫婦判合。祭天南郊、則以地配、一體之義也。據此諸文、卽知皇后合助祭。望請、別修助祭儀注同進。④帝頗以爲疑、召禮官親問之。……時尚書左僕射韋巨源又希旨、協同欽明之議。⑤上納其言、竟以后爲亞獻(『舊唐書』卷一百八十九下 儒學下 祝欽明傳)。

(二八)小島毅〈一九八九〉によれば、宋代以降になると鄭玄の解釈を典拠とする議論は説得力を失うという。「近世中國」の形成である。

(二九)朕①每覽漢文遺詔、愍歎嘆焉。以爲、當今之世、咸嘉生而惡死、厚葬而破業、重服以傷生。吾甚不取。……②吏民令到、出臨三日、皆釋服。……③其服輕重、悉從漢制、以日易月、於事爲宜。其園陵制度、務從儉約、④斟酌漢魏、以爲規矩。百辟・卿士、孝子・忠臣、送往事居、勿違朕意焉(『唐大詔令集』卷十一)。

(三〇)案禮、爲君斬衰三年。①漢文權制、猶三十六日。國家太宗崩、遺詔亦三十六日。而羣臣延之、既葬而除、約四月也。高宗崩、服絕輕重、如漢故事。武太后崩亦然。②及玄宗・肅宗崩、始變天子喪爲二十七日。且當時遺詔、雖曰天下吏人三日釋服、③在朝羣臣實服二十七日而除、則朝臣宜如皇帝之制(『舊唐書』卷一百一十九 崔祐甫傳)。

(三一)なお、玄宗期に編纂された『大唐開元禮』も三年喪の月数を鄭玄説を採用して二十七月としている(『大唐開元禮』卷一百三十二 凶禮)。

終章　「古典中國」における王莽の位置

はじめに

本書は、「古典中國」を指標とする四時代区分を提起すると共に、「古典中國」の形成における王莽の役割の重要性、ならびに『白虎通』に規定された「古典中國」の具体像、そして鄭玄の注釈や『漢書』による「古典中國」の唐における規範化を論証したものである。

「古典中國」は、「儒教國家」の国制として後漢の章帝期に白虎観会議により定められた中国の古典的国制と、それを正統化する儒教の經義により構成される。かかる理想的国家モデルの形成に大きな役割を果たした王莽の新は、わずか十五年で滅びた。それにも拘らず、莽新を滅ぼした後漢は、王莽の国制を基本的には継承し、それを儒教の經義と漢の国制とに擦り合わせ続ける。その結果、後漢で確立した「古典中國」は、儒教の經義より導き出された統治制度・世界観・支配の正統性を持つに至るのである。

「古典中國」の統治制度の大原則は、『春秋公羊傳』隱公元年に記された春秋の義である「大一統」に求められる。天が一つである以上、天の命を受けて天下を教化する天子が、そして世界を支配する皇帝が、統治する中華は統一されなければならない。統一を保つための手段は、「郡縣」と「封建」として対照的に語られる。「大一統」の障害である私的な土地の集積に対して、儒教は「井田」の理想を準備する。さらに「大一統」を保つために、あらゆる価値基準は国家のもとに収斂される。そのための装置が儒教に基づく教化を行う「學校」、そして科擧に代表される官僚登用制度であった。皇帝による文化事業をそれに加えてもよい。こうして「大一統」は、政治制度・経済政策・文化の収斂によって守られ続けていく。

「古典中國」の世界観・天下観である華夷思想は、『春秋公羊傳』成公十五年に記される「諸夏を内として夷狄を外にす」という春秋の義により規定される。華夷思想は、地理的に世界を説明するものではない。天子が教化を行う中華を世界の内とし、教化の及ばない「南蠻・東夷・西戎・北狄」の夷狄を世界の外とする概念である。ただし、華夷思想は、異民族による国家の正統性を保証し難く、世界宗教である佛教に一歩譲る。それでも、中華と夷狄という儒教が形成した世界観は、前近代中国において脈々と継承されていく。

「古典中國」の支配の正統性について、中国の君主は、漢代以降、天子と皇帝という二つの称号を持つ。中国を実力で支配する皇帝の持つ権力を天命を受けた聖なる天子の支配という権威が正統化していたのである。鄭玄は、天子が天の子であることを感生帝説に基づく六天説により説明した。これに基づき曹魏の明帝は、冬至には圜丘で昊天上帝を祀り（圜丘祀天）、正月には南郊で五天帝を祭った（南郊祭天）。これに対して、西晉の武帝が採用した王肅説は、感生帝説と六天説を否定し、圜丘と南郊を同一のものとして、昊天上帝一柱を南郊で祭ることを主張する。鄭玄説か王肅説かの違いはあるが、南郊での祭天儀礼は、遼を唯一の例外として、すべての前近代中国国家に継承された。

南郊での祭天儀礼の参加者が唐から宋の間で変化し、国都が長安・洛陽から開封に代わったように、「古典中國」からの様々な展開が、唐宋変革期に起きている。国家の正統性に最も深く関わる天観念も、古代の天から大きく変容した。古代の天は、超越的で不可知的な所与の自然としての天であり、それが主宰神である天により正統化される天子の神秘性を支えていた。天子が善政を行うと天は瑞祥によりそれを褒め、天子が無道であると天は地震や日食などの災異により譴責するという、前漢の董仲舒学派が集大成した天人相關説は、そうした人格神としての天を前提としている。

これに対して、宋以降の天は、天とは「理」であるという北宋の程顥の規定を承けて、「天理」という概念が広がったように、宇宙を秩序づける可知的な合理性を持つようになる。たとえば「古典中國」の時には必ず行われるべきとされた「封建」は、朱熹がまとめた朱子學の普及以降は、行われるべきか否かが「理」により判断されるようになる。唐宋変革期に、「古典中國」は、大きく展開するのである。

本書は、ここに中国史に内在する「古典中國」の主体的把握に基づく時代区分を設定する視座を求めたい。すなわち、中国史は、

「原中國」　先秦。「古典中國」成立以前。
「古典中國」　秦から唐。「古典中國」の成立。
「近世中國」　宋から清。「古典中國」の展開。
「近代中國」　中華民國以降。「古典中國」からの脱却。

の四時代に区分することができるのである（序章）。

一、『漢書』の偏向と儒教一尊

『漢書』は、劉歆や父の班彪をはじめとする『太史公書』（以下、通称の『史記』と表記）を続成する書籍群を原材料

としながらも、『春秋』を受け継ぐ『史記』続成の動きとは質を異にするため、あえて『史記』と重なる高祖劉邦から記述を始めた。『漢書』は、書名にも明らかなように、『尙書』を継承する著作なのである。班固は、司馬遷の『史記』が持つ、武帝を誇る、全面的には儒教に基づかない漢代史である、という二つの欠点を克服するために、『漢書』を著した。『史記』もまた、司馬遷自ら『春秋』を受け継ぐものと位置づけるように、『春秋』の影響下にある。両書とも、「史」が自立する以前の、儒教と強い関わりを持った書なのである。それでも、前漢の武帝期に董仲舒の献策により五經博士が太學に置かれたことを『漢書』のみが記すように、両書には前漢国家と儒教の関係の描き方について、大きな差異が見られる。『漢書』が描こうとした儒教に基づく国家の在り方は、白虎観会議により、その姿を具体的に規定されていた。「古典中國」と名付くべき国家と社会の規範型が、儒教の經義に基づき構築されたのである。それが、前漢によってすでに構築されつつあったと描くことこそ、班固の『漢書』執筆の目的であった。こうした目的のため、『漢書』に描かれた人物像は、董仲舒像のように『史記』のそれとは往々にして異なる。

班家には、班彪の叔父である班斿が、劉向と共に秘府の校書にあたり、朝廷から下賜された秘府の副本があった。『漢書』諸子 儒家に著録される、『高祖傳』ほか『董仲舒書』を含めた儒家の書を班固は目睹できた。班固は、それらを利用して、劉邦や文帝、あるいは賈誼や董仲舒などを儒教的に描き直しながら、武帝こそ「儒教國家」漢の基を築いた皇帝である、と位置づけた。それは、「古典中國」の形成に大きな役割を果たした者を王莽から武帝へと位置づけ直す必要があったためである。

『漢書』は、今日的な意味での「正確性」を求める史書ではない。「六藝」の書、具体的には漢の『尙書』として儒教に基づく漢の「正統性」を記すために著された書であった。前漢の武帝期に董仲舒の献策により太學に五經博士が設置されたという虚構を班固が『漢書』に記した理由は、ここにある（第一章）。

前漢の儒者である董仲舒は、天人相關論に基づき災異説を構築したが、『漢書』董仲舒傳に、その「天人三策」が武帝に嘉納された、とすることは史実ではない。だが、師説を継承する董仲舒学派が、『董仲舒書』あるいは『春秋繁露』にその説を展開させ、国政と関わる手段を模索したことは事実である。

災異説を構築した董仲舒は、災異の予占化に否定的であったが、儒者が政治に関与する手段として有効な災異説は、その主張の説得性を増すために予占化した。武帝の崩御の後、昭帝を擁立して専権を握った霍光に対して、眭弘はその革命を促す予占を上奏する。しかし霍光は、これを採用せず、眭弘を処刑した。ただし、霍光が昭帝の崩御の後に推戴した廢帝劉賀と宣帝は、いずれも眭弘の上奏の中で、その即位の象が述べられていた。

董仲舒の再伝の弟子にあたるとされる眭弘が、霍光への働きかけにより処刑されたにも拘らず、宣帝によりその子が郎官に徴召された理由は、宣帝が自らの正統性を瑞祥に求めたことにある。その背景には、災異説に基づく革命思想の流行があった。元帝のとき、翼奉はそうした革命思想に対抗するため「古典中國」へと繋がる国政の改革を災異説を背景に提案した。だが、成帝のとき、革命思想は儒教の手を離れ、方士の甘忠可により『包元太平經』が作成される。劉向により甘忠可の台頭は抑えられたが、谷永は災異説に基づき、「天下は一人の天下ではない」と述べる。『禮記』の「天下爲公」の考え方である。哀帝は、甘忠可の弟子である夏賀良の言に従って、元號と皇帝號を変更する。やがて夏賀良は誅殺されるが、哀帝は男色の相手董賢を大司馬として国政を掌握させ、堯舜革命に倣って禪譲を口にする。王閎は「天下は高皇帝の天下である」と述べ、それを阻止する。『禮記』の「天下爲私」の考え方である。翌年、哀帝は崩壊し、王莽の漢新革命が災異説に基づく革命思想を背景に開始される。

このように、『漢書』によれば、災異から革命思想への転換点は、眭弘の上奏文にあった。ただし、その記事には、漢堯後説や二王の後など、古文學に対抗しようとする今文學からの加筆が想定される。それは、劉歆を中心とする古文學からの、災異説に基づく革命思想への反論が強かったことを逆に物語るのである（第二章）。

劉邦の末弟である楚元王劉交の玄孫の劉向は、前漢成帝の河平三（前二六）年、子の劉歆らと共に、祕府の書の校書を始め、『新序』『説苑』『列女傳』などの書籍を編纂した。劉向は、宣帝の主宰した甘露三（前五〇）年の石渠閣会議で『春秋穀梁傳』の立場から議論をしており、『漢書』劉向傳は、劉向を一貫して穀梁學者として扱う。一方、桓譚の『新論』は、子の劉歆らと共に『春秋左氏傳』を最も尊重したと伝える。また、『春秋公羊傳注疏』序の疏に引く鄭玄の「六藝論」は、董仲舒の五伝の弟子として劉向を挙げている。このように劉向は、穀梁・公羊・左氏の三傳それぞれに通じていたという記録を持つ。劉向の『列女傳』における春秋三傳の用い方を検討することにより、『列女傳』の執筆目的を確認し、劉向の春秋三傳への立場を明らかにすることは、劉向の学問傾向を知るために重要なことであろう。

劉向が『列女傳』を編纂した目的は、宮中の后妃の規範を提供することにあった。やがて『列女傳』は、『白虎通』に基づく後漢の皇后選出という具体的な政治の場や、漢の經學を集大成する鄭玄の經典解釈に大きな影響を与えていく。すなわち、『列女傳』は、女性の規範であるに止まらず、「古典中國」と称すべき中国の規範の一部を構成するに至るのである。

そうした規範を形成するために、劉向は、春秋三傳から自らの主張に沿った傳を選び、またその強調する内容を変えて、自己の主張を表現した。劉向の『列女傳』における春秋三傳の用い方は、左氏傳へと傾倒していく訳ではなく、穀梁傳から公羊傳へと展開していく様子が見られる訳でもない。劉向は春秋三傳を兼修する中で、自らの主張に応じて三傳を取捨選択している。劉向の諸經兼修と諸經の中から適宜經義を選び、自己の主張を構築するという学問の方法は、『白虎通』そして鄭玄に継承されていく。こうした意味において、劉向は漢代における經學の方向性を定めた学者と言えよう（第三章）。

中国における儒教一尊は、『漢書』の記載に基づき、前漢の武帝期に董仲舒の献策により太學に五經博士が置かれることで実現したと言われてきた。だがそれは、『漢書』の偏向に気づかぬための誤解である。班固は、在るべき「古典中國」像を示すため、董仲舒傳に「天人三策」などを鼠入したと考えられる。儒教の一尊による「儒教國家」の成立は、後漢の章帝期に行われた白虎観会議を待たなければならなかったのである。

それでも、「諸子百家」と総称される春秋末から戰國時代の思想家たちが、秦の統一と歩調を合わせて、従来の相互影響や批判を超えて、思想の統一を求める主張を展開していったことは事実である。なかでも、「諸子」という言葉を定着させた劉歆の「七略」は、『周易』を頂点とする諸思想の体系化により、儒教一尊を思想史の中に位置づけたものとして注目に値する。

『呂氏春秋』不二篇から始まり、劉歆の「七略」に完成する諸子を統合する思想史の流れの中に、「天人三策」を位置づけた場合、他の思想との比較もなく、独善的に自らの思想と儒教の一尊を主張する「天人三策」の異質性が見えてくる。したがって、「天人三策」は、『荀子』非十二子篇と同様、その背景にある政治的動向を考えることが必要となる。それは、司馬遷も感激した、公孫弘の「功令」による「射策」の創設であった。

「古典中國」を形成していく思想史の中では、儒教の一尊を定めた劉歆の「七略」は、きわめて大きな意味を持つ。劉歆の「七略」は、『史記』の「六家の要指」への反発から書かれ、諸子を儒教のもとに整理するものであった。こうした思想史的展開は、漢帝国の中央集権化政策を背景としながら進展した。このため『漢書』は、儒教一尊の時期を漢の全盛である武帝期に仮託した。だが、劉歆が「七略」で思想として観念した儒教一尊は、王莽が「古典中国」を形成する中で進展していくものなのである（第四章）。

二、「古典中國」の形成と王莽

王莽は、中国史上はじめて儒教を利用した革命を行い、前漢に代わって莽新を建国する。王莽の事績を伝える『漢書』は、『尚書』を継承する「史」であることを示すために、堯から始まり秦の穆公の悔恨で終わる『尚書』に準えて、高祖から始まり王莽の悪政で終わるよう構成されている。このため、班固の『漢書』において、王莽傳は特殊な地位を持つ。列傳であるにも拘らず、体裁は本紀と同様に年代記として編纂され、王莽の詔・制・令・書のみならず、孺子嬰に対して漢の天命が尽きたことを述べる策命までをも掲載している。『漢書』は、高祖という一人が漢の基本を築きあげ、王莽という一人が漢を滅ぼすまでの「事を述」べているのである。しかし、前漢を簒奪した王莽によって、班固が在るべき姿と考える「古典中國」は形成された。班固が、前漢武帝期の大儒董仲舒に、儒教一尊の創始を仮託したのは、「古典中國」の形成者が王莽であり、「古典中國」の形成と共に漢が一度は滅亡したことを隠蔽するためであった。

王莽は、革命へと至る権力確立の過程で、主として三つの經典を自己の行動の典範とした。漢の臣下としては、『尚書大傳』を典拠とする即位と同義の「周公居攝」を規範として、禮樂の制作を通じて、漢の実権を掌握した。しかし、周公を典範とすれば、やがては君主の地位を返還しなければならない。王莽は、『尚書大傳』の周公像より離れることを模索し続ける。その過程で古文學、具体的には『春秋左氏傳』を重視していく。

王莽は、『春秋左氏傳』を典拠に劉歆が完成した漢の堯後説と火德説を尊重し、それに自らの舜後説を合わせることで革命の準備を整えていく。あくまでも攝政に止まらざるを得ない『尚書大傳』の周公を典範とすることに代えて、舜の後裔を前面に推し出すことで、漢新革命を達成しようとする。さらに王莽は、瑞祥と共に出現する天命の托宣である「符命」を利用することで、漢堯後説や王莽舜後説などと相互に補完しあいながら革命を実現する。そうしたなかで、儒學は神秘性・宗教性を帯びた儒教へと展開していく。

王莽は、莽新の建国後、前漢とは異なった政策を施行することで、自らの正統性を示し続けようとした。その典範に据えたものが『周禮』である。王莽は、『周禮』に基づき、太平の実現を目指した。その方策は、『周禮』に含まれる武帝の諸政策の復興による君主権力の再編に求められた。だが、経済・外交政策の破綻により、やがて王莽は滅亡していく（第五章）。

王莽は、「大一統」を維持するために、官制を改革し、儒教に基づく統治政策の根本に「封建」を置いた。また、「大一統」の障碍となる私的な土地の集積に対して「井田」の理想を準備し、文化に依拠するあらゆる価値基準を国家のもとに収斂するため「學校」を整備した。それでも、『漢書』は、王莽の改革を記録するごとに、その有効性を否定し、失政として列挙する。たしかに、王莽の改革は、混乱をもたらし、政権を短命に終わらせた。しかし、儒教は、王莽の失敗の中から、自らの理想と現実とを擦り合わせる術を身につけていく。この結果、儒教は、その理想とする周の国制ではなく、漢の国制に經義を合わせる方向で、「古典中國」を指し示していくことになる。

王莽の官制と統治政策の根底には「封建」があった。しかも、それは前漢に見られる皇帝一族の封建ではなく、異姓の臣下を五等爵により秩序づけていく、という特徴を持っていた。それは、最終的には、爵制の特徴である世襲性を利用して、地方官の世襲化を試みるほど、徹底した周制への回帰であり、封建・井田を破壊した秦の国制、さらにはそれを批判的に継承した漢の国制の否定であった。

前漢の儒教は、自らの正統性を主張するため、秦の全面的な否定の上に、秦への反措定として、自らの国制の理想を周に仮託して組み上げた。しかし、漢の国制や統治政策は、秦のそれを基本的に踏襲したものであった。したがって、前漢後半期以降に本格化する国制への儒教の提言は、大きな混乱をもたらした。それを継承して、行き着くところまで進めた者が王莽であった。現実から乖離した王莽の政策は、その政権を短命に終わらせた。

しかし、その失敗は、儒教が中国の国制・統治政策に自らの理想を組み合わせる際に、現実との妥協が必要不可欠であることを知らしめた。王莽と同様、五等爵制を施行した西晉では、王莽のような封土の分与を行わず、官制とも直接爵位を連動させなかった。このように突出した王莽の儒教への信頼と服従は、後漢「儒教國家」が「古典中國」を確立する際に、大きな影響を与えるのである。

それは、「古典中國」が儒教に基づく国家・社会の典範であるにも拘らず、儒教の經典が理想とする周の国政に従わない、という影響である。儒教の理想とする「封建」は、中央官制の秩序化は可能であるが、地方行政を機能させ、中央集権的な統一国家の支配、および「大一統」の原則を維持することができなかった。すなわち「古典中國」の形成には、周ではなく、秦の中央集権的官僚制度を継承した漢の国制を諸經の組み合わせと解釈によって規範化せざるを得ないことを王莽の失政は明示した。こうした意味においても、王莽が「古典中國」の形成に果たした役割は大きいのである（第六章）。

王莽の諸政策は、前漢後半期の儒者の主張を継承・発展させたものが多い。そうしたなかで、王莽の経済政策、中でも六筦と呼ばれる経済統制政策は、「民と利を争」うと儒者が批判していたものであった。むろん、王莽は、その典拠を『周禮』に求め、儒教による正統化を行っている。しかし、そもそも『周禮』の経済思想自体が、他の經書とは異なっているのである。『周禮』の制作年代については多くの説が唱えられているが、劉向・劉歆の校書を通じて成帝期に世に現れた、という出現過程に異論はない。『周禮』に限らず、重層的な成立過程を持つ儒教經典は、その成書よりも出現時期に注目することで、書籍としての特徴を把握できることが多い。王莽と黄門郎の同僚であり、その経済政策を正統化した劉歆は、いかなる政治状況を背景に『周禮』を顕彰したのであろう。

王莽青年期の競争相手であった淳于長、収賄に努め王氏の勢力後退の原因となった王根の奢侈の背後には、外戚と結ぶことで國家の専売政策を擦り抜け、蓄財に勉めた羅裒の存在があった。そうした私的な利益を追求する塩商の出現を防ぎ、また何よりも国家の収入を確保するためには、儒者が反対していた塩・鉄の専売が必要不可欠であった。元帝期の一時的な塩・鉄の専売の中止による国用不足は、それを強く印象づけた。これが王莽の経済政策とそれを劉歆が『周禮』により正統化した背景となる政治状況であった。

外戚と結んで専売を崩した塩商を憎む劉向は、『管子』輕重篇を校書している。父の校書を受けた劉歆が、経済統制の思想を『周禮』に組み込み、『周禮』に儒教經典としては例外的な経済介入思想を含ませた可能性は高い。そして劉歆は、王莽に『周禮』に基づく経済統制を献策し、その結果として実施された王莽の経済統制政策が六筦であったのである（第七章）。

前漢を滅ぼして莽新を建国した王莽は、儒教に基づく統治制度・支配の正統性・世界観を構築する。そして、儒教に基づく世界観を中国国内のみならず、夷狄に及ぼしていく。そこには「天下」という概念の展開が必要であった。莽新建国以前の王莽の世界観は、『尙書』堯典篇の「十二州」を「天下」とするもので、ここには夷狄は含まれない。したがって、その異民族政策は、『春秋穀梁傳』を典拠とする夷狄との融和を基調としながら、自らの徳を証明する存在として、夷狄の朝貢を歡迎するものであった。

これに対して、莽新建国後の王莽の世界観は、当初は『禮記』王制篇の「方三千里」の九州（中国）説を取っていたが、やがて『尙書』禹貢篇の「方萬里」＝九州（中國）説という「天下」概念に基づくものとなった。しかし、いずれの「天下」も夷狄を含むものではなく、『春秋公羊傳』の夷狄を含めた「大一統」の理想を生かしきることができなかった。そこで、王莽は、『周禮』の「方萬里」＝九州＋蕃國（四海）説という「天下」概念を採用し、夷狄を含む「大一統」を主張し得る「理念の帝国」を観念するに至る。こうして王莽の理想的な世界観は、經學上の「天下」概念の拡大により完成した。しかし、現実の莽新という国家は、夷狄の王號を容認しないことに対する匈奴などの侵入の中で滅亡していく。それでも、「天下」に夷狄を含むという異質性を持つ『周禮』の「天下」概念に基づく世界観の構築は、後世に大きな影響を与えるのである（第八章）。

王莽は、前漢において古典的国制への提言を行う際には、今文學の經義も積極的に活用していた。すでにそのころより見られた王莽の古文學への傾倒は、莽新の建国後に加速する。古文學は、今文學に比べて後出であるため、理念的で完成度が高い。王莽の諸政策が、後の中国国家にも採用される普遍性を有した理由である。中でも古典的国制の中核を占める祭祀は、国家支配の中でも理念的な部分であり、古文學を典拠にしたことは、一定の成功を収め得る原因となった。むろん、王莽の古典的国制への提言には、後世に受け継がれた普遍性だけではなく、王莽固有の権力の正統化を目指す部分も存在した。それでも、明堂を周公制禮の場から天子の祖廟へと展開することに成功したように、即位後における古文學への傾斜は、王莽の政策の正統化を推進した。

ところが、古文學は、具体的な統治政策の典拠としては相応しくない部分も多かった。『周禮』を典拠とする王莽の税制は、大きな混乱を招き、『周禮』の「天下」概念に基づく外交政策は、異民族の侵入を激化させた。国の形も具体的な政策も古文學に依拠する中で、王莽の政策は理念化し、現実から遊離していく。「漢家の故事」に寄り添いながら自らの經義を調整した今文學とは異なり、儒教の理想を追究し、思弁性の高い、抽象的な古文學が、国政の具体像と乖離していたためである。こうして莽新は、滅亡する。

經義と国政との調整は後漢で行われる。古文學が有していた儒教の理想のうち、漢の現実と擦り合わせられるものは、白虎觀会議で取り込まれた。また、經義と「漢家の故事」とを並用する国政の運用も後漢で軌道に乗る。このように、今文學による国政の正統化を進めた後漢「儒教國家」ですら、国政運用のすべてを經義に依拠することは不可能であった。それでも、王莽は、中国初の「古典中國」の形成を試みた。王莽が目指した儒教、なかでも『周禮』に基づく古典的国制の提示は、後漢における「古典中國」の確立に大きな影響を与えるのである（第九章）。

三、「古典中國」の成立と展開

中国は自らが生きる国家や社会が限界を迎えるとき、「古典」とすべき中国像を有していた。それを「古典中國」と称するのであれば、「古典中國」を形成するうえで、「元始中の故事」の構築をはじめとして、王莽の果たした役割は非常に大きい。ただ、王莽は、前漢を滅ぼした後、政策の拠り所とする經典を今文學から古文學へと展開する中で、「元始中の故事」を変更することもあった。たとえば、明堂の解釈を古文左氏學の經義に基づくものへと変更し、王莽自らの革命や国家を正統化した。このため、莽新を打倒して漢を再興した光武帝劉秀は、今文學を學官の中心に置くだけでなく、王莽の禮制にも検討を加えていく。光武帝、そしてその改革を継承した明帝は、王莽の「元始中の故事」をどのように受けとめながら、後漢の禮制を構築していったのであろうか。

醇儒であった王莽は、とりわけ莽新の建国後、儒教への依存を先鋭化させ、その政策が受け入れられるか否かよりも、經學的に正しいか否か、今文學ではなく古文學に依拠しているか否かに重点を置いた。緯書により宗教性を強めていた儒教への王莽の信仰をそこに見ることもできる。

これに対して、莽新を打倒し、群雄割拠を切り抜けて後漢を建国した光武帝、および光武帝が禮制の整備まで政策を及ぼせないうちに即位した明帝は、儒教の信者ではなかった。圖讖を自らの革命に利用した光武帝も、それを信仰していたわけではなく、桓榮から歐陽尚書を受け、今文學に造詣の深かった明帝も、經學に国家の政策のすべてを依存することはなかった。実際の政務に支障を来す喪禮であれば、經典の規定よりも「漢家の故事」を優先し、あるいは上陵の禮のように、自ら新しく漢家の故事を創出することもあった。

したがって、後漢が「儒教国家」として確立し、「古典中國」として後世に継承されていくためには、今文學と古文學の經義を調整しながら、国家によって統一的な經義を確立することが必要となる。それが、章帝期に行われる白虎觀会議なのである（第十章）。

後漢の章帝期における白虎觀会議で定められた「古典中國」の構成要素は、国家の大綱と社会の規範のそれぞれ五つごと、あわせて十の項目に整理できる。第一は、「儒教國家」の諸政策の根幹に置かれる原則であり、具体的には、1封建、2大一統、3井田、4學校、5華夷の別により構成される。第二は、中国社会の規範体系であり、具体的には、6世界・宇宙観、7國家・君主観、8人間観、9社会秩序、10家族秩序に分類し得る。

『白虎通』は「儒教國家」のあり方について、次のように規定する。1「封建」は、周の封建制と大きく様相を変えながら、後漢の天子・皇帝のあり方、中央集権的な郡縣制を正統化する。2「大一統」は、三公九卿・十二州牧などの中央集権的な官僚制と禮樂に象徴される文化的諸価値の収斂により実現し得ることが、後漢の現実に即しながら規範として定められる。3「井田」は、爵位ごとの均等な土地所有という井田の理念に基づき、身分に応じて等しく井田を所有することを正統化し、天子が勧農に努むべきことを規定される。4「學校」は、そこにおいて、五經と『論語』・『孝經』を修める賢士を官僚として登用することが「儒教國家」の支配の基本と規定する。5「華夷の別」

は、『孝經鉤命決』により夷狄を「不臣」とし、『春秋左氏傳』により生まれで差別して、「稱臣」させると侵攻する匈奴を「不臣」と位置づける。このように『白虎通』は、「古典中國」における国家の大綱である1封建・2大一統・3井田・4學校・5華夷の別を後漢「儒教國家」のあり方と密接な関係を持ちながらも、『春秋公羊傳』など今文經典や緯書、さらには『春秋左氏傳』など古文の長所も取り入れて正統化して、国家の規範を提供している。

また、『白虎通』は「中国社会」の規範体系について、次のように規定している。6「世界・宇宙観」は、主宰性を持つ人格神である「天」が、天子に災異と瑞祥を下すものとされ、天と天子とを結ぶ理念を『孝經援神契』に基づき「孝」に置く。また「五行」は、相生説だけではなく相勝説にも依りながら、社会のさまざまな事象を標準的に解釈する。そうした独自性の少なさこそ、「古典中國」の規範として長く影響を与え続けた『白虎通』の特徴である。7「國家・君主観」は、國家が「號」を持つ必要性を天人相關説に基づき行われた易姓革命を天下に宣布する必要に求める。このため、それぞれの國家には、正統性を継承する前の國家があり、それが「二王の後」の封建の必要性となる。そして、天人相關説に基づく易姓革命を防ぐため、天子のあり方を正す手段として、君主への諫諍、君主の悪を記す史の役割を重視する。8「人間観」は、性と情を陰陽により説明し、性を理に就き仁があるものとし、情を利欲とする。そして、五性を董仲舒学派の五常説に基づき、「仁・義・禮・智・信」とし、六情を『荀子』のように「喜・怒・哀・樂・愛・惡」と規定して、情を性の下に位置づける。また、人間の理想である聖人の出現比率を一〇〇〇億人分の一人とし、孔子のほか帝王にも聖人がいることを認め、かれらの姿形の異常を説く。9「社会秩序」は、「君臣・父子・夫婦」を「三綱」、「諸父・兄弟・族人・諸舅・師長・朋友」を「六紀」として人倫秩序の基本とする。それを維持するために、「五刑」に整理される刑罰や禮制を用いるべきと規定する。10「家族秩序」は、「嫁娶」について、「大國の女」を娶り、嫡妻の父母を王者が「臣とせざる」者と明確に位置づけるなど外戚に有利な規定を持つ。このように『白虎通』は「中国社会」の規範体系である6世界・宇宙観・7國家・君主観・8人間観・9社会秩序・10家族秩序について、後漢の現実の影響を受ける一方で、普遍性を持つ、いわば「教科書」的な規定を經典を典拠に定め、「古典中國」の規範体系を提示する。

中国思想史における『白虎通』の意義は、後漢の現実を正統化しながらも、国家・社会のすべてを經典に基づいて説明することで、「古典中國」と称すべき国家と社会の規範型を儒教經義によって構築したところにある。中国が自らの生きる国家や社会に限界を感じたときに、「古典」とすべき中国像を観念できた理由は、儒教によって中国像を描き得るという先例を『白虎通』が創りあげたことにある。

もちろん、『白虎通』のすべての規定が普遍的であったわけではなく、外戚の正統化に代表されるように、後漢の現実を經書で追認する部分もあった。しかも、古文學の内容を今文學の經書や緯書で根拠づけるため、經義による論証が不十分の部分も多かった。そうした經典解釈の雑駁さが、許慎・應劭・蔡邕・鄭玄などに、『白虎通』の經義に反発しながら、『白虎通』と同じように、一から經典解釈を行わせた動機となった。

それでも、「古典中國」の成立を『白虎通』に求める理由は、「古典中國」の經義が、ある程度は柔軟に転変すると考えるためである。『白虎通』の定めた經義そのものは転変しても、『白虎通』が最初に、国家と社会の規範型を国家のもとで儒教經義によって構築したという意義は薄れない。『白虎通』が定めた国家と社会の根底的な枠組み、たとえば、国家と社会に最も大きな影響を与える「天」の観念が、唐宋変革期に大きく変化したのであれば、それは、「古典中國」から「近世中國」への展開と捉えるべきなのである。

『白虎通』の「古典中國」における役割は、国家と社会の規範型を儒教經義によって構築したことにある。このため「古典中國」の成立は、白虎観会議が開かれた後漢の章帝期に求めることができる。それは具体的な国家のあり方として後漢「儒教國家」の成立となり、思想史的意義を求めるのであれば、「儒教の國教化」となる。

後漢末に現れた鄭玄の「古典中國」における役割は、今文學・古文學、および各經書・緯書における經義の違いを『周禮』を頂点として体系的に把握したことにある。鄭玄は、不十分な經義の擦り合わせに止まっていた『白虎通』の經義を展開し、後に王肅説という反措定の存在を許容しながらも、唐代までの經義の中核を占めた、という意味において、「古典中國」の經義を定めた者と位置づけられよう（第十一章）。

だが、鄭玄の經學だけで、後漢で定められた「古典中國」が、後世から古典と仰がれた訳ではない。具体的国家を超えた「漢」が古典化するには、魏晉南北朝時代を通じて「經」に次ぐ地位を得た「史」書、とりわけ『漢書』の影響が看過できない。『史記』ではなく、『漢書』が「古典中國」を規範として伝える理由は、一つには『漢書』が『尙書』を継承して「漢」を規範として描こうとした執筆意図、二つには『漢書』顔師古注が「經」における「史」の重要性を示すことで『漢書』が「經」に存立を保障されたことにある。そして何よりも、『漢書』が『史記』には記されない「古典中國」の形成過程を描くことは、『漢書』が「古典中國」の規範足り得る最大の理由であった。

中唐期の南郊儀禮において、韋后の亞獻は、『漢書』に記された王莽の議論を典拠に論証された。王莽がその形成に力を尽くした「古典中國」を記載する『漢書』は、「古典中國」の經義を集大成した鄭玄の經典解釈と共に、後世で規範とすべき古典とされているのである。また、短喪制においても、『漢書』に収録された「文帝の故事」が、唐の高祖に規範とされ、その「權」は鄭玄學に基づいて「經」とされた。こうして『漢書』は、鄭玄の經典解釈を俟って、「漢」を「古典中國」と同義のものとしたのである。

中唐からの『史記』の復権は、単に古文が尊重されたことだけを理由とはしていまい。新たな儒教の台頭に伴う「近世中國」の胎動が始まっていたのである（第十二章）。

おわりに

「古典中國」の形成における王莽の役割は、四つある。前漢の儒者の主張を集大成して制定した「元始中の故事」に代表される「古典中國」形成への直接的貢献が第一である。その一方で、王莽は、古文學の理念を信奉して周の国制を復古し、現実との乖離により莽新を崩壊させた。これは、經書の理想とする周ではなく、秦を継承する漢の国制の正統化という方向性へと「古典中國」を向かわせる。この第二の貢献は、見逃しがちである。

また、王莽が『周禮』という一つの經典により紡ぎだした理想の周の現実化に失敗したことは、劉向以来進んでいた諸經を兼修して自らの主張を構築するという經學の方向性を確かなものにした。これが第三である。さらに、王莽が即位に利用した符命や緯書の宗教性は、儒學を儒教へと宗教的に変質させた。漢の經學を代表する鄭玄の特徴であるすべての經書と緯書の体系的な把握と緯書に起因する宗教性の高さも、王莽無くしては考えられない。これが第四である。

このように王莽が「古典中國」の形成に果たした役割は、単に儒教に基づく国制の提示を行っただけではない。王莽は、漢の經學の方向性をも定めていくほどの大きな影響力を持っていた。しかし、莽新は、十五年と持たずに崩壊する。

『白虎通』を編纂した後漢の班固は、王莽の影響力を肌身に感じることで、『漢書』を『尚書』に準えて王莽の功績を否定した。そして、「古典中國」に対する王莽の功績を董仲舒に担わせる神話を創設する。それが、董仲舒の献策による五經博士の設置と儒教一尊の提言であった。そうした儒教一尊への思想史上の流れは、劉歆の「七略」としてすでに完成していた。そして、劉向の流れを汲む諸經の兼修と複合的な解釈に基づき、白虎観会議において漢の国制は儒教經義により正統化されたのである。ここに、後漢「儒教國家」が成立すると共に、「儒教の国教化」は完成する。

「漢」を集大成した鄭玄の經學は、朱子學に代わられるまで、大きな影響を持ち続けるが、それだけで「漢」が「古典中國」と同義になったわけではない。漢の『尚書』として在るべき「漢」の姿を伝え、それを賛美する『漢書』の普及によって、漢は「古典中國」となった。朱子學は、「近世中國」の国家と社会の規範を定め直すが、それも中国という国家と社会が儒教を根本に置く、という広義の「古典中國」の枠内に止まるものであった。中国の「古典」、それは儒教により正統化された「漢」の中央集権的な専制政治なのであり、それを最初に形成した者は王莽なのである。

附章　二千年の定説を覆す

——書評、福井重雅著『漢代儒教の史的研究』——

はじめに

『史記』『漢書』の比較は古来よりなされてきたが、後世になるほど『漢書』は『史記』より劣ると評されていく。六朝以来の『漢書』の尊重を受けた唐初には、『漢書』は「三禮」『文選』と並んで「三顯學」と称されていた（一）。そうした風潮の中で『史通』を著した劉知幾は「正史」の模範となった『漢書』の斷代史を評価したが、宋の鄭樵により斷代史という形式も批判されていく。内藤湖南《一九四九》は、「その記事の取捨の仕方、その事を直書する間に善悪の自ら分れるやうに書くことに於て、班固は遠く司馬遷に及ばなかった」と述べ、「何と云つても漢書の劣つてゐることは疑ひなきところである」と『史記』と『漢書』の比較を総括する。内藤湖南《一九四九》の批判は、記事の具体的内容には踏み込まなかったが、『史記』と『漢書』の記事の比較から、『漢書』の偏向、それも董仲舒の對策により太學に五經博士が置かれ儒教が国教化された、というかつて高校世界史の教科書にも掲げられていた「定説」に関わる史料の偏向を指摘したものが、福井重雅〈一九六七〉であった。以後、この論文で提起した問題を解明するため、状況証拠の実証から開始し、四十年に垂んとする歳月をかけて完成したものが、福井重雅『漢代儒教の史的研究』である。

かつて論文として発表されたものは、福井重雅《二〇〇五》に収録されるにあたって大幅に書き改められているが、初出の年代を掲げ、目次を示しておこう。

緒言　漢代儒教の官学化をめぐる諸問題
　序章　問題の所在
　第一章　儒教の官学化をめぐる学説・研究略史（二〇〇〇）
　終章　儒教の官学化をめぐる問題点
第一篇　五經博士の研究
　序章　問題の所在
　第一章　五經の用語とその沿革（一九九四）
　第二章　博士と博士制度の形成（一九九五）
　終章　疑問の所在
第二篇　董仲舒の研究
　序章　問題の所在
　第一章　董仲舒の実像と虚像（一九九八）
　第二章　董仲舒の対策の諸問題
　第三章　董仲舒の対策の再検討（一九九七）
　終章　課題と展望（二〇〇二）

第三篇　班固『漢書』の研究
　序章　問題の所在
　第一章　班固の思想 上（一九九九）
　第二章　班固の思想 下（二〇〇〇）
　終章　課題と展望（二〇〇一）

（ ）で示した初出からは、近十年に発表した論文をまとめた著書にみえよう。だが、すべての問題関心は、福井重雅〈一九六七〉から出発している。「あとがき」では、これを緒言の原論文と位置づけているが、本論文こそが、『漢代儒教の史的研究』の、否、福井重雅のすべての研究の源となっている論文である。

福井重雅には、福井重雅《二〇〇五》のほかに多数の研究がある。主要な著書を拾い、福井重雅《二〇〇五》との関係を考えてみよう。黄巾に関わる論文をもとに書き下ろした福井重雅《一九八二》で展開された五行相勝・相生の問題は、第三篇第一章の漢堯後説と漢火徳説に結実し、学位論文である福井重雅《一九八八》で解明された制擧の詳細は、第二篇第三章における董仲舒の對策を検証するための実証的な前提となる。院生への教育の中から生まれた福井重雅《二〇〇〇》は、『西京雜記』が第三篇終章で劉向と班固の『漢書』との関係を考察する際に、「班固の作りし所を考校するに、殆ど是れ全て劉の書を取りて、小なる異同有るのみ」という文章の検討に生かされ、『獨斷』が第二篇第三章で検討する策書の形式を明言した書として、大きな重みを持つ。福井重雅《二〇〇五》と並行してまとめられた福井重雅《二〇〇二》は、陸賈「新語」の偽作を解明することにより、第一篇第一章で武帝期以前に唯一となる『新語』の「五經」の用例が、漢初のものではないことを実証する。つまり、福井のこれまでの研究成果をすべて踏まえたうえで著されたものが『漢代儒教の史的研究』であり、その中核であり、出発点となっているものが「儒教成立史上の二三の問題」なのである。

それでもあえて、『漢代儒教の史的研究』を「福井重雅の研究の集大成」と評者が位置づけない理由は、「あとがき」において、「本書は「漢代儒教」を対象として、その「史的研究」を試みた〝中間報告〟の一つである」と宣言されているためである。したがって、本書評も、「漢代における儒教は……元帝前後の時代を一転期として、それは画期的な発展や飛躍的な前進を示していることはまちがいない。したがってもしこの時代を儒教の官学化の成立期として把握することが可能であるとするならば、この時期の儒學の問題を追求することこそ、「漢代儒教の史的研究」という主題に対して、一応の考察や展望の結論を示すことができる」と言及される今後の展開に向けて、儒教や官学化といった概念の問題、元帝期という官学化の時期の問題に、私見を述べることを中心としたい。

一、緒言　漢代儒教の官学化をめぐる諸問題

緒言では、用語の定義および福井重雅《二〇〇五》の出発点が確認され、学説史整理が行われたのちに、福井重雅《二〇〇五》が目指す到達点が示される。

序章　問題の所在

福井重雅《二〇〇五》が打倒を目指す「定説」とは、馮友蘭によれば、「董仲舒によって「中国の大部分の思想は儒教のもとに統一され」たと明言され」、狩野直喜によれば、「董仲舒の進言によって具体化された五經博士の創設は、儒教を「学術の正派」に規定した中国最初の制度であり、同時にそれは、それ以降の思想・学問の領域に「決定的」

な役割りを果たしたと説かれる」所説である。これは「中国哲学・思想史上名高い、儒教の〝国教化〟あるいは〝官学化〟とよばれる定説、というよりも〝常識〟である。このように、董仲舒の事跡と五經博士の制度をもって儒學史上の一大転機とする考え方は、管見によるかぎり、一点の例外もなく、それ以降の中国哲学・思想をめぐる論説に踏襲され、維持されて現在におよんでいる」という。

その「定説」を打破する前提として、「儒教の官学化」という概念が設定される。国教・国教化という概念は、中国固有のものではなく、近代欧米の用語・概念であることを確認したうえで、「これらの二語を安易に使用することは、少なくとも学問的に妥当でな」いとし、「儒教を一種の官学と定義し、やや耳慣れない表現ではあるが、その体制化や制度化を〝官学化〟と指称する」と規定する。そして、『国語大辞典』（小学館、一九八一年）に、「〔官学〕②政府で正しいとみとめた学問。江戸時代の朱子學など」（五七五頁）とある説明に一部準拠して、一応、「国家・官府が吏民の支持、学習すべき対象として、何らかの形において公的に承認し、それを保護、奨励、育成する唯一の思想・教学などの体系」と定義しておく」とする。続けて「ただし右に述べたような理由から、官学および官学化とは、あくまでも表現上の便宜的な用法であることをあらかじめ明記しておきたい」とのエクスキューズが付せられているが、この概念設定については疑義がある。大きな問題に繋がるので、後に改めて扱うことにしたい。

続いて、福井重雅《二〇〇五》の中核論文である「儒教成立史上の二三の問題」の要旨が掲げられ、福井重雅《二〇〇五》の基本的な立場が明らかにされる。引用しておこう。

五經博士の設置や儒教の確立は董仲舒によるとする定説が、実は史記の記載の中には存在しないという事実を媒介として漢書を検証した結果、それらはいずれも前漢末期に胚胎し徐々に醸成された儒家思想の盛行によって、後から想像して付け加えられた理想的な伝承に過ぎない。

この論文が、「現在、中国古代史の一部では容認されつつあるようであるが、中国哲学・思想史の領域では、一時、「傾聴すべき異見」とは見なされたものの、完全に否定もしくは黙殺されているのが現状」である、との認識のもと、学説史整理が開始される。

第一章　儒教の官学化をめぐる学説・研究略史

第一章では、日本における儒教の官学化をめぐる学説・研究が、第一期（一九四〇〜一九六〇年代）・第二期（一九七〇〜一九八〇年代）・第三期（一九九〇年代以降）の三期に区分して整理され、問題点が指摘される。評者は、かつて同様の作業を行ったことがあり(三)、それが福井重雅《二〇〇五》でも踏まえられているため、屋上屋を架すことはせず、気がついた部分に触れるだけにしたい。

「第一期（一九四〇〜一九六〇年代）は、論争の開幕期とでもいうべき時期である。それは狩野直喜氏・平井正士氏の論考と問題提起、それらを基盤とした福井重雅の異説提唱、重沢俊郎氏・日原利国氏の伝統的、定説的な論考、佐川修氏による平井説・福井説に対する批判に要約される」。福井説の基盤と位置づけられている両説のうち、狩野説は、文帝による五經博士の設置という『後漢書』の異説を重視した点、詔（制）策と對策との対応性を明らかにした点が、福井により展開されていく。また、平井説は、第二次對策に康居が含まれる非合理性の指摘、儒學の確立は田蚡・公孫弘によるとの指摘、元帝期に儒教の国教化を求める時期が、福井により継承された。ただし、平井説が「釈古的」であることに対し、福井は武帝による儒學一尊という〝常識〟を完全に否定したため、佐川からの批判を受けた、と認識する。しかし、その批判が福井説を覆すに足るものではないこと、それにも拘らず、佐川の批判により福井の問題提起が解決した、と見なされたことの不当は、かつて評者が渡邉義浩《一九九五》に指摘し、福井重雅《二〇〇五》が再論するとおりである。

「第二期（一九七〇～一九八〇年代）は、いわば論争の拡大期である。それは西嶋定生氏・板野長八氏による新説の提唱、福井説とこれら両説に対する冨谷至氏の批判、平井正士氏の再登場と冨谷氏の批判に対する反論等々を中心とする」。西嶋定生は、皇帝観の思想内への包摂、および儒學の禮説により宗廟制・郊祀制などの国家祭祀が改革されることを指標として王莽期に国教化の時期を定めた。また、板野長八は、圖讖を光武帝が信奉するに至って、呪術性・神秘性をもつ君主もそのままで孔子教に服することになった後漢光武帝期に国家教学の正統としての孔子教、すなわち儒教の成立を見るものである、とする。

「第三期（一九九〇年代以降）は、論争の調整期ともいうべき時期である。それは浅野裕一氏・渡邉義浩氏の著書の出版を中心とし、これまで提起されてきた各氏の新説や異論を批判検討した上で、それらを再加工、微調整する意図をもって構成された作品が多い。漢代儒教の形成について根本的に再検討しようとする右の渡邉義浩氏の大著は、この時代の研究成果を性格付ける代表的な作品である。これと同時に、ほぼ定説を支持する山田勝芳氏や斎木哲郎氏のような論考も発表されているが、黄老道との関連を究明する右の浅野氏、古文の存在を重視する飯島良子氏、皇帝権の評価の再検討を主張する保科季子氏、博士弟子制度の意義に着目する西川利文氏など、この時期には従来の諸説を補訂拡充する論考が目立つ」。

こうして二十二名、三十点にのぼる諸論考の要旨をまとめ、それぞれの問題点や疑問点が掲げられる。それを踏まえた上で終章において、西嶋・板野説への批判を手掛かりとしながら、儒教の官学化の画期が提示される。

西嶋・板野説への第一の批判は、両説がともに「前漢の武帝時代における儒學の官学化という通説を殆ど考察や言及の対象と見なしていないこと」である。それを「考察の主題から除外して、ただちに儒教の体制化の時期を王莽や光武帝の時代に引き下げ、その具体的な因由を模索するということは、やはり一方的な印象や批判を免れ得ない」と指摘する。これは、そのとおりである。第二の批判は、結論に付随する問題である。西嶋が説く王莽の「〝儒教的〟な理想国家は、無為無策のまま、建国後、短命裡に瓦解した」。このような国家を「国教化にふさわしい王朝と擬定して、そこに全く問題はないのか」。この見解は、渡邉義浩《一九九五》で評者も主張した。また、板野の光武帝期説は、圖讖を重視するが、福井は圖讖を「異端邪説」であると認識し、それと「接合同化した儒教が、いかなる程度においても、国家の正統の思想として支持されたとは考えがたい」とする。そして、「讖緯説との連携を重視する点では、それを章帝時代に位置づける諸説も、基本的にこれと変わるところはない」と括り、章帝期における「儒教國家」の成立をもって「儒教の國教化」の完成と考える渡邉義浩《一九九五》をも批判する。ゆえに、讖緯思想の理解については、のちほど反論することにしたい。福井重雅《二〇〇五》の西嶋・板野説への第三の批判は、両者が重視している「郡國廟・宗廟制・郊祀制の再編成は、儒教の〝国教化〟の原因として発生したものではなく、あくまでも結果として出現した」とするものである。これは、どこに官学化・国教化の時期を措定するかにより、原因と結果が変わるものであり、有効な批判とは言い難い。

以上三点にわたる西嶋・板野説への批判のうえに、儒教の官学化の時期が措定される。ただし、その前に次の二点に注意が促される。

第一は、「当然のことながら、莽新時代を含めて、両漢王朝は一度たりとも儒學を国家の唯一正統の思想・学問と認め、それを天下に宣言したことはなかった。いいかえれば、一見して儒學はいつの間にか諸子百家の思想の中から台頭し、優位を占めるようになった結果、しだいに他の学派を圧倒凌駕し、徐々に段階的、累進的に発展することによって、やがて国家の御用教学として、実質的に顕在化するにいたった」ことである。官学化の時期を一点に定められない理由である。第二は、「〝国教化〟と官学化という用語・概念のもつ曖昧さとともに、その時期を設定するさいに使用される用語・概念のもつ不明瞭性である」。個人により用語の規定に違いがあるため、どの時期に最も大きな比重を置くのか、という問題は、多分に観点や解釈の差異によって左右される、というのである。もっともな指摘である。

かかる二点の留意点を踏まえたうえで福井重雅《二〇〇五》は、「儒教の体制化の時期を歴史的に跡付けると、それは前漢の文帝~武帝時代に胚胎し、宣帝・元帝時代に芽生え、王莽時代に開花し、後漢の光武帝~章帝時代に結実したと形容することができるかもしれない。敢えて別の観点から区分すると、儒教の官学化の第一期は、賢良・方正・孝廉・茂材などを主体とする察擧制度の新設、それに表裏する儒學専門の博士・博士弟子制度の形成、武帝即位当初における田蚡・王臧らによる儒學尊重の進言などに象徴される文帝~武帝期、第二期は、皇帝自身による儒學の尊崇、儒家的官僚の政界進出、体制の再編成などに代表される宣帝・元帝期、第三期は、讖緯・古文を導入した儒學の変質・解体、儒家的官僚層の急増、祭祀の一元化などに集約される王莽期、最後は国家思想としての儒學の普及、官民一体による儒教の受容、在地社会への儒學の浸透などに要約される光武帝~章帝期、という四段階の分期を設定することが可能である。……このような二二〇年におよぶ儒教の形成期の中に、敢えて一点だけ儒教の転換の時期を設けようとするならば、一体それはいかなる現象や時点に求めることができるであろうか。このような観点から、私見として提案したい一案は、この二二〇年間の中に特定の時期を仮設し、それ以前を儒教が皇帝や国家によって公私ともに承認されなかった時代と見なし、それ以降を儒學が他の思想と隔絶して、皇帝以下、吏民の多数に容認されるにいたった時代と見なすことである。つまり漢代における儒教の発展の歴史の中に、ある一つの境界線や分岐点を仮定する。そしてその二分線より以前が、儒教の官学化の未確定の時代と見なし、それより以後が、儒教の優位化の確定時代と見なすことである。それでは儒教国家の成立は、一体、いつの時代に比定することが妥当であろうか。結論を先にいえば、その一線は宣帝と元帝との間の時期に相当すると考えられる。すなわち程度の差こそあれ、宣帝以前の時代は、儒教はいまだ皇帝や国家によって唯一の思想として公認されることはなかったが、元帝以後の時代において、はじめてそれは皇帝を筆頭に、官民一般に推戴される国家正統の思想として成立することになったのである」とする。さらに、この分岐案のため「近い将来、あらためて別の一書を企画」することが予告され、福井重雅《二〇〇五》の扱う範囲が、「もっぱらそれ以前の問題、すなわち前漢武帝による五經博士の設置と、つねにそれと表裏して言及される董仲舒の史的役割、という定説の批判を中心」とすることが述べられるのである。

二、第一篇　五經博士の研究

第一篇では、「五經」という用語の歴史的な変遷と博士および博士制度の形成過程が明らかにされる。それにより、董仲舒の献策による五經博士の設置という『漢書』の記述が虚構であることを論証する。

序章　問題の所在

これまでの「定説」の根拠となってきた史料は、『漢書』巻六 武帝紀の「五年春、三銖錢を罷め、半兩錢を行ふ。

五經博士を置く」とある「置五經博士」と、巻八十八 儒林傳の贊文である「贊に曰く、武帝の五經博士を立て、弟子員を開き、科に射策を設け、勸むるに官祿を以てしてより、元始に訖るまで百有餘年、業を傳ふる者寖《やうや》く盛んにして、支葉蕃り滋せり。……初め書には唯だ歐陽、禮には后、易には楊、春秋には公羊有るのみ。孝宣の世に至りて、復た大小夏侯尚書、大小戴禮、施、孟、梁丘易、穀梁春秋を立つ。元帝の世に至りて、復た京氏易を立つ。平帝の時、又 左氏春秋、毛詩、逸禮、古文尚書を立つ」という文章である。

これに対して、福井重雅《二〇〇五》は、後者は、「武帝初年の五經博士の氏名を具体的に列記したものと考えるのがつねであった。しかし、まず最初に注意しなければならないのは、この文中には詩の立学と博士の設置について、一言も触れられていないことである。……また後述するように、文中の歐陽（生、字は和伯）と楊（何）は、ともに書博士と易博士に就任した形跡はなく、とくに後者は元光元年（前一三四）にはじめて出仕したとされ、さらに后蒼は宣帝初期の博士であるから、右の贊文は建元五年（前一三六）当時の五經博士を列記した文書と見なすことはできない」と批判する。さらに『史記』との比較により、詩博士の欠落だけではなく他の四博士も不正確であることを述べ、『漢書』儒林傳の贊文は信用に値しないと主張する。そのうえで『後漢書』列傳三十八 翟酺傳に掲げる五經博士の設置を文帝期とする異説を重視し、『史記』の儒林列傳に記される八名の博士中、五名までもが文帝・景帝期に博士に任命されていることを確認する。

そして、このような武帝期における五經博士の設置に関する疑問を解決するために、「五經博士の四字を構成する〝分母〟とでもいうべき五經および博士の両語を取り上げ、それらを個々に検証」していくことが宣言される。斬新な方法論であると言えよう。

第一章　五經の用語とその沿革

第一章は、前漢の武帝期に、五經博士が置かれたのか否か、という問題を解決するため、六藝・六經、および五經という用語がいつごろの文献に使用されているのかを調査し、その結果を踏まえて、『漢書』そのものの用例を検討していく。

六經の最初の使用例は『莊子』であるが、それは莊子の後学による造作とされる篇に含まれるため、詮索してもあまり意味はない。『荀子』には、「六貳」という用語があり、盧文弨によれば「六藝」の誤記であるという。いずれにせよ『莊子』『荀子』には「六藝・六經らしき表現は存在するものの、五經という熟語は一例も検出できない」。それは出土資料においても同様で、『郭店楚簡』『馬王堆漢墓出土帛書周易』にも、「五經」の用例はない。『新語』には「五經」が使われるが、現行の『新語』は、前漢後期以降の偽作であり、これを前漢初期の用例と見なすことはできない。賈誼の『新書』は「六藝」、『韓詩外傳』は「六經」、『淮南子』は「六藝」、『史記』は「六經・六藝」を使っており、「五經」の用例はない。ただ、褚少孫の補塡部分にかかる『史記』樂書にのみ「五經」の用例が見出せる。また『周禮』は「六藝」、『禮記』『儀禮』には經を一括する総称はなく、『春秋繁露』は「六學」、『鹽鐵論』は「六藝」を用いている。

武帝期の五經博士を除くと、五經の最初の用例は、宣帝末期の甘露三年（前五二）の石渠閣論議に関わる。『漢書』巻三十六　楚元王（劉向）傳に、「會〻初めて穀梁春秋を立つ。更生（劉向）を徵して穀梁を受けしめ、五經を石渠に講論す」とある。ただし、その劉向の『說苑』は「六經・六藝」を使用している。その子の劉歆が「五經に合せざれば、施行す可からず」と『天官歴包元太平經』を判定したと『漢書』巻九十九下に伝えられるので、「五經という表現を最初に使用した人物の一人は、あるいはこの劉歆であったと想定してよいかもしれない」。前漢末の揚雄の『法言』に至って、「易・詩・書・禮・春秋」を「五經」と括る表現が現れ、桓譚の『新論』では「五經」と「六藝」が並用されている。つまり、「五經とは王莽による漢室簒奪を目前にした前漢の最末期にいたって、ようやく六經とともに用いられ、一般に定着普及しはじめた用語」なのである。

後漢に入ると、王充の『論衡』では「五經」の用例が「六藝」を凌駕し、班固の『白虎通義』には、五經篇が設けられている。「班固は、『白虎通義』に述べる自らの五經の配列を基準とし、それに依拠することによって、『史記』儒林列傳を解体し、独自に『漢書』儒林傳を再編成」している。つまり、『漢書』は前漢末期にはじめて出現し、後漢初期に多用されるにいたった五經という用語や概念を素地とし、それによって基本的に前漢一代の經學の発展や変遷について叙述しようとした史書」ということができる。

『漢書』に記録される五經の用語を点検すると、建元五（前一三六）年に置かれたとされる五經博士の記事が最初の用例にあたる。一方、『漢書』の中で公文書類を底本にしたと考えられ、しかも五經という呼称が最初に記録される文章は、石渠閣論議をめぐる記述である。このように検討してくると、「六藝と六經は前漢、すなわちほぼ西紀以前の今文學の、また五經は後漢、すなわち西紀以後の古文學の、それぞれ經學上の趨勢や時代色を反映し、代表する称謂や概念であった」。となれば、「五經の用語を最初に明示する『漢書』武帝紀の記事は、その用語の出自や使用例を年代的に勘案するとき、きわめて信用しがたい内容」のものである。つまり「武帝による五經博士の設置という記事は、班固が『漢書』を修撰したさいに、加上的に仮託した後世の付会にすぎない、という結論に達せざるを得ない」と結論づけられる。

前漢を今文學、後漢を古文學の時代と認識し、それぞれを代表する概念が六藝・六經と五經であった、とする議論は、後漢もあくまで官學は今文であるため賛同しない。しかし、綿密かつ網羅的に史料を検討し、前漢が六藝・六經、後漢が五經という經典の括り方をしていたと導く論証には従いたい。前漢武帝期の「置五經博士」という記事に対する史料批判として、動かしがたい実証性を持つもので、「定説」の史料的根拠は、この論文によって解体されたと評してよいであろう。

第二章　博士と博士制度の形成

続く第二章は、五經博士の制度の完成が、後漢の光武帝期であることを述べる。

博士は先秦から各国に存在しており、秦では「國に疑事あれば、問を承けて對ふを掌る」という職掌もすでに確立していた。秦には「淳于越のように、始皇帝や〝法家〟博士の面前で堂々と儒家的な自説を開陳できる博士」が存在し、「当時の政界がけっして法家一色で塗りつぶされて」いなかったことが分かる。ちなみに、淳于越の発言がきっかけとされる焚書坑儒は、「秦を誹謗し、貶斥するために、漢儒によって歪曲して捏造された意図的な作文の一つであって、歴史的事実とは認めがたい」。秦の〝儒學〟博士は、漢の儒學を主体とする博士官の先蹤であった。

漢に入ると儒家以外の博士は姿を消し、文帝・景帝期には特定の經典（詩・書・春秋）を専業とする博士が輩出する。武帝期にも、それ以前と同様、詩・書・春秋の三經の博士は、具体的な氏名を検出できる。これに対して、易・禮の博士は、一例も検出し得ない。昭帝期になっても博士は、詩・書・春秋の三經にのみ置かれている。

宣帝期に、博士制度に変化がおこる。これまで秩四百石の下級官吏であった博士が比六百石（大夫に相当）の上級官吏になり、定員も十二人増員された。なによりも、「五經の各自にはじめて明確に博士が〝出揃う〟ようにな」ったのである。それは、石渠閣論議において「五經の異同」が討議されたことに原因がある。しかし、「宣帝以降、元帝・成帝・哀帝・平帝とつづく前漢後期にいたっても、なおいぜんとして公的に博士の名目や定員などを記録した一定の文言を見出すことはできない」。王莽の時には、樂經の博士を加えた六經祭酒の制度が創設され、五經の尊重に逆行した。ようやく、「光武帝の建武年間に、はじめて五經とは易・書・詩・禮・春秋の五種類の經典を指し、一經ごとに所定の家法が立てられ、各家法に博士がおかれるという制度が決定」したのである。

論証は、福井重雅《二〇〇五》のとおりであろう。ただ、そうであれば、「儒教を一種の官学と定義し、やや耳慣れない表現ではあるが、その体制化や制度化を〝官学化〟と指称する」時期は、後漢の光武帝期以降になるのではないか。五經博士の制度の完成は、〝官学化〟にとって重要な指標になるためである。

終章　疑問の所在

「班固は『漢書』武帝期の建元五年の条に、自らの〝勝手〟な憶測にもとづいて、「置五經博士」の五字を書き残した。『史記』儒林列傳序には、「今上卽位」当時の詩・書・禮・易・春秋の五つの經名とそれに対応する学者が列記されている。確証はないが、おそらく班固はこの記事に着目し、そこから発想したのではなかろうか」。また、当時の政治状況を考えると、「まだ〝黄老好き〟で〝儒家嫌い〟の竇太后が、この世を去る一年前のことである」。一方、「就任直後の武帝は側近の選抜すら意のままにならない非力な皇帝であり、とうてい自らの意思を実現し、貫徹できるような帝王ではなかった。また彼を取り巻く儒家的官僚は、それ以前に儒教の重用を進言したために、すべて朝廷から一掃され、儒教について何ごとか発言し得る高官は、ただの一人として存在していなかった」。

さらに武帝期における「道家・法家の隠然たる存在や勢力を顧慮するとき、当時、突如として儒學一尊の政策が立案され、実施されたなどということは、とうてい想像しがたい事態である。ましてやその政治的可能性や思想的必然性などは、そこにその片鱗を見出すことすら困難である。当時、五經という用語が完全に欠如し、易・禮二經の博士に該当する人物が実在しなかったこととともに、この事実は建元五年における五經博士の設置という従来の定説を否定する、別の有力な一証になり得るのではなかろうか」。

従来の研究において、五經という用語の変遷を六藝・六經との対比の中でこれほど詳しく追ったものはなく、また漢の博士に関する研究は多いが、それらにより福井の提示した「定説」への疑義が氷解するわけでもない。第一篇の実証研究により、武帝期に五經博士が置かれたとする「定説」は、その論拠を大きく崩された、と言えよう。

三、第二篇　董仲舒の研究

第二篇では、董仲舒が中央政治に活躍せず、儒學の振興に何も寄与していないことが確認される。そののち、董仲舒の對策文に関する諸研究が検討され、董仲舒の對策文が漢代の對策の形式に合わず、「董仲舒書」を粉本に班固により撰述されたことが論じられる。

『漢書』の董仲舒傳を『史記』のそれと排列対比すると、『漢書』が『史記』を底本としながらも、三次にわたる武帝の詔策と長文からなる董仲舒の對策が加えられ、漢代儒教の確立者として華々しく活躍する董仲舒像が描き出されていることが分かる。字数にして二十三倍にも膨れ上がった『漢書』の董仲舒傳の記述は、信頼に値するのであろうか。

第一章　董仲舒の実像と虚像

第一章では『史記』と『漢書』の董仲舒像の違いを考えていくために、董仲舒の官歴が検討される。「漢代では一人の人物の意見が政策に採用される場合には、当然、当該人物がその実現に直接関与できる官職に任命されるのが、普通一般の原則」だからである。景帝期に博士であった董仲舒が、当時の政策に関与した形跡はない。武帝期に行われた對策の直後に、董仲舒は江都相に任命されるが、それは破格な優遇処置ではない。すなわち、官歴より見れば董仲舒は、「中央政局や〝出世街道〟とは無縁で、不本意な履歴を歩まざるを得なかった官僚」に過ぎない。それにも拘らず『漢書』董仲舒傳の末文には、「仲舒の對册するに及ぶや、孔子を推明し、(イ)百家を抑黜し、(ロ)學校の官を立て、(ハ)州郡より茂材、孝廉を擧げるは、皆 仲舒より之を發す」と記される。しかし、(イ)「百家を抑黜」し、「奏可」を得た人物は、丞相の衞綰であり、(ロ)「學校の官を立て」たのは、公孫弘の力による。また「郡擧孝廉」による人材登用が「仲舒より之を發す」ということは、年代的に成り立ちがたく、「州擧茂材」にいたっては、完全に『漢書』董仲舒傳の〝創作〟と見なさざるを得ない。これらは「董仲舒の虚像を〝造作〟するあまりに露見した、『漢書』の不用意な〝勇み足〟の結果にほかならない」。すなわち『史記』の記載の間隙に、いわゆる〝天人三策〟の上奏文を挿入することによって前後の文章を整備」した『漢書』の董仲舒傳は、『史記』に比べて信用できない史料なのである。

本章も堅実な実証である。評者もかつて渡邉義浩《一九九五》で董仲舒を「官僚としては政敵に草稿を盗まれ、弟子に貶められ、三公・九卿にも昇り得ず、自己の理想を政治に反映することができなかった敗北者である」と評したことがある。その実証が行われた感がある。

第二章　董仲舒の對策の諸問題

第二章は福井重雅《二〇〇五》の白眉である第三章の問題提起の章に該当する。「定説」の論拠となっている董仲舒の對策には、①對策の呈上年代、②第二策の齟齬、という二つの問題に諸説が提出されている。①年代設定に関しては、十二に分類できる七十以上の年代説が提唱されているが、これら諸説のいずれを採用しても、そこには必ず年代上や内容上の齟齬や矛盾が生じる。②第二策には、夜郎と康居という漢に帰誼したとするには時期尚早の二国が含まれる。それを衍字・誇飾とし考証から除外することは安易であり、擬作説・倒置説は絶対に成立し得ない。となれば、「撰述の当初から、当該の『漢書』董仲舒傳の對策自体が、疑問視すべき問題を内包していると見なす方が、はるかに合理的な視点や理解の方法をあたえるように思われる。それでは『史記』董仲舒傳には掲載されない長文の対策をもつ『漢書』董仲舒傳は、一体、いかなる史料にもとづいて編纂された」のであろうか。

第三章　董仲舒の對策の再検討

漢代において賢良が對策を行う場合、「まず最初に皇帝の下す詔策の全文を掲げ、次に対策として、(一)、その詔策中の策問をいくつかに区分整理し、その条文ごとに解答するという「條奏」の形式をとり、(二)、そのばあい、該当する策問の条文を一々反復した上で、あらためて自らの所信を表明するという「覆奏」の制度を遵守し、(三)、それにもとづいて発言するさいには、つねに「臣聞く」(「臣聞くに」「臣聞くならく」)という発語の二字を使用し、(四)、それら各答問の末尾に、結節点とでもいうべき策問に相応する「小結」を配して段落とし、最後に全体を総括する後文を置く」という文書形式を用いる。「天人三策」がこの形式に合致しているか否かの検討は以下のとおりである。

八種類の答問を含む第一策では、⑵〜⑸・⑻は、当時一般の對策の書式や文体と合致する。また内容的にも、疑問視すべき部分は見受けられない。ところが⑴・⑹・⑺は、これに対する策問が存在しない。そして、従来、論議の対象とされてきた第一策のもつ問題点は、すべてこれら三文の中に見出される。

六種類の答問を含む第二策では、⑴〜⑷は、ほぼ對策の体裁に違反する点はない。これに対して、形式に違反する⑸・⑹には、内容に数多くの不合理な点が見出される。同一の對策文において年代的に絶対に両立しない二種類の発言が、同時に行われていることは、その典型である。

四種類の答問を含む第三策では、⑴〜⑶は、對策文書の書式や文体とほぼ完全に符合する。しかし⑷は、對策の終了後に策問とは無関係に不必要な私見を勝手に縷述している。その私見たるや、現状の政治が非難の対象とされ、武帝に対して遠慮のない批判が直言されており、形式に合致している文章がいずれも過去を主題とする抽象的な発言であることと好対照をなす。

このように分析してくると、董仲舒の三策中、従来、問題視されていた文章は、例外なく對策の形式に従っていない部分に含まれる。疑問視される對策の文中には、「現」「今」を直視し、武帝や官僚に対して忌憚のない批判を浴びせ、その暗鬱な世相を剔出する言辞が点綴」されている。「董仲舒の對策のばあいのような過激な発言が、武帝に対して直接行なわれたとするのは、通常では想像しがたいことであり、そこに不自然な違和感を禁じ得ない」。とすれば、これら不自然な對策文は、「武帝以後のある時点において、第三者によって作成されたものと考える」べきであろう。

對策には本来、年月日が明確に記録される。『漢書』に引用される董仲舒の對策の年代が不明であることは、「しかるべき一定の公的史料を素材として、撰述されたものではないことを裏付ける」。また、董仲舒の對策文の一部は、

「漢代の別の史料の中に見出される」。これは『後傳』や『漢書』の成立する以前に、董仲舒の對策文とされる文章の一部が、前漢後期や後漢初期においてすでに引用され得る状態にあったこと」を示す。

『漢書』の成立以前に存在し、その董仲舒傳の母胎になったと推測される一定の祖本は、『漢書』藝文志 諸子略 儒家の項に、「董仲舒 百二十三篇」とみえる「董仲舒書」であろう。しかも、「董仲舒書」は、すべてが董仲舒の存在中に発表された自作の作品ではない。「「董仲舒書」は董仲舒が生前に執筆した「上疏、條教」などを骨子として、その死後、弟子や後学によって一書として再編纂された」ものであった。班固は信用しがたい多くの疑点を含む「董仲舒書」を粉本として、『漢書』董仲舒傳を撰述した。したがって董仲舒のものとされる文章や作品の中から、彼のもつ思想の一貫性や整合性を抽出しようとすることには、根本的な疑問が潜在するのである。

董仲舒の對策文への厳密な史料批判を行った本章により、「定説」はその論拠を完全に喪失した。のみならず思想史的にも、本章に対する実証的な反論を抜きに、對策文より董仲舒の思想を研究することは不可能になったと言えよう。問題は、それではなぜ班固は、董仲舒をこのように特別視するのか、という点に移る。第三篇は、これを検討するものである。

終章　課題と展望

董仲舒の生没年は不詳であり、『後漢書』の儒林列傳における公羊學の学統も、公羊傳への何休注も、董仲舒を全く無視している。『隋書』・『舊唐書』經籍志の序文も、儒教の沿革について叙述しながら、董仲舒と儒學の興隆に関する記事を一条も記さない。こうした董仲舒観は、「董仲舒を漢代儒學の大成者とする〝俗説〟が、ただ単に『漢書』においてのみ見られる偏頗な主張であることをあらためて端的に示すものである」。

四、第三篇　班固『漢書』の研究

第三篇では、班固と左傳・圖讖との関係が論じられ、班固が〝事実無根〟の董仲舒傳を描き出した理由が考察される。

序章　問題の所在

重沢俊郎は、班固を「經學的歴史のみを真の歴史と認める立場」に立ち、「歴史的事実検討の武器を棄てて經學的歴史に降服し、之を基礎して自己の歴史観世界観を構成」したと批判する。宇都宮清吉は、『漢書』を「儒教イデオロギーにとっぷりと浸りきり、その世界と人間に関する観察は儒教倫理の絆に堅く縛られた、きわめていびつな不自由なものである」とした。こうした班固の『漢書』の性格が、漢代儒學の貢献者董仲舒という〝事実無根〟の虚構譚を産み出す温床の一つとなった。それを踏まえながら、第三篇では班固が「董仲舒の存在を意図的に虚飾し、架空の伝記を〝創作〟した」理由が検討される。

第一章　班固の思想 上

『漢書』高帝紀の賛文からは、班固の思想が「漢堯後説の標榜、漢火徳説の支持、『左傳』の偏重、讖緯思想の受容、という四点から成り立つ」ものであることが分かる。これらの思想は、「実は班彪のそれを直接継承」するものであった。かかる思想は、四者の相関関係を説明した賈逵の上奏に見え、賈逵の父である賈徽は、劉歆より『左氏春秋』を受けている。とすれば、その源流は劉向・劉歆にまで遡ることができるのである。

漢堯後説は、同時に漢火徳説に連動するものであり、それは劉向父子からの引用ではあるが、班固自身の確信でもあった。また、「漢堯後説と漢火徳説は、ただ『左傳』のみを唯一の典拠として成立する所説」であった。班氏の祖先の系譜もまた、『左傳』にもとづいて作成されており、班固がこうした思想に惹かれていった理由の一端が分かる。また、『左傳』と讖緯に関しては、その相関性や類似性について指摘されることが少なくない。緯書においては、劉漢は火徳とされており、漢堯後説、漢火徳説、『左傳』、讖緯が近接性を持つことが分かる。一方、班固と同世代人で、『漢書』に目を通していたはずの王充は、「漢堯後説や漢火徳説以下、班固の主張などは全く認めず、一切、無視黙殺」している。これと比較すると、班固の思想の特徴が、より明らかとなるであろう。

第二章　班固の思想　下

漢代において『左傳』に博士を設け、學官に立てるという運動は、劉歆の要請から始まった。しかし、「古文を尊重したはずの王莽時代においてすら、博士の置かれた『春秋』は、『左傳』ではなかった」。後漢になると光武帝は一度は『左傳』の立學を認めて、『左傳』の博士に李封を選任したが、その病死を口実に事実上、立學を中止した。白虎観会議においても古文學者はわずかに賈逵と班固らを数えるのみで、左傳學派は自らの所依の經典を學官に立てることはできなかった。漢堯後説と漢火徳説を説明する唯一の〝原典〟でありながら、つねに『左傳』は非公認の性格を帯同する典籍であると考えられていた。

また、「劉秀の挙兵・即位・称元・任官・社稷・封禪・建碑等々、皇帝・王朝にとってもっとも重要とされるできごとは、すべて緯書によって決定されている。まさしく圖讖革命とよばれるゆえんである」。白虎観会議の内容を班固がまとめた『白虎通義』は、直接緯書の書名を引用した史上最初の著作とされているが、その本文中に二十二条からなる多数の圖讖が登場することは、まさにその時代相そのものを数量的に物語るものである。しかし他方、緯書を尊重する「風潮に対する反論や疑念の持主が少なくなかったことも、また看過できない事実である」。思想史的に見るならば、おそらくこれら三帝（光武帝・明帝・章帝）の占める後漢前期は、『左傳』とともに、緯書の全盛時代と称することができるであろう」。班固はこうした後漢初期の思想上の影響を強く受け、それを自らの著作の中に反映させた歴史家であった。

蘭臺令史の班固が勤める蘭臺には、多数の緯書が収蔵されており、班固はその〝祕書〟を自ら披見し、存分に利用し得た。「班固は後漢王朝に迎合し、その〝御用学者〟として、前漢の歴史を勝手に「改作」することが」できた。こうして「班固は、いわば公的な権威を後楯として、いかなる拘束も受けることなく、自らの意図するままに、当時流行の漢堯後説・漢火徳説や『左傳』・緯書の思想を盛り込み、私意をほしいままにして、前漢一代の作史の筆を揮うことができたのである」。

以上のように班固父子は、「当時においてすら公的に容認されることのなかった漢堯後説と漢火徳説に固執し、しかも「廃学」や「虚妄」とまで評された『左傳』と緯書に負託することによって、前漢一代の歴史を「改作」したことになる」。これが「漢代の歴史、とりわけ思想・学問の分野において、とりかえしのつかない致命的な誤解や決定的な謬論を産み出す最大の要因となった。班固はこの自らの責任を免れることはできない」のである。

第三篇で展開される班固の思想が、福井重雅《二〇〇五》の中では最も理解しにくい。後述する讖緯思想に対する誤解のほか、後漢初期を『左傳』の流行の時代と捉えるなど、公羊を中心とする今文隆盛の後漢儒教に対する經學的な論証がない限り、本篇の主張は説得力を欠くものとなろう。

班固はなぜ『史記』にはない、〝事実無根〟ともいうべき董仲舒像や儒教の独尊化という〝虚説〟を〝捏造〟したのか」。まず最初に注意すべきは、班固自身のもつ特異な思想的傾向である。班固は「漢堯後説と漢火徳説の推戴者であり、それと関連して、『左傳』と緯書の信奉者」であった。『漢書』巻七十五 眭弘傳によれば、董仲舒の孫弟子の眭弘の発言の中に、はじめて董仲舒と漢堯後説との具体的な接点が見出せる。ただし、この記事は事実としては疑問の点も少なくない。しかし、漢堯後説を創唱した人物は董仲舒であると解し得るような記述に遭遇したとき、班固は董仲舒を過大に評価するに至ったのではなかろうか。また、董仲舒の公羊學は、それ自体が容易に圖讖と結び付きやすい学説であった。孔子を無冠の帝王を意味する「素王」と見なして崇拝する態度も、董仲舒を媒介して讖緯説に移入伝承され、各種の緯書に吸収合体されるようになった思想の一つである。「前漢末期から後漢初期にいたるいわゆる両漢交替期は、漢堯後説・漢火徳説と『左傳』・緯書の諸説が朝野に蔓延し、一世を風靡していた時代であった。ときあたかもこのような時代思想の影響を受けて再認識され、新たに〝大儒〟として再評価されるにいたったのが、ほかならぬ董仲舒その人であった。『史記』董仲舒傳に象徴されるように、それまでさして重視されることのなかった董仲舒が、一躍時代の脚光を浴びるようになったのは、彼自身とその後学・末流が〝発明〟した特異な春秋學によるものであったが、また同時に、それは右のような当時を彩る諸説や典籍とも、密接に関連し合う思想でもあったからである。他方、班固もまた漢堯後説と漢火徳説の標榜者であり、また『左傳』と緯書の心酔者でもあった。とするならば、このような思想の持主である班固にとって、董仲舒こそは自説に冥合する思想を創唱した先覚者であり、史上最高の学者と仰ぐに足る大先達であったことになる。班固が董仲舒に対して過大な敬意や親近感をいだくにいたったのは、このような経緯にもとづくものであったことは推定にかたくない」。

「前漢末期に劉向と劉歆は、漢堯後説とそれに対応する漢火徳説を唱導するにいたった。一方、当時、彼ら父子によって『左傳』が顕彰されるとともに、他方、盛んに圖讖が〝造作〟され、彼らもその影響から免れることはできなかった。時あたかもそのような時代思潮の中で、それらの所説の原点として、あらためて一部に想起され、時代の注視を浴びるようになった存在が、陰陽・災異を加味して、特異な公羊學を唱導した董仲舒であった。

以上のような時代の動向や趨勢に感化されて、班彪と班固もまた漢堯後説・漢火徳説・『左傳』・圖讖に傾倒する。彼ら父子が前漢に関する史書の編纂を企画し、それに従事しつつあったのは、まさしく儒學の変質や転換を経験しつつあった、この時代においてのことであった。このような情況下に、前漢一代の歴史書を構成し、叙述するにさいして、とりわけ班固は自ら信奉するこれら四本の思想を主軸として、『漢書』を完成することに努めた。とくに彼は自ら生を享けていた後漢の初期から前漢に遡上しながら、史書を構想しつつあったとき、あらためて公羊家の学者である董仲舒の存在に注目した。『史記』董仲舒傳に、「春秋の災異の變を以て、陰陽の錯行する所以を推す」と明記されるように、文字どおり董仲舒は、『春秋』を基調とする災異説や陰陽説の創唱者として立伝されている。それと同時に、当時、董仲舒派とでもいうべき一党や劉向のようないわば親董仲舒派の学者が輩出するようになった結果、前漢末～後漢初に出現した思想を名分化し、かつ正統化するために、彼らの多くは董仲舒を格好の先駆者として、〝担ぎ出す〟ことになった。

これらの風潮に影響されるとともに、自己の墨守する漢堯後説以下の所説を共有する、唯一の先輩として、班固は董仲舒の伝記をことさら誇大視して取り上げることになる。その結果、『漢書』董仲舒傳を執筆するに当たって、『史記』をほとんど唯一の底本としながらも、彼は『史記』董仲舒傳のかなりの部分を解体し、増飾することによって、その伝記全体を書き改めることを〝敢行〟した。『史記』を祖本としながら、それと大幅に相違して、ただ『漢書』

董仲舒傳においてのみ、董仲舒は一変して儒教の体制化に貢献した最大の功労者として特筆大書されているが、そのような〝事実無根〟の董仲舒像が形作られるにいたったのは、以上のような理由と経緯にもとづくものであった」。

これが福井重雅《二〇〇五》の結論である。

五、描き出された水準とこれからの課題

福井重雅《二〇〇五》が描き出した水準を確認し、これからの課題を三点にわたって述べていきたい。

福井重雅《二〇〇五》の最大の成果は、前漢武帝期の董仲舒の對策により太學に五經博士が置かれ儒教が國教化された、とされる「定説」を覆したことにある。副題となっている「儒教の官学化をめぐる定説の再検討」は、十全に果たされたと言えよう。とくに第二篇第三章で、津田左右吉の流れを汲む厳密な史料批判により、董仲舒の「天人三策」に潜在する根本的な疑問を明らかにしたことは、漢代思想史の研究が今後踏まえるべき水準となろう。しかも、その分析は、武帝期に「五經博士」が置かれるべくもないことを実証した第一篇により支えられており、その論証を崩すことは容易ではあるまい[三]。ただし、第三篇に展開される班固の思想には、未だ議論の余地があろう。その問題から、課題を掲げていきたい。

課題の第一は、漢代における讖緯思想の理解である。圖讖を重視する板野説を批判する中で福井重雅《二〇〇五》は、「しかしこのばあい、同時に無視できないことは、光武帝から章帝にいたる後漢初期において、儒家の中に、このような讖緯説に対して敢然と反論し、非經視する学者が少なくなかったという事実である。すなわち桓譚・鄭興・尹敏・王充・李育などの儒者がそれである。彼らはいずれも異口同音に、緯書を〝淫祀邪教〟の同類であると見なし

て批判し、儒教の正統理念ではない旨を強調して、再三再四、それに反対した。このような反圖讖的な論難は、張衡・王符らをへて蔡邕・荀悅・仲長統らにいたる後漢最後まで、たえず根強く存続した。しかも後漢一代において、皇帝自身の個人的な信仰はともかく、それは一度たりとも国家的に公認された思想ではなかった。とするならば、一方では数多くの反対意見を擁しつつ、他方では〝異端邪説〟と見なされる圖讖と接合同化した儒教が、いかなる程度においても、国家の正統の思想として支持されたとは考えがたいことである」と述べる。しかし、讖緯思想は後漢の儒教において、けっして〝異端邪説〟ではない。

渡邉義浩《一九九五》の第一章においてすでに述べたが、圖讖に反対した桓譚たちは、その後の官歴において一生うだつが上がらなかった。讖緯が經ではないことを極言した桓譚は、「聖を非りて、法を無す。將に下して之を斬らん」との光武帝の怒りを受け、叩頭流血してようやく許されたが、六安郡丞に出される途上に病死し、圖讖を偽作した尹敏は、その行為を深く「非」とした光武帝により「沈滯」させられている。国家の正統思想を定めた白虎観会議の議論を班固がまとめた『白虎通』は、緯書を立論の根拠としているのである。

また、蔡邕らの反圖讖を掲げる一方で、漢代を代表する儒者である鄭玄の著作と緯書との係わりに触れないことは首肯し難い。池田秀三〈一九八三〉によれば、「鄭玄の学問・思想の根本理念たる六藝の一体感は全面的に緯書によってもたらされたものである。彼の学問的営為は、結局のところ全て緯書の上に築かれていると言うも過言ではあるまい。鄭玄がかほどに緯書を重んずるのは、緯書が孔子の手に成るものと信じていたからである。……孔子が緯書を制作した限り、經と緯の融合は必然であり、鄭玄は誠実にその課題に立ち向かった」と、鄭玄の思想的営為における緯書の重要性を指摘している。福井重雅《二〇〇五》にも引用されるが、『後漢書』列傳二十五 曹褒傳には、「五經、讖記の文」を「寫すに二尺四寸の簡を以てす」とあり、讖緯の文が經と同じ二尺四寸の簡牘に書かれていたことが分かる。後漢において、緯書は經書に並ぶ価値を有していたのである。

それは、圖讖が光武帝により宣布され、蘭臺令史により前漢末からの圖讖が蘭臺に収蔵され、それに基づいて建碑が行われるほど、後漢において讖緯思想が尊重されていたためであった。小林春樹〈一九八四〉が、「明帝時代の蘭臺令史であった班固や賈逵、および光武帝時代の三府の掾史であった班彪などに共通して見出される歴史観は、圖讖にもとづいて漢を神聖王朝と見做すとともに、光武帝による漢の復興を支持する、というものであった」と述べるように、班固の緯書の尊重は、董仲舒との係わりよりも、班固が歴史を編纂した蘭臺との係わりの中で、考察すべきであろう。

以上のように、福井重雅《二〇〇五》が掲げる後漢における緯書の重要性に対する批判には、何の根拠もないことを確認しておく。

課題の第二は、「緒言」で展開される概念設定である。一に要約したように、福井重雅《二〇〇五》では「国教化」という概念が使用されない。その理由は、①国教という用語が前近代中国では使用されておらず、近代以降、欧米において使用されるようになった用語や概念であること、②古代ローマにおけるキリスト教の〝国教化〟を想起させることに置かれている。
①に関して言えば、福井重雅《二〇〇五》も述べるように「儒教」という用語も、漢代では使用されていない。ということは、福井重雅《二〇〇五》で使われている「儒教」という用語は、史料用語ではなく分析概念である。人文・社会科学の分析概念は、おしなべて西欧近代がつくりあげたものである。すでに福井重雅《二〇〇五》は、分析概念として「儒教」を使用している。「国教化」という用語が欧米で使用されていることを理由に、同じく史料用語ではない「官学化」という分析概念を利用することは、それこそ議論を混乱させるだけである。

②に関して言えば、古代ローマにおけるキリスト教の〝国教化〟を想起するためにこそ、国教化という用語を使用すべきである。少なくとも、小学館の辞典に掲げられる江戸時代の朱子學に準拠して、概念規定をする必要性は全くない。「世界史の基本法則」の中国への無批判な適用に代表されるような安易な西欧との対比が批判され、中国の独自性を追求する必要性が説かれて久しい。それは正当な方法論であり、それによって挙げられた成果も大きい。しかし、その反面、比較の視座は失われた。西欧との安易な比較は、西欧近代が人文・社会科学の基本概念を形成しているだけに厳に慎むべきであろうが、中国を相対化するためには、西欧やイスラムとの比較の視座は必要である。漢における儒教と国家との関係を考える際に、比較の対象とすべきは江戸の朱子學ではあるまい。

福井重雅《二〇〇五》も述べるように、魏晉・南北朝以降、佛教・道教とともに儒教が三教の一つと称されたことは、少なくとも当時の中国人の観点や通念によれば、儒教にも佛教や道教に共通する一種の宗教的な思想形態があると考えられたためであろう。魏晉期より儒教は、漢の神秘性が払拭され「合理」性を追求していく(四)。それでも、三教の一つに数えられたことは、漢代の儒教が強い宗教性を帯びていた証拠になるのではないか(五)。むろん、魏晉期の儒教は、四學の一つとして儒學とも呼称されている。「儒」の「教え」なのか、「儒」の「宗教」なのか、国家はそれに如何なる係わりを有したのか。

こうした問題を考えていくためには、あえて宗教としての「儒教」が漢で「国教化」されたとすれば、それがキリスト教やローマでの国教化と何が共通で何が異なるのか、という比較史の視座をつねに脳裏に持っておきたい。歴史学の分析概念は、当時の使用事例に拘束される必要はない。むしろ、ローマにおけるキリスト教の国教化をイメージさせる用語を意識して使うべきである。そのうえで、キリスト教と儒教との比較、国教化の内容の違いを考察する比較史の視座を堅持すべきである(六)。

課題の第三は、儒教の〝官学化〟を元帝期とする場合、その經學的典拠は何か、という点である。儒教が哲学・思想、あるいは宗教である以上、「特定の時期を仮設し、それ以前を儒教が皇帝や国家によって公私ともに承認されなかった時代と見なし、それ以降を儒學が他の思想と隔絶して、皇帝以下、吏民の多数に容認されるにいたった時代と見なすこと」のみを指標として、〝官学化〟なり国教化なりの分岐を定めることには賛同しない。

漢代の儒教が春秋學を中心とするのであれば、元帝期に尊重されたものは公羊學なのか、穀梁學なのか。あるいは王莽期であれば、『周禮』はそれほどまでに王莽の政策に反映しているのか[七]、といった經學との係わりにおいて、儒教の官学化あるいは国教化は議論されるべきである。福井重雅《二〇〇五》には、それが欠落している。福井重雅《二〇〇五》の最大の成果である、班固が董仲舒の〝事実無根〟の虚像を造り上げた、その理由を説明する第三篇において、「左傳と緯書の心酔者」である班固が、「左傳」家ではなく「公羊」家の董仲舒をなぜ宣揚するか、について經學的説明が行われないことも、第三篇の説得力を乏しくしている一因であろう。

儒教の国教化をもたらした經學は、春秋公羊傳を中心とした今文經そして緯書である。それを定めた後漢章帝期の白虎観会議にこそ儒教の国教化の確立時期を求めるべきである。これは評者の結論である。

おわりに

福井重雅《二〇〇五》によって評者は、中国哲学・思想の研究者と中国史研究者とが、問題を共有し、議論の場をつくることが必要不可欠であるとの思いを新たにした。福井重雅《二〇〇五》に即して言えば、經學史上における董仲舒の重要性と、前漢武帝期の社会全体の思想史上における董仲舒の位置づけとが大きく異なることから分かるように、經學史と共に当該時代の社会思想全般を理解していく思想史が必要とされてこよう。具体的に言えば、これまで主として經學あるいは哲学で重要視されてきた董仲舒、劉向・劉歆、王充、鄭玄と並べていくような漢代經學史ではなく、漢代の社会の中における全体的な思想のあり方を探っていく思想史が必要なのではないか。そのためには、中国哲学・思想の研究者と中国史研究者との議論の場が必要なのである。

中国哲学・思想研究者と中国史研究者が合同で行った第50回東方学者会議のシンポジウム「両漢の儒教と政治権力」(八)は、こうした試みの第一歩である。その種を蒔いた者は、福井重雅である。

《注》

(一) 趙翼『廿二史箚記』巻二十「唐初三禮漢書文選之學」。吉川忠夫〈一九七九〉。また、本書第十二章を参照。

(二) 渡邉義浩《一九九五》。最近のものとしては、渡邉義浩、仙石知子（訳）〈二〇一五〉がある。

(三) 儒教の国教化については、鄧紅〈二〇一四a〉・〈二〇一五〉があるが同意できない。鄧紅には〈二〇一四b〉もある。五經博士をめぐっては、城山陽宣〈二〇〇七〉・〈二〇一八〉、董仲舒の對策については、深川真樹〈二〇一三〉・〈二〇一五〉、城山陽宣〈二〇一四〉があるが、董仲舒傳のみならず、『漢書』全体に偏向のあることは、本書第一章で述べたとおりである。

(四) 加賀栄治《一九六四》は、これを「魏晉の新」と表現する。

(五) 池田秀三《一九九八》は、漢代の儒教を明代とともに宗教性の強かった時代と指摘している。

(六) 本書序章は、そうした試みの一つである。

(七) 宇野精一《一九四九》は、たとえば王莽の王田制は、王田は『周禮』によったものとはいえず、少なくとも『周禮』にのみよったものではない、という。これについては、本書第五～九章を参照。そこでは、班固が董仲舒を宣揚する理由についても考察した。

（八）その成果は、渡邉義浩（編）《二〇〇五》にまとめられている。以後、中国史学と中国思想との共同研究は、渡邉義浩（編）《二〇〇六》・渡邉義浩（編）《二〇〇七》・渡邉義浩（編）《二〇〇八》として継続された。

文献表

この文献表は、本書中に言及し、また略記した文献を採録したものである。本文中における表記は、単行本を《　》、論文を〈　〉により分け、出版時の西暦年を附して弁別の基準とした。その際、単行本などに再録された論文も初出の西暦年を附し、同一年に複数の単行本・論文のある場合には、ａｂなどを附し、弁別できるように心がけた。文献表でも、それを踏襲するが、単行本には※を附し、単行本に収められた論文は、その直後に＊を附して収録論文であることを示し、論文の初出雑誌を掲げた。また、論題が変更されている場合は、原則として、変更前の論題に統一した。邦文文献は編著者名の五十音順に、中文文献も、便宜的に日本読みによる五十音順に配列し、邦訳は邦文の項目に入れ、旧字体・簡体字は原則として常用漢字に統一した。

〔邦　文〕

あ

青山　大介　「呂氏春秋研究文献目録」（『東洋古典学研究』四、一九九七年）

青山　大介　「『呂氏春秋』研究の視座――先行研究批判を主として――」（『東洋古典学研究』六、一九九八年）

赤塚　忠　『荘子』（集英社、一九七七年）

赤塚　忠　「荀子研究の二三の問題」（『赤塚忠著作集』二　儒家思想研究、研文社、一九八六年）

秋山陽一郎　「劉向・劉歆校書事業における重修の痕跡（上）――『山海経』と「山海経序禄」の事例から――」（『中国古代史論叢』八、二〇一五年）

浅川　房代　「『列女伝』の研究」（『信大国語教育』四、一九九四年）

浅野　裕一　「秦の皇帝観と漢の皇帝観――「秦漢帝国論」批判――」（『島根大学教育学部紀要』人文・社会科学一八、一九八四

年、『黄老道の成立と展開』創文社、一九九二年に所収）

天野元之助「中国古代デスポティズムの諸条件――大会所感――」（『歴史学研究』二二三、一九五八年）

有馬　卓也『淮南子の政治思想』（汲古書院、一九九八年）

井ノ口哲也「後漢時代における五経の正定」（『中国文化論叢』九、二〇〇〇年、『後漢経学研究序説』勉誠出版、二〇一五年に所収）

池田　敦志「賈誼の対諸侯王政策と呉楚七国の乱」（『早稲田大学文学研究科紀要』五三―四、二〇〇八年）

池田　敦志「賈誼の対匈奴政策」（『早稲田大学文学研究科紀要』五五―四、二〇一〇年）

池田　　温「均田制――六世紀中葉における均田制をめぐって――」（『古代史講座』八、学生社、一九六三年、『唐史論攷――氏族制と均田制――』汲古書院、二〇一四年に所収）

池田　秀三「劉向の学問と思想」（『東方学報』京都五〇、一九七八年）

池田　秀三「周礼疏序訳注」（『東方学報』京都五三、一九八一年）

池田　秀三「緯書鄭氏学研究序説」（『哲学研究』五四八、一九八三年）

池田　秀三「盧植とその『礼記解詁』」（『京都大学文学部研究紀要』二九、三〇、一九九〇、九一年）

池田　秀三「読風俗通義皇覇篇札記」（『中国思想史研究』一六、一九九三年）

池田　秀三「『白虎通義』と後漢の学術」（『中国古代礼制研究』京都大学人文科学研究所、一九九五年）

池田　秀三「『尚書大傳』初探」（『中村璋八博士古稀記念 東洋学論集』汲古書院、一九九六年）

池田　秀三『自然宗教の力――儒教を中心に――』（岩波書店、一九九八年）

池田　末利「周礼成立年代考」（『竹中信常博士頌寿記念論文集 宗教文化の諸相』山喜房仏書林、一九八四年）

池田　知久『荘子』（学習研究社、一九八七年、のち改訂して講談社、二〇一四年）

池田　知久「淮南子要略篇について」（『池田末利博士古稀記念東洋学論集』一九八〇年）a

池田　知久「淮南子の成立――史記と漢書の検討――」（『東方学』五九、一九八〇年、『道家思想の新研究――『荘子』を中心として』汲古書院、二〇〇九年に所収）b

池田　知久「『淮南子』の成立――『史記』と『漢書』による検討――」（『岐阜大学教育学部研究報告』人文科学二八、一九八〇年）c

池田　知久　『淮南子 知の百科』（講談社、一九八九年）
池田　知久　「中国古代の天人相関論」（『世界像の形成』東京大学出版会、一九九四年）a
池田　知久　「「馬王堆漢墓帛書周易」要篇の研究」（『東洋文化研究所紀要』一二三、一九九四年）b
池田　知久　「馬王堆漢墓帛書周易」要篇の思想」（『東洋文化研究所紀要』一二六、一九九五年）
池田　知久　『老子』（東方書店、二〇〇六年）
池田　知久　「儒教国教化と道教・仏教」（『中国思想史』東京大学出版会、二〇〇七年）
池田　雅典　「封禅儀礼に関する一考察——光武帝の「封」を視点として——」（『大東文化大学漢学会誌』四七、二〇〇八年）
池田　雅典　「漢代の封禅儀礼——「封封禅」から「封禅」へ——」（『大東文化大学漢学会誌』四八、二〇〇九年）
池田　雅典　「光武帝の圖讖「信奉」」（『東洋研究』一七九、二〇一一年）
板野　長八　「前漢末に於ける宗廟・郊祀の改革運動」（『中国古代における人間観の展開』岩波書店、一九七二年）
板野　長八　「災異説より見た劉向と劉歆」（『東方学会創立二十五周年記念　東方学論集』東方学会、一九七二年、『儒教成立史の研究』岩波書店、一九九五年に所収）
岩本　憲司※『「義」から「事」へ——春秋学小史——』（汲古書院、二〇一七年）
岩本　憲司＊「義から事へ」（『両漢における詩と三伝』汲古書院、二〇〇七年）
岩本　憲司＊「緯書と古文学——左氏説を中心に——」（『中国研究集刊』五〇、二〇一〇年）
ウォーラーステイン、川北稔（訳）『近代世界システム』1～4（名古屋大学出版会、二〇一三年）
宇都宮清吉※『漢代社会経済史研究』（弘文堂、一九五五年）
宇都宮清吉＊「漢代大土地所有に於ける小作者と奴隷の問題」（『東洋史研究』一—一、一九三五年）
宇都宮清吉＊「漢代における家と豪族」（『史林』二四—一、一九三九年）
宇都宮清吉＊「僮約研究」（『名古屋大学文学部研究論集』五　史学二、一九五三年）
宇野　茂彦　「賈誼新書札記」（『名古屋大学文学部研究論集』一〇二、一九八八年）
宇野　精一　『中国古典学の展開』（北隆館書店、一九四九年、『宇野精一著作集』二、明治書院、一九八六年に所収）
内山　直樹　「『淮南子』要略篇と書物」（『二松　大学院紀要』一四、二〇〇〇年）
内山　直樹　「『七略』の体系性をめぐる一考察」（『千葉大学人文研究』三九、二〇一〇年）

梅原　郁　「皇帝・祭祀・国都」（『歴史の中の都市――続都市の社会史――』ミネルヴァ書房、一九八六年）
小野川秀美　「雍正帝と大義覚迷録」（『東洋史研究』一六―四、一九五八年）
小柳司気太　「管子と周礼」（『東洋思想の研究』森北書店、一九四二年）
尾形　勇　『中国古代の「家」と国家――皇帝支配下の秩序構造――』（岩波書店、一九七九年）
尾崎　康　『正史宋元版の研究』（汲古書院、一九八九年）
越智重明　「周礼の財政制度・田制・役制をめぐって」（『九州大学東洋史論集』九、一九八一年）
大形　徹　「漢初の黄老思想」（『待兼山論叢』哲学篇一三、一九八〇年）
大木　康　『『史記』と『漢書』――中国文化のバロメーター――』（岩波書店、二〇〇八年）
大島康正　『時代区分の成立根拠』（筑摩書房、一九四九年）
大西克巳　「王船山「郡県／封建」論をめぐって――その歴史理論と政治思想――」（『日本中国学会報』四九、一九九七年）
岡安　勇　「中国古代における「二王之後」の礼遇について」（『早稲田大学大学院文学研究科紀要』別冊七、一九八〇年）

か

加賀栄治　『中国古典解釈史』魏晋篇（勁草書房、一九六四年）
加藤　繁　「漢代に於ける国家財政と帝室財政との区別並びに帝室財政一班」（『東洋学報』八―一、九―一、二、一九一八、一九年、『支那経済史考証』上、東洋文庫、一九五四年に所収）
嘉瀬達男　「諸子としての『史記』――『漢書』成立までの『史記』評価と撰続状況の検討――」（『立命館文学』五九〇、二〇〇五年）
柿沼陽平　「『漢書』をめぐる読書行為と読書共同体――顔師古以後を中心に――」（『古代中国・日本における学術と支配』同成社、二〇一三年）
カール＝ポパー、久野収・市井三郎（訳）『歴史主義の貧困――社会科学の方法と実践――』（中央公論新社、一九六一年）
柿沼陽平　「『漢書』をめぐる読書行為と読書共同体――顔師古以前を中心に――」（『帝京史学』二九、二〇一四年）
影山　剛　『王莽の酒の専売と六筦制』（私家版、一九九〇年）
影山　剛　『王莽の賖貸法と六筦制およびその経済史的背景――漢代中国の法定金属貨幣・貨幣経済事情・高利貸付・兼并等をめぐる諸問題――』（私家版、一九九五年）

筧　久美子「「列女伝」の中の女性像」（『歴史評論』四七九、一九九〇年）
金谷　治『淮南子の思想――老荘的世界――』（平楽寺書店、一九五九年）
金谷　治『秦漢思想史研究』（日本学術振興会、一九六〇年、増補版は平楽寺書店から一九八一年）
金谷　治『管子の研究』（岩波書店、一九八七年）
金谷　治※『金谷治中国思想論集』中巻　儒家思想と道家思想（平河出版社、一九九七年）
金谷　治＊「荀子」の文献学的研究」（『日本学士院紀要』九―一、一九五一年）
金谷　治＊「『管子』四則」（『金谷治中国思想論集』中巻　儒家思想と道家思想、平河出版社、一九九七年）
金谷　治※『金谷治中国思想論集』下巻　批判主義的学問観の形成、平河出版社、一九九七年）
金谷　治＊「『荘子』天下篇の意味」（『文化』一六―六、一九五二年）
金谷　治＊『漢書』藝文志の意味――体系的な哲学的著述として――」（『文化』二〇―六、一九五六年）
金子　修一※『中国古代皇帝祭祀の研究』（岩波書店、二〇〇六年）
金子　修一＊「中国――郊祀と宗廟と明堂及び封禅――」（『東アジアにおける日本古代史講座』九、学生社、一九八二年）
金子　修一＊「唐代における郊祀・宗廟の運用」（『中国古代皇帝祭祀の研究』岩波書店、二〇〇六年）
釜田　啓市「前漢災異説研究史」（『中国研究集刊』二五、一九九九年）
鎌田　重雄※『秦漢政治制度の研究』（日本学術振興会、一九六二年）
鎌田　重雄＊「漢代の門生・故吏」（『東方学』七、一九五三年）
鎌田　正「劉向に於ける古文学的性格について」（『漢文学会会報』一五、一九五四年）
鎌田　正『左傳の成立と其の展開』（大修館書店、一九六三年）
紙屋　正和「王莽期の地方行政」（『福岡大学人文論叢』三八―四、二〇〇七年、『漢時代における郡県制の展開』朋友書店、二〇〇九年に所収）
川勝義雄・谷川道雄「中国中世史研究における立場と方法」（中国中世史研究会（編）『中国中世史研究――六朝隋唐の社会と文化――』（東海大学出版会、一九七〇年）
川本　芳昭『魏晉南北朝の民族問題』（汲古書院、一九九八年）
河地　重造「王莽政権の出現」（『岩波講座　世界歴史』四、一九七〇年）

岸本　美緒　「書評　中国史研究会『中国史像の再構成——国家と農民——』」（『法制史研究』三四、一九八五年）
岸本　美緒　「時代区分論」（『岩波講座　世界歴史　1　世界史へのアプローチ』岩波書店、一九九八年、『風俗と時代観——明清史論集1——』研文出版、二〇一二年に所収）
木村　正雄　『中国古代帝国の形成——特にその成立の基礎条件——』（不昧堂書店、一九六五年）
金観濤・劉青峰（著）、若林正丈・村田雄二郎（訳）『中国社会の超安定システム——「大一統」のメカニズム——』（研文出版、一九八七年）
工藤　豊彦　「呂氏春秋不二篇考」（『東方学』二二、一九六一年）
久野　昇一　「前漢末に漢火徳説の称へられたる理由に就いて」（『東洋学報』二五—三、四、一九三八年）
久野　昇一　「漢室再受命の思想について」（『東亜論叢』五、一九四一年）
楠山　春樹　「衍聖公家の発端——褒成侯と殷紹嘉侯——」（『斯文』一〇〇、一九九一年、『道家思想と道教』平河出版社、一九九二年に所収）
楠山　春樹　『呂氏春秋』上（明治書院、一九九六年）
窪添　慶文　『魏晉南北朝官僚制研究』（汲古書院、二〇〇四年）
熊谷　滋三　「前漢における属国制の形成」（『史淵』一三四、一九九六年）
熊谷　滋三　「前漢の典属国」（『福井重雅先生古稀・退職記念論集　古代東アジアの社会と文化』汲古書院、二〇〇七年）
栗田　直躬　「性説の一考察」（『中国上代思想の研究』岩波書店、一九四九年に所収）
栗原　朋信※『秦漢史研究』（吉川弘文館、一九六〇年）
栗原　朋信＊「文献にあらわれたる秦漢璽印の研究」（『秦漢史研究』吉川弘文館、一九六〇年）
桑田　幸三　「「孟子」井田制の経済思想について」（『彦根論叢』一五四、一九七二年）
小島　　毅　「郊祀制度の変遷」（『東洋文化研究所紀要』一〇八、一九八九年）
小林　　岳　『後漢書劉昭注李賢注の研究』（汲古書院、二〇一三年）
小林　春樹　「前漢博士弟子制度の機能について」（『早稲田大学大学院文学研究科紀要』別冊九、一九八三年）
小林　春樹　「後漢時代の蘭台令史について——『漢書』研究序説——」（『東方学』六八、一九八四年）
小林　春樹　「『漢書』の谷永像について」（『東洋研究』一六七、二〇〇八年）

小林　春樹　「『漢書』における［董仲舒像］の一側面――「董仲舒伝」所引「天人三策」を中心として――」（『東洋研究』一九九、二〇一六年）
小冷　賢一　「班氏父子の歴史観と漢末儒教の神秘化――特に其の王朝賛美の態度をめぐって――」（『小冷賢一君記念論集』東京大学文学部中国語学中国文学研究室、一九九三年）
五井　直弘　「中国古代史と共同体――谷川道雄氏の所論をめぐって――」（『歴史評論』二八五、一九七四年）

さ

佐川　繭子　「西漢における「二王の後」について――三正説の展開と秦の位置づけ――」（『二松学舎大学論集』五〇、二〇〇七年）
斎木　哲郎※『秦漢儒教の研究』（汲古書院、二〇〇四年）
斎木　哲郎＊「秦儒の活動素描――『尚書』「尭典」の改訂と『礼記』大学篇の成立をめぐって――」（『日本中国学会報』三八、一九八六年）
坂本　具償　「『春秋繁露』の偽書説に関する私見――陰陽五行説を中心にして――」（『哲学』広島四三、一九九一年）
重沢　俊郎　「今古文學の本質」（『支那学』九―四、一九三九年）
重沢　俊郎　「董仲舒研究」（『周漢思想研究』弘文館書房、一九四三年）
重沢　俊郎　「賈誼新書の思想」（『東洋史研究』一〇―四、一九四九年）
重沢　俊郎　「『白虎通』の思想史的意義」（『季刊 科学と思想』四九、一九八三年）
下見　隆雄　『劉向『列女伝』の研究』（東海大学出版会、一九八九年）
城山　陽宣　「賈誼『新書』の成立」（『日本中国学会報』五六、二〇〇四年）
城山　陽宣　「五経博士の設置に關する疑義の再検討――『史記』『漢書』における「五経」を中心として――」（『関西大学中国文学会紀要』二八、二〇〇七年）
城山　陽宣　「再論董仲舒対策――第一策・第三策の対策文書の史料性を中心に――」（『研究東洋』四、二〇一四年）
城山　陽宣　「前漢代における經學観念の変容――六藝・六經・五經の系譜を中心に――」（『研究東洋』八、二〇一八年）
洲脇　武志　「漢の文帝遺詔と短喪制の行方―「以日易月」を中心に」（『日本中国学会報』六一、二〇〇九年、『漢書注釈書研究』遊学社、二〇一七年に所収）

末岡　実「中国古代女性の生きる知恵——劉向『列女伝』の世界・その一——」（『フェリス女学院大学文学部紀要』三八、二〇〇三年）
末岡　実「中国古代における母親像の諸相——劉向『列女伝』の世界・その二——」（『玉藻』四二、二〇〇七年）
末永　高康「董仲舒春秋災異説の再検討」（『中国思想史研究』一八、一九九五年）
鈴木俊・西嶋定生『中国史の時代区分』（東京大学出版会、一九五七年）
鈴木　隆一「井田考——周礼における双分組織の特徴としての——」（『日本中国学会報』二六、一九七四年）
角谷　常子「後漢時代における為政者による顕彰」（『奈良史学』二六、二〇〇八年）
妹尾　達彦『長安の都市計画』（講談社、二〇〇一年）
妹尾　達彦『グローバルヒストリー』（中央大学出版部、二〇一八年）
曾我部静雄「周礼の井田法」（『社会経済史学』五〇、一九八四年）

た

田中麻紗巳「賈誼、鵩鳥賦について——『荘子』との関連を中心にして——」（『東方宗教』五〇、一九七七年）
田中麻紗巳※『両漢思想の研究』（研文出版、一九八六年）
田中麻紗巳＊「劉向の災異説について——前漢災異思想の一面——」（『集刊東洋学』二四、一九七〇年）
田中麻紗巳＊「賈逵の思想について」（『中国哲学史の展望と模索』一九七六年）
田中麻紗巳＊「『母以子貴』をめぐって——両漢の用例と何休の解釈——」（『京都女子大学人文論叢』三三、一九八五年）
田中麻紗巳※『後漢思想の探究』（研文出版、二〇〇三年）
田中麻紗巳＊「『五経異義』の周礼説について」（『中国古代礼制研究』京都大学人文科学研究所、一九九五年）
田中麻紗巳＊「『白虎通』の「或曰」「一説」について」（『人文論叢』京都女子大学、三八、一九九〇年）
田中　良明「董仲舒以前に於ける災異への対応」（『大東文化大学漢学会誌』五一、二〇一二年）
多賀秋五郎『唐代教育史の研究』（不昧堂書店、一九五三年）
多田　狷介「中国古代史研究覚書」（『史艸』一二、一九七一年）
多田　狷介「『魏晉ないし魏晉期以降中国中世』説をめぐって」（『歴史学研究』四二一、一九七五年）
平　秀道「王莽と符命」（『龍谷大学論集』三五三、一九五六年）

平　秀道「後漢光武帝と圖讖」(『龍谷大学論集』三七九、一九六五年)
竹内弘行「司馬遷の封禅論──「史記」封禅書の歴史記述をめぐって──」(『哲学年報』三四、一九七五年)
竹内弘行『中国の儒教的近代化論』(研文出版、一九九五年)
谷川道雄『隋唐帝国形成史論』(筑摩書房、一九七一年、増補版は一九九八年)
中国史研究会(編)『中国史像の再構成──国家と農民──』(文理閣、一九八三年)
中国史研究会(編)『中国専制国家と社会統合──中国史像の再構成Ⅱ──』(文理閣、一九九〇年)
中国中世史研究会(編)『中国中世史研究──六朝隋唐の社会と文化──』(東海大学出版会、一九七〇年)
津田左右吉『道家の思想と其の開展』(東洋文庫、一九二九年、『津田左右吉全集』第十三巻、岩波書店、一九六四年に改題のうえ所収)
津田左右吉※『儒教の研究』第一(岩波書店、一九五〇年、『津田左右吉全集』第十六巻、岩波書店、一九六五年)
津田左右吉＊「儒教成立史の一側面」(『史学雑誌』三六─六、一九二五年、『儒教の研究』第一、岩波書店、一九五〇年)
津田左右吉＊「儒教の礼楽説」(『東洋学報』一九─一～二〇─三、一九三一～三三年)
津田左右吉※『儒教の研究』第二(岩波書店、一九五一年、『津田左右吉全集』第十七巻、岩波書店、一九六五年)
津田左右吉＊「前漢の儒教と陰陽説」(『儒教の研究』二、岩波書店、一九五一年)
津田左右吉＊「周官の研究」(『満鮮地理歴史報告』一五、一九三七年)
手塚隆義「漢孝武帝の匈奴懐柔と賈誼の新書」(『史苑』一〇─二、一九三六年)
鄧　紅「日本における儒教国教化論争について──福井再検討を中心に──」(『北九州市立大学国際論集』一二、二〇一四年)a
鄧　紅「董仲舒否定の否定」(『北九州市立大学大学院紀要』二七、二〇一四年)
鄧　紅「日本における儒教国教化論争について(2)──「儒教国家論」批判──」(『北九州市立大学国際論集』一二、二〇一五年)
富永一登「李善伝記考」(『広島大学文学部紀要』五六、一九九六年、『文選李善注の研究』(研文出版、一九九九年に所収)

な

内藤湖南「概括的唐宋時代観」(『歴史と地理』九─五、一九二二年、『内藤湖南全集』第八巻、筑摩書房、一九六九年所収)

内藤　湖南　『支那史学史』（弘文堂、一九四九年、『内藤湖南全集』第十一巻、筑摩書房、一九六九年所収）
中島みどり　『列女伝』１～３（平凡社、二〇〇一年）
永井　弥人　「前漢末期の明堂建設に於ける王莽の意図」（『日本中国学会報』四八、一九九六年）
永井　弥人　「経学史から視た封禅説の形成」（『中国古典研究』四二、一九九七年）
西川　利文　「漢代博士弟子制度について——公孫弘の上奏文解釈を中心として——」（『鷹陵史学』一六、一九九〇年）
西川　陽子　「劉向『列女伝』における外戚観」（『学大国文』三〇、一九八七年）
西嶋　定生　『中国古代帝国の形成と構造——二十等爵制の研究——』（東京大学出版会、一九六一年）
西嶋　定生　「皇帝支配の成立」（『岩波講座　世界歴史』四、一九七〇年）
西嶋　定生　『秦漢帝国』（講談社、一九七四年）
西嶋　定生※『中国古代国家と東アジア世界』（東京大学出版会、一九八三年）
西嶋　定生＊「中国古代帝国形成の一考察——漢の高祖とその功臣——」（『歴史学研究』一四一、一九四九年）
西嶋　定生＊「古代国家の権力構造」（『国家権力の諸段階』岩波書店、一九五〇年）
西嶋　定生＊「武帝の死——『塩鉄論』会議の政治的背景——」（『古代史講座』一一、一九六五年）
西田太一郎　「儒家法家と武帝の統制政策」（『東洋の文化と社会』三、一九五三年）
西山　尚志　「秦焚書観の展開」（『日本中国学会報』六六、二〇一四年）
沼尻　正隆　『呂氏春秋の思想的研究』（汲古書院、一九九七年）
野間　文史　「劉向春秋説攷」（『哲学』（広島）三一、一九七九年）

は

白　高　娃　「劉向の災異思想と『列女伝』」（『後漢経学研究会論集』三、二〇一一年）
橋本　敬司　「明治以降の『荀子』研究史——性説・天人論——」（『広島大学大学院文学研究科論集』六九特輯号、二〇〇九年）
畑村　　学　「『文選』史伝作家の研究——司馬遷と班固の評価の変遷を中心に——」（『中国古典文学研究』一、二〇〇三年）
浜口　重国　「中国史上の古代社会問題に関する覚書」（『山梨大学学芸学部研究報告』四、一九五三年、『唐王朝の賤人制度』東洋史研究会、一九六六年に所収）
林　　文孝　「顧炎武「郡県論」の位置」（『「封建」・「郡県」再考——東アジア社会体制論の深層——』思文閣出版、二〇〇六

年）
パラグラフ、前川貞次郎・兼岩正夫（訳）『転換期の歴史』（社会思想社、一九六九年）
日原　利国※『漢代思想の研究』（研文出版、一九八六年）
日原　利国＊「塩鉄論の思想的研究」（『東洋の文化と社会』四、一九五四年）
日原　利国＊「『白虎通義』研究序説――とくに礼制を中心として――」（『日本中国学会報』一四、一九六二年）
日原　利国＊「災異と讖緯――漢代思想へのアプローチ――」（『東方学』四三、一九七二年）
東　　晋次『王莽――儒教の理想に憑かれた男――』（白帝社、二〇〇三年）
平井　正士「公孫弘上奏の功令について」（『杏林大学医学部進学課程研究報告』一、一九七四年）
平井　正士「漢代の学校制度考察上の二三の問題」（『杏林大学医学部教養課程研究報告』四、一九七七年）
平沢　　歩「『漢書』五行志と劉向『洪範五行伝論』」（『中国哲学研究』二五、二〇一一年）
深川　真樹「董仲舒「賢良対策」の信頼性について」（『東洋学報』九五―一、二〇一三年）
深川　真樹「董仲舒の対策の年代について」（『東洋学報』九六―四、二〇一五年）
福井　重雅『古代中国の反乱』（教育社、一九八二年）
福井　重雅『漢代官吏登用制度の研究』（創文社、一九八八年）
福井　重雅「読『塩鉄論』芻議」（『早稲田大学大学院文学研究科紀要』四二―四、一九九七年）
福井　重雅『訳注　西京雑記・独断』（東方書店、二〇〇〇年）
福井　重雅『陸賈「新語」の研究』（汲古書院、二〇〇二年）
福井　重雅※『漢代儒教の史的研究――儒教の官学化をめぐる定説の再検討――』（汲古書院、二〇〇五年）
福井　重雅＊「儒教成立史上の二三の問題―五経博士の設置と董仲舒の事跡に関する疑義」（『史学雑誌』七六―一、一九六七年）
福井　重雅＊「六経・六藝と五経――漢代における五経の成立――」（『中国史学』一四、一九九四年）
福井　重雅＊「班固の思想　初探――とくに漢堯後説と漢火徳説を中心として――」（『村山吉広教授古稀記念中国古代学論集』汲古書院、二〇〇〇年）一
福井　重雅「再考・荀子と法家思想」（『東洋研究』二〇一、二〇一六年）

福永　光司　「封禅説の形成——封禅の祭祀と神仙思想——」（『東方宗教』六、七、一九五〇年、『道教思想史研究』岩波書店、一九八七年に所収）

藤岡喜久男　「推恩の令」（『北大史学』二、一九五四年）

藤川　正数※『漢代における礼学の研究　増訂版』（風間書房、一九八五年）

藤川　正数＊「明堂制について」（『漢代における礼学の研究』風間書房、一九六八年）

藤川　正数＊「社稷祀について」（『日本中国学会報』三五、一九八三年）

藤田　忠　「明帝の礼制改革について——〝三朝の礼〟の成立過程——」（『国士舘大学文学部人文学会紀要』二六、一九九三年）

保科　季子　「前漢後半期における儒家礼制の受容」（『方法としての丸山真男』青木書店、一九九八年）

保科　季子　「漢代における経学講論と国家儀礼——釈奠礼の成立に向けて——」（『東洋史研究』七四—四、二〇一六年）

堀　敏一　「中国古代史と共同体の問題」（『駿台史学』二七、一九七〇年）

堀　敏一　「中国の律令制と農民支配」（『世界史認識における民族と国家』青木書店、一九七八年）

堀池　信夫　『漢魏思想史研究』（明治書院、一九八八年）

ま

間嶋　潤一　『鄭玄と『周礼』——周の太平国家の構想——』（明治書院、二〇一〇年）

前田　直典※『元朝史の研究』（東京大学出版会、一九七三年）

前田　直典＊「東アジヤに於ける古代の終末」（『歴史』一—四、一九四八年）a

前田　直典＊「東アジヤ史の関連性と発展性」（一九四八年度歴史学研究会大会報告講演原稿）b

牧角　悦子　「中国的「愛」のかたち——劉向『列女伝』に見る女性観をめぐって——」（『生活文化研究所年報』一七、二〇〇四年）

牧角　悦子　「賈誼賦小論」（『第五届中日学者中国古代史論壇論文集』（中国社会科学出版社、二〇一四年）

牧角　悦子※『経国と文章——漢魏六朝文学論——』（汲古書院、二〇一八年）

牧角　悦子＊「賈誼の賦をめぐって——『楚辞』と漢賦をつなぐもの——」（『日本中国学会報』六七、二〇一五年）

牧角　悦子＊「「文」概念の成立における班固の位置——六朝文論の原点として——」（『六朝学術学会報』一九、二〇一八年）

増淵　龍夫　『中国古代の社会と国家――秦漢帝国成立過程の社会史的研究――』（弘文堂、一九六〇年、新版は二〇一四年）
増淵　龍夫　「所謂東洋的専制主義と共同体」（『一橋論叢』四七―三、一九六二年、『新版 中国古代の社会と国家――秦漢帝国成立過程の社会史的研究――』岩波書店、二〇一四年）
増淵　龍夫※『歴史家の同時代的考察について』（岩波書店、一九八三年）
増淵　龍夫＊「歴史認識における尚古主義と現実批判」（『哲学』Ⅳ、一九六九年）
町田　三郎　「宣帝期の儒教」（『秦漢思想史の研究』創文社、一九八五年）
松下　憲一　『北魏胡族体制論』（北海道大学大学院文学研究科、二〇〇七）年
松浦　千春　「王莽禅譲考」（『一関工業高等専門学校研究紀要』四二、二〇〇八年）
松島　隆裕　「前漢後期における瑞祥の一考察――『漢書』宣帝紀を中心に――」（『倫理思想研究』二、一九七七年）a
松島　隆裕　「前漢元帝期の災異と災異説」（『倫理思想研究』三、一九七七年）b
ミシェル＝フーコー、中村雄二郎（訳）『知の考古学』（河出書房新社、一九七〇年）
溝口　雄三　「中国の天（上）（下）」（『文学』五五―一二、五六―二、一九八七、八八年、『中国思想のエッセンス Ⅰ異と同のあいだ』汲古書院、二〇一一年に所収）
溝口　雄三　「中国における「封建」と近代」（『文明研究』七、一九八九年、『方法としての中国』東京大学出版会、一九八九年に所収）
溝口　雄三　「中国儒教の一〇のアスペクト」（『思想』七九二、一九九〇年、『中国思想のエッセンスⅡ東西往来』岩波書店、二〇一一年に所収）
南　昌宏　「〈日本における『周礼』研究論考〉略述」（『中国研究集刊』九、一九九一年）
南沢　良彦　『中国明堂思想研究――王朝をささえるコスモロジー――』（岩波書店、二〇一八年）
宮本　勝　「列女伝の刊本及び頌図について」（『北海道大学文学部紀要』三二、一九八三年）
宮本　勝　「断章取義について――『列女伝』息君夫人の例――」（『語学文学』四〇、二〇〇二年）
目黒　杏子　「王莽「元始儀」の構造――前漢末における郊祀の変化――」（『洛北史学』八、二〇〇六年）
目黒　杏子　「前漢武帝の封禅――政治的意義と儀礼の考察――」（『東洋史研究』六九―四、二〇一一年）
目黒　杏子　「後漢年始儀礼の構成に関する試論」（『中国古中世史研究』三九、二〇一六年）

籾山　明　「爵制論の再検討」（『新しい歴史学のために』一七六、一九八五年）
籾山　明　「皇帝支配の原像――民爵賜与を手がかりに――」（『王権の位相』弘文堂、一九九一年）
森　熊男　「賈誼の「三表・五餌」政策について」（『岡大教育学部研究集録』六八、一九八五年）
諸橋　轍次　「荀子非十二子篇を読む」（『東洋学研究』一、一九三一年）

や

安居　香山　「王莽と符命」（『緯書の基礎的研究』弘文堂、一九六六年）a
安居　香山　「圖讖の形成とその延用――光武革命前後を中心として――」（『緯書の基礎的研究』弘文堂、一九六六年）b
安居香山・中村璋八（編）『重修　緯書集成』巻五（孝経・論語）（明徳出版社、一九七三年）
安居　香山　『緯書の成立とその展開』（国書刊行会、一九七九年）
柳田　節子　「批評　中国史研究会編『中国史像の再構成』」（『東洋史研究』四三―二、一九八四年）
山崎　純一　『列女伝』上中下（明治書院、一九九六～九七年）
山田　勝芳　「王莽代の財政」（『集刊東洋学』三三、一九七五年）
山田　勝芳　「中国古代の金融――特に高利貸を中心として――」（『中国金融史の基礎的研究』科学研究費報告書、一九八八年）
山田　勝芳　「王莽代貨幣史」（『東北大学東洋史論集』六、一九九五年）
山田　勝芳　『貨幣の中国古代史』（朝日選書、二〇〇〇年）
山根　清志　「アジア史把握の視角と理論――『中国史像の再構成』（文理閣）をめぐって――」（『歴史評論』四〇八、一九八四年）
湯浅　邦弘　「塩鉄論争に見る管子と董仲舒の思想」（『日本中国学会報』三九、一九八七年）
湯浅　邦弘　「上海楚簡『三徳』の天人相関思想」（『中国研究集刊』四一、二〇〇六年）
吉田　照子　「『韓詩外伝』と『列女伝』」（『福岡女子短大紀要』五九、二〇〇一年）
吉川　忠夫　「顔師古の『漢書』注」（『東方学報』（京都）五一、一九七九年、『六朝精神史研究』同朋舎出版、一九八四年に所収）
好並　隆司※『秦漢帝国史研究』（未来社、一九七八年）
好並　隆司＊「前漢帝国の二重構造と時代規定」（『歴史学研究』三七五、一九七一年）

好並　隆司＊「秦漢帝国成立過程における小農民と共同体」（『歴史評論』二七九、一九七三年）
慶末　光雄「春秋繁露五行諸篇偽作考――董仲舒の陰陽・五行説との関連に於て――」（『金沢大学法文学部論集』哲学史学篇六、一九五九年）

ら

呂凱、田中智幸（訳）『『白虎通義』の倫理体系』（『中村璋八博士古稀記念 東洋学論集』汲古書院、一九九六年）

わ

渡辺　恵理「前漢における華夷印制の形成――『有漢言章』の印文に関する一考察――」（『古代文化』四六―二、一九九四年）
渡辺かおり「王莽の易姓禅譲革命について」（『東海史学』二九、一九九五年）
渡辺信一郎『中国古代社会論』（青木書店、一九八六年）
渡辺信一郎※『中国古代国家の思想構造――専制国家とイデオロギー――』（校倉書房、一九九四年）
渡辺信一郎＊「孝経の国家論――孝経と漢王朝――」（『中国貴族制社会の研究』京都大学人文科学研究所、一九八七年）
渡辺信一郎※『中国古代の王権と天下秩序――日中比較史の視点から――』（校倉書房、二〇〇三年）
渡辺信一郎＊「天下の領域構造――戦国秦漢期を中心に――」（『京都府立大学学術報告』人文・社会五一、一九九九年）
渡辺信一郎＊「天下観念と中国における古典的国制の成立」（『中国の歴史世界――統合のシステムと多元的発展――』東京都立大学出版会、二〇〇二年）
渡辺信一郎「北宋天聖令による唐開元二十五年令田令の復原並びに訳注」（『京都府立大学学術報告』人文・社会五八、二〇〇六年）
渡辺信一郎「古代中国の身分制的土地所有――唐開元二十五年田令からの試み――」（『唐宋変革研究通訊』二、二〇一一年）
渡邉　義浩※『後漢国家の支配と儒教』（雄山閣出版、一九九五年）
渡邉　義浩＊「後漢時代の宦官について」（『史峯』三、一九八九年）
渡邉　義浩＊「後漢時代の外戚について」（『史峯』五、一九九〇年）
渡邉　義浩＊「中国古代における祭祀権――後漢時代の孔子廟祭祀を中心に――」（『北海道教育大学紀要』第一部B 社会科学編四三―二、一九九三年）
渡邉　義浩※『三国政権の構造と「名士」』（汲古書院、二〇〇四年）

渡邉義浩＊「死して後已む――諸葛亮の漢代的精神――」（『大東文化大学漢学会誌』四二、二〇〇二年）
渡邉義浩＊「「史」の自立――魏晋期における別伝の盛行について――」（『史学雑誌』一一二―四、二〇〇三年）a
渡邉義浩＊「三国時代における「公」と「私」」（『日本中国学会報』五五、二〇〇三年）b
渡邉義浩＊「所有と文化――中国貴族制研究への一視角――」（『中国―社会と文化』一八、二〇〇三年）c
渡邉義浩（編）『両漢の儒教と政治権力』（汲古書院、二〇〇五年）
渡邉義浩（編）『両漢における易と三礼』（汲古書院、二〇〇六年）
渡邉義浩（編）『両漢における詩と三伝』（汲古書院、二〇〇七年）
渡邉義浩（編）『両漢儒教の新研究』（汲古書院、二〇〇八年）
渡邉義浩※『後漢における「儒教国家」の成立』（汲古書院、二〇〇九年）
渡邉義浩＊「魏公卿上尊号奏」にみる漢魏革命の正統性」（『大東文化大学漢学会誌』四三、二〇〇四年）九
渡邉義浩＊「後漢儒教の固有性――『白虎通』を中心として――」（『両漢の儒教と政治権力』汲古書院、二〇〇五年）b
渡邉義浩＊「後漢における礼と故事」（『両漢における易と三礼』汲古書院、二〇〇六年）a
渡邉義浩＊「鄭箋の感生帝説と六天説」（『両漢における詩と三伝』汲古書院、二〇〇七年）a
渡邉義浩＊「両漢における春秋三伝と国政」（『両漢における詩と三伝』汲古書院、二〇〇七年）b
渡邉義浩＊「漢魏における皇帝即位と天子即位」（『東洋研究』一六五、二〇〇七年）c
渡邉義浩＊「両漢における華夷思想の展開」（『両漢儒教の新研究』汲古書院、二〇〇八年）a
渡邉義浩＊「両漢における天の祭祀と六天説」（『両漢儒教の新研究』汲古書院、二〇〇八年）b
渡邉義浩※『西晉「儒教国家」と貴族制』（汲古書院、二〇一〇年）
渡邉義浩＊「「井田」の系譜――占田・課田制の思想史的背景について――」（『中国研究集刊』三七、二〇〇五年）a
渡邉義浩＊「「封建」の復権――西晉における諸王の封建に向けて――」（『早稲田大学大学院文学研究科紀要』五〇―四、二〇〇五年）d
渡邉義浩＊「杜預の諒闇説と皇位継承問題」（『大東文化大学漢学会誌』四四、二〇〇五年）c
渡邉義浩＊「西晉における国子学の設立」（『東洋研究』一五九、二〇〇六年）b
渡邉義浩＊「司馬彪の修史」（『大東文化大学漢学会誌』四五、二〇〇六年）c

渡邉義浩＊「西晉における五等爵制と貴族制の成立」（『史学雑誌』一一六—三、二〇〇七年）d
渡邉義浩＊「王肅の祭天思想」（『中国文化—研究と教育』六六、二〇〇八年）c
渡邉義浩＊「西晉における「儒教国家」の形成」（『大東文化大学漢学会誌』四七、二〇〇八年）d
渡邉義浩＊「儒教の「国教化」論と「儒教国家」の成立」（『中国—社会と文化』二四、二〇〇九年）
渡邉義浩＊「中国貴族制と「封建」」（『東洋史研究』六九—一、二〇一〇年）a
渡邉義浩＊「陸機の「封建」論と貴族制」（『日本中国学会報』六二、二〇一〇年）b
渡邉義浩『王莽——改革者の孤独——』（大修館書店、二〇一二年）a
渡邉義浩・池田雅典（編）『全譯後漢書』志（三）祭祀（汲古書院、二〇一二年）b
渡邉義浩（編）『中国新出資料学の展開』（汲古書院、二〇一三年）
渡邉義浩「『抱朴子』の歴史認識と王導の江東政策」（『東洋文化研究所紀要』一六六、二〇一四年）a
渡邉義浩「『史記』仲尼弟子列伝と『孔子家語』」（『中国—社会と文化』二九、二〇一四年）b
渡邉義浩※『「古典中国」における文学と儒教』（汲古書院、二〇一五年）
渡邉義浩＊「班固の賦作と「雅・頌」」（『東洋研究』一九四、二〇一四年）c
渡邉義浩＊「「文学」の儒教への回帰」（『「古典中国」における文学と儒教』汲古書院、二〇一五年）
渡邉義浩※『三国志よりみた邪馬台国——国際関係と文化を中心として——』（汲古書院、二〇一六年）
渡邉義浩＊「鄭玄の経学と西高穴一号墓」（『早稲田大学大学院文学研究科紀要』五九—一、二〇一四年）c
渡邉義浩「『漢書』における『尚書』の継承」（『早稲田大学大学院文学研究科紀要』六一—一、二〇一六年）a
渡邉義浩「「春秋左氏伝序」と「史」の宣揚」（『狩野直禎先生米寿記念 三国志論集』三国志学会、二〇一六年）b
渡邉義浩「『史記』における『春秋』の継承」（『RILASJOURNAL』六、二〇一七年）a
渡邉義浩「干宝の『晉紀』と「左伝体」」（『東洋研究』二〇四、二〇一七年）b
渡邉義浩「班孟堅の忠臣——顔師古『漢書』注にみる「史」の「経」への回帰——」（『東洋文化研究所紀要』一七二、二〇一七年）c
渡邉義浩「「史」の文学性——范曄の『後漢書』——」（『東洋研究』二〇八、二〇一八年）a
渡邉義浩「中国古典と津田左右吉」（『津田左右吉とアジアの人文学』四、二〇一八年）b

渡邉義浩「『顔氏家訓』における貴族像の展開と執筆意図」（『東洋文化研究所紀要』一七五、二〇一九年）a
渡邉義浩「劉向の『列女伝』と『後漢書』列女伝」（『中国女性史研究』二八、二〇一九年）b
渡部武「漢代養老儀礼における三老五更の問題」（『東方学』四六、一九七三年）
渡会顕「劉歆の災異思想について」（『大正大学大学院研究論集』七、一九八三年）
渡会顕「漢代儒教国教化に関する二、三の考察――王莽の禅譲革命をめぐって――」（『牧尾良海博士頌寿記念論集 中国の宗教・思想と科学』一九八四年）

〔中　文〕

あ
尹海江『《漢書・藝文志》輯論』（西南交通大学出版社、二〇一三年）
袁静「由“非十二子“到“塑聖王“――試析《非十二子》中荀子塑造的聖王形象――」（『中山大学研究生学刊』二六―四、二〇〇五年）
王啓才『《呂氏春秋》研究』（学苑出版社、二〇〇七年）
王健「西漢後期的文化危機与“再受命“事件新論」（『中国史研究』二〇一五―一、二〇一五年）
王光照「「漢」聖劉瑧与隋代『漢書』学」（『江淮論壇』一九九八―一、一九九八年）
王照円（補注）『列女伝補注』（華北師範大学出版社、二〇一二年）
王先謙『荀子集解』（中華書局、一九八八年）
王利器（校注）『塩鉄論校注』増訂本（天津古籍出版社、一九八三年）
か
葛承雍『王莽新伝』（西北大学出版社、一九九七年）
郭慶藩『荘子集釈』（中華書局、一九六一年）
郭沫若『金文叢攷』（文求堂書店、一九三二年、『郭沫若全集』考古篇五、科学出版社、二〇〇二年）
季乃礼『三綱六紀与社会整合――由《白虎通》看漢代社会人倫関係――』（中国人民大学出版社、二〇〇四年）

牛　秋実　「董仲舒〝罷黜百家、独尊儒術〟説的形成及時人・後人之批判」（『董仲舒研究文庫』二、二〇一三年）
許　維橘　『呂氏春秋集釈』（中華書局、二〇〇九年）
強　中華　『秦漢荀学研究』（人民出版社、二〇一七年）
龔　　琛　『王莽的奮闘』（陝西人民出版社、二〇一〇年）
金観濤・劉青峰『興盛与危機――論中国封建社会的超穏定結構――』（湖南人民出版社、一九八四年）
金　春峯　『周官之成書及其反映的文化与時代新考』（三民書局、一九九三年）
瞿　兌之　『秦漢史纂』（竜門書店、一九六七年）
呉　　慧　『桑弘羊研究』（斉魯書社、一九八一年）
呉　崇明　『班固文学思想研究』（上海古籍出版社、二〇一〇年）
高　正偉　「荀子《非十二子》篇対思孟学派的総体評価」（『宜賓学院学報』一一―一〇、二〇一一年）
侯　家駒　『周礼研究』（聯経出版、一九八七年）
侯　外盧　「漢代白虎観会議与神学法典〈白虎通義〉」（『歴史研究』一九五六―五、一九五六年、『侯外盧史学論文選集』上、人民出版社、一九八七年）
康　有為　『新学偽経考』（康氏万木草堂、一八九一年、生活・読書・新知三聯書店、一九九八年）
黄　開国　「論讖緯神学的産生」（『江西社会科学』一九九二―三、一九九二年）
黄　彰健　『経今古文學問題新論』（中央研究所歴史語言研究所、一九八二年）
さ
佐藤　将之　『荀子礼治思想的淵源与戦国諸子之研究』（国立台湾大学出版中心、二〇一〇年）
佐藤　将之　『参於天地之治――荀子礼治政治思想的起源與構造――』（国立台湾大学出版中心、二〇一六年）
謝　貴安　「明代的漢書経典化与劉邦神聖化現象・原因与影響」（『長江大学学報』社会科学版三一―二、二〇〇八年）
周　桂鈿　『王莽評伝――復古改革家――』（広西教育出版社、一九九六年）
周　生傑　『太平御覧研究』（巴蜀書社、二〇〇八年）
徐　漢昌　『塩鉄論研究』（文史哲出版社、一九八二年）
向　晋衛　『白虎通義――思想的歴史研究――』（人民出版社、二〇〇七年）

晉　　文『桑弘羊評伝』（南京大学出版社、二〇〇五年）
任　継　愈『中国哲学発展史（秦漢）』（人民出版社、一九八五年）
銭　　穆「劉向歆父子年譜」（『古史弁』五、一九三五年、『両漢経学今古文平議』新亜研究所、一九七一年に所収）
蘇　　輿『春秋繁露義證』（中華書局、一九九二年）
宋　　超「〝霍氏之禍、萌于驂乗〟発微――宣帝与霍氏家族関係探討――」（『史学月刊』二〇〇〇―五、二〇〇五年）
曾　小　霞「試析唐前〝史漢優劣論〟」（『保定学院学報』二二―二、二〇〇九年）a
曾　小　霞「近三十年《史記》《漢書》比較研究綜述」（『陝西教育学院学報』二五―一、二〇〇九年）b
曾　小　霞「明清《史記》《漢書》比較研究綜述」（『蘇州大学学報』哲学社会科学版二〇〇九―二、二〇〇九年）c
曾　徳　雄「従眭弘之死看儒学与政治的関係」（『石河子大学学報』哲学社会科学版二六―三、二〇一二年）
孫謙・孫娟「論荀子《非十二子》」（『龍岩学院学報』二六―二、二〇〇八年）
孫文明・廖善維「唐以前《史記》与《漢書》注評考議」（『楽山師範学院学報』二九―二、二〇一四年）

た

代　秋　彬「荀子未作《非十二子》篇貶抑思孟段新証」（『西昌学院学報』社会科学版二七―三、二〇一五年）
譚　戒　甫「現存荘子天子篇的研究」（『中国哲学史論文初集』科学出版社、一九五九年）
趙　秋　燕「論〝公孫病已立〟讖言与霍光強化輔政地位的関係」（『商業経済』二〇一五―九、二〇一五年）
張　小　鋒「〝公孫病已立〟讖言的出現与昭帝統治局勢」（『中国史研究』二〇〇一―一、二〇〇一年）
陳　奇　猷『呂氏春秋校釈』（学林出版社、一九八四年）
陳　寿　祺『尚書大傳輯校』（阮元・王先謙『清経解　清経解続編』鳳凰出版社、二〇〇五年）
陳　夢　家※『尚書通論』（中華書局、一九八五年）
陳　夢　家＊「尭典爲秦官本尚書考」（『尚書通論』商務印書館、一九五七年）
陳　麗　平『劉向《列女伝》研究』（中国社会科学出版社、二〇一〇年）
鄭　先　彬『劉向《列女伝頌図》研究』（鳳凰出版社、二〇一三年）
湯志鈞（他）『西漢経学与政治』（上海古籍出版社、一九九四年）

な

は

馬非百『管子軽重篇新詮』（中華書局、一九七九年）

潘定武『《漢書》文学論稿』（安徽大学出版社、二〇〇八年）

傅栄賢『《漢書・藝文志》研究源流考』（黄山書社、二〇〇七年）

傅武光『呂氏春秋与諸子之関係』（東呉大学中国学術著作奨助委員会、一九九三年）

彭林『《周礼》主体思想与成書年代研究』増訂版（中国人民大学出版社、二〇〇九年）

ま

孟祥才『細説王莽』（中華書局、二〇〇六年）

蒙文通『経学抉原』（台湾商務印書館、一九六六年）

や

姚振宗『七略佚文・七略別録佚文』（上海古籍出版社、二〇〇八年）

楊永俊『禅譲政治研究——王莽禅漢及其心法伝替——』（学苑出版社、二〇〇五年）

楊権『新五徳理論与両漢政治——"堯後火徳"説考論——』（中華書局、二〇〇六年）

楊鴻勛「明堂泛論——明堂的考古学研究——」（『東方学報』（京都）七〇、一九九八年）

楊向奎「《周礼》的内容分析及其成書年代」（『山東大学学報』一九五四—四、一九五四年）

ら

李普国『《周礼》的経済制度与経済思想』（中州古籍出版社、一九八七年）

李零『蘭台万巻——読《漢書・藝文志》——』（生活・読書・新知三聯書店、二〇一一年）

林剣鳴『秦漢史』（上海人民出版社、二〇〇三年）

林宰雨『「史記」「漢書」比較研究』（中国文学出版社、一九九四年）

林耀曾『周礼賦税考』（学海出版社、一九七七年）

林麗雪「白虎通・三綱・説与儒法之弁」（『中国哲学史研究』一九八四—四、一九八四年）

呂思勉『秦漢史』（開明書店、一九四七年）

呂世浩『従《史記》到《漢書》——転折過程与歴史意義——』（国立台湾大学出版中心、二〇〇九年）

梁端（校注）『校注列女伝』（台湾中華書局、一九七〇年）
劉師培『西漢周官師説考』（『劉申叔先生遺書』大新書局、一九六五年）
劉修明『従崩潰到中興——両漢的歴史転折——』（上海古籍出版社、一九八九年）
劉　潔『《列女伝》的史源学考察——論《列女伝》所反映的先秦至秦漢婦女観念的変遷——』（人民出版社、二〇一六年）
わ
渡邉義浩、仙石知子（訳）「論東漢・儒教国教化・形成」（『文史哲』二〇一五—四、二〇一五年）

〔英　文〕
The Culture of "*Heaven*" *in the Former and Later Han*' ACTA ASIATICA 98' 2010.

あとがき

本書は、『後漢国家の支配と儒教』（雄山閣出版、一九九五年）、『後漢における「儒教國家」の成立』（汲古書院、二〇〇九年）を承け、「儒教國家」を一側面として持つ「古典中國」の形成について論じたものである。刊行の順序が逆になったが、『「古典中國」における文學と儒教』（汲古書院、二〇一五年）、『「古典中國」における小説と儒教』（汲古書院、二〇一七年）は、本書で扱う「古典中國」の成立した中国における文学の儒教との関わりを示したものであり、本書で規定する「古典中國」を前提としている。

「古典中國」とは、中国の国家や社会が危機を迎えたとき、自らの再建のために参照する国家・社会像をいう。博士論文である『後漢国家の支配と儒教』（前掲）では、儒教の国教化を後漢の章帝期に求めて、そこで「儒教國家」が成立するとの仮説を提示した。それを承けた『後漢における「儒教國家」の成立』（前掲）では、「儒教國家」を形成する經義を鄭玄への流れの中で追究した。本書は、後漢「儒教國家」のもとで成立した社会の規範をあわせて、「古典中國」と呼称すると共に、その成立過程を王莽を中心としながら論じたものである。

本書を構成する諸章の中で、かつて発表した論文集・雑誌と論文題目は、次のとおりである。

序　章「「古典中国」の成立と展開」（『中国史の時代区分の現在』汲古書院、二〇一五年）

第一章『漢書』が描く「古典中国」像」（『日本儒教学会報』二、二〇一八年）

第二章「災異から革命へ――眭弘の上奏を中心として――」（『東洋の思想と宗教』三六、二〇一九年）

第三章「劉向の『列女伝』と春秋三伝」（『斯文』一三三、二〇一八年）

第四章「劉歆の「七略」と儒教一尊」（『東洋の思想と宗教』三五、二〇一八年）
第五章「王莽の革命と古文学」（『東洋研究』一七九、二〇一一年）
第六章「王莽の官制と統治政策」（『東洋研究』一八三、二〇一二年）
第七章「王莽の経済政策と『周礼』」（『大東文化大学漢学会誌』五一、二〇一二年）
第八章「理念の帝国――王莽の世界観と「大一統」――」（『知のユーラシア』明治書院、二〇一一年）
第九章「「古典中国」の形成と王莽」（『中国―社会と文化』二六、二〇一一年）
第十章「元始中の故事と後漢の礼制」（『斯文』一二九、二〇一六年）
第十一章「規範としての古典中国」（『日本儒教学会報』一、二〇一七年）
第十二章「漢書学と「古典中国」の受容」（『東洋研究』二一二、二〇一九年）
附　章「書評　二千年の定説を覆す――福井重雅著『漢代儒教の史的研究――儒教の官学化をめぐる定説の再検討――』――」（『両漢の儒教と政治権力』（汲古書院、二〇〇五年）

目に持病を抱えるため、得意としない校正については、『「古典中國」における小説と儒教』でも校正をお願いした筑波大学の稀代麻也子さんが当たってくれた。また、本書の刊行には、『全譯後漢書』でお世話になった汲古書院が当たってくれた。三井久人社長、編集の柴田聡子さんには、今回もご迷惑をかけた。すべての人に深謝を捧げる。

二〇一九年七月二二日

渡邉　義浩

著者紹介

渡邉　義浩（わたなべ　よしひろ）

1962年　東京都に生まれる
1991年　筑波大学大学院博士課程歴史・人類学研究科史学専攻修了、文学博士
1992年　北海道教育大学講師（教育学部函館分校）
現　在　早稲田大学理事・文学学術院教授
著　書　『三国政権の構造と「名士」』（汲古書院、2004年）
『後漢における「儒教国家」の成立』（汲古書院、2009年）
『西晉「儒教国家」と貴族制』（汲古書院、2010年）
『英雄たちの志　三国志の魅力』（汲古書院、2015年）
『「古典中國」における文学と儒教』（汲古書院、2015年）
『三國志よりみた邪馬臺國』（汲古書院、2016年）
『「古典中國」における小說と儒教』（汲古書院、2017年）
編　書　『魏晉南北朝における貴族制の形成と三教・文学』（汲古書院、2011年）
『中国新出資料学の展開』（汲古書院、2013年）
『中国史の時代区分の現在』（汲古書院、2015年）
『中国史学の方法論』（汲古書院、2017年）
『学際化する中国学』（汲古書院、2019年）
訳　書　『全譯後漢書』（汲古書院、2001年～2016年）全19冊
『全譯顔氏家訓』（汲古書院、2018年）

「古典中國」の形成と王莽

二〇一九年八月二九日　発行

著　者　渡邉義浩
題　字　関俊史
発行者　三井久人
印刷所　モリモト印刷

発行所　汲古書院
〒102-0072　東京都千代田区飯田橋二－五－四
電　話〇三（三二六五）九七六四
FAX〇三（三二二二）一八四五

ISBN978－4－7629－6638－5　C3022

KYUKO-SHOIN,CO.,LTD.　TOKYO